《灵武历史纪年》编纂委员会

名誉主任　夏　斌
主　　任　马自忠
副 主 任　邬　鹏　李国强　韩蕃璠　朱立峰　马　波
　　　　　杨国龙
委　　员　庄　昊　杨玉宏　唐红霞　马学龙　刘　军
　　　　　黄向泰
办公室主任　黄向泰

《灵武历史纪年》编辑部

主　　编　黄向泰
副 主 编　姬天哲　马伟东
撰　　稿　刘振海
特约编辑　吴晓红　朱玉婷
编　　务　马维国　杨金莲　苏丽萍　杨惠萍　陈　茜
　　　　　王小平　李　潇　杨学智　高筱红

灵武历史纪年

Lingwu Lishi Jinian

灵武市档案局　灵武市地方志办公室◎编

黄河出版传媒集团
宁夏人民出版社

图书在版编目(CIP)数据

灵武历史纪年 / 灵武市档案局,灵武市地方志办公室编. —银川：宁夏人民出版社，2017.12
ISBN 978-7-227-06828-0

Ⅰ.①灵… Ⅱ.①灵… ②灵… Ⅲ.①灵武—地方史 Ⅳ.①K294.33

中国版本图书馆 CIP 数据核字(2017)第 324467 号

灵武历史纪年　　灵武市档案局　灵武市地方志办公室　编

责任编辑　闫金萍　赵学佳
责任校对　杨　皎
封面设计　邵士雷
责任印制　肖　艳

黄河出版传媒集团
宁夏人民出版社　出版发行

出 版 人　王杨宝
地　　址　宁夏银川市北京东路 139 号出版大厦(750001)
网　　址　http://www.nxpph.com　http://www.yrpubm.com
网上书店　http://shop126547358.taobao.com　http://www.hh-book.com
电子信箱　nxrmcbs@126.com　renminshe@yrpubm.com
邮购电话　0951-5019391　5052104
经　　销　全国新华书店
印刷装订　宁夏银报印务有限公司
印刷委托书号　(宁)0007677

开　　本　720 mm×980 mm　1/16
印　　张　25　字　数　350 千字
版　　次　2017 年 12 月第 1 版
印　　次　2017 年 12 月第 1 次印刷
书　　号　ISBN 978-7-227-06828-0
定　　价　58.00 元

序(一)

灵武市历史悠久，地域文化厚重。先秦时代，这里是北方诸多草原部落“行国”的游牧区域，境内有古西戎族建立的朐衍方国。战国秦惠文王更元五年（前320年），秦惠文王曾巡视至“北河”（今银川平原黄河段），旋设朐衍县（治今盐池县境内），灵武境初入秦疆。秦昭襄王三十五年（前272年），朐衍县隶属于北地郡（治今甘肃庆阳市境内），今银川平原黄河以东地区正式纳入中原大国秦国版图。

秦朝建立以后，秦始皇三十三年（前214年），蒙恬奉命率部“略取河南地”（约当今大河套地区），“斥逐匈奴”“城河上为塞”，沿河筑障（军城）、设县、徙谪（见《史记·秦始皇本纪》），从而揭开塞上黄河两岸农业经济和屯垦开发的序幕。在这种背景下，今宁夏沿黄第一县——富平县应运而生，其上隶北地郡，下辖今青铜峡河东灌区大部。宁夏引黄灌溉的第一批古渠在期间诞生。

秦亡汉兴，朝廷仍向“河南地”持续大量移民、大规模兴修水利，农业经济得到空前大发展，“河南地”成为“冠盖相望”的富饶之乡，被史书称为“新秦中”，即再造一个“八百里秦川新关中”之喻。伴随着人口的增加、经济的发展，地方行政管理也相应跟进，于是有汉一代，宁夏黄河两岸除原东岸仅富平一县外，新的县级政权犹如雨后春笋般先后出现，举凡灵州县（东岸）、灵武县（西岸）、廉县（西岸）和眴卷县（南岸）等，塞上沿黄城市群初步形成。

汉灵州县与灵武县，初同为北地郡下辖的地位平等的二县，分别位置于黄河东西两岸，隔河相望，仅数十里之遥。因灵州县治城建在黄河洲岛之上，依“水中可居曰州”和“随水高下，未尝沦没”视为“灵”之意取名“灵州”（见《汉书·地理志》）。而同时代新设的灵武县，亦因治地近贺兰山口“灵武谷”，故而得名灵武（见《后汉书·段颎传》）。古灵州的诞生时间是西汉惠帝四年（前 191 年），距今已经 2200 余年。

东汉至南北朝间，因时局不靖，塞上沿黄诸县，或迁或废，或改名称，直至隋唐间，方恢复灵州、灵武郡名称。唐至德元年（756 年），安史之乱中，太子李亨在灵武郡继承皇位，改灵武郡为灵州，升为大都督府，是为陪都。党项贵族建立西夏地方割据政权以后，称灵州为西平府，设翔庆军，宋季，尊为西京。

朱明王朝建立，宁夏地区位处残元蒙古各部内犯的主要战区，故以镇、卫、所军事管理体制代替府、州、县建置。时古灵州地区先后设立灵州河口守御千户所、灵州守御千户所和灵州千户所，此“灵州”仅系地名而无行政建置的内涵。

明代以后，古灵州城一直位于黄河洲岛之上，后因河水主流的变化，至明初，灵州千户所所城，已改临黄河南岸。因屡被河水威逼，于洪武、永乐、宣德间的四五十年，城凡三徙。今天的灵武市古城遗址，是明朝宣德三年（1428 年）所筑的新城（见朱栴《宣德宁夏志》和《明宣宗章皇帝实录》）。另外，汉代古灵武县也因地处河西，临近贺兰山战区，城毁县废，其地分属宁夏镇辖之宁夏左屯卫、宁夏右屯卫垦区。清代以两卫改设宁夏县、宁朔县，至此存在 2000 多年的河西古灵武县退出历史舞台，至是灵州与灵武行政与地域名称完全重合。民国 2 年（1913 年），改灵州为灵武县。

1949 年 9 月，宁夏解放之初，曾一度设立灵武县辖的吴忠堡市（见冯茂《宁夏现代行政区变迁沿革》）。1954 年，宁夏省河东回族自治区（后改吴忠回族自治州）成立，灵武县为自治州属县。1972 年，设立银南地区，行署驻吴忠县，吴忠、灵武二县同为地区属县。1996 年，撤改灵武县为灵武市，隶属于银南地区。1998 年，银南地区撤改为地级吴忠市，灵武市为属县之一。2002 年 10 月，灵武市转由银川市代管。纵观历史，从沿革渊源来看，灵武与古灵州域名交替使用，隶属关系稳定；再从舆地方域来看，更是你中有我，我中有你。

今天的灵武市位列全国“千年古县”行列，也是“中国科学发展百强县(市)”前百位大县，还是“全国民族团结进步模范集体”等，这些成绩的取得，其中与继承和发扬了古灵州悠久的历史文化有着密不可分的关系。这部《灵武历史纪年》的地情资料书，我读后觉得是一部很好的爱国主义乡土教材。因为爱国家的基础是爱故乡，而爱乡邦的前提首先就要了解她，如果数典忘祖、茫然桑梓、不敬乡贤，就是历史虚无主义，爱国爱乡也无从谈起。

日前，于该书行之梨枣之际，灵武市地方志办公室主任黄向泰先生登门邀序，仓促间草成这篇读后心得，以求同仁方家斧正。是为序。

吴忠礼

丁酉鸡年仲春

(作者：宁夏社会科学院原副院长、研究员。)

序(二)

孩童时就听大人们讲许多灵州的故事。长大工作后，竟尔结缘灵州，岁月相伴，成为一名土生土长的灵州人。今灵武，古灵州也。其山、其水、其人、其物，虽熟犹生，不免教人一探究竟。水万派，始有其源；木千条，固有其本。随着探究视野的拓展、脚步的深入，这里曾经发生过的征战、戍边、移民、垦田、开渠、牧马、边贸、会盟、建都等历史事件，绘珠成册，恰似一幅波澜壮阔、气势恢宏的历史画卷。

《灵武历史纪年》（以下简称纪年）全景式展示了这一盛况。《纪年》阐明：自有文字记述的历史以来，灵武地区与内地的关系更加密切，成为祖国不可分割的一部分。春秋、战国时有羌、戎等族在此逐牧生息。秦汉时代，这里设置郡县，直接归中央朝廷管辖，并且移民到此屯垦，开创了造福千秋万代的引黄灌溉事业。十六国时，赫连勃勃于灵州建“果园城”，其至北魏“桑果余林,仍列州上”。其时灵武已是富饶美丽的花果之乡了。隋唐两代结束了北方各族长期纷争的局面，这里依然在统一政权的直接管辖之下，农牧业迅速发展，遂以“塞上江南”闻名。唐朝翰林学士、尚书左人、诗人韦蟾《送卢潘尚书之灵武》诗赞灵武：“贺兰山下果园成,塞北江南旧有名”，灵武美名逾传遍天下至今。自秦汉以来，灵武“历为京都北大门，中原屏障，国之巨防，战略地位十分重要”；至唐代已成为天下第一军镇。灵武“军输王室，功高天下”，一度“控制万里，劲兵重镇，皆归管握，自国初以来未有也”。《灵州志》载：“盖朔郡统属有五，灵邑独限大河，具喉唇襟带之势，故选吏常重于他处。”

11~12 世纪，党项族首领建西夏割据政权，初，建都灵武，置西平府，尔后，迁都怀远镇改其名为兴庆府（银川），时西平、兴庆府并称东西二京，留下大量文书遗迹。成吉思汗率军攻占西平府灭西夏后，始有“宁夏”之名。元、明、清三代，这里先后置州、牧、千户所，辖区进一步缩小，其范围仍南至今甘肃省环县、宁夏固原及中卫市界，东至陕西省定边县界，辖今吴忠市利通区、红寺堡区、盐池县、同心县全境和永宁县、青铜峡市、中卫市部分地域。此建制一直沿用至雍正二年（1724 年），裁灵州千户所重置灵州到清末。民国 4 年（1915 年），始将灵武县辖萌城、隰宁、惠安、盐积四堡划归盐池县管辖。

《纪年》也表明，在长期的社会发展中，灵武地区素以其屯田经济、民族迁徙、塞北江南、军事重镇等引人注目。秦始皇、汉武帝、唐太宗、唐肃宗、唐代宗、成吉思汗、康熙等多朝皇帝行幸灵州；南仲、蒙恬、卫青、霍去病、司马迁、李靖、张说、牛仙客、郭子仪、杜鸿渐、张仁愿、姚崇、沐英等名臣猛将出镇灵州；李益、白居易、王维、高适、岑参、贾岛、张籍、杜甫等著名诗人、文豪都曾相继涉足灵武。

《纪年》承载历史脉络，叙说了世代灵武人的深厚底蕴。蕴育出如起始汉朝傅燮传续千年兴盛的灵武傅氏家族，唐朝史敬奉，宋代周美、翰道冲，清朝孟之珪等无数文臣武将、忠孝义烈之士。明代所置灵州学宫，清朝扩为灵州州学；设于清朝的钟灵书院、奎文书院更彰显了灵武人文之盛。志书记载：“灵武自汉唐以来，人材绝盛，著于旧史者，代不乏也。”

新中国，新时代，新气象。灵武秉历史之神韵，踏名人之足迹，循改革开放之东风，历届领导班子团结带领全市人民凝心聚力、实干苦干，中共灵武市委五届全会以来，实施创新驱动、乡村振兴、生态立市、脱贫富民战略，力促经济社会发展驶入快车道，并引领强势跨越：一、二、三产特色鲜明，“五位一体”暂露头角，全国百强争先进位，“国字号”模范市、示范市榜上题名；全国劳动模范、治沙英雄、先进工作者、先进集体历年有评，呈现诸业并进、安居乐业，业绩骄人之状，古老的灵州大地再披“丝路古驿、唐韵古城、长枣之乡、羊绒之都”崭新戎装，谱写灵武率先全面建成小康社会、率先开启全面建设社会主义现代化新征程的壮美诗篇。灵武，这颗镶嵌在祖国大西北的璀璨明珠也必将在新时代、新征程中勇立潮头，步入全新的历史方位。

灵武—灵州，从历史中走来，一脉相承；灵武更是积淀承续了灵州全部的基因遗传密码，又将走向未来，开创新的辉煌气象！

盛世修史，惠及后人。毛泽东主席说：“从孔夫子到孙中山我们应当给予总结,承继这一份珍贵的遗产。”习近平总书记强调，历史是最好的教科书，是最好的老师，可以把历史智慧告诉人们，可以启迪后人。他说：“不忘历史才能开辟未来，善于继承才能善于创新。”鉴于此，我们在党的十九大开启新纪元、改革开放40周年、宁夏回族自治区成立60周年、灵武市国家综合档案馆落成之际，邀刘振海等学界专家披沙沥金，极力在历史典籍中寻找和恢复灵武历史本来面貌的各种材料，积沙成塔，数年努力，完成《灵武历史纪年》一书。

灵武的历史，在嘉庆《灵州志迹》、首轮及第二轮《灵武市志》中都有记载，那为什么还要编写这样一部书呢？主要基于以下几个原因。

一、志书采用的是述、记、志、传、图、表、录七体编写法。资料繁杂，阵容庞大，重点是“志”，其他方面的记载较弱；而《灵武历史纪年》重点则是“记”，即大事记，采用编年体的形式记述了灵武历史进程，比志书中的“记”更加全面、更加翔实。

二、志书作用为“资治、存史、育人”。重点是存史，是资料性的图书，查阅的功能大于阅读的功能。《灵武历史纪年》是《灵武市志》的衍生产品，出于志书，又不同于志书，注重的是灵武历史时间上的变化发展过程。

三、灵武正在打造“唐韵、绒都、枣乡”的城市特色。《灵武历史纪年》用了近四分之一的篇幅，详细记述了灵武隋、唐、五代时期的历史,也正是灵武“丝绸之路”发展的顶峰阶段，为发展“一带一路”经济提供了有力的历史佐证,是普及灵武历史文化的读本之一。

四、《灵武历史纪年》采用白话记述。不同于志书或其他地方志资料中的文言文记述，读者群更加广泛。同时，对所采用的史料，汇明出处，便于读者查找原始史料和增加史料的可信度。

五、《灵武历史纪年》在事条的记述上，加大了对事件的诠释。不仅有史料的出处，还对史料的含意进行了大信息量的诠释，使历史事件更加完整、全面。

世人常说："灵武历史悠久、文化灿烂。"但是，我们的文化产品、图书的短缺，很难支撑印证这句话,更难凸显灵武的文化软实力，进而影响灵武市整体（投资）环境和对外形象。一点一滴积少成多，加强文化建设，我们有责任。

在编辑本书时，我们于重要历史事件的记述，也进行了一些尝试，力求克服纪年体的一些缺陷，把有关重要的历史事件集中加以连贯介绍或交代了其结局。但这种尝试或许还存在着这样那样的问题或不足，错谬之处在所难免，所记史实非尽善尽美，尚需进一步填补完善。祈请方家同仁予以惠正，仅致谢忱！是为序。

黄向泰

丁酉鸡年仲秋

（作者：灵武市档案局（馆）局（馆）长，灵武市地方志办公室主任。）

目录 MULU

原始社会

（4.2 万年前—2100 年前）

旧石器时代（距今 4.2万年前）

宁夏灵武市东北约 30 公里，今灵武市临河镇的水洞沟，有距今 4.2 万年左右的旧石器晚期——“水洞沟人”的文化遗址。该遗址出土石器 2 万余件。其中具有较高打制技术的长形石片占相当数量，而且有一部分石核和石片在打制以前进行过修理。石器的种类有尖状器、刮削器、雕刻器、箭头和大型砍砸器等。其中刮削器数量最多，根据刃缘，可分为直刃、凹刃、凸刃、单边刃、多边刃等形态。尖状器的修理痕迹均匀平整，石器器型端正，形态比较固定，

左右对称明显，在中国目前所发现的其他旧石器时代的晚期遗址中很少见，是水洞沟遗址有明显特征的器型之一。遗址中有用鸵鸟蛋皮制成的圆形穿孔装饰品和磨石。同时还有野驴、犀牛、羚羊、转角羊、牛、猪、鸵鸟蛋化石和灰烬，还发现了中国古人类最早用火的痕迹。距水洞沟东2500米处的红山堡，与水洞沟遗址处于相同的地质层位，有用动物骨片刮磨成的骨锥。类似水洞沟旧石器文化的石器，在灵武宁东镇的清水营及其以南地区也有零星发现，是“水洞沟人”活动的较大区域。但到目前为止，关于“水洞沟人”生活的年代，还没有最终定论。

新（细）石器时代（史前纪5000年前至前3000年）

20世纪80年代，北京大学教授王北辰经过多年的研究和考察，发表了论文《涿鹿、陇泉、釜山考》，对黄帝部族的分布，进行了明确论证。依据《史记》和专家学者的考察论证，2008年1月29日，中央电视台《探索·发现》栏目在《发现皇帝城（一）》中，绘制出了黄帝势力范围分布图，表明涿鹿之战后，黄帝部族从涿鹿（今河北涿鹿）分两路南下。东路沿黄河两岸的山西、陕西，到达中原一带；西路沿黄河东岸的今内蒙古、宁夏，直到甘肃天水、兰州一带。今灵武市的三道沟、鸳鸯湖新石器时代遗址，正处于黄帝部族的分布路线中，并出土了大量新石器时代的刮削器、砍砸器等石器，以及彩陶等器物及其碎片。研究表明，这两地（也许还有未出土的遗迹）早在5000年前，就已经得到了开发，承接和发展了水洞沟旧、新石器文化，再次印证灵武为中华民族、中华文明的发祥地之一。

细石器、彩陶文化时代（前3000年前）

王北辰等经考察研究提出，大约细石器时代，已存在一条“玉石之路”。西域地区的玉器，由今甘肃兰州过黄河，然后沿黄河东岸北上，到达今内蒙古五原一带，沿黄河南岸折向东；当到达风陵渡时，沿黄河西岸折向南，一直到达中原腹部地区。灵武三道沟、鸳鸯湖细石器文化遗址，正分布在这条“玉石之路”上，先民们可以物易物，留下了一定数量的玉质祭器和装饰品，其中有白、绿、墨绿等祭器及玉佩之类。有磨制的石斧、石锛、石刀、石磨棒、石磨盘等，其中的石刀为两面磨制，而有钻孔的石斧，尤为精美，均有使用过的痕迹。遗址中大量散布着的彩陶纹饰器物及其残片，有陶衣及其纹饰。中国科学院史前考古学、古生物学家裴文中教授论断为“细石器文化在长城附近，遇到了强大有力的彩陶文化的阻止，就停留在长城以北或附近，更向西沿着戈壁的边缘西进，一直到了新疆。”贾兰坡教授更研究论证道：“细石器向北分布的途径可能是从我国的宁夏、内蒙古，经过蒙古和我国的东北部分布到西伯利亚的，最后通过白令海峡分布到北美。”以上权威专家的论断，充分说明了灵武以及中原的彩陶文化和细石器文化，向西乃至向世界传播中的地位和作用。灵武是“细石器文化”西传和北传的策源地和“中转站”，是重要的“窗口”。

灵武段黄河、清水河（古清水河今称边沟）沿岸，广泛分布有属于新石器时代的“细石器文化”。遗迹出土有磨制的石斧、石锛等，但数量最多、最富有特色的还是打制的精致细小的石器。这些精小的石器，一般都是用燧石、玛瑙、蛋白石等为原料，用间接打制的方法制成箭头、尖状器、刮削器等使用器形，还有石叶、石核等。其中，如同指甲形的圆头刮削器较为常见，也最为精致。还有用于研磨草籽或谷物的磨盘、磨棒等。这些细石器明显反映出，其时的原始居民有着比“水洞沟人”更加丰富的狩猎、畜牧和采集的经济生活，彩陶文化也有了长足发展。

与此同时，位于灵武的临河镇三道沟、宁东镇鸳鸯湖等地先后出土了灰陶、红陶、夹沙红陶等，有些红陶器物还施以白色陶衣。纹饰多为绳纹状、网格状，还有指掐纹和少量锥刺纹，器形以罐、盆为主。20 世纪 70 年代，三道沟村民在平整土地时曾发现过烧制陶器的灰坑；在修三级扬水站时，发现了陶窑，窑内有烧制的陶器，灰坑内有大量的草木灰。陶窑置于半山坡上，能最大限度地利用自然风提高窑温，说明当时人们制造陶器的技术水平，已有了相当程度的提高。灵武发现的彩陶文化风格，与“仰韶文化”及“马家窑类型”相似，却又是独立成体系的，是新（细）石器时代中华“满天星”中灿烂的华夏之源的成员。

上述遗址中发现的浅穴式住房遗址，均为单间，略呈方形，朝东有一狭长的门道，房址中心有一个供炊煮食物，兼可用作照明、取暖的火塘，标志着人类生产、生活向文明社会迈进了一大步，是由穴居出到地面建房居住的创举。（佟柱巨《试论中国北方和东北地区含有细石器的诸文化问题》《灵武市志》）

初始农耕文明时代（约前 2100 年前）

关于洪荒时期的大禹治水，史载：“导河积石，至于龙门”，“陆行乘车，水行乘船，泥行乘撬，山行乘樺”，率众凿开青铜般的今青铜峡，开古渠引水浇灌古灵武。《史记·夏本纪》载：“（禹）令益予众庶稻，可种卑湿。”其时，稻作物是否在古灵武种植，尚待研究。但大禹在治水中发现了凿井取水的方法，高俾之地都可植粟艺菽，使古灵武得到了进一步的开发，由积石山至灵武等的“功赋”及“织皮”，可舟运至禹的封国（今河南禹县）。今灵武社火中的“跑旱船”，传说就是为纪念大禹治水时的“泥行乘撬”而创作传承的民间文艺形式。（《史记·禹本纪》卷二等）

前　秦

（约前 2000—前 220 年）

夏至西戎诸国（约前 2000 年至前 287 年）

夏朝建立前后，宁夏（包括灵武）地区的氏族组织内部发生了巨大变化，以血缘关系为纽带的氏族部落逐渐演变为以地域关系相联系的部落组织，并在此基础上形成一些不相统属的分散的小方国，今宁夏灵武有鬼方、猃狁、荤粥等部落游牧。在今灵武地区的一些岩画中，除大量的羊、牛、马、鹿等动物题材外，还有狩猎、车辆、养殖、服饰、战争及其兵器等画面，也有交媾、人物形象图、太阳、星云图等形体的刻画，反映了当时的社会活动、经济、宗教等生活的画面。同时也说明西戎八国的兵器制造已达到了相当高的水平。铜器等金属农具在农耕中的运用，提高了农业生产的水平，使其时灵武地区的农牧业有了长足的发展。（顾颉刚《史林杂识初编》、陈育宁《宁夏通史·西戎诸国》）

西周宣王五年（前 823 年）

西周宣王五年，宣王命尹吉甫率兵讨伐居于今宁夏和陕西北部且不断南侵的猃狁，宣王又命大将南仲于古灵武筑城戍守。《诗经·小雅·出车》中曰："王命南仲，往城于方。"朱熹《诗集注》解释道："方"为"今灵夏等州之地"，即在灵州（今灵武之北）、夏州筑城。在古灵州所筑之城后世称为"灵邑"，是灵武筑城史的起始。是年，今灵武就出现了城市建设的曙光，距今已有近 3000 年的历史。不过当时筑城戍守，是要将猃狁北逐后，防止或阻止其再度南下。“灵邑”的称谓，一直延续到清末，清朝嘉庆三年（1798 年），郭楷在《嘉庆灵州志迹·序》中写道：“灵邑为近塞要区……矧灵邑自汉初建置，至今几二千载……”成书于光绪三十四年（1908 年）的《光绪灵州志·艺文志第十六》中的举人李綍所写的《文光会敬惜字纸碑记》中也说：“灵邑旧无文光会，自道光辛卯……首倡是举。”等说都源于西周宣王五年，灵邑之得名。

西周宣王三十三年（前 785 年）

周宣王三十三年攻打太原之戎失败，标志着周征服西戎诸国的企图彻底失败。南仲所筑“灵邑”，相继为猃狁、犬戎所有,但其筑城以居民的历史开启，为“灵邑”至灵州、灵武等城市建设之先绪。（陈育宁《宁夏通史·西戎诸国》《竹书纪年》卷上）

东周、春秋初年（前 770—前 769 年）

（东周元年，即公元前 770 年，为春秋时期的始年。）

顾颉刚《史林杂识初编》中册中说春秋初年形成以陇山为中心的许多西戎小国，其中，“朐衍戎在今盐池、灵武地区”。朐衍戎发达的畜牧业是其立国的经济基础，也是军事力量的重要支柱。除青铜器外，铁器制造的兵器也已出现。朐衍戎对于兵器的制造已达到了相当高的水平，也是今灵武等地铁器使用的历史开端时期。（顾颉刚《史林杂识初编》中册）

秦穆公三十四年（前 626 年）

戎王派由余出使秦国，秦穆公给戎王女乐 28 名（《说苑》卷二十记载为 39 名），戎王终日沉湎于声色之中，遂荒于政事。由余回国后，数谏戎王不可沉沦于声色，戎王不听，政事更长期荒废。由余愤而奔秦，献灭戎之策被秦穆公采纳。于是灭西戎八国（有史料也作“十二国”、“二十国”者），扩地千里。其中朐衍戎灭，今宁夏灵武、盐池等地被纳入秦的版图。（《竹书纪年》上、《韩非子·十过篇》《盐铁论》卷 10）

秦惠文王更元五年（前 320 年）

《史记·秦本纪》载：“（更元）五年（前 320 年），王游至北河。”唐人张守节《史记·正义》按：“王游北地，至灵、夏之黄河也。”是说春秋时，秦穆公三十四年灭西戎八国时，朐衍戎迫于秦的压力，不战而降，今宁夏盐池、灵武遂归于秦国版图。秦惠文王于是年北游至灵武、夏州之黄河，视察秦国土。（《史记》卷五、卷十五）

秦昭襄王二十年（前 287 年）

《史记·秦本纪》又载，秦昭襄王二十年“王之汉中，又之上郡、北河”。上郡，即今陕西榆林东南；北河，即今灵武之黄河。是说秦昭襄王又于其年北游，由上郡至今灵武黄河视察，表明其对于今灵武农牧沃土的重视。（《史记》卷五）

秦　朝

（前 221—前 206 年）

秦始皇二十六年（前 221 年）

始皇二十六年（前 211 年），秦兼并六国，分全国为三十六郡，今灵武属于北地郡，郡治在今甘肃宁县西北。《水经注疏》卷三云：“……河水又北，迳富平县故城西，秦置北地郡，治县城。”此误，秦北地郡治并不在此，而是在今甘肃宁县境。（《史记》卷六）

秦始皇三十二年（前 215 年）

秦始皇于始皇三十二年，派大将蒙恬率 30 万大军北击匈奴，黄河河套以南地，包括前已归秦国的今灵武一带，尽入秦朝的版图。（《史记》卷六）

秦始皇三十三年（前 214 年）

秦于河套置 44 县，蒙恬在 44 县筑 44 座县城，筑塞障“因河设防”，且筑长城。对于“因河设（驻）防”所筑长城的走向，陈正祥教授指出：“秦代长城的最西一段，大致是从今天灵武、金积、中卫（旧时中卫、中宁为一县）、靖边（系靖远之误），经过兰州以迄临洮。”黄麟书教授认为：”秦长城的位置所在……以今地言之，起自甘肃省岷县城（临洮）西。东傍洮河右岸，转北经

会川、临洮（狄道）、洮沙三县城之西。再北，傍黄河右岸（傍洮傍河云陇西塞），经皋兰市榆中县之北，靖远县之西北，入宁夏省，经中宁（旧时中宁、中卫为一县）县城之北，金积（旧时的金积县为今吴忠市金积镇）、灵武、陶乐三县城之西。入绥远省（今内蒙古自治区呼和浩特以西地区），仍傍黄河右岸（西河长城）。再北，截黄河，傍支流五加河之右岸，经临河县城之西……”宁夏周兴华先生在考察了宁夏中卫黑山峡及秦始皇长城遗址后说：“我关于黑山峡长城始筑于秦始皇时代的结论，也证实了西汉杨雄对秦朝西部边界的勾画。”即与陈、黄两教授关于秦始皇长城经今灵武西北上的结论相同。

《汉书·匈奴传》载：“杨雄曰：‘以秦始皇之疆，蒙恬之威，（匈奴）带甲四十余万，然不敢窥西河，乃筑长城以界之。’”西河，即流过今宁夏中卫、中宁、灵武、平罗的黄河。（《史记》卷六、八十八、一一〇，《元和郡县图志》卷四，《太平寰宇记》卷六；陈正祥《中国地理文化》，黄麟书《边塞研究》，周兴华《大麦地史前“岩画维纳斯”的由来与黑山峡长城的始筑年代》，唐世俊《蒙恬造笔的传说》）

秦始皇三十三年至秦始皇三十六年（前 214—前 211 年）

蒙恬筑 44 县城后的秦始皇三十三年（前 214 年），“徙谪，实之初县”，即范文澜先生所说的“徙内地罪人去居住”，含今灵武等地。三十五年（前 212 年），又“发谪徙戍”。三十六年（前 211），“迁内地三万户于北河（今河套一带）、榆中（今内蒙古河套东北岸）屯垦”。当时人们把这一带叫“新秦中”，以和“秦中（即关中）”相区别。今灵武属于“新秦中”，修建了“秦家渠”，引进水稻种植，直到今天，秦家渠还在使用。其时，灵武农业和畜牧业大发展，使用耕牛、铁犁等耕种，一同内地。（《史记》卷一二九）

北地郡乌氏县有个叫倮（又作蠃）的人，善于经营畜牧，以牛羊等换取丝织品，再经今灵武等地转手卖给戎王，戎王由此而十倍其利，致使倮畜群无数，富甲天下，这可说是秦时经今灵武至“草原丝绸之路”前期的一种交流。秦始皇给了倮以“封君”的待遇。（《述异记》卷九十一）

秦始皇三十七年（前 210 年）

秦二世胡亥听从赵高之谋，欲诛杀蒙恬，驻守今灵武北秦长城的蒙恬自杀身亡，秦国内大乱。守卫在秦国北部边塞的士卒纷纷逃离，匈奴乘秦北方防线残破，逐渐南下，今灵武其时陷于匈奴。（《史记》卷一一〇）

汉 朝

（前 206—220 年）

西汉时的灵州，属北地郡辖。《汉书·地理志》卷二十八："北地郡，秦置……灵州，惠帝四年置。有河奇苑、号非苑。莽曰令周。"唐贞观十一年（637 年），秘书少监颜师古《注汉书·灵州》："苑谓马牧也。水中可居者曰州。此地在河之洲，随水高下，未尝沦没，故号灵州，又曰河奇也。"东汉时，灵州辖制扩大至黄河西。《后汉书·郡国五》卷第二十三："北地郡六城，户三千一百二十二，口万八千六百三十七。富平、泥阳……灵州。"就是说，王莽建新朝后改"灵州"为"令周"，东汉时复改"令周"为"灵州"。

汉高祖二年（前 205 年）

汉高祖于其二年（前 205 年）派兵攻克秦北地郡，当时属北地郡所辖的今灵武归汉。秦雍王章邯兵败被擒，汉高祖仍建北地郡，今灵武依然属北地郡，北地郡治所移至今甘肃马岭，修缮了秦始皇时于今灵武等地黄河沿岸所修筑的城障。

但汉高祖刘邦初立，还在忙于"楚汉战争"，和项羽作战，无暇北顾，匈奴乘机壮大，拥兵 30 万南下。匈奴单于冒顿在灭东胡后，又击走月氏，使之西迁，南并河套以南的楼烦、白羊王部，直抵朝那（今宁夏固原）、肤施（今陕西榆林南）等地，今灵武又陷于匈奴。（《史记》卷十六、一一〇，《汉书》卷一、九十四）

汉高祖十一年（前 196 年）

其时“楚汉战争”结束，辖今灵武在内的北地郡被汉高祖收复归汉。因淮南王黥布反，其年秋，汉高祖征发上郡、北地等郡（含今灵武在内）车骑到霸上（今陕西西安东，霸水西高原，为汉代咸阳、长安附近军事要地），为皇太子护卫。（《资治通鉴》卷十二）

汉惠帝四年（前 191 年）

汉惠帝四年（前191 年），置灵州县，隶北地郡，此为今灵武设立行政区的起始年，迄今已有 2200 多年。《汉书·地理志》载：“灵州，惠帝四年置。有河奇苑、号非苑。”两苑为汉于西北边郡置 36 个军马场之二，约占全国军马场数的 66‰,是汉代著名的朝廷军马养殖基地。《辞海·灵州条》说：“(灵州）古县名。西汉惠帝四年置。在今宁夏灵武北黄河中沙洲上。”这也说明灵州县(灵武）自公元前 191 年建县，至今已逾 2200 多年。

“苑”即马苑，就是养马场，是继承秦朝“六牧师苑”的遗制。惠帝时的三十六苑可能分属于六个牧师苑，虽不详其地址，但《汉书·地理志》记载：北地郡灵州县（今宁夏灵武北）有河奇苑、号非苑，归德县（今甘肃庆阳附近）有堵苑、白马苑，郁郅县（今甘肃庆阳）设牧师苑官，西河郡鸿门县（今陕西神木）有天封苑等名。汉代中央政府之所以重视苑马，是总结了西汉初年汉高祖刘邦在白登被匈奴冒顿单于 30 余万强大的骑兵围困了 7 日的经验。以后的数十年间，匈奴骑兵又经常入侵，使北方遭受了很大的损失。由于没有足够的国防力量，防止侵犯是做不到的。而其时马匹又是国防力量的重要装备，因此从汉惠帝四年始，朝廷十分重视马苑的建设，灵州河奇苑和号非苑的设立，是因为汉时这一代气候温暖，水草丰美，很适合马的养殖。在养殖军马的同时，今灵武的牛羊等畜牧业也有了长足的发展。（《汉书》卷二十八，《汉官旧仪》，谢成侠《中国养马史·秦汉的养马业》）

汉文帝前元十一年（前 169 年）

汉初以来，陆续降服汉朝的匈奴、义渠等族人达数千，晁错献策于汉文帝，派熟悉他们生活习俗的将军加以统领，以他们固有的长处配合汉军作战。同时募民徙塞下屯垦，以省边塞军粮转输之劳。灵州是西汉政府募民屯垦地区之一，农业生产比秦朝时，又有了很大的发展，从而奠定了灵州农牧并蓄的农牧业经济的基础。（《资治通鉴》卷十五）

汉文帝后元六年（前 158 年）

是年冬，匈奴 3 万人入侵上郡（治今陕西榆林南，包括灵州）等地，汉文帝令将军张武等领兵驻屯北地及灵州等要地。由于汉军有备，且不断主动出击，使匈奴军不得南下，相持数月的匈奴远遁塞外。（《汉书·张武传》）

汉景帝前元六年（前 151 年）

公元前 151 年，太仆牧师所辖诸苑 36 所（36 所军马场），分布在西北边郡各县，以郎为苑监官，用奴婢 3 万人，共养马 30 万匹。其中，灵州仍有河奇、号非两苑，约养马 2 万匹，仍是西汉时主要的马苑。（《汉官仪》《文献统考》卷一五九）

汉武帝建元三年（前 138 年）

是年，灵州及北地、陇西（今甘肃临洮）等郡，风俗与关中相同，然而西有与羌族交通之利，北有与戎、翟贸易及畜牧之便，故甚为富庶，畜牧为天下饶。可见，灵州是较早参与早期“丝绸之路”贸易的属县地区之一。（《史记》卷一二九）

汉武帝即位初年，汉朝的养马业已发展为“民有车骑马一匹者，复卒三人，车骑者天下武备也”，即规定养马一匹，可以免除三个人的徭役。灵州等地甚至出现了马群遍于野，而乏人放牧的情况。因而匈奴入塞至灵州一带，见塞内马匹遍野。以马匹养殖为主的灵州畜牧业（包括牛羊在内），空前繁荣。（《文献统考》卷一五九）

汉武帝元朔二年（前 127 年）

匈奴南下扰掠，将军卫青、李息等从云中（今内蒙古托克托东北）、陇西（治所狄道，今甘肃临洮）分路出击。卫青领军出云中西巡榆溪塞，度梓岭，于灵州境内黄河上架设桥梁渡河进军，直抵高阙（今内蒙古杭锦后旗），把在河套以南的匈奴楼烦王、白羊王逐出塞外，俘获马匹数千、牛羊百余万，收复黄河以南富庶之地，重新修复秦始皇时在黄河沿岸修筑的要塞，凭黄河天险为固。为加强北方戍边力量，设朔方郡（今内蒙古蹬口县哈腾套海苏木的陶升井）、五原郡（今内蒙古包头市西，因地有原五，故名），移居 10 万人屯垦灵州等地，水稻已在河套地区普遍种植。（《史记》卷一一〇、一一一，《汉书》卷六、五十五、九十四，《西汉会要》卷三十一）

汉武帝元朔五年（前 124 年）

匈奴右贤王侵扰朔方、灵州等地，将军卫青、公孙贺等率兵 10 万余人，从高阙、灵州、朔方等地出击，深入塞北六七百里，俘获右贤裨王。北地之义渠人公孙敖以校尉参战有功，被晋封合骑侯。（《史记》卷一一〇、一一一）

汉武帝元狩元年（前 122 年）

是年夏，将军霍去病和公孙敖同时从灵州等北地一带出军，北击匈奴。进军途中，公孙敖迷失道路，失去了攻击的目标，未能按原定计划与霍去病军会合。霍去病只能独军挺进，过居延（今内蒙古额济纳旗东南）直达祁连山，大败匈奴，斩敌首级 3 万余，俘获匈奴首领 2000 余人，匈奴浑邪王率部 4 万余人降汉。此役重创匈奴，此后，匈奴再无力南下，北地灵州等地，河西、陇西诸郡从此免除了匈奴的威胁、骚扰，得以安定。

是年秋，汉廷大量裁减了北地、上郡等地的戍军，以减轻朝廷的负担。并将降汉的匈奴分别安置在北地、陇西、朔方等缘边五郡，灵州为五郡之一。于五郡置汉属国，分别派汉官为属国都尉管理入居的匈奴。匈奴仍保持原来的风俗，逐渐从事农业，和汉族逐渐融合。（《史记》卷二十二、一一〇、一一一，《汉书》卷六、五十五、九十四）

汉武帝元狩三年（前 120 年）

是年，山东等地发大水灾，灾民遍野。汉武帝徙山东等内地 70 万灾民，到地饶人少的河套以南的灵州等地区屯垦。数年之内，由政府提供口粮、衣物、籽种和耕牛、农具等，并派官员监护。同时，又大修水利，灵州军民继开凿“秦家渠”之后，又修筑了“汉伯渠”，全长 44.3 千米，灌溉面积达 8386 公顷。明末清初历史地理学家顾祖禹在《括地志》中曰：“渠在灵州，本汉时导河溉田处也。”自此，灵州等朔方至令居（今甘肃永登）之地，普遍修渠溉田，出现了“冠盖相望”的繁荣景象。（《史记》卷二九、三〇、一一〇，《汉书》卷六、二十九、九十四，《西汉全要》卷三十一，《嘉庆灵州志迹·水利源流第十》）

汉武帝元狩四年（前 119 年）

是年，大将军卫青、骠骑将军霍去病两军出塞，在塞上灵州阅官、私马共 14 万匹。其官马中，灵州河奇苑、号非宛宛马多被征用。北地都尉卫山，因前出击匈奴有功，被晋为义阳侯。（《册府元龟》卷六二一，《汉书》卷五十五）

汉武帝元鼎元年（前 116 年）

是年，汉廷百姓在边郡各县发展畜牧业，灵州在河奇苑、号非苑官府养马的基础上，又发展私人养马业，且定出厩律等法律，保护官、民养马业，由政府贷给母马以繁荣马匹。三年后，“息什一，以除告缗”，规定满三年归还，每十匹马交给官方一头驹为息。灵武的养马兼及牛羊养殖等畜牧业，较前大盛。（《文献通考》卷一五九）

汉武帝元鼎五年（前 112 年）

十月，汉武帝巡行各郡，从者数万人，登崆峒山，北出萧关，在河套新秦中（今灵武等河套地区）狩猎，巡视边塞。其时，由于匈奴远遁，北方边境获安，边塞官员疏于边境防守，千里不筑边亭、边障。汉武帝大怒，下令诛杀北地太守以下官属多人为戒，于边郡严加防守，西临祖厉河（今甘肃祖厉河）而还。（《西汉会要》卷十六、十八，《册府元龟》卷一一二）

汉武帝元鼎六年（前 111 年）

因上年西羌 10 万余人起事，十月，汉廷征发天水、北地（灵州河奇苑、号非苑）等地军马，出骑兵 10 万镇压了起事的西羌 10 万人。（《汉书》卷六）

汉武帝元封元年（前 110 年）

十月，汉武帝率兵 18 万骑巡行北方，沿灵州黄河北临上郡西河（今内蒙古准格尔旗）、五原，至朔方（今内蒙古乌拉特前旗），临北河（今灵武至内蒙古一带黄河），旌旗千里，威震匈奴而还。（《史记》卷三十，《汉书》卷六、

二十四，《西汉会要》卷十六，《册府元龟》卷一一二）

汉武帝太始四年（前 93 年）

是年，汉武帝出巡，西到安定、北地郡灵州等地巡视军事、水利设施等，在重视军事的同时，也重视农业及水利建设。（《西汉会要》卷十六）

汉武帝征和三年（前 90 年）

正月，汉武帝再次沿灵州等地黄河河谷出巡北地郡、安定郡。当汉武帝到达安定郡时，西胡月支国国王遣使入贡大如雀卵、黑如桑葚的香四两，形如小狗、大似狸而色黄的猛兽一头。（《汉书》卷六，《西汉会要》卷十六，《海内十洲记》）

汉武帝后元元年（前 88 年）

汉兴以来，北地、安定、上郡等六郡尤其灵州，以羽林、期门从官者众多，名将迭出，民俗质朴耿直，直至后世。（《汉书》卷二十八，《西汉会要》卷四十六）

汉昭帝元凤四年（前 77 年）

楼兰王迫于匈奴的威胁，与匈奴合谋，数次杀害汉使，北地灵州人傅介子“以骏马监求使大宛，因诏令责楼兰、龟兹国”。傅介子不负使命，平定楼兰、龟兹，被擢为义阳侯。《百家姓辈分字行》中的“傅姓寻根”中引《旈书》曰，“汉晋之世，北地灵州傅氏最盛”，即始于傅介子。（《汉书》卷七〇，《资治通鉴》卷十三）

汉宣帝元康五年（前 61 年）

是年，羌族东迁至灵州者日增。上年西羌起事，发安定、北地（含灵州）、陇西、上郡等地骑兵和降羌骑兵 6 万骑进行了镇压，至元康五年事平，羌族由青海河曲一带东迁至灵州甚众，汉廷留步卒万人在灵州及北边屯田，边戍守，边耕作，以减少朝廷对边军运粮的压力。（《汉书》卷八、六十九，《西汉会要》卷五十六，《册府元龟》卷五〇三）

汉宣帝五凤三年（前 55 年）

置北地、西河属国以安置上年归降的匈奴人。北地郡所辖之灵州，复为安置归降的匈奴人属地之一。（《汉书》卷八，《西汉会要》卷三十一、三十三）

汉宣帝甘露二年（前 52 年）

十二月，因匈奴呼韩邪单于来朝，汉廷发沿途经过的五原、朔方、北地等郡兵马数千人，列阵于道，以示隆重迎接。灵州因有至长安的驿道，为呼韩邪单于入长安之必经之地，故有迎接之仪。（《资治通鉴》卷二十七）

汉光武帝建武元年（25 年）

东汉光武帝刘秀命大将邓禹领精兵 2 万攻赤眉起义军。有人劝邓禹首先攻破起义军占领的长安，邓禹却认为北地之灵州、安定、上郡地广人稀，粮多畜多，亦先进军该地，就粮养士，再图长安，遂分遣军队至北地郡重地灵州等，首先就粮积草、养精蓄锐。（《东汉会要》卷三十二）

汉章帝章和元年（87 年）

鲜卑攻击北匈奴，北匈奴大乱。屈兰、储卑、胡都须等 58 部 20 万人、军士 8000 人（《资治通鉴》卷 47 作“口二十八万”），分别到北地、朔方（今内蒙古杭锦旗北）、五原等地降汉。北地灵州人傅育领汉阳（今甘肃甘谷）、金城（今甘肃兰州市）5000 人击西羌首领迷吾，败死。（《后汉书》卷八十七、八十九，《东汉会要》卷四十）

汉章帝章和二年（88 年）

南匈奴修兰尸，驱逐侯鞮单于屯屠何而自立为单于，又上书汉廷准许他北伐北匈奴，请窦太后（时掌东汉朝政）令灵州及北地郡、安定郡太守，领兵屯驻所属要冲以为后卫，窦太后从其请。（《后汉书》卷八十九）

汉和帝永元元年（89 年）

东汉朝廷以窦宪为车骑将军、耿秉为征西大将军，领安定、北地（含灵州）及朔方（今内蒙古杭锦旗北）等缘边 12 郡及南单于骑兵数万骑北击北匈奴，大破北匈奴。烧当羌首领东号降汉，与其子麻奴徙居安定郡（治今甘肃镇远），后逐步北迁至灵州。（《后汉书》卷八十七、八十九）

汉和帝永元八年（96 年）

南匈奴右温禺犊（又作右温禺鞮）王乌居战，率千人叛汉廷出塞。秋，雁门太守庞奋、越骑校尉冯柱等与诸郡军共击乌居战。乌居战败逃遁，其众降汉。东汉朝廷徙降众 2 万人于安定、北地及其所辖灵州等地，徙居匈奴人日众。

（《后汉书》卷八十九，《册府元龟》卷四二七）

汉安帝永初元年（107 年）

夏，羌族第一次大规模抗汉起义爆发。六月，汉廷派骑都尉王弘征发金城（今甘肃兰州）、陇西（今甘肃临洮）、汉阳（今甘肃甘谷）三郡羌人，接应西域都护段禧及屯田隶卒东归，期限紧迫，官吏苛暴，群羌担心远屯不还，行至酒泉（甘肃今地）纷纷逃散。东汉诸郡各发兵徼截，官兵乘机骚扰，甚至毁坏羌人村落。羌人奋起反抗，汉官借口用兵镇压，却乘机各饱私囊，使得羌人起义呈燎原之势，向灵州一带发展。（《后汉书》卷八十七）

汉安帝永初二年（108 年）

十月，中郎将任尚及从事中郎司马钧等率诸郡兵，与滇零羌等数万人战于汉阳的平襄，任尚大败，死 8000 余人。滇零率起义羌民北至北地，在北地郡（治今宁夏吴忠）称天子，攻下灵州等，并使人联络武都、参狼、上郡、西河的诸羌起义，东攻赵（今河北）、魏（今河南），南入益州（今四川），汉中（陕西今地）太守董炳被杀，羌族义军逼近关中。（《后汉书》卷五、八十七）

汉安帝永初五年（111 年）

在羌族第一次大起义中，东汉朝廷下令将安定郡南迁至美阳（今陕西扶风东）、灵州随北地南迁至池阳（今陕西泾阳）、上郡，徙衙，灵州傅氏家族随之南迁。百姓留恋故土，不愿迁徙，官吏率军兵毁坏庄稼、拆毁房屋，强迫百姓上路，惨景目不忍睹。秋，汉阳人杜琦、杜季贡兄弟同同郡人王信等投入羌民起义。杜琦、王信先后战死，杜季贡投奔滇零羌。（《册府元龟》卷八十二）

汉安帝永初六年（112 年）

是年，羌义军首领滇零死，其子零昌袭天子位。零昌年幼，由狼莫协助零昌处置诸事，以杜季贡为将军，领军守丁奚城（今灵武南崇兴镇台子东，因丁奚羌所筑城而得名），以拱卫羌零昌称帝所在的北地郡（今宁夏吴忠）。（《资治通鉴·汉纪》卷四十九）

汉安帝元初二年（115 年）

八月，零昌派吕叔都领兵南下攻益州（治今四川成都）。秋，吕叔都被刺杀。东汉朝廷派征西将军司马钧督领右扶风太守仲光、安定太守杜恢、北地太守盛宝等领 8000 人、庞参领羌胡兵 7000 人，分兵北进。庞参领军进至勇士（今甘肃兰州东）处，被领军迎击的杜季贡军击败。而司马钧等却得以独军北进，攻克军力空虚的丁奚城，杜季贡救援不及。仲光、耿溥等分兵深入，被起义军设伏击败，仲光败死，司马钧兵败自杀。中郎将任尚采纳尚书仆射虞诩建策，罢诸郡兵，令各出钱数千，20 人共市（买）一马，以万骑轻骑兵抄击杜季贡于灵州丁奚城下，斩杀 400 余人，获牛马数千头（匹）。（《后汉书》卷十九、五十一、八十七）

汉安帝元初三年（116 年）

五月，度辽将军邓遵率匈奴南单于击零昌于灵州，斩首 800 余级。

六月，护羌校尉任尚攻破先零、杜季贡于丁奚城，零昌兵败，由灵州退往北地。

十二月，任尚又击败零昌于北地。零昌妻子被杀，庐帐被烧毁，死 700 余人，失牛、马、羊 2 万头(匹、只)。（《后汉书》卷五十七、八十七）

汉安帝元初四年（117 年）

春，护羌校尉任尚收买当阗种羌榆鬼等五人刺杀了杜季贡。

九月，任尚又收买效功种羌号封刺杀了零昌。

十二月，任尚率诸郡兵与都尉马贤共攻先零部落，首领狼莫败马贤，任尚领军赶到，合军俱进，狼莫从高平（今宁夏固原）北撤至北地，任尚紧追至北地，双方相持 60 余日，后在富平上河（今宁夏中宁东北）激战，狼莫大败，先逃至灵州，后又经灵州东逃。其部死 5000 余人，失牲畜 10 万余头（匹）。（《后汉书》卷五、八十七，《资治通鉴·汉纪》卷五十）

汉安帝元初五年（118 年）

十月，度辽将军邓遵收买上郡全无种羌人雕何刺杀了狼莫，持续 11 年之久的东汉羌族第一次大起义以失败告终。东汉朝廷共耗军费“二百四十余亿，府帑空竭，延及边郡，边民死者不可胜数”。在这 11 年中，灵州经多年经营的水利设施，损失殆尽，社会、经济遭到严重破坏。（《后汉书》卷八十七）

汉顺帝永建四年（129 年）

春，尚书仆射虞诩上书朝廷：北地、安定、上郡一带，沃野千里，水草丰美，阻山带河，不可久弃，应将汉安帝永初五年（111 年）迁走的三郡及其属县，迁回原地。其上书中又言及灵州及今宁夏平原物产丰饶，畜牧繁盛，水利发达。虞诩《请复三郡疏》具体写道：“臣闻子孙以奉祖为孝，君上以安民为明，此高宗、周宣所以上配汤、武也。《禹贡》雍州之域，厥田惟上。且沃野千里，谷家殷积，又有龟兹盐池以为民利。水草丰美，土宜产牧，牛马衔尾，群羊塞道。北阻山河，乘厄据险。因渠以溉，水舂河漕。用功省少，而军粮饶足。故孝武皇帝及光武筑朔方，开西河，置上郡，皆为此也。而遭元元无妄之灾，众羌内溃，郡县兵荒二十余年。夫弃沃壤之饶，损自然之财，不可谓利；离河山之阻，守无险之处，难以为固。今三郡未复，园陵单外，而公卿选懦，容头过身，张解设难，但计所费，不图其安。宜开圣德，考行所长。”

九月，安定迁至临泾（今甘肃镇远东），北地、上郡迁回原地，三郡居民各还原县，修复城郭，设置侯亭驿站，修复被废渠道，大量屯垦。灵州城及其重要驿站（今石沟驿），得以修复，恢复了粮食自给能力。三郡一年可省费用一亿计，且令三郡及陇西积谷以备荒年，很快均提高了粮食自给水平。只有原富平县（今宁夏吴忠）没有迁回，为陕西今县，富平故地后归入灵州。（《后汉书》卷八十七，《资治通鉴·汉纪》卷五十一）

汉顺帝永建五年（130年）

十月，汉顺帝巡视北地、安定、上郡的戍边将士，灵州为临河要地，汉顺帝巡视了北地（今宁夏吴忠）之灵州。（《后汉书》卷六、八十七）

汉顺帝永和六年（141年）

羌族第一次大起义被镇压后，羌民局部反抗汉廷官吏暴虐的起事仍然不断。夏，湟水地区且冻，傅难种羌起兵反抗东汉王朝，终又发展为羌族的第二次大起义。腐败的朝廷官员纷纷要求边郡内迁，东汉朝廷不得不再次将安定徙往陕西扶风，北地郡徙往冯翊（今陕西韩城、大荔），灵州也随着迁于此。这是东汉以来，北地、灵州的第二次迁徙。（《后汉书》卷六、六十四、八十七）

汉顺帝汉安三年（144年）

春，护羌校尉赵冲由灵州及北地向西追击起义军至建威鹯阴河（今甘肃景泰南），在羌军的反击中战死。灵州及北地、安定、上郡境内“坞壁相望焉”。

史载，自去年九月以来，汉阳、陇西、北地（包括灵州），地震180次，

山谷坼裂，毁坏城郭寺衙，压死民众甚多。（《后汉书》卷六、八十七，《东汉会要》卷二十三）

汉冲帝永嘉元年（145年）

连年的征战使汉廷损耗过大，冯翊（治今陕西大荔）梁并献策改变对羌族起义军的策略，以“恩信”招诱。于是离楠、狐奴等5万余皆来归降，灵州及北地、陇右局势得以平稳。（《后汉书》卷八十七）

汉桓帝延熹四年（161年）

由于地方官吏言而无信（不施以“恩信”），虐待羌人，是年，又爆发了西羌第三次反抗斗争。零吾羌与先零及上郡沈氏、牢姐诸种羌起事进犯并（今山西）、凉州（今甘肃武威）及三辅（长安近郊）。北地灵州等地任横、任崖等和陇西新兴、西河漕况等相联络起事，灵州、凉州路断，中西交通阻断，长安危急。汉桓帝以皇甫规为中郎将，持节监督关西兵讨伐诸羌。（《后汉书》卷三十四）

汉灵帝建宁元年（168年）

二月，段颎领军在高平（今宁夏固原）西北的逢义山（今须弥山一带）大败羌军，并领轻骑乘胜追击。羌军败，死8000人，损失牛羊20万头（只）。段颎又先后败羌军于奢延泽（今陕西定边西）、洛川、令鲜水上，羌军退守灵州、富平（今宁夏吴忠西南）。

六月，汉军又追到灵武谷（今宁夏银川市西北，因灵武县而得名）。羌军怕去路被断，赶忙退至贺兰山后。部分留下的羌人，被汉廷安置在今灵武至青铜峡一带，成为“守边羌”。（《册府元龟》卷三四九）

汉灵帝中平元年（184 年）

二月，声势浩大的黄巾起义爆发。

十月，北地羌响应黄巾起义起兵，与枹罕（今甘肃临夏）、河关（今青海尖扎）等地的起义军相合，共立湟中（今青海西宁附近）义从胡北宫伯玉为帅、李文侯为将军，杀护羌校尉泠征。金城（今甘肃兰州）人韩遂、边章等参加起义，专任军政，杀金城太守陈懿。汉廷以朝中正直大臣议郎、北地灵州人傅燮为安定都尉。(《后汉书》卷五十八、七十二、八十七)

汉灵帝中平四年（187 年）

汉阳（今甘肃甘谷）太守傅燮被义军王国等围困在汉阳。北地郡参与围城的几千名羌族骑兵，素仰慕傅燮的正直廉洁，“共于城外叩头，求送燮归乡里”，傅燮之子傅别成，年十三，随其父在汉阳任所，劝其父应羌兵之请，先回到灵州家乡，然后择明君以辅佐之。但傅燮不答应，坚守节操，兵败战死，朝廷谥其为“壮烈侯”。他的儿子傅别成后为扶风太守，而傅燮则成为灵州历代敬奉的先贤。（《后汉书·傅燮传》卷五十八）

汉献帝建安二十五年（220 年）

十月，汉献帝逊位，曹丕称帝，东汉亡。灵州等地为魏所有。

三　国

（220—280 年）

魏高贵乡公正元二年（256 年）

魏以司马师行征西将军，军抵长安，时新平等地羌胡起事，司马师领兵平息，并耀兵灵州，“北虏震慑，叛者悉降。”时灵州遭受东汉末战争破坏，残破严重。自其时进入一个相对安定的时期，生产及社会经济得以逐渐恢复和发展。（《册府元龟》卷六）

三国时期，今宁夏地还归曹魏统治，但实际上曹魏只在今宁夏南部设高平（今固原）、朝那（今固原东南）、乌氏（今固原南）三县，均属雍州安定郡（治今甘肃镇原）所辖。对于灵州宁夏北部地区，曹魏政权始终没有实施有效的统治，灵州等宁夏大多数地区，皆系鲜卑、匈奴、羌族驻牧之地。

西　晋

（265—317 年）

西晋初年（约 266 年）

《晋书》卷一十四载：“置雍州，治长安，下统七郡，三十九县。”《灵州志序》云：“灵州为《禹贡》雍州之域。”均说西晋初置雍州，灵州属之。

西晋武帝泰始四年（268 年）

以北地灵州人傅玄（傅燮之孙）为御史中丞；下年迁太仆，转司隶校尉。傅玄在文坛上颇有盛名。《宋书》卷四三载：“傅氏旧属灵州，汉末郡境为虏所侵，失土寄寓冯翊（今陕西大荔），置泥阳、富平二县。灵州废不立。”此谓傅氏南迁时的情景，是指东汉永初六年（141 年）灵州第二次南迁后，“灵州废不立。（《晋书·傅玄传》卷四十七）

西晋武帝太康三年（282 年）

复立灵州，傅氏悉属灵州。“（傅）弘之高祖祗（灵州人），晋司徒，后封灵州公。”（《宋书·傅弘传》卷四十三）

西晋愍帝建兴三年（315 年）

九月，匈奴车骑大将军刘曜攻北地，愍帝以麴允为大都督，领兵抵御，军次（驻）青白城（今陕西三元北）。刘曜得知鞠允军驻清白城，就转攻上郡（今陕西韩城）。麴允领兵屯驻灵武，以兵力弱，不敢再进军。（《晋书》卷五、八十九，《册府元龟》卷四五三）

西晋愍帝建兴四年（316 年）

七月，刘曜又领兵攻北地（治今甘肃庆阳西南），包围北地郡城。羌族首领军须运粮支援被围在北地城内的太守麴昌，为刘曜将领刘雅击败。麴允领步骑 3 万救援，大败，奔回灵州，自杀。北地郡城遂被刘曜攻破。（《晋书》卷五、八十六，《册府元龟》卷四五三）

十六国

（304—439 年）

前赵光初二年（319 年）

匈奴族人刘曜自上年（318 年）起兵，灭汉国，改国号为赵（史称“前赵”），改元“光初”。光初二年，刘曜以秦凉二州牧镇上邽（今甘肃天水），以朔州牧镇高平（今宁夏固原），以幽州刺史镇北地（今甘肃庆阳西南），北地所辖灵州同时属前赵所有。屠各首领路松多起兵于新平（陕西今地），附于晋南阳王司马保，司马保以其将周庸为安定太守。秦、陇等地氐、羌纷纷起事响应。刘曜遣将讨伐氐、羌，经二旬不胜，后刘曜亲领军讨伐平息。是年，汉镇东大将军石勒称赵王（史称“后赵”），攻取北地，灵州又隶于后赵。（《晋书》卷一〇三）

前秦皇始元年（351 年）

氐族苻坚据关陇称帝，史称“前秦”，统一了北方大部分地区，灵州属前秦所有。（《十六国春秋》卷三十四）

后秦白雀元年（384 年）

羌族首领之子、前秦龙骧将军姚苌起兵反苻坚，率羌人独立，自称万年秦王（史称“后秦”），改年号“白雀”，进屯北地，北地郡所辖灵州属后秦所有。安定、北地、新平等地的羌、胡10余万人纷纷响应。苻坚亲领大军进讨，结果大败。（《十六国春秋》卷五十五）

后秦弘始九年（407年）

六月，后秦安北将军、五原公、匈奴族铁弗部赫连勃勃，自称天王、大单于，建元龙兴，国号大夏，都统万（今陕西靖边统万古城），拥有高平（今宁夏固原）、灵州及陕北统万城等，于灵州建果园城（今灵武西南）。（《晋书》卷一三〇，《魏书》卷九十五，《北史》卷一、九十三，《十六国春秋》卷八十六）

大夏凤翔元年（413年）

赫连勃勃于今宁夏境内设立了两大军镇，即南高平（今宁夏固原）、北薄骨律城（即灵州）。又因赫连勃勃于薄骨律城遍植桑梓林果，所以又称“果城”或“果园城”。《太平寰宇记》卷三六载：“后魏太武帝平赫连昌后置薄骨律镇，在河渚上，旧赫连果城也。”《括地志》云：“薄骨律镇城在河渚之中，随水上下，未尝陷没，故曰灵州。初在河北（灵州黄河支流之北）胡城，大统六年（540年）于果园复筑城以为州。”自此，奠定了灵州在古代的重要军事重镇地位。

约同年，赫连勃勃于薄骨律城黄河以西、故饮汗城建丽子园，即以后北魏时之怀远城（今银川市东）。（《元和郡县图志》卷四）

南北朝

（420—581 年）

大夏承光元年（425 年）

八月，赫连勃勃死，其子赫连昌于统万城继为大夏皇帝，继有薄骨律城等。（《十六国春秋》卷六十七）

大夏承光二年（426 年）

十一月，北魏帝拓跋焘率轻骑 2 万，攻居于统万城（夏都城）的赫连昌，大胜，得牛马 10 余万，徙统万城民万余至平城（今山西大同），赫连昌将赫连乙升（《资治通鉴》卷 120 作“赫连乙斗”）及其弟赫连助兴等，西走安定（今甘肃泾川），魏将奚斤攻占长安。薄骨律城归北魏，依旧称薄骨律城。（《魏书》卷四上、卷二十九）

北魏太武帝神䴥四年（431 年）

北魏太武帝拓跋焘占据统万、秦、凉、薄骨律城以后，以河西（今河西走廊，北魏时又指今山西吕梁山以西的黄河西）水草丰美，用为牧地，养畜息牧，马 200 余万匹，骆驼 100 余万头，牛羊等无数。于薄骨律城川区发展农业，山区用为牧地。薄骨律城的农牧业得以恢复、发展。（《资治通鉴》卷一

三九，《文献通考》卷一五九，《册府元龟》卷六二一）

北魏太武帝太延二年（436 年）

三月，氐王杨难当自称大秦王。

七月，魏主遣骠骑大将军拓跋丕督河西（今河西走廊）、高平（今宁夏固原）诸军进讨。

是年，魏置高平城（今宁夏固原）。又以赫连勃勃时的果城（白马骝城）置薄骨律镇（今宁夏灵武市西南）。薄骨律者，应是白马骝音转之谬。（《太平寰宇记》卷三十三）

关于薄骨律镇，北魏郦道元在《水经注·河水》卷三中有更详的说明："河水又北，薄骨律镇城，在河渚上，赫连果城也。桑果余林，仍列州上。但语出戎方，不究城名。访诸耆旧，咸言故老彦云：赫连之世，有骏马死此，取马色以为邑号，故目城为白口骝韵之谬，遂仍今称，所未详也……《地理志》曰：卑移山（今贺兰山）在西北。河水又北与枝津合。水受大河，东北迳富平县，所在分裂，以溉田圃，北流入河，今无水。《尔雅》曰：灉反入。言河决复入者也。河之有灉，若汉之潜水也。"其所言薄骨律是匈奴语"白口骝"的发音之误。

北魏太武帝太平真君五年（444 年）

四月，以刁雍为薄骨律镇将。经踏查，刁雍了解到富平故城旧时（指东汉时，今宁夏吴忠西南）西南 30 里的艾山南岸有一古渠（旧传为大禹治水时开凿、修建），已高出河水两丈多，渠身也已崩颓废毁，难以修复使用。他上疏北魏太武帝，准奏，于艾山以北河水分成两支，中隔州渚，于是在河西（黄河主河道西）原旧渠北八里处，另开新渠一道，使新渠与旧渠相合为一渠。为了解决新渠的进水问题，在西河修筑一条长 270 步的拦河坝，截断水流，将西河之水全部引入新渠，如此可溉官、私田 4 万余顷。（《太平寰宇记》卷三十六）

此段记载出自于《魏书·刁雍传》：

凿艾山渠表

刁　雍

臣蒙宠出镇，奉辞西藩，总统诸军，户口殷广。又总勒戎马，以防不虞；督课诸屯，以为储积。夙夜惟忧，不遑宁处。以今年四月末到镇时，以夏中不及东作，念彼农夫虽复布野，官渠乏水，不得广殖。乘前以来，功不充课，兵人口累，率皆饥俭。略加检行，知此土稼穑艰难。夫欲育民丰国，事须大田。此土乏雨，正以引河为用。观旧渠堰，乃是上古所制，非近代也。富平（原注：宁夏灵州有富平废城）西南三十里，有艾山，南北二十六里，东西四十五里，凿以通河，似禹旧迹。其两岸作溉田，大渠广十余步，山南引水入此渠中。计昔为之高于水不过一丈，河水激急，沙土漂流。今日此渠高于河水二丈三尺，又河水浸射，往往奔颓。渠溉高悬，水不得上。虽复诸处按旧引水，水亦难求。

今艾山北，河中有州渚，水分为二。西河小狭，水广百四十步。臣今求入来年正月，于河西高渠之北八里，分河之下五里，平地凿渠，广十五步，深五尺，筑其两岸，令高一丈，北行四十里，还入古高渠，即循高渠而北，复八十里，合百二十里，大有良田。计用六千人，四十日功渠得成讫。所欲凿新渠口，河下五尺，水不得入。今求从小河东南岸斜断到西北岸，计长二百七十步，广十步，高二丈决断小河。二十日功，计得成毕。合计用功六十日，小河之水尽入新渠。水则充足，溉公私田四万余顷。一旬之间，则水一遍。水凡四溉，谷得成实。官课常充，民亦丰赡。

北魏太武帝太平君七年（446 年）

魏主命薄骨律镇将刁雍于高平、安定（治今甘肃泾川）、统万（今陕西靖边之统万城）、薄骨律镇（今灵武西南）四镇，共出车 5000 辆、运粮 50 万斛（250 万石）到沃野镇（今内蒙古五原东北）以供军粮。由于路途遥远，途中又涉经沙漠，艰难辛苦，计划需三年才能运完。刁雍奏请在牵屯山（今灵武北 20 千米鄂尔多斯台地西缘近黄河支流处），造船 200 艘，每船可载粮 1000 石（约合 60 吨），船顺流而下，60 天即可往返一趟，胜于车运十倍，既不误农时，又不费畜力。魏主听从，刁雍于次年（447 年）三月九日，即将 50 万斛粮食全部运完。以此，开了宁夏黄河水运之先河。（《册府元龟》）

又《乾隆宁夏府志·记事（晋、北魏）》载：（刁雍）七年又《运屯谷付沃野表》曰：

> 奉诏高平、安定、统万，及臣所守（薄骨律镇）四镇，出车五千乘运屯谷五十万斛，付沃野镇以供军粮。臣镇（薄骨律镇）去沃野八百里，道多深沙，轻车来往，犹以为难。设令载谷，不过二十石，每涉深沙，必致滞陷。又谷在河西，转运沃野，越渡大河（黄河），计车五十乘，运十万斛，百余日乃得一返，大废生民耕垦之业。车牛艰阻，难可全至，一岁不过二运，五十万斛，乃经三年。
>
> 臣前被诏：有可以便国利民者动静以闻。臣闻郑、白之渠，远引淮海之粟，泝流数千，周年乃得一至。犹称国有储粮，民用安乐。今求于牵屯山，于河水之次，造船二百艘，二船为一舫。一船胜谷二千斛。一舫十人，计须千人。臣镇内之兵，率皆习水。一运二十万斛，方舟顺流，五日而至。自沃野牵屯上，十日还到。合六十日得一返。从三月至九月，三返运送六十万斛。计用人功，轻于车运十倍有余。不费牛力，又不废田。

《乾隆宁夏府志》又“按：《朔方》旧志：‘宁夏即薄骨律镇地。靖虏废渠，即刁雍所欲开凿者。’……又《水经注》：‘河从薄骨律镇城，又经典农城，又经廉县，又经北枝津（黄河支流），又经浑怀障，又历石崖山，然后经朔方、临戎、三封等县，然后至沃野。’而《通志》载：‘石崖山在今平罗县。’然则汉朔方一郡，且尽在今河套地耶？”

北魏太武帝太平真君九年（448 年）

薄骨律镇（今灵武西南），是防备柔然南下侵扰的重镇要地。当时戍卒和军粮散置各地，无储粮城郭以守，难保安全。镇将刁雍奏请魏主准许在不误农时和增加经费的情况下，于水陆交通方便之处，量力而建储粮、屯兵之城，魏主从之。次年（449 年），其城选址在薄骨律城镇黄河以西五里处筑成仓储城，魏主命名为“刁公城”，以示对刁雍的奖励。（《魏书》卷三十八，《册府元龟》卷四一〇）

下录刁雍之筑仓储城上表：

河西修城表

刁　雍

臣闻安不忘乱，先圣之政也。况绥服之外，带接边城，防守不备，无以御敌者也。臣镇所绾河西，爰在边表，常惧不虞。平地积谷，实难守护，兵人散居，无所依恃。脱有妖奸，必至狼狈，虽欲自固，无以得全。今求造城储谷，置兵备守。镇自建立，更不烦官。又于三时之隙，不令废农。一岁、二岁，不讫三岁，必成。立城之所，必在水陆之次。大小高下，量力取办。

北魏文成帝兴光二年、太安元年（455 年）

魏主调刁雍回朝拜特进，封津为薄骨律镇（今灵武西南）副将。后来封津因为贪污纳私而声名狼藉，被魏主赐死。（《册府元龟》卷四一一）

北魏文成帝太安四年（458 年）

是年（《北史》卷二，为太安五年），薄骨律、高平等镇发生饥荒。（《册府元龟》卷四一二）

北魏文成帝和平元年（460 年）

六月，魏帝遣征西大将军新成等督统万、高平、薄骨律等镇军，出南道讨伐吐谷浑（居今青海东）。（《北史》卷二）

北魏献文帝皇兴四年（470 年）

是年，柔然（蠕蠕）万余户降北魏，北魏分徙其众万余户于高平、薄骨律镇安置居住。高平、薄骨律镇水草丰美，自古畜牧业发达，北魏时鲜卑、匈奴、敕勒、柔然等以畜牧业见长的游牧民族部众散居在这一带（包括今宁夏其他地区）。北魏政府自然循古法将这一带作为畜牧业基地，马等畜产滋息，作为北魏的养马基地，其中半以牧养骡，牛、羊则无数。（《北史》卷二）

北魏孝文帝延兴二年（472 年）

八月，河西费也头部起事，进薄骨律镇，薄骨律镇将领兵击走。（《资治

通鉴·宋纪》卷七）

北魏孝文帝太和初年（477—478 年）

北魏孝文帝为加强北方戍边，将历下（今山东济南一带）居民迁至薄骨律镇境内，筑城令他们居住，他们所居之城取名“历城”（历下人所居之城，故称“历城”，位今灵武市临河镇北部）。（《太平寰宇记》卷三十六）

北魏孝文帝太和十二年（488 年）

五月，魏帝下诏高平、薄骨律镇及河西、关内等地修水田，开挖修筑渠道，兴修水利。（《资治通鉴·宋纪》卷六）

北魏宣武帝景明元年（500 年）

高平镇将郎育、太中大夫王通等奏，献文帝时徙居薄骨律镇、高平镇两地的万余户柔然，到太和末年（约 499 年）的 20 余年间，走散略尽，只剩下1000 余家。他们奏请魏帝徙薄骨律镇、高平镇两地柔然，置于淮北（淮河以北地区），以防他们叛走。魏帝准许，遂徙之于济州（今山东东阿）沿河居之。（《资治通鉴·宋纪》卷六）

北魏宣武帝景明三年（502 年）

十月，薄骨律镇献白雀给宣武帝。（《册府元龟》卷二十三）

北魏宣武帝正始二年（505 年）

七月，薄骨律镇又献白雀给宣武帝。（《册府元龟》卷二十三）

北魏孝明帝熙平二年（517 年）

八月，薄骨律镇续献白雀给孝明帝。（《册府元龟》卷二十三）

北魏孝明帝正光五年（524 年）

三月，沃野镇人、匈奴后裔破六韩拔陵聚众起义，沃野镇将被起义军所杀。

四月，高平镇民赫连恩起义，推举高平敕勒酋长胡琛为首领，称高平王，攻占高平镇以响应破六韩拔陵。魏帝遣别将卢祖迁进行镇压，胡琛等兵败退出高平，在前往薄骨律城镇途中被击溃。

六月，秦州（今甘肃秦县）城人薛珍、刘庆、杜迁等因“政刑残暴”而起义，推举莫折太提为首领，称秦王，杀秦州刺史。义军挥师北进，从魏军手中攻取高平，杀魏高平镇将赫连略和行台高元荣。莫折太提病死后，其子莫折念生立，称帝，改年号为“天建”，以其弟莫折天生为高阳王。

七月，莫折天生等领军出陇东。

十月，胡琛遣其部将宿勤明达、万俟丑奴进攻豳（今甘肃宁县）、夏（今陕西靖边统万城）等州。

十一月，莫折天生领军攻克岐州（今陕西凤翔），魏西征都督元志和岐州刺史裴芬之被擒获，胡琛领军返回高平。

同年，魏别将贾显度守薄骨律镇。高平起义军北上围攻薄骨律镇，薄骨律镇将贾显度以为镇城难以坚守，于是率薄骨律镇军民乘船浮河而下，向北撤退。（《魏书》卷九、十四、五十九、七十三、八十、一〇六，《太平寰宇记》卷三十三）

北魏孝明帝孝昌三年（527 年）

北魏改薄骨律镇为灵州。（《魏书》卷六）

北魏长广王建明元年（530 年）

万俟丑奴被擒杀后，泾州以西至灵州各地的起义军先后降魏。频繁往来于东西方的使者、商旅们，把西方文化和奇宝异珍，通过灵州至高平（今宁夏固原）"丝绸之路"进入中原。在今宁夏固原城南郊的北魏墓葬中，出土有波斯萨珊王朝俾路斯王时（459—484 年）铸造的银币，就是当时通过灵州至高平"丝绸之路"，即"灵萧道"（萧，即萧关）的交流所致，是中西友好往来的物证。（《北史》卷六，《文物·宁夏固原北魏墓清理简报》1984 年第 6 期）

北魏孝武帝永熙二年（533 年）

在镇压北魏末年起义的过程中，北魏统治集团内部形成了以高欢和贺拔岳为首的两大集团，孝武帝成为丞相高欢控制下的傀儡。孝武帝为摆脱高欢控制，密令贺拔岳召集军事力量，以除去高欢。永熙二年八月，以贺拔岳为雍、豳、泾等 20 州诸军大都督。贺拔岳奉命西至平凉，设连营数十里，以牧马为名，派人四处联络，聚集兵力。费也头首领万俟受洛干、铁勒首领斛律沙门及斛拔弥俄突、纥豆陵伊利等纷纷归附贺拔岳，听从贺拔岳指挥。贺拔岳任命其心腹宇文泰为夏州刺史，关中以西全为贺拔岳控制，只有灵州刺史曹泥（匈奴族人）和其婿、灵州镇城大都督刘丰等，不从贺拔岳，暗中派人和高欢联络。

刘丰，为普乐（普乐郡治今灵武西南，领回乐一县，郡治回乐）人，破六韩拔陵之乱，（刘）丰以守城功，除普乐太守，北魏孝武帝时改授"灵州镇城大都督"。其时，由于南北朝各据一方，其辖地缩小。但割据者为虚拟其辖地之大，于是实行三级行政管辖制，于州下设郡，郡下设县，故灵州辖下又设

“普乐郡”。（《北齐书·刘丰传》卷二十七，《北史》卷四十九，《册府元龟》卷六）

北魏孝武帝永熙三年（534 年）

一月，高欢首先出兵攻打归顺于贺拔岳的纥豆陵伊利，就此与贺拔岳的矛盾公开化。

二月，贺拔岳召侯莫陈悦会师高平，共讨灵州刺史曹泥等。但这时侯莫陈悦受高欢拉拢，已暗中投靠高欢，并接受高欢密令寻机杀贺拔岳。贺拔岳却对此却毫无察觉，依然信任侯莫陈悦，反而以侯莫陈悦为先锋，向灵州进军。当侯莫陈悦领军进到河曲（今宁夏黄河拐弯处）时，诱贺拔岳入自己账中，令人暗中刺杀了贺拔岳，遂返回秦州（今甘肃天水）。贺拔岳被杀后，其军退还平凉，贺拔岳部将寇洛派杜朔州驰往夏州，召宇文泰速来平凉收抚贺拔岳军。宇文泰闻报大喜，疾驰至平凉，杜朔州领兵扼守弹筝峡（今宁夏固原南）。魏孝武帝闻贺拔岳死，派使慰劳岳军，并召侯莫陈悦回京师洛阳，悦拒命。魏帝以宇文泰为大都督，统领贺拔岳旧部。宇文泰便使都督侯莫陈崇攻依附于侯莫陈悦的原州刺史史归。原州城内李贤、李穆、李远等为内应，宇文泰攻克原州。

三月，宇文泰领军进至原州，以侯莫陈崇暂行原州事。

四月，宇文泰留侄宇文导为都督，镇守原州，自领大军南下攻侯莫陈悦。《北史》卷五中曰：“（宇文泰）军令严肃，秋毫无犯，百姓悦之。”宇文泰出木峡关（今宁夏固原西南）后，侯莫陈悦退至水洛城（今甘肃庄浪），又退保略阳、上邽等地。宇文泰攻上邽（今甘肃天水），侯莫陈悦部众大乱，侯莫陈悦只领数名亲信逃出，欲北奔投灵州刺史曹泥，途中为宇文泰骑兵追至，走投无路，缢死于野。

十月，魏分为东魏、西魏。

十一月（《资治通鉴》卷一五六作“十二月”），宇文泰使李贵领兵北攻先降西魏、后降东魏的灵州曹泥。（《周书》卷二十五，《北史》卷五，《资治通鉴》卷一五六）

西魏文帝大统元年（535 年）

一月，西魏赵贵、李弼等受宇文泰令，攻灵州刺史曹泥。曹泥领军坚守，西魏军攻打灵州 40 天未能攻下，便引黄河水水灌灵州城，灵州城“不没者四尺”。东魏高欢闻西魏攻灵州，忙命阿至罗领兵 3 万救援灵州，曹泥、刘丰及可朱浑元等突围而出，领 5000 余户从灵州东北奔入东魏云州（今山西文水），东魏于汾州（今山西离石）、隰城（今山西汾阳）侨置灵州以治之，安置 5000 余户于此。原灵州入西魏之民，西魏迁之于咸阳郡（今陕西泾阳）以侨置灵州，安置灵州入西魏之民。（《魏书》卷一〇六，《资治通鉴》卷一五六）

西魏文帝大统六年（540 年）

柔然南侵到河套地区，其侯骑深入到豳州（今甘肃宁县）一带。是年，西魏于果园（今宁夏灵武西南，一说在今灵武护岸林场渡口夏林场处）修筑城池，以之为灵州。西魏在实行州、郡、县三级辖区制中于灵州北置临河郡（今灵武临河镇北），领临河一县。西魏又于灵州置回乐县，灵州治回乐县。（《武经总要》卷十八下，《太平寰宇记》卷三十六）

东魏孝静帝武定元年（543 年）

是年，灵州被西魏攻陷，遂归于西魏。西魏仍实行三级行政辖区制，置灵州辖灵武郡，领回乐县，灵州、灵武郡治回乐。《魏书·地形志》卷一〇六上云：“灵武郡，武定元年置。”

西魏文帝大统十三年（547 年）

是年，灵州复归东魏，东魏依置灵州辖灵武郡，治回乐县。

一月，柔然大举南下，攻高平，至于方城（今固原南）。魏帝以王德为大都督，统领原州、灵州、显州（今甘肃宁县东）三州和五原等三镇军事，御柔然。柔然围攻原州城时，剽掠居民，驱拥畜牧。原州刺史李贤乘柔然退走之机，领骑兵追击，大胜，获驼、牛、马、羊万余头。被柔然所掠走的人口，亦被李贤追还。今宁夏南北两大州原州、灵州，仍发挥着重要军镇的战略作用。（《资治通鉴·梁纪》卷一六一）

西魏恭帝三年（556 年）

十二月，西魏恭帝退位，北周代西魏，史称“后周”。西魏恭帝时，曾复改置灵州，废灵州下辖的灵武郡，灵州归于孝明帝宇文觉所建的后周。（《周书》卷二，《北史》卷五、九）

北周武帝保定二年（562 年）

北周武帝于辖内设州、郡、县。仍为灵州，并置总管府，辖灵武郡，治回乐县，又领普乐、怀远、历城、临河郡，辖境约当今之宁夏平原。（《太平寰宇记》卷三十六）

北周武帝保定四年（564 年）

北周以杨忠（隋文帝杨坚之父）总管泾、豳、灵、云、盐、显六州诸军事，并领泾州刺史。（《北史》卷七）

北周武帝天和三年（568 年）

北周于原灵州历城（今灵武市北）置历城郡，归灵州辖。《太平寰宇记》

卷三六载："后魏太和初，平三齐，后徙历下（今山东济南）人处于此，遂有历城之名，后周因置历城郡于此。"历城郡由原西魏临河郡改置。

是年，又废历城郡，改置胡城，于此建置建安县。（《太平寰宇记》卷三十六，《元和郡县图志》卷四）

北周武帝天和四年（569 年）

是年，太师宇文护巡历北周北部诸城镇，巡视完诸城至灵州而返。（《北史》卷七）

北周武帝建德三年（574 年）

北周以大夏时赫连勃勃于薄骨律镇（灵州）黄河西所建的丽子园，置怀远郡、怀远县（今宁夏银川市东），迁 2 万户于此。（《太平寰宇记》卷三十六）

北周武帝宣政元年（578 年）

上年（建德六年，577 年），北周于京口（今江苏镇江）大破南陈大将、开国公吴明彻北伐军，俘获其部 3 万人。是年，为加强灵州、灵武郡对北方突厥的防守力量，迁俘获的吴明彻部 3 万人于灵州、灵武郡。《太平寰宇记》卷三六载："迁其人于灵州，江左之人尚礼好学，习俗皆化，因谓之塞北江南。"这就是今宁夏被称为"塞上江南"的来历。（《太平御览》卷一六四，《太平寰宇记》卷三十六）

北周静帝大象元年（579 年）

北周静帝二月即位，改元"大象元年"。时北周有 211 州，508 郡，1124

县，灵州及灵武郡、回乐县属之。

北魏时，由今阿拉善左旗越贺兰山口，经今宁夏银川过黄河至灵州（灵武郡），然后再沿灵州至高平“灵萧道”的“丝绸之路”，十分活跃。其中，今宁夏银川的海宝塔，今宁夏固原的须弥山石窟的始凿等，都是散落在这条“丝绸之路上”的文化珍宝。（《魏书》卷二十九）

隋　朝

（581—618 年）

隋文帝开皇元年（581 年）

二月，隋代周。突厥怒隋不岁贡厚赠，便发兵南下侵扰。隋文帝杨坚新立，十分忧虑。

四月，隋文帝发稽胡于灵武北修筑长城，屯兵北境，以崔弘度为行军总管，领兵出原州以拒击突厥。突厥北退，崔弘度进军灵州灵武郡（今宁夏灵武西南，不久隋文帝便废灵武郡存灵州），月余而还。（《隋书》卷九）

《隋书·地理志》卷二九载：“又西魏置临河郡。开皇元年改临河郡为新昌。”《读史方舆纪要》卷六二载：“新昌城，在（灵州）镇东北。”

隋文帝开皇二年（582 年）

突厥首领沙钵略之妻为北周宇文氏之女千金公主，千金公主因恨杨坚取代周而建隋，劝其大沙钵略攻隋，以报杨坚灭周宗祀之仇。

二月，沙钵略就以替周复仇之名，发兵南下。但他知灵州为军事重镇，且其北有长城屏障，难以攻破，便绕过灵州，取道木峡（今宁夏固原西南）、石门（今宁夏固原西北）二道，大举南侵，攻入安定（今甘肃泾川）、延安（陕西今地）、上郡（今陕西富县）等地，牲畜被掳掠殆尽。隋文帝连忙屯重兵于咸阳，又调兵分道迎击。

四月，大将军韩僧寿大破突厥于鸡头山（今陕西汉中西北）。

六月，以卫王杨爽、河间王李弘、上柱国豆卢勣等为元帅，分道领军出击。时杨洸领军由原州道（今宁夏固原）出击与突厥军相遇，大破突厥。（《隋书》卷一、四十七、五十二、七十三、八十四，《北史》卷十一、七十、九十九）

隋文帝开皇三年（583 年）

突厥又南下，河间王李弘率赵仲卿、庞晃等从灵州道出击，出贺兰山，斩杀千余人。

八月，尚书左仆射高熲又出宁州（今甘肃宁县）道，内史虞庆则（灵州籍人）出原州道，以行军元帅领兵出击突厥。

是年，废历城郡，于其址置建安县（今灵武北临河镇至宁夏原陶乐西南）。建安县在黄河东岸，属灵州，在怀远县（今银川）东北。《隋书·地理上》卷二九载："灵武郡……灵武后周置，曰建安，后又置历城郡。开皇三年郡废，十八年改建安为广润，仁寿元年改名焉。"

是年，废怀远郡（今宁夏银川），其治怀远县属灵州。（《隋书》卷一、三五十六、七十四，《北史》卷十一、七十一，《太平寰宇记》卷三十六）

隋文帝开皇四年（584 年）

隋文帝令原州总管元褒、灵州总管贺若谊等征发兵士以防突厥，均受达奚长儒节度。元褒遇事直率，为吏民所尊重。贺若谊虽然年迈，但犹能重铠上马领兵冲杀，为突厥所畏惧。从隋初始，今宁夏南北两大军镇的地位更加显赫，朝廷均以重臣镇守灵州。（《隋书》卷三十九、五十七，《北史》卷六十八）

隋文帝开皇五年（585 年）

隋文帝使司农少卿崔仲方发丁男 3 万人，于朔方（今陕西靖边统万城）、灵州（今灵武西南）修筑长城，"东至黄河，西至绥州，南至勃出岭，绵亘七百里”，即西起紫河砦（灵州黄河东岸横城）、东至绥州（今陕西绥德）、南至勃出岭（今陕西绥德西南），绵亘 700 里。其时，北方突厥势强，不断南下入侵，隋因构筑起长城，以加强北方重镇灵州的守卫。（《隋书》卷六十，《北史》卷三十二，《资治通鉴》卷七十六）

隋文帝开皇六年（586 年）

二月，隋文帝又令崔仲方发丁 15 万，于朔方以东缘边（沿灵武至陕西绥德隋长城）险要之处修筑城障数十处，以防突厥。（《隋书》卷六十，《北史》卷十一、三十二）

隋文帝开皇七年（587 年）

二月，隋文帝又发丁男 10 余万人继续修筑灵州等地长城，共进行了 20 天，就完成了任务。（《隋书》卷九，《北史》卷十一）

隋文帝开皇九年（589 年）

随着隋经济实力和军事实力的增长，隋变被动防守为主动出击。于是，隋以其时有雄才大略的晋王杨广为行军元帅，出灵武北击匈奴，未遇匈奴而还。（《隋书》卷九）

隋文帝开皇十年（590 年）

六月，以灵州（今宁夏灵武西南）总管王世积为荆州（今湖北江陵）总管，而以素有威名的浙江刺史元胄为灵州总管，甚为突厥所畏惧。（《隋书》卷九）

隋文帝开皇十二年（592 年）

隋文帝，复以威震四方的老将贺若谊为灵州总管。（《全上古三代秦汉三国六朝文·全隋文》卷三十）

隋文帝开皇十六年（596 年）

五月，隋文帝以蔡阳公姚辩为灵州总管。（《隋书》卷二）

隋文帝开皇十八年（598 年）

突厥又大举南下抢掠，隋文帝命蜀王杨秀和右仆射杨素领兵从灵州道出击。此次出击，杨素采用新战术，改变以前作战中以戎车于外拱卫、步骑相参，以鹿角为阵，步步为营、逐步推进的战法，而采用以骑兵为先导、步兵紧随其后，从强灵州和原州（今宁夏固原）正面冲锋陷阵的战术，大破突厥军，突厥首领达头可汗被重创逃遁。（《全上古三代秦汉三国六朝文·全隋文》卷十四，《元和郡县图志》卷四）

是年，隋改建安县（隋文帝开皇三年置，见上）为广润县，又称大润县，治在黄河东岸，怀远郡（今银川东）东北一百里（里程有误，两地相距并无一百里），秦浑怀障故址，仍属灵州。（《隋书·地理上》）

隋文帝开皇十九年（599 年）

六月，隋采取离强合弱，远交近攻之策离间突厥内部，以突厥首领染干为意利珍豆启民可汗，部落归附者甚众。隋迁其民于夏（今陕西靖边统万城）、胜（今内蒙古伊克昭盟东北）二州，挖掘壕堑数百里为界，东西均拒河（凭黄河天险据守)，尽为启民可汗畜牧之地。突厥的另一首领都兰，时加侵掠，于是隋文帝遣汉王杨琼为元帅，左仆射高熲领将军王詧、上柱国赵仲卿等并出朔州（今山西朔县）道；右仆射杨素领柱国李彻、韩僧寿等出灵州、庆州（今甘肃庆阳）道，共击突厥。师未出塞，都兰为其部下所杀。达头自立为可汗，部落中大乱，隋军乘机进击，达头可汗逃遁而去。（《隋书》卷八十四，《北史》卷九十九）

隋文帝开皇二十年（600 年）

四月，达头可汗聚集大军犯塞。隋文帝以晋王杨广为灵、朔道行军元帅，以杨素为长史，同段文振等领军出灵武道迎击突厥。以上柱国崔弘度为原州总管，与灵州南北相应。两军击败达头军，将其军驱出塞外。（《隋书》卷九）

隋文帝仁寿元年（601 年）

二月，以上柱国独孤楷代崔弘度为原州总管。改广润县（大润县）为灵武县（今灵武北临河镇至宁夏原陶乐西南），隶属于灵州。《读史方舆纪要》卷六二载：“灵武城，在镇（灵州镇）南（指唐灵武县，见后），汉置县……后周改置建安县又置历城郡治焉……隋开皇三年郡废，十八年改县为广润县，仁寿初，避太子讳，复曰灵武县，属灵州，唐因之。”（《隋书》卷二、五十三，《元和郡县图志》卷四）

隋文帝仁寿二年（602 年）

七月，为加强灵州和原州联防，调原州总管独孤楷为益州（今四川成都）总管，以庞晃为原州总管。（《隋书》卷二、五十五）

隋文帝仁寿四年（604 年）

隋文帝在加强灵州和原州联防时，以段文振为灵州总管。（《隋书》卷八十）

隋炀帝大业二年（606 年）

上年废诸州总管府，设诸州刺史。（《隋书》卷八，《北史》卷十二）

十月，以灵州刺史段文振为兵部尚书。（《隋书》卷八，《北史》卷十二）

隋炀帝大业三年（607 年）

四月，隋炀帝改州县制为郡县制，天下改州为郡。改盐州为盐川郡，隶灵武郡；改原州为平凉郡，改灵州为灵武郡。

七月，发丁男百万人修长城，西拒榆林，东至黄河（灵武黄河东岸），死者十五六（十分之五六），道殣相望，一旬而罢（《资治通鉴》卷一八〇作“二旬而罢”）。《隋书》卷二九载：“灵武郡，后魏置，后周置总管府，大业元年废，统县六，户12330。回乐后周置，带普乐郡。又西魏置临河郡。开皇六年（586 年），改临河郡曰新昌，三年（大业三年，即 607 年）郡并废。大业初置灵武郡。弘静开皇十一年置。有贺兰山。怀远后周置，仍立怀远郡。开皇三年（583 年）郡废。灵武（县）后周置，曰建安，后又置历城郡。开皇三年废郡，

十八年（598年）改建为广润，仁寿元年（601年）改名焉（即改名灵武县）。鸣沙后周置会州，寻废，开皇十九年（599年）置环州及鸣沙县。大业三年废。有关官。丰安（今宁夏中宁石空镇）开皇十年（590年）置。”同卷又载：“盐川郡西魏置西安州，后改为盐州。统县一，户3763。”上为隋代大业时灵武郡所辖部分郡、县自北魏后的沿革。

隋代在灵州（今灵武黄河东岸及鄂尔多斯台地部分）、陇右各地设置国家牧马场，还在原州设羊牧、驼牛牧，分别设总监、大都督、尉，各以职主管其事。（《隋书》卷三、二十四、二十八、二十九，《北史》卷十二，《元和郡县图志》卷四，《太平寰宇记》卷八）

隋炀帝大业九年（613年）

一月，灵武白榆妄（《资治通鉴》卷一八二作“白榆娑”），自称“奴贼”，聚众起义，攻夺官府牧场的军马，北和突厥相联络，参加者众多，不断攻袭陇右各郡。隋遣将军范贵进行征讨，多次征讨均失败，数年未能平息。（《隋书》卷九）

《隋书·地理志》载：隋炀帝时，全国行政实行地方郡县制，分郡、县两级，全国190个郡、1255个县。灵武郡辖6县，为回乐县（今宁夏灵武西南）、弘静县（今宁夏永宁东北）、怀远县（今宁夏银川东）、灵武县（宁夏原陶乐西南及灵武临河镇北部）、鸣沙县（今宁夏中宁东北）、丰安县（今宁夏中宁东）。灵武郡户籍数为12330户。（《隋书》卷二十九）

隋炀帝大业十三年（617年）

二月，朔方鹰扬将梁师都反隋，北连突厥，自称帝（又作“大丞相”），引突厥入居黄河以南地，攻破灵武郡辖之盐川郡。

四月，金城（今甘肃兰州）校尉薛举又领兵反叛，攻陷陇右各地，拥众10余万人。

九月，灵武白榆妄时又称平凉“奴贼”数万人，降唐国公之子秦王李世民。

十一月，于灵武巡视长城的窦抗遣使请命，举灵盐（灵武郡、盐川郡）归唐，欲使灵盐成为最早归唐的郡县之一。但此时李渊仅为唐国公，尚未称帝，不便接受，便达书禁止窦抗之举，窦抗举灵盐归唐之举暂行搁置。（《北史》卷十二，《旧唐书》卷五十六，《资治通鉴》卷一八四，《大唐创业起居注》卷三）

唐朝

（618—907 年）

唐高祖武德元年（618 年）

上年十二月，唐国公李渊攻克长安，时隋陈国公窦抗仍在灵武巡视长城，以拒突厥。李渊系窦抗妹夫，窦抗得悉李渊克长安后，于三月立即率灵武郡、盐川郡归附唐国公李渊，才使“灵盐”成为最早归唐的郡县之一。李渊此时已准备代隋建唐，便不再拒绝，顺势而为。

五月，李渊于长安即皇帝位，建国号为“唐”。

七月，榆林起义首领郭子和归唐，唐高祖赐郭子和姓“李”，改名为“李子和”，被授为灵州（其时改灵武郡为灵州）总管，调窦抗回京为匠作大将。灵州总管李子和，袭破梁师都之宁朔城（今陕西靖边东）。梁师都为报复李子和，领兵寇灵州，被灵州骁骑将军蔺典粲领兵击破，俘杀梁师都 2000 余人。

是年，以山河形式之便，分全国为十道。原灵盐之盐川郡析出为盐州（今宁夏盐池县），领五原（今陕西定边）、兴宁（今陕西靖边）二县。于灵州（今宁夏灵武西南）置总管府，领回乐（今宁夏灵武西南，时县南 50 里有薄骨律渠。《元和郡县图志》卷四载：黄河自回乐界流入。千金陂，在县北四十二里，长五十里，阔十里。汉渠在县南五十里。从汉渠北流四十余里始为千金大陂，其左右又有胡渠、御史、百家等八渠，溉田五百余顷……废灵武城，在县东北，隔河一百里。其城本蒙恬所筑，古谓之浑怀障即浑怀所理道，故谓之灵武）、弘静（今宁夏青铜峡北）、怀远（今宁夏银川市东）、灵武（今宁夏永宁西南，移治见上）、鸣沙（今宁夏中宁东北）。（《旧唐书》卷三十八、六十一、

九十五，《新唐书》卷一、九十二，《册府元龟》卷三五七、七六六，《元和郡县图志》卷四）

唐高祖武德二年（619年）

二月，突厥始毕可汗持强乘唐新立领兵南下，渡过黄河至夏州（今陕西靖边统万城），梁师都派兵配合。

三月，梁师都欲借突厥之势领兵攻取灵州，为灵州长史杨则击走。

是年，将灵州总管府之鸣沙县划归西会州（今甘肃靖远）属。（《旧唐书·地理志》卷三、六十四，《新唐书》卷七十九、八十七、二一五上）

唐高祖武德三年（620年）

十一月，梁师都遣其尚书陆季览和突厥处罗可汗议谋南侵，未果，处罗可汗死。处罗可汗之子郁射设领所部万余帐处于河套黄河之南，唐处于守势，以灵州为塞。自始，灵州的军事地位更加重要，被称为“国之北门”。（《旧唐书》卷五十六、二一五上，《资治通鉴·唐纪》卷一九六）

唐高祖武德四年（621年）

九月，突厥颉利可汗领万余骑进犯原州（今宁夏固原），被行军总管尉迟恭等领军击退。灵州总管杨师道领军邀击突厥，大破之。（《旧唐书》卷三十八，《新唐书》卷二一五上，《资治通鉴·唐纪》卷一八九，《太平寰宇记》卷三十七）

唐高祖武德五年（622年）

六月，突厥颉利可汗领兵5万余骑南侵，分遣数千骑侵掠灵州、原州等地。唐高祖命太子李建成出邠州（今陕西彬县）、秦王李世民出秦州（今甘肃秦安北），两路抵御突厥入侵军。

九月，灵州总管杨师道领军击突厥于三观山（今宁夏同心莲花山），大胜，获突厥马、驼数千（匹、头）。

十一月，授任城郡王李道宗为灵州总管。梁师都遣其弟梁洛儿引突厥军数万围攻灵州，李道宗闭门拒守，且寻找机会不断出击，终获大胜，并乘胜追击，将突厥郁射设军驱出五原（今内蒙古包头西北），拓地千余里。（《旧唐书》卷六十、一九四，《新唐书》卷一、二一五上，《资治通鉴》卷一九〇）

唐高祖武德六年（623 年）

七月，突厥颉利可汗派兵数次攻打原州，攻陷原州善和镇。

是年，并省丰州（治九原县）和九原县（今内蒙古五原），入灵州怀远县（今宁夏银川市东），使灵州辖境由河套西段扩大至河套东部诸地，辖河套黄河东西段。（《旧唐书》卷三十八，《新唐书》二一五上，《资治通鉴》卷一九〇）

唐高祖武德七年（624 年）

六月，庆州（今甘肃庆阳）都督杨文干反，唐高祖遣灵州都督杨师道等领兵平息。

七月，突厥又攻掠原州，杨师道领灵州军救援原州。

八月，突厥颉利、突利两可汗大举自原州向南侵犯，长安震恐，近臣有人劝唐高祖毁长城、弃长安、烧宫阙迁都。秦王李世民力排众议，反对迁都，自请领军屯邠州以为备，唐高祖罢迁都之议。后李世民于军前设计离间了颉利、突利兄弟，突利降唐，突厥可汗颉利势孤。

是年，于筠请于五原（时治九原县，今内蒙古五原西南）、灵武（州）黄河上设置水军，以阻突厥南下。唐高祖从之，诏江南船工至五原、灵武（州）营造战舰，设立水军。在以后的军事斗争中，灵州水军发挥了重要作用，在北方诸州中独具水路作战的优势，从而奠定了享誉“朔方兵精甲天下”（灵州称“朔方”，见下）的基础。（《旧唐书》卷二、三十三、一九四、二一六上，《册府元龟》卷十九，《资治通鉴》卷一九一）

唐高祖武德八年（625 年）

六月，突厥整兵准备南侵，唐高祖命燕郡王李艺（本名罗艺）领军屯华亭（甘肃今地），以备突厥。

八月，颉利率突厥军侵掠灵州，任城郡王李道宗与突厥战于灵州，水军首次发挥了优势，使突厥进不得州城，只能望灵州兴叹，双方相持 20 余日，李道宗乘突厥军懈怠，突出军大胜颉利军。突厥因弃灵州，又南下攻原州。（《新唐书》卷一、二一五上，《资治通鉴》卷一九一）

唐高祖武德九年（626 年）

二月，突厥再度恃强攻原州，不下。

三月，又转攻灵州，以图攻下灵州要道，打开南下大门。

四月，颉利领军 10 余万攻掠灵州、原州、泾州（今甘肃泾川北）等地，唐领军司马温彦博军败为突厥俘获。唐高祖以名将李靖为灵州道行军总管，与突厥激战于灵州硖石（今宁夏青铜峡峡口），自旦（早晨天刚亮）战至申（今下午 3 点至 5 点），突厥终大败溃退。

六月，突厥郁射设领数万骑屯驻黄河以南，且避开灵州绕道进围乌氏城（今甘肃泾川西北），唐高祖命其三子齐王李元吉领李艺等大军援救乌氏。

八月，唐太宗新立，突厥颉利、突利（受颉利胁迫）合兵 10 余万进攻泾州（今甘肃泾川）、武功（陕西今地），兵临渭水桥，逼近长安。唐太宗立即整顿兵马，亲历渭水桥畔，斥责颉利背盟，双方在渭水桥（今陕西西安东渭水桥）隔渭水为阵。颉利自知理亏，且见唐有备，于是“借梯下房”，与唐重新立盟，史称“渭桥之盟”，颉利得唐金帛，引突厥兵退走。（《旧唐书》卷二、

六十七、一九四，《新唐书》卷二一五上，《唐会要》卷九十四，《资治通鉴》卷一九一）

唐太宗贞观元年（627 年）

一月，李艺领军反于泾州，占领邠州。唐太宗命吏部尚书长孙无忌和尉迟敬德等领军征讨，李艺被击溃，弃妻子独领数百骑北奔突厥，至乌氏驿时，人困马乏，为左右所杀。

是年，唐太宗调灵州都督李靖回朝任兵部尚书，复以任城王李道宗为灵州都督，以御突厥。时灵州仍属全国十道的关内道，又将盐州并入灵州，故灵州又有“灵盐”之称。（《旧唐书》卷二、三十八、五十六、六十，《新唐书》卷二、三十七，《太平寰宇记》卷三十七）

唐太宗贞观二年（628 年）

四月，唐终平定梁师都，以其多年盘踞之地置夏州（今陕西靖边统万城）。是年，复于“灵盐”辖之盐川郡置盐州（今宁夏盐池县），又置盐州所辖五原（今陕西定边县）、兴宁（今陕西靖边县）两县。（《旧唐书》卷三十八，《新唐书》卷三十七，《唐会要》卷七十，七六六，《元和郡县图志》卷四）

唐太宗贞观三年（629 年）

突厥颉利部属薛延陀首领夷男，自称可汗，伙同突厥颉利扰边。

十一月，唐太宗诏兵部尚书李靖、灵州大都督任城王李道宗（《资治通鉴》卷一九三作“灵州大都督薛万彻”）等分别由定襄（今山西平鲁）道、大同（山西今地）道等地出击突厥。李道宗等与突厥转战至灵州，获大胜，俘获突厥人畜以万计。突利本与颉利不和，为颉利胁迫的突利转而率众降唐，郁射设及荫奈特勒也率众先后降唐，颉利势孤转衰，不得不退兵。（《旧唐书》卷三

十八，《新唐书》卷三十七）

唐太宗贞观四年（630 年）

二月，唐太宗以训练有素之军，变被动防守为主动出击，以兵部尚书李靖等领大军，大败颉利。

三月，突厥可汗颉利兵败被俘至长安，东突厥亡。其他部落或走投薛延陀，或西奔西域，而降唐者 10 余万口。唐太宗不听魏征反对于内地安置突厥降众之论，采用中书令温彦博之策，于朔方地自幽州（今北京）至灵州分别置顺、祐、化、长四州都督府，予以安置突厥降众。又以原颉利之地分置六州以安置突厥降户，各以其酋长为将军、中郎将等官职，以统领其部落。四夷君长到长安朝贡，请尊唐太宗为“天可汗”。此后，唐太宗以玺书赐西北各君长，诸君长皆称唐太宗为“天可汗”。

是年，分灵州总管府的回乐县设回、环（今宁夏中宁东）两县州，且于回乐县内另设丰安县（今宁夏中宁东）隶属回州，回州领回乐县、丰安县。（《旧唐书》卷三十八、一九四，《新唐书》卷二一五上，《贞观政要》卷九）

唐太宗贞观五年（631 年）

四月，安置于灵州、盐州的突厥斛薛部叛唐北奔，任城王李道宗与公孙武达等领军征讨。公孙武达领军趋灵州，至波逻回（今宁夏牛首山下黄河拐弯处），追上北奔者。时突厥正在渡河，见公孙武达领灵州水军追及，突厥斛薛部遂据河南岸抵抗。公孙武达泊船，引兵攻击，攻杀斛薛部帅可逻拔扈，俘男女六畜万余而回。（《旧唐书》卷三十八、五十七，《新唐书》卷八十八，《太平寰宇记》卷三十三，《册府元龟》卷二九一）

唐太宗贞观九年（635 年）

废环州，以原环州为鸣沙县，隶属灵州。

唐太宗贞观十年（636 年）

一月，突厥首领阿史那社尔率其部万余人降唐，唐太宗授阿史那社尔为左骁卫大将军，将其部众安置在灵州境内，以衡阳公主为阿史那社尔之妻，擢他为驸马都尉，统领屯兵。阿史那社尔以后屡立战功，官至右卫大将军，去世后赠大将军、并州都督，陪葬昭陵，旧、新《唐书》有传。（《旧唐书》卷十一，《新唐书》卷一一〇）

唐太宗贞观十一年（637 年）

废省灵州所辖之丰州（今内蒙古临河东），所辖不变，即仍以原丰州地隶属灵州。（《旧唐书》卷三十八，《新唐书》卷三十七）

唐太宗贞观十三年（639 年）

废省回州（今宁夏中宁石空镇），以原回州地隶属灵州回乐县，回乐治灵州城内。（《旧唐书》卷三十八）

唐太宗贞观十五年（641 年）

十一月，薛延陀领所属同罗、仆骨、回纥等部南侵，企图袭取唐太宗为安置归降的突厥人，已诏命李思摩于漠南所建的突厥汗国。唐太宗命朔方道行军总管、右卫大将军李大亮为灵州道行军总管，领兵4万、骑5000屯灵武州，以援引李思摩。

十二月，李世勣领军逾过白道川（今内蒙古呼和浩特北），到达了青山（内蒙古今地）大败薛延陀大度设军。李大亮领灵州军送李思摩归镇。（《旧唐书》卷二，《册府元龟》卷一二五、六二一）

唐太宗贞观十六年（642年）

薛延陀兵败后，其真珠可汗夷男转而想和唐媾和，就遣其叔父沙钵罗泥熟道经灵州向唐求婚以结亲好，献玛瑙镜一面，马3000匹（《资治通鉴》卷一九七作“五万匹”），牛、橐驼万头，羊十万只，貂皮38000张。唐太宗许以第16女新兴公主下嫁夷男为妻，令备亲迎之仪。唐太宗约定下年，真珠可汗夷男迎娶新兴公主、完聘。（《旧唐书》卷一九九下，《唐会要》卷九十六，《资治通鉴》卷一九七）

唐太宗贞观十七年（643年）

六月，左领军将军契苾何力对唐太宗说：“薛延陀不可与昏（婚）。”唐太宗说：“吾已许之矣，岂可为大子而食言乎!”契苾何力回答说：“臣非欲陛下遽绝之也，愿且迁延其事。臣闻古有亲迎之礼，若敕夷男使亲迎，虽不至京都，亦应至灵州；其必不敢来，则绝之有名矣。夷男性刚戾，既不成昏（婚）其下复携贰，不过一二年必病死，两子争立，则可以坐制之矣!”唐太宗听从契苾何力之策，就征真珠可汗夷男至灵州亲迎，又发诏将幸灵州与他相会。真珠大喜，准备前往灵州亲迎，其臣下劝阻说：“脱为所留，悔之无及!”真珠说：“吾闻唐天子有圣德，今亲幸灵州，我得亲往见之，死无所很，且漠北必当有主，我行决矣，勿复多言!”

唐太宗驾幸灵州，夷男因“多以羊马为聘礼，路经沙碛，耗死过半”，故聘礼不备，未按约定期至灵州。唐太宗连续多次派使者催促，夷男不至。唐太宗“停幸灵州，追回三使”，“责以聘礼不备”，又以不按约定至灵州迎亲责夷男，遂与夷男绝婚。随驾至灵州的中书令褚遂良却反对唐太宗“悔婚”，他说道：“……御幸北门（灵州，有唐一代称灵州为‘国之北门’），受其献食……今一朝生进退之意，有改悔之心……所失殊多……”唐太宗不听，悔婚。

其臣下也多反对太宗悔婚，他们说：“国家既许其昏（婚），受其聘币，不可失信戎狄，更生边患。”唐太宗却说：“卿曹皆知古而不知今。昔汉初匈奴强，中国弱，故饰女子、捐金絮以饵之，得事之矣。今中国强，戎狄弱，以我徒兵一千，可击胡骑数万。薛延陀所以匍匐稽颡，唯我所欲，不敢骄慢者，以新为君长，杂姓非其种族，欲假中国之势以威服之耳，彼同罗、仆固、回纥等十余部，兵各数万，并力攻之，立可破灭。所以不敢发者，畏中国所立故也。今以女妻之，彼自恃大国之婿，杂姓谁敢不服……今吾绝其昏（婚），杀其礼，杂姓知我弃之，不日将瓜剖之矣，卿曹第志之!”

唐太宗终究还是听从了契苾何力之谏，断绝了这门亲事，于七月由灵州返回长安。（《旧唐书》卷一九九下，《唐会要》卷九十四，《资治通鉴》卷一九七）

唐太宗贞观十九年（645年）

十二月，薛延陀拔灼（夷男死，其子自立）乘唐太宗亲征辽东之机，领军大举南下，进入河套地区。唐太宗令李道宗发朔（今山西朔县）、代（今山西代县）等九州军镇守朔州；薛万彻等发夏、绥（今陕西绥德）等州军镇守胜州（今内蒙古伊克昭盟东北）；宋君明、薛孤灵等发灵、延、庆、原等兵镇灵州；又令执失思力发灵、胜两州的突厥兵，与李道宗等相呼应。薛延陀拔灼领兵至灵州塞下，知唐有备，不敢继续南下而回。（《资治通鉴》卷一九八）

唐太宗贞观二十年（646年）

六月，唐太宗令江夏王李道宗、右卫大将军阿史那社尔、代州都督薛万彻等分道出击薛延陀。回纥首领吐迷度在唐军的支持下，大败薛延陀，杀掉自立为可汗的拔灼，并其部众，遂南下灵州，过贺兰山，直抵黄河。但薛延陀部众还有 7 万余口，西去，共立真珠可汗兄子咄摩支为伊特勿失可汗。但咄摩支以为，不得唐太宗册封，不敢自立，故不久就自去可汗之号。遣使入朝上表，请求居于郁督军山（今蒙古国杭爱山东支）之北的薛延陀故地。可九姓酋长们听说薛延陀要回来，怕他们东山再起，都十分恐慌，唐北部会因此又发生混乱。朝议中，唐君臣恐薛延陀再为北方边境之患，就再派李世勣与九姓敕勒共图薛延陀。李世勣临行时，唐太宗告诫他说："降则抚之，叛则讨之。"李世勣领军走后，唐太宗又下手诏说："薛延陀破灭，其敕勒诸部，或来归降，或未归服，今不乘机，恐贻后悔，朕当自诣灵州招抚……"

李世勣到达郁督军山，其酋长梯真达官率众前去归服。薛延陀的咄摩支却南奔山谷，李世勣派通事舍人萧嗣业前往招抚，咄摩支到萧嗣业处归降。但咄摩支的部众犹不归服，李世勣便纵兵追击。经多次作战，先后共杀薛延陀部 5000 人，俘获男女部众 3 万余人。

七月，咄摩支到达了长安，唐太宗拜他为武卫大将军。

八月，唐太宗为彻底解决薛延陀问题，使北方获安，行幸灵州。车驾到达泾阳（陕西今地）时，回纥、拔野古、同罗、仆骨、多滥葛、思结、跌结、阿跌、契苾、浑、斛薛等十一部（《册府元龟》卷九七七作"十三部"），各遣使朝贡，于泾阳遇到唐太宗，请求"归命天子"，"乞置汉官"。唐太宗诏令各部遣使至灵州相会。此次行幸灵州的大致行程为：八月己巳（初 10 日），唐太宗离长安，庚辰（22 日）至泾州，丙戌（28 日）逾陇山关到瓦亭（今宁夏固原南），观马牧后，于九月甲辰（15 日）至灵州。

唐太宗到达灵州后，时铁勒诸部落的俟斤（官职名）、颉利发（官职名）等所遣使人陆续到达灵州达数千人，贡品琳琅满目，盛会空前，请尊唐太宗为"天可汗"，齐曰："愿得天至尊为奴等天可汗，子子孙孙常为天至尊奴，死无所恨。"唐太宗从其所请，即席赋五言诗一首，内有"雪耻酬百王，除凶报千古"之句。又允百官所请，勒之以石，竖于灵州（后石碑残破，仅传世"雪耻酬百王，除凶报千古"两句），以序其事，于灵州宣颁诏书，诏告天下。唐太宗再幸灵州，诸部大会灵州月余，北荒悉平。此次唐太宗亲幸灵州诗作传世的还有两首，即《饮马长城窟行》和《黄河》。

九月二十二日，灵州地震，声音如雷。十月丙戌（28日），唐太宗由灵州返回长安。（《唐太宗诏令集》卷七十九，《唐会要》卷七十三）

《嘉靖宁夏新志·沿革考证》卷四载："丙午（六四六年）、二十年秋八月，帝（唐太宗）如灵州，遣李世勣击薛延陀，降之。敕勒诸部遣使请吏，遂勒石。帝初（贞观十七年，643年）以新兴公主许嫁薛延陀，既而幸灵州，求隙与之绝婚。薛延陀多弥可汗寇夏州，寻亦国破被杀。余众立真珠兄子咄摩支，遣使奉表请居郁督军山（今蒙古共和国杭爱山东支）之北。上（唐太宗）自诣灵州招抚（贞观二十年，646年），李世勣至郁督军山，咄摩支降。回纥等十一部姓各遣使归命，乞置官司。上大喜，遣使纳之，为诗曰；'雪耻酬百王，除凶报千古'，勒石于灵州。"其诗之勒石碑后来残破，只留下了这两句诗传世。

又据岑仲勉先生的《隋唐史·唐史》卷下载：唐太宗灵州会盟时，设二层高坫（高土台）于行殿前，高坫上层放置底部有流管的大银瓶于转盘上，大银瓶底部有流管。下层转盘上轮置银瓶，大银瓶与内阁中高置的盛酒器"潜流酒泉"用流管连通，"酒泉"中的酒，通过连管进入大银瓶，然后转动转盘，将大银瓶中的酒，通过底部的流管注入一个个小银瓶内。铁勒诸部到达灵州的虽有数千人，但饮之不尽，宴饮者尽欢。唐太宗大悦，于灵州诏告天下。《唐大诏令集》卷七九载其诏书曰："惟天为大，合其德者弗违；谓地盖厚，体其仁者光被。故能弥纶八极，舆盖二仪，振绝代之英声，毕天下之能事。彼匈奴者，与开辟而俱生；奄有龙庭，共上皇而并列。僭称天子，分天街于紫宸；仰应旄头，抗大礼于皇极。乡（向）面窥邃古，能无力制。自朕临御天下，二纪于兹，粤以眇身，一匡寰宇。始勤劳于昧旦，终致治于升平。曩者聊命偏师，遂擒颉利；今兹始弘庙略，已灭延陀。虽麾驾出征，未逾郊甸前驱所�，才掩塞垣。长策风行，已振金徽之表；扬威电发，远璟沙场之外。铁勒诸姓、回纥胡禄俟利发等，总百余万户，散处北溟，远遣使人，委身内属，请同编列，并为州郡。收其瀚海，尽入提封；解其辫发，并垂冠带。上变星昴，归于东井之䴚；下掩蹀林，祛于南山之囿。混元以降，殊未前闻；无疆之业，永贻来裔。古人所不能致，今既吞之；前王所不能屈，今咸灭之。斯实书契所未有，古今之壮观，岂朕一人独能宣力！盖有上灵储祉，锡以太康；宗庙威灵，成兹克定。即宜备礼，告于清庙，乃颁示普天。”（《唐大诏令集》卷七十九，《资治通鉴》卷一九八、一九九，《全唐诗补遗》）

唐太宗贞观二十一年（647年）

一月，唐太宗以上年灵州大会铁勒诸部时之铁勒、回纥等十三部内附者，置六都督府、七州，实施了羁縻州政策安置之。六府为："以回纥部为瀚海都督府，仆固（骨）为金徽都督府，多滥葛部为燕然都督府，拔野古部为幽陵都督府，同罗部为龟林都督府，思结部为卢山都督府。”七州为："以浑部为皋兰州，斛薛部为高阙州，奚结部为鸡鹿州，阿跌部为鸡田州，契苾部为榆溪州，思结别部为蹛林州，白霫部为寘颜州。”其中，皋兰、高阙和鸡田三州，并属于灵州，其余数州府设于他处。

《资治通鉴》卷一百九十八载：应回纥等十三部之请，“臣等既为唐民，往来天至尊所，如诣父母，请于回纥南、突厥以北（鸊鹈泉南）开一道，谓之参天可汗道，置六十八驿，各有马及酒肉供过使，岁贡貂皮以充租赋”。又应其请“请能著文人，使为表疏”。

是年，“参天可汗道”开通，于丰州过黄河沿灵州境内黄河河谷南下，至灵州接“灵州大道”入长安，灵州为这条“丝绸之路”上的必经之地，使团、商队来往频繁。（《旧唐书》卷一九九下，《新唐书》卷二、四十三下，《资治通鉴》卷一九八）

唐太宗贞观二十二年（648年）

二月，西突厥沙钵略叶护领部众沿“参天可汗道”，经灵州降附于唐。

三月，唐太宗以阿史德特建俟斤置祁连、皋兰二州（《资治通鉴》卷一九

八作“烛龙、祁连州”），以安置阿史部众，隶属灵州都督府。（《唐会要》卷七十三）

唐太宗贞观二十三年（649 年）

四月，灵州奏境内黄河清。黄河清在古代是件大事，因古语云“圣人出，黄河清”是用来歌颂圣人在位的。但史家以为，这说明其时灵州的生态环境良好，黄河所带泥沙少，故显水清。（《旧唐书》卷三十六，《宁夏通史·古代卷》）

唐高宗永徽二年（651 年）

废属灵州之皋兰、祁连二州。（《唐会要》卷七十三）

唐高宗麟德二年（665 年）

灵州界内的突厥斛薛、浑部等降户万余帐，经常扰掠居民，使百姓不得不放弃农业生产，练习骑射以自卫。崔知温时为灵州都督府司马，多次上书请求徙斛薛、浑部于黄河之北，获准。初时二部不愿迁徙，崔知温深入二部以对比算账法，于二部做通了工作。斛薛、浑部徙黄河北后，灵州居民得以安宁，安心发展生产；被徙居黄河北的突厥降户，也由于该处土地膏腴，水草丰美，农牧业得到发展，家有储余，年丰岁收，果然如崔知温所预料的那样。两部皆大欢喜，其部众派代表到灵州，向崔知温致谢。

是年，唐牧马监养马规模日渐扩大，已发展到盐州至灵州东鄂尔多斯台地，于灵州、盐州置使。“其后又于盐州（今宁夏盐池）置使，统白马（今宁夏中宁白马）等八坊”，使牧马监扩大到今宁夏西部的灵州鸣沙。史书中又有载“盐州使有八监”（含灵州白马等八坊），均载是唐高宗麟德二年因牧马监扩大规模时所建。（《旧唐书·百官志》，《旧唐书》卷一八五上，《张

说文集·陇右群牧颂》《唐会要》卷七十三）

唐高宗咸亨三年（672 年）

居于青海东部诸地的吐谷浑全境为吐蕃所兼并，吐谷浑王诺谒钵无力抵抗，遂率弘化公主及其亲近数千帐内徙。因其尚唐公主之故，唐以左卫大将军苏定方为安置大使，徙吐谷浑于灵州境内，置安乐州（治今宁夏同心东韦州镇）以安置其众，“安乐州”本意是欲其安且乐居，并且以诺曷钵为安乐州刺史。（《旧唐书》卷五、一九六上、一九八，《新唐书》卷二二一上，《唐会要》卷七十、九十四）

唐高宗仪凤三年（678）

上年，灵州之怀远县城（今宁夏银川东）为河水所毁，是年于其西再筑新城（今银川市），县境内有盐池三所。灵州境内有温盐池、两井池、长尾池、五泉池、红桃池、回乐池、弘静池七处。

由于牧马监继续扩大，唐设郡牧都使以管理各地马牧监，同时因其监牧扩大而增设牧监，除灵盐所设八监外，另设乌氏监（今宁夏固原南）、长泽监、木峡监（今宁夏固原西南），牧监数达到《唐六典》作“六十有五”，《文献通考》卷一五九作“五十六监”。（《旧唐书》卷三十八，《新唐书》卷五十四，《元和郡县图志》卷四，《唐六典》卷五，《玉海》卷一四九）

唐高宗调露元年（679 年）

于灵州、夏州南境置鲁、丽、塞、含、依、契六州，以处降附之突厥部众，总称“六胡州”，各州以唐人为刺史管理。（《旧唐书》卷三十八，《新唐书》卷三十七，《唐会要》卷七十三，《元和郡县图志》卷四）

唐高宗永隆二年（681 年）

突厥温傅部反，迎颉利族子伏念于夏州，立为可汗，突厥诸部纷纷响应。一月，反叛的突厥部由夏州南下扰掠原（今宁夏固原）、庆（今甘肃庆阳）两州。朝廷命灵州等州裴行俭、李知十、王果等，分别领军征讨。同时命灵州、原州、庆州等地严加防守。（《旧唐书》卷五，《新唐书》卷三、二一五上）

唐高宗永淳二年、唐中宗弘道元年（683 年）

五月，突厥围攻丰州（今内蒙古五原西南），杀丰州都督崔智辩，朝议中欲废丰州不守，迁其民于灵州和夏州。丰州司马唐休璟上言反对说："丰州因河为固，据贼要冲。自秦汉以来，列为郡县，土宜耕牧。隋季丧乱，迁百姓于宁、庆二州，致胡虏深侵，以灵（州）、夏（州）为边境。贞观之末，募人实之，西北始安，今废之则河滨之地复为贼有，灵、夏之州人不安业，非国家之利也!"也就是说，丰州为北方屏障，放弃丰州，灵、夏等州居民不能安居，力争不可废，朝廷听从唐休璟之谏，续设丰州并加强守卫。（《旧唐书》卷九十三，《资治通鉴》卷二〇三）

武则天垂拱四年（688 年）

唐高宗咸亨三年（672 年），安置在灵州境内的安乐州刺史、吐谷浑王诺谒钵病死，余众长期定居于安乐州。

武则天天授元年（690 年）

以知灵、夏等地营田使娄师德兼检校丰州都督。娄师德身先士卒，衣皮裤，与士卒同甘共苦，率领士卒屯田大有成效，积谷数百万，军粮丰足。武则天赐书慰劳说："卿素积忠勤，兼怀武略。朕所以寄之衿要，授以甲兵。自卿受委北陲，总司军任，往还灵、夏，检校屯田，收率既多，京砥遽积。不烦和籴之费，无复转输之艰，两军及北镇兵数年咸得支给。"（《旧唐书》卷九十二，《新唐书》卷一〇八）

武则天天授三年、如意元年（692 年）

党项羌内附者达 20 万口，散居于灵、夏之间。是年，朝廷于他们散居的灵、夏之地分别置朝、吴、浮、归等十州以安置内附的党项羌 20 万众。（《旧唐书》卷一九八，《新唐书》卷二二一上，《唐会要》卷九十八）

武则天长寿二年（693 年）

十二月，后突厥兴起，其首领默啜恃强向外扩张，率众攻掠灵州，被右鹰扬卫大将军李多祚领军击溃。（《旧唐书》卷一九四上）

武则天延载元年（694 年）

后突厥可汗默啜，不断向外扩张，再领众攻掠灵州。

一月，以娄师德为河源（今青海东南）、积石（今青海循化）、灵州怀远等营田使，于上述各地加强屯田。（《资治通鉴》卷一九四）

武则天天册万岁元年（695 年）

正月，以王孝杰为朔方道（灵州）行军总管，击退入侵灵州的后突厥军。（《资治通鉴》卷二〇五）

武则天万岁通天二年、神功元年（697 年）

一月（《旧唐书》卷六作“九月”，《资治通鉴》卷二〇六作“五月”），突厥默啜领军围攻灵州，强迫上年被俘的凉州都督许钦明劝降灵州守军，许钦明到灵州城下高喊：“求美酱、梁米及墨。”求美酱，暗示城中选取良将。及墨，就是到天黑。梁米，暗示引精兵夜袭突厥营。可惜灵州城中没有人知道许钦明隐喻的意思，未按其提示行动，许钦明为突厥所杀。（《资治通鉴》卷二〇六，《旧唐书》卷六、五十九，《新唐书》卷九十）

武则天万岁圣历元年（698）

默啜索求处于灵、夏、丰等州的突厥降户及农具、籽种等，武则天不许。谏官杨再思等以契丹未平为由，再三劝武则天允应。于是武则天诏命尽驱居于灵、夏、丰州突厥降户数千帐归突厥，并给予突厥籽种 4 万斛、农具 3000 件，默啜部由此更得以强盛。

是年，唐宗室女弘化公主、吐谷浑王诺曷钵之妻和慕容忠死于灵州安乐州。（《旧唐书》卷一九四，《新唐书》卷二一五，夏鼐《考古学论文集》，科学出版社，1961 年）

武则天久视元年（700 年）

时唐休璟为灵州都督，严守边界，为后突厥所忌惮。

十二月，由于默啜忌惮唐休璟守灵州，南下进军时绕开灵州，攻掠陇右各牧马监，掠牧马万余匹北去。（《旧唐书》卷一九四，《新唐书》卷六十一）

武则天长安元年（701 年）

五月，武则天以萧关道行军总管魏元忠为灵州道行军大总管，领军以备突厥。魏元忠在灵期间三年，灵州安稳。但后突厥默啜攻掠盐、夏两州，掠羊马 10 万只（匹）而去。（《新唐书》卷四、六十一、二五一，《资治通鉴》卷二〇六）

武则天长安二年（702 年）

正月，后突厥默啜攻掠灵州外围之盐州和夏州，于盐、夏境内大掠牲畜、财物。（《新唐书》卷四、六十一、二五一上）

武则天长安四年（704 年）

七月，同平章事宗楚客因罪迁为原州都督、充灵武道行军大总管。

九月，以姚元之（即姚崇，唐玄宗开元初之名相）知群牧使，兼灵武道行军大总管、灵武道安抚大使。

是年，裁并六胡州为匡、长两州，置于灵州境内。（《旧唐书》卷六，《新唐书》卷四、六十一，《唐会要》卷七十三）

唐中宗神龙元年（705 年）

一月，姚元之自灵州至东都，与宰相张柬之等谋废武周恢复唐室成功。

六月，以左骁卫大将军裴思说充任灵武道大总管，以备突厥。

是年，改灵州弘静县为安静县（今宁夏永宁东北），又新置温池县（治今宁夏盐池西南惠安堡）属灵州（《元和郡县图志》卷四载：“（温池县）西北至

（灵州）一百八十里”）。（《旧唐书》卷三十八，《唐会要》卷七十，《资治通鉴》卷二〇八）

唐中宗神龙二年（706 年）

据《旧唐书》卷七、卷三八载：十二月，后突厥可汗默啜领军攻灵州鸣沙县（今宁夏中宁东北），灵武军大总管沙吒忠义领军拒守，久战而败，战死者 6000 余人（有的记载为“三万”，有的作“数万”）。默啜乘胜进掠原、会等州，掳掠陇右牧马监牧马万余匹而去。沙吒忠义因战败被免职。

是年，移灵州鸣沙县治于废丰安县城（今宁夏中宁东北石空镇）。（《旧唐书》卷七、三十八、一九四，《新唐书》卷四、二一五上，《唐会要》卷九十四）

唐中宗神龙三年（707 年）

是年初，于灵州置朔方军。

五月（《资治通鉴》卷二〇八作“十月”），以右屯卫大将军张仁愿（原名张仁亶）为朔方军总管（治灵州），以防备、抵御突厥。

是年，以原灵州六胡州置兰池都督府，分原六州地分别置县，朝廷命官以治。（《旧唐书》卷九十三，《新唐书》卷三十七、一一一）

唐中宗景龙二年（708 年）

一月，唐中宗下制书，以后突厥默啜寇边不止，命内外官进平后突厥之策。右补阙卢俌上疏以为：“……如沙吒忠义，骁将之材，本不足以当大任。又，鸣沙之役，主将先逃，宜正邦宪；赏罚既明，敌无不服。”

三月，朔方军总管张仁愿于黄河河套以北筑三受降城，首尾呼应，用以防御突厥南下侵扰。中受降城在今内蒙古包头市西；东受降城在今内蒙古托克托南黄河以北大黑河东岸，西去中受降城 300 里（唐制 1 里约合 494 米，下同）；

西受降城在今内蒙古杭锦后旗乌加河北岸、狼山口南，东去中受降城 380 里（其后东、西受降城曾改筑）。此后，突厥不得度过阴山南下牧马，朔方不再受到突厥攻掠，因而减去戍卒数万（一作“数十万”）人。（《册府元龟》卷一四七，《元和郡县图志》卷四）

《新唐书》载：“始，朔方军与突厥以河（黄河）为界。北崖有拂云祠，突厥每犯边，必先谒祠禳解，然后料兵度而南。时默啜悉兵西击突骑施，张仁愿请乘虚取河南（河套黄河以南）地，于河北（河套黄河北）筑三受降城，绝虏南寇路……（筑三受降城）自是突厥不敢逾山牧马，朔方益无寇。”因灵州有三受降城，所以人们有时也把灵州混称为“受降城”。

旧、新《唐书·张仁愿传》又载：张仁愿筑三受降城向北拓地三百里，在牛头朝那山（今内蒙古固阳东）以北，置烽堠 1800 所，“自是突厥不得度山放牧，朔方无复寇掠，减镇兵数万人”。张仁愿因功后被封为“韩国公”，后世因有“韩公受降城”之谓。

唐中宗景龙三年（709 年）

于原灵州白盐池所在地，置白池县（今宁夏盐池北），隶属盐州。（《唐会要》卷七十）

唐睿宗景云元年（710 年）

七月，以右御史大夫解琬为朔方军（治灵州）大总管。解琬考按核算三受降城等朔方军所需军力情况后，上奏朔方军减少 10 万人。（《资治通鉴》卷二一〇）

唐玄宗先天元年（712 年）

以郭元振为朔方军（治灵州）大总管，李同秀为朔方道后军大总管。郭元振筑定远城（今宁夏平罗黄渠桥镇），又另筑丰安城（今宁夏中宁石空镇），以为诸军戍守之所。

是年为灵州定远、丰安两城始筑年。（《旧唐书》卷三十三，《新唐书》卷五、一二二，《资治通鉴》卷二〇九）

唐玄宗开元元年（713 年）

十月，以刑部尚书赵彦昭为朔方大总管。

是年，以灵州境内的原六胡州地分别置东皋兰等六州，仍称“六胡州”，以居突厥降众。东皋兰州，在鸣沙（今宁夏中宁）县境，户 1342，口 5182；燕山州、烛龙州，在温池县（今宁夏盐池县惠安堡一带），户 547，口 2592；燕然、鸡鹿、鸡田州在灵州回乐境，户 426，口 2003。（《旧唐书》卷三十八，《唐会要》卷七十三，《太平寰宇记》卷三十六，《资治通鉴》卷二一一）

唐玄宗开元二年（714 年）

一月，以姚崇为灵武道行军大总管，兼凉州都督。

闰二月，因以姚崇为相，便以鸿胪少卿、朔方军副大总管王晙兼安北大都督、朔方道行军大总管，令丰安（今宁夏中宁石空镇）、定远（今宁夏平罗黄渠桥镇）、三受降城及旁侧诸军皆受王晙节度。徙安北大都督府于中受降城（今内蒙古包头西），置兵屯田。

九月，太常少卿姜晦奏以空名告身于灵州六胡州买马，凡购得 30 匹马者，酬一游击将军职，玄宗从之。

十月，吐蕃再次入寇渭源（今甘肃陇西），已近关中，唐玄宗下诏要亲征，征集京城等地 10 万人、马 4 万匹。中军大总管薛讷（薛仁贵之子）与吐蕃军战于渭源的武街，朔方行军大总管王晙率所部朔方军 2000 人前往与薛讷军会合，共击吐蕃军。吐蕃坌达延率吐蕃 10 万人屯于大来谷。王晙精选所部朔方军中 700 名勇士，穿着吐蕃军服，伪装为吐蕃军乘夜袭击吐蕃军。他又在身后的 5 里处多设鼓角。前军进入吐蕃营大呼，后面的鼓角震天。吐蕃军以为有唐大军夜袭，惊慌逃跑。慌乱中不辨敌我，自相残杀，死者数以万计。薛讷军时屯驻在武街，离大来谷 20 里。逃跑的吐蕃军塞满了大来谷，王晙领朔方军从后攻击，使得吐蕃军大溃败，才得以和薛讷大军会合，共同追击到洮水上，再战于长城堡，又大败吐蕃军。先后共杀吐蕃军数万人，朔方军中只有丰安军使王海滨战死。薛、王进军取得了这次大捷后，唐玄宗才又下诏取消了亲征之举。（《旧唐书》卷九十三，《新唐书》卷三十四，《唐会要》卷七十二，《册府元龟》卷六二一，《资治通鉴》卷二一一）

唐玄宗开元三年（715 年）

十月，以薛讷为朔方道行军大总管，太仆卿吕延祚、灵州刺史杜宾客副之，以讨突厥。

十一月，贬监察御史张孝嵩为灵州兵曹参军。（《新唐书》卷五、三十四，《资治通鉴》卷二一一）

唐玄宗开元四年（716 年）

六月，突厥可汗默啜为其种落部人所杀，其下属酋长纷纷至塞下灵州等地降附，唐安置于河曲（今山西芮城风陵渡）内。不久，毗迦可汗立，国人谓之“小杀”，已归附唐的突厥人又陆续叛走。

十月，朔方道行军总管薛讷发兵追讨叛离之突厥人，斩俘 3000 多人。（《旧唐书》卷九十三，《资治通鉴》卷二一一）

唐玄宗开元八年（720 年）

六月，突厥部众由于发生大水灾，淹死 2000 余人，不得不迁徙南下。已归服唐的仆骨（固）部都督勺磨及颉跌部部落，散居受降城下，朔方大使王晙说他们要暗中接应突厥，谋陷受降城，密奏请求诛杀他们。密奏获准，王晙便在中受降城设宴，宴请勺磨等，却预先设下埋伏，席间乘机杀了他们。接着又将河曲降众全部杀尽。当时拔曳固、同罗诸部都已移居大同、横野军城下，他们听说王晙之举大哗，都惊惧不安。朝中都认为王晙太过残忍，唐玄宗便派张说前往横野军安抚曳固、同罗等部。

同年秋，并州长史、天兵节度大使张说率二十骑，持节抚慰北边诸部，拔曳固、同罗部遂安。（《旧唐书》卷九十三、九十七，《资治通鉴》卷二一二）

唐玄宗开元九年（721 年）

四月，灵州兰池都护府突厥人康待宾领众，于长泉镇（今盐池县南）起事，攻占六胡州地，其众达 60000 余人，进攻夏州。唐玄宗诏陇右节度使郭知运、朔方道大都督王晙和兵部尚书张说等领兵征讨。王晙上言请下敕书告知郭知运军，朔方军讨伐康待宾自有余力，意即不用陇右军。但兵部不予上报，郭知运领陇右军到达朔方后，与王晙不和。张说在银城取得大胜，朝廷因在银城置麟州（今陕西神木），由张说坐镇。

七月，康待宾被王晙俘获，杀其众 5000 人，将被生擒的康待宾送往京师，在西市腰斩。但郭知运由于和王晙不和，凡王晙已招抚的兰池州的突厥部，郭知运又攻之。突厥部认为是王晙出卖了他们，于是余众由康待宾旧部康愿子率领，继续与唐军相抗。唐玄宗认为王晙不能安定六胡州，便贬王晙为梓州刺史。

十月，郭知运死于朔方（灵州）。

是年，唐改朔方道大总管为朔方节度使，领单于都护府（治中受降城，位今内蒙古包头西）、夏、盐等州及定远、丰安两军和西、东受降城。（《旧唐书》卷九十三，《资治通鉴》卷二一二）

《旧唐书》卷三八载：“朔方节度使，捍御北狄，统经略、丰安、定远、西受降城（天德军治所）、东受降城、安北都护府（治中受降城）、振武等七军府。朔方节度使，治灵州……经略军，理灵州城内……丰安军，在灵州西黄河外（西）百八十里……定远城，在灵州东北二百里黄河外（西）……西受降城，在丰州（今内蒙古五原南）北黄河外八十里……安北都护府治，在中受降城黄河北岸……东受降城，在胜州（今内蒙古准格尔旗东北十二连城）东北二百里……振武军，在单于都护府城内……朔方，隋岩绿县。贞观二年（628年），改为朔方县。永徽五年（654年）分置宁朔县，长安二年（702年）废。开元四年（716年）又置，九年（721年）又废，还并入朔方……宁朔州都督府，寄在朔方县界（今内蒙古乌审旗南白城子），户370，口2027。仆骨州都护府，寄在朔方县界，户122，口673。朔方节度使，治灵州，管盐（今宁夏盐池）、夏（今陕西靖边统万城）、绥（今陕西绥德）、银（今陕西榆林）、宥（今内蒙古鄂托克旗南）、丰（今内蒙古五原南）、会（今宁夏中宁鸣沙镇）、麟（今陕西神木北）、胜（今内蒙古准格尔旗东北十二连城）、单于府（今内蒙古和林格尔西北土城子）等州。”

唐玄宗开元十年（722年）

四月，朔方节度使增领鲁、丽、契三州，张说兼朔方节度使（治灵州）。

九月，朔方康待宾之侄康愿子自立为可汗，率突厥众攻掠，以企夺取各牧马监马渡河西走。唐玄宗命张说往巡边塞，部属军事。张说领朔方军前往征讨康愿子，在木盘山（今宁夏盐池北木根山）大败康愿子，康愿子及其家属子女全部被擒。唐玄宗听从张说奏议，将灵州、夏州之间的六州突厥约5万人，全部迁往许（今河南许昌）、汝（今河南临汝）、唐（今河南唐县）、邓（今河南邓县）、豫（今河南荥阳西北）五州。朔方黄河以南千里之地始空，边境唐军兵员由以前的60余万人，减少为40余万人。（《旧唐书》卷八、九十七，《新唐书》卷五、一二五，《唐会要》卷七十三，《太平御览》卷二七七）

唐玄宗开元十一年（723年）

一月，以张说为中书令。唐玄宗认为王晙有军事才能，招回朝。

五月，以兵部尚书、同中书门下三品的王晙兼任朔方军节度大使，巡河西、陇右、河东、河北诸军。

朔方节度（使）领关内支度营田使。（《资治通鉴》卷二一二）

唐玄宗开元十五年（727 年）

朔方节度（使）兼关内盐池使。

七月，以左金吾卫大将军、信安王李祎为朔方节度副大使；以朔方节度使萧嵩为河西节度副大使。

吐蕃以书信约突厥“小杀子”毗迦可汗，入寇瓜州（甘肃今地），毗迦可汗不从，且以其书献唐朝廷，唐玄宗嘉奖毗迦忠诚，准许其部在朔方军西受降城与唐互市交易。唐于互市交易的缣帛，每年可达 10 万匹之多，毗迦部于“丝绸之路”贩运至西域各地甚至销往欧洲，大为受益。此举，加强了“丝绸之路”的中西往来和商贸活动，有利于中西经济交流。

十二月，由于吐蕃扰边，朔方军万余人屯驻会州（今宁夏中卫）防秋（即防卫秋季庄稼成熟，游牧民族贵族往往于此时发兵入内地抢夺粮食，以保护秋收，曰“防秋”）。

废达浑都督府。朔方节度（使）兼检校浑部落使。（《资治通鉴》卷二一三）

唐玄宗开元十七年（729 年）

三月，朔方节度使、信安王李祎攻克吐蕃石堡城（今内蒙古和林格尔西北）。之前吐蕃曾攻下唐属石堡城，留军镇守，以石堡城为据点侵扰唐之陇右。唐玄宗大怒，命朔方节度使李祎与河西、陇右郡共同商议夺取石堡城。诸将都认为石堡城据险且离诸郡太远，一旦不能攻克，恐难以回军。李祎不听，亲自领军深入吐蕃境，竭力攻之，一举攻克，然后分军据守要害，令吐蕃军不能南下侵扰。自此诸郡派军巡视，拓疆土千余里。喜拓疆的唐玄宗闻奏大喜，就改石堡城为振武军。（《资治通鉴》卷二一三）

唐玄宗开元二十年（732 年）

朔方节度（使）增领押诸蕃落使及闲厩宫苑监牧使（灵州仍是朝廷主要的军马养殖基地）。

一月，以朔方节度副使、信安王李祎（李祎因攻克石堡城而居功自傲被降职）为河东、河北行军副大总管，领军进击奚、契丹等大胜。

六月，加信安王李祎开府仪同三司。（《资治通鉴》卷二一三）

唐玄宗开元二十一年（733 年）

唐分全国为十五道，今宁夏（含灵武）仍属关内道。唐在边境地区设立专管军事的节度使和经略使（实际上后来经略使名存实亡，节度使大都成为集政、军、财权为一体的军阀）。其中朔方节度使（与灵州同治于回乐）的主要任务是防御北境，统领丰安、经略、定远、西受降城、东受降城、安北都护府和振武军七个军府，地位十分显赫，成为戍守军力日强的“国之北门”。朔方节度使（位今宁夏灵武西南），兵员 6.47 万人，战马 4300 匹；经略使也理于灵州回乐城内，兵员 2.07 万人，战马 3000 匹。（《旧唐书》卷三十八）

唐玄宗开元二十二年（734 年）

唐以朔方节度使、信安王李祎兼领关内采访处置使，并领泾（今甘肃泾川）、原（今宁夏固原）等 12 州。

是年，以原灵州下辖的安乐州（今宁夏同心韦州镇）改隶属原州。（《资治通鉴》卷二一四）

唐玄宗开元二十四年（736 年）

贬李祎为衢州刺史，以河西节度使牛仙客为朔方节度使。

是年，征灵州等地大家子弟 2 万人以扩充朔方、西受降城、丰安等地的兵员。史家认为这是原唐府兵制遭到破坏，改府兵制为募兵制的开始，国家增大了军事经费开支。

十月，唐玄宗因朔方节度使牛仙客，以前在河西，能节用度，勤职业，仓库充实，器械精利，欲加牛仙客为尚书而入相（进入宰相行列）。首相张九龄以牛仙客仅为武将而无文加以反对，李林甫暗中谮张九龄，使牛仙客入相。唐玄宗开始不信任张九龄，逐渐失去对名相的信任。（《资治通鉴》卷二一四，《曲江集》卷八）

唐玄宗开元二十五年（737 年）

九月，因朔方等西北边数十州多驻重兵，地租、营田所得不够赡军，始于灵州等边镇使用和籴之法，用买军粮的方法供军。（《资治通鉴》卷二一四）

唐玄宗开元二十六年（738 年）

因灵州康待宾起事受牵连而散居在许、邓等州的突厥降户，于二月，始允许其还归属于朔方的盐州、夏州之间的故土。其降户始得以由河南回迁。（《旧唐书》卷九，《唐会要》卷七十三）

唐玄宗开元二十八年（740 年）

十一月，罢牛仙客朔方节度使职。

唐玄宗开元二十九年（741 年）

是年，以名将、左羽林上将军、大同军使王忠嗣为朔方节度使、灵州都督。

开元时，灵州有 9960 户（约 5 万口人），屯田 37 顷。（《新唐书》卷一三三，《太平寰宇记》卷三十三、三十七，《唐六要》卷五）

唐玄宗天宝元年（742 年）

《旧唐书》卷三八等载：

一月，改元天宝，天下声教所被之州 331，羁縻之州 800，置十节度使、经略使以备边。改灵州为灵武郡，置朔方节度使、经略使，治回乐县（今灵武西南），捍御突厥，统经略、丰安、定远三军，三受降城及安北、单于二都护府，屯灵、夏、丰三州之境，治灵武，有兵 64700 人。灵武郡有户数 11456 户，有人口 53163 人。

七月，唐玄宗遣使晓谕突厥乌苏部，令其内附，乌苏不从。朔方节度使王忠嗣领朔方军盛兵屯于碛口（今山西临县碛口镇）以威逼乌苏归服。乌苏害怕，答应归服，但久不见乌苏可汗到来。王忠嗣就遣使游说拔悉蜜、回纥、葛逻禄共攻乌苏，乌苏可汗率部向西逃遁，王忠嗣便出兵攻击，攻取了乌苏所居右厢后，回军至灵武郡。（《旧唐书》卷三十八，《新唐书》卷三十七，《太平寰宇记》卷三十三、三十六、三十七，《元和郡县图志》卷四，《资治通鉴》卷二一五）

唐玄宗天宝三年（744 年）

八月，朔方节度使王忠嗣于前年讨乌苏，攻取了乌苏右厢，乌苏可汗西逃，被拔悉蜜部斩首，传首京师。乌苏部又立其可汗之弟鹘陇匐白眉特勒，为白眉可汗，重立左、右厢。于是突厥衰微且大乱，唐玄宗就命朔方节度使王忠嗣乘机出兵灭乌苏。王忠嗣领朔方军禄至萨河内山，破其左厢阿波达干等 11 部，可右厢还未攻下。适逢回纥、葛逻禄共攻右厢拔悉蜜颉跌伊施可汗，伊施兵败被杀。回纥骨力裴罗自立为骨咄禄毗伽可汗，遣使入京师向唐玄宗禀报其立等情，唐玄宗遂册封骨力裴罗为裴罗怀仁可汗。自此回纥怀仁可汗南据突厥故地，立牙帐于乌德健山（今蒙古国杭爱山东麓），旧统药葛罗九姓。其后又兼并了拔悉蜜、葛逻禄等 11 部，各置都督，每当作战，就以二客部拔悉蜜、葛逻禄当先。从此突厥灭亡，回纥汗国替代了突厥，立汗国于唐的北部，与唐和好，自称“为唐守边”（守唐北部边境）。（《资治通鉴》卷二一五）

唐玄宗天宝四年（745 年）

二月，唐玄宗以朔方节度使王忠嗣兼河东（治今山西太原）节度使，忠嗣少以勇敢自负，及镇灵武（位今灵武西南），以安边为务，常曰：“太平之将，但当抚循训练士卒而已，不可疲中国之力，轻挑战事，以邀功名。”有漆弓百五十斤，常贮之囊中，以示不用武力。军中日夜思战，王忠嗣多遣谍人侍其间隙，见可胜，然后兴师，故出必有功。既兼两道（即灵武、河东）节制，自朔方至云中，边陲数千里，要害之地，都列置城堡，斥地各数百里，边人以为自张仁亶之后，将帅皆不及。由于王忠嗣虽于张仁愿后 40 年，继承张仁愿确保北疆安宁，却不言战，致使“北疆之人，复罢战矣”。（《资治通鉴》卷二一五）

唐玄宗天宝五年(746 年)

一月，唐玄宗又以王忠嗣为河西、陇右节度使，兼知朔方、河东节度事。王忠嗣在朔方、河东，每至互市，高估马价，诸胡闻之，争卖马于唐，忠嗣皆买之。致使唐马越来越多，人称王忠嗣治灵时，使“丝绸之路”的马绢交易大盛。由是胡马少，唐兵亦壮。王忠嗣杖四节（身兼四节度使），控制万里，天下劲兵重镇，皆在掌握，与吐蕃战于青海、积石，皆大胜。又讨吐谷浑于墨离

军，使吐谷浑全部降唐而归。（《资治通鉴》卷二一五）

唐玄宗天宝六年（747年）

四月，王忠嗣固辞身兼河东、朔方两节度使，唐玄宗许之，以安思顺代王忠嗣为朔方节度使。

十月，王忠嗣原任朔方等四使时，就对哥舒翰、李光弼的军事才能青睐有加。是月，便以河西军部将哥舒翰为大斗军副使，以李光弼为河西兵马使，充赤水军使。

当初王忠嗣在朔方军时，李林甫以王忠嗣功名日盛，“恐其入相，忌之”。安禄山素怀不臣之心，但假托抵御外寇，修雄武城，以贮存兵器，请王忠嗣领朔方军助其修雄武城，打算乘机留下朔方军归己。但王忠嗣也防备安禄山图谋朔方军，就比安禄山约定的时间早到，安禄山还来不及出见，王忠嗣以未见安禄山为由就领朔方军回灵武。（忠嗣）数上言（安）禄山必反。（李）林甫亦恶之，不久陷害王忠嗣图谋拥立太子而废唐玄宗。唐玄宗大怒，于是诏王忠嗣进京，将王忠嗣下狱问罪。（《资治通鉴》卷二一五）

唐玄宗天宝七年（748年）

朝中言安禄山反的呼声日高，安思顺因与安禄山为亲族（安思顺为安禄山之族兄），为避嫌而辞去朔方节度使之职，唐玄宗以张齐丘为朔方节度使。（《资治通鉴》卷二二五）

唐玄宗天宝八年（749年）

三月，朔方节度使张齐丘，于中受降城西北五百余里的木剌山筑横塞军城，以振远军使郭子仪为横塞军使。

四月，唐玄宗命陇右节度使哥舒翰率陇右、河西及突厥阿布思兵，再增加朔方军、河东兵，共63000人攻吐蕃石堡城（位今青海省西宁西北）。石堡城的三面都是悬崖绝壁，只有一条路可通。吐蕃只以数百军守卫，堡城内储备了足够的粮食。原在天宝六年（747年）十月，唐玄宗就命王忠嗣攻取已为吐蕃攻取的石堡城。王忠嗣上言："石堡险固，吐蕃举国守之，今屯兵其下，非杀数万人不能克；臣恐所得不如所亡，不如且厉兵秣马，俟其有隙，然后取之。"后王忠嗣被诬陷下狱，哥舒翰等力救。王忠嗣虽出狱，但被贬为汉阳太守，攻石堡城事遂被搁置。今唐玄宗又想起此事，命哥舒翰攻取，结果正如王忠嗣所料，虽攻下石堡城，俘获吐蕃铁刃悉诺罗等400人，但包括朔方军在内的唐军，死者数万。（《资治通鉴》卷二一六）

唐玄宗天宝九年（750年）

天宝年间，军士每日每人食米2升，一年应食米7石3斗，军士每人每年支绢布12匹。朔方军每年需军粮达50余万石，供衣200万匹段，开支十分庞大，因偶有军粮供应不能及时之事及分配不十分公平之事。

八月，朔方节度使张齐丘分粮不公，军士怒，殴打判官，朔方兵马使郭子仪平息其事。张齐丘迁为济阴太守，以河西节度使安思顺权知朔方节度使。（《资治通鉴》卷二一六）

唐玄宗天宝十年（751年）

一月，权相李林甫遥领朔方节度使，使户部侍郎李玮知留后事。（《资治通鉴》卷二一六）

唐玄宗天宝十一年（752年）

四月，以河西节度使安思顺为朔方节度使。（《资治通鉴》卷二一六）

唐玄宗天宝十二年（753 年）

五月，阿布思为回纥所破，招兵买马的安禄山诱其部落而降安禄山。

九月，灵武郡所辖北庭程千里追降于安禄山的阿布思至碛西，写信给葛逻禄，要他拦截阿布思。阿布思被拦，只好投降葛逻禄。葛逻禄叶护将阿布思及其妻子、部下送归程千里。（《资治通鉴》卷二一六）

唐玄宗天宝十三年（754 年）

以郭子仪为天德军使兼朔方节度右兵马使，郭子仪也常上疏言安禄山大修雄武城，大贮兵器，大力招兵买马，日后必反。但总抱着侥幸心理的唐玄宗，并未对安禄山的举动采取任何约束措施。（《资治通鉴》卷二一七，《唐会要》卷七十二）

唐玄宗天宝十四年（755 年）

十一月，安禄山于范阳（今北京西南）举兵反唐。唐玄宗忙以朔方节度使安思顺为户部尚书，以朔方右厢兵马使、九原太守郭子仪，为卫尉卿兼灵武郡太守，充朔方节度使（治灵武，今灵武西南）。

十二月，唐玄宗下制书要亲征，其朔方、河西、陇右各军，除留下守城兵以外，都赴行营，令节度使自己领本郡军，务于 20 日毕集。朔方军也由郭子仪、李光弼率领去往河北行营。但果如大家所料，唐玄宗所谓亲征，并不可能施行。

天宝末，灵武郡有 17290 户、53700 人。（《资治通鉴》卷二一七）

唐玄宗天宝十五年、唐肃宗至德元年（756 年）

一月，唐玄宗命正在围攻云中（今山西大同）的郭子仪，撤云中之围回灵武，再增加朔方军兵进取东京洛阳；另选良将一人分兵先出井陉，定河北。郭子仪就推荐朔方军节度副史李光弼领军出河北，唐玄宗就以李光弼为河东节度使，郭子仪分朔方军 1 万人给李光弼率领，出井陉，去往河东守太原，郭子仪亲领 5 万朔方军出河北。

三月，郭子仪回到灵武，再选朔方精兵前往代地（今山西代县），取代地，入河北。朔方军青年将领浑碱随军，在代县城下，只一箭就射死了安禄山大将李立节，朔方军声威大振。

五月潼关失守，唐玄宗由长安仓皇出逃，欲逃往西川成都。当他们到达了马嵬驿（属今陕西新平），六军不前，杀杨国忠、逼贵妃杨玉环自缢身死。唐玄宗逃往四川成都，而李亨则北上灵武。

太子一行自奉天（今陕西乾县）北上，赶到新平郡（陕西今地），已连夜奔驰了 300 余里，士卒、器械损失过半。辛丑（6 月 18 日）到达乌氏驿（今甘肃泾川西北），彭原（今甘肃宁县）太守李遵率兵士前去迎接，补以衣服、粮食，又招募 400 骑士。辛丑日（6 月 19 日）进驻平凉郡（今宁夏固原），搜寻到监牧马 4 万匹，又招募兵士 400 人，兵势稍振。当时河西、陇右两节度使的主力部队已在潼关下灵宝之役中覆没，朔方节度使军（灵武军）正在河北前线作战。朔方留守杜鸿渐、六城水路运使魏少游、节度判官崔漪、支度判官卢简金、盐池判官李涵商议说："平凉散地，非屯兵之所，灵武兵食完富，若迎太子至此，北收诸城兵，西发河陇劲骑，南向以定中原，此万世一时也。"就派李涵带着书笺上太子李亨，且将朔方的士马、甲兵、谷帛、军需的军册献上，李亨大悦。李涵又劝李亨到朔方（灵武）图大业。当时，河西司马裴冕刚为太子御史中丞而到达平凉，也劝太子到灵武以图中兴，李亨大悦，听从了他们之谏。

杜鸿渐、崔漪就让魏少游留在灵武，大修供太子一行居住之所，准备供应物资，杜、崔二人带兵到平凉北境迎接太子。在百草屯（今宁夏同心北）见到了太子李亨，拜见说："朔方，天下劲处也。今吐蕃请和，回纥内附，四方郡县大抵坚守拒贼以俟兴复，殿下今理兵灵武，按辔长驱，移檄四方，收揽忠义，则逆贼不足屠也。"其时，魏少游已大治宫室，各室帐幕都仿长安宫禁所设。饮膳也备齐了水陆杂陈、山珍海味，等待太子到来。

七月，乙未（初七），太子李亨一行到达朔方丰安（今宁夏中宁石空镇），见丰安有黄河天险之固，就想渡过黄河，南凭黄河天险，以保丰安。骤时风沙大起，天昏地暗，对面不辨牛马，众人都以为是天意如此，命太子去往灵武。于是大家以此劝李亨北上灵武，李亨便从臣下之谏，渡过黄河继续北上。可巧刚离开丰安后，天也变得风沙不起，骄阳高照。七月，辛酉（初九），太子一行到达了灵武，见帐幕设施豪华，命全部撤去，以示简约。

李亨到达灵武后，裴冕、杜鸿渐等上太子笺，请太子遵从唐玄宗马嵬驿传位之命，即皇帝位，太子不答应。裴冕等又劝谏说："将士皆关中人，日夜思归，所以崎岖从殿下远涉沙塞者，冀（希望建）尺寸之功！一旦离散，不可复集。愿殿下勉徇众心，为社稷计！"太子仍不答应。裴冕等先后五次上太子笺，以天下大计劝谏李亨即位，李亨才答应群臣所请。甲子日（7 月 12 日），太子即位于灵武城南楼，是为唐肃宗，改元至德元年。唐肃宗流涕欷歔，尊唐玄宗为太上皇，大赦天下，大封裴冕、杜鸿渐等群臣。可当时塞上的精兵都被调出平叛，只留老弱守边，文武官也不过 30 人，都穿着破旧的朝服，立在灵武草创的行在殿堂上。制度草创，武人骄慢。大将管崇嗣因一路征战，保护太子一行至灵武，居功自傲，竟然背着朝堂箕坐，谈笑自若。监察御史李勉上奏弹劾管崇嗣，以不遵朝规之罪将管崇嗣逮捕羁押在御史监。唐肃宗确因管崇嗣（和建宁王李倓）一路征战，血染征袍，保护自己一行有功，就特赦了管崇嗣。但因管崇嗣一事，行在朝臣畏惧李勉等御史弹劾，朝纲得到了整肃。于是唐肃宗大叹说："吾有李勉，朝廷始尊！"旬日间，到灵武来归附唐肃宗的朝臣渐多。

不料到七月十六日，还不知道唐肃宗在灵武即皇帝位的唐玄宗，于去往成都途中，却下了一道制书："以太子亨充天下兵马元帅，领朔方、河东、河北、平卢节度都使，南取长安、洛阳，以御史中丞裴冕兼左庶子……”这道制书虽闹出笑话（即以皇帝为太子而命为元帅），但其有特殊作用。因先前四方只知潼关失守，皇帝逃出长安，但不知皇帝去向，各郡县无主，只能各自为战，无统一指挥、调度。直到唐玄宗的这道制书一下，天下才知道太子在灵武收军，欲平定天下，兴复唐室，灵武成为天下仰慕的平叛大本营，是众望所归的重郡。

当初，京兆人李泌，幼时就以才思敏捷著称于世，唐玄宗使李泌和时为忠王的李亨交往。后来忠王李亨为太子，李泌年岁已长，上书朝廷言事，很得唐玄宗欣赏，就要封李泌为官，李泌却不答应，自称一心修道。唐玄宗只好使李泌和太子为布衣之交，太子李亨常以“先生”称呼李泌。国相杨国忠一直和太子李亨不和，很怕太子旁边有李泌扶持，就上奏谮言李泌，唐玄宗命李泌徙居蕲春郡（湖北今地），归隐颖阳山林修道。唐肃宗到达灵武，就派使诏李泌到灵武相见。李泌到来，唐肃宗大喜，“出则联辔，寝则对榻”。还像为太子时那样，事无大小都向李泌讨教，李泌所言无不听从。唐肃宗甚至于进退将相等类大事，都与李泌商议。唐肃宗要任命李泌为右相（品位最高的宰相），李泌却推辞说：“陛下待以宾友，则贵于宰相矣，何必屈其志!”唐肃宗知李泌志在入山修道，便不再勉强。但其时的李泌虽无宰相之职，却有宰相之实。因他一直以白色布衣的道士装在朝，人们便称他为“白衣宰相”。

唐肃宗命河西节度副史李嗣业领兵 5000 赴行在（灵武），又征安西行军司马李栖筠所领精兵 7000 到灵武。平原（山东今地）太守颜真卿以蜡丸上书送达灵武，唐肃宗便以颜真卿为工部尚书兼御史大夫，依前河北招讨、采访、处置使，并致敕书，也用蜡丸送达平原。颜真卿就将唐肃宗的敕书分别颁发于河北诸郡，又遣人颁于河南、江、淮各地。天下人才大都知道唐肃宗即位于灵武，各郡县有志之士更加坚定了为国守土的决心。

七月底，郭子仪领 5 万朔方军自河北前线回守灵武，灵武军威始大盛，人们看到了大唐中兴的希望。

八月，壬午朔（初一），回纥可汗、吐蕃赞普分别遣使到达灵武行在，请求助唐肃宗讨伐“安史”叛军。唐肃宗大喜，于灵武行在设宴招待使者后，送回。此时，民间相传，太子于灵武收北方诸郡军来取长安，长安百姓日夜盼望，有时长安市内百姓忽然相互大惊说："太子大军至矣!"人们便纷纷逃亡，市上竟然空无一人。占据长安的叛军若望见北边有尘土起，就惊慌逃走，京畿豪杰往往乘机杀叛军所置官吏，遥遥响应官军，"诛而复起，相继不绝"。叛军不能控制局面，竟然发展到长安西门之外，都是自动武装起来反抗叛军的百姓们筑起的营垒。叛军势力所及者，南不出武关（今陕西丹凤东南），北不过云阳（今陕西淳化西北），西不过武功（陕西今地），能统治的所占之地日益萎缩。

灵武行在每当出外行军，军士们往往指着并马而行的唐肃宗和李泌说："衣黄者，圣人也。衣白者，山人也。"唐肃宗听到，暗中思量，考虑着如何将李泌留在身边之策。他听从李泌之建策，以长子广平王李俶为天下兵马元帅，诸将都隶属元帅府。李泌不接受右相的官职，唐肃宗就特地创设侍谋军国、元帅府行军长史的名号，使李泌用这个名号处理军国大事。

唐肃宗既然设立了天下兵马元帅，又以李泌为侍谋军国、元帅府行军长史，就在灵武行宫的隔壁设立元帅府。凡各地的军事情报都先送元帅府审阅，然后条分细屡地报唐肃宗处置。行宫禁门的锁钥都由宦官李辅国掌握，每当夜晚李辅国就将禁门锁闭。如有紧急情报及烽火报警，就将紧急情报隔着禁门递进，交唐肃宗御示；如情报不十分紧急，就等待天明禁门开时，再报进。当时的平叛战争十分复杂，奏报纷至，李俶和李泌日夜在元帅府值班，忙碌。如李俶进宫奏报，李泌就在元帅府处置军事；若李泌进宫奏报，李俶就在元帅府处置诸事。两人日夜忙个不停，处置军事没有丝毫延误。唐肃宗又请李泌为皇孙李适之师，教以文学及政军之事，两人因有师生之谊。后李适即位为唐德宗，拜李泌为宰相，李泌也深思熟虑，言无不尽，唐德宗也能虚心采纳李泌的建策，使得李泌的治国才能得以充分发挥。二人这种特殊的君臣关系，与在灵武时打下的友谊基础是分不开的。

七月，由于灵武郡之灵武县（今宁夏永宁南）、保静县（今宁夏永宁东北）、温池县（今宁夏盐池县惠安堡）、鸣沙县（今宁夏中宁东北）四县人口各超过 6000 人，按开元十八年（730 年）例（以人口数及经济状况等标准定），四县均升为上县。

八月，唐肃宗派出的灵武使者到达成都，向上皇唐玄宗禀报唐肃宗灵武即位、用兵以及决心中兴唐室等情，上皇喜曰："吾儿应天顺人，吾复何忧!"下诣书曰："自今改制敕曰诰，表疏称太上皇。四海军国事，皆先取皇帝进止，仍奏朕知；俟克复上京，朕不复预事。"命韦见素、房琯、崔涣奉传国宝、玉册，到灵武传皇帝位给唐肃宗。

唐肃宗灵武即位后，下令于"灵武等五郡重设景寺"（基督教聂斯脱利派），王舍城人景教寺僧侣伊斯这时也赶至灵武，供职在朔方节度使郭子仪帐下，先充任幕僚，后官至金紫光禄大夫、同朔方节度副使、试殿中监、赐紫袈裟。灵武等五郡景教寺院的重建，伊斯出力最多。"能散禄赐，不积于家"，"每岁集四寺僧徒"于灵武，进行布道活动。景教在灵武等地的重新兴起，实际上是唐肃宗为获取西域诸国支持，而采取的笼络景教人士的行动。伊斯在灵武地区成功的传教活动，引起了长安景教寺僧景净的极大振奋和赞美，"原刻洪碑，以扬休烈"。

九月，阿史那从礼游说灵武六胡州数万众，聚于经略军（治灵武回乐县）北，将寇朔方（灵武）。唐肃宗命郭子仪至天德军讨伐。李泌原规划既然得不到实行，便劝肃宗说："且幸彭原（今甘肃庆阳），俟西北兵（指向把那汗、回纥所借之兵）将至，进幸扶风以应之，于时庸调亦集，可以赡军。"唐肃宗听从李泌建策，于是月戊辰（九月十六日）从灵武出发，前往彭原。（《资治通鉴》卷二一七、二一八，《宁夏通史·古代卷》第五章）

唐肃宗至德二年（757 年）

九月，郭子仪与广平王李淑等，领朔方军和吐蕃、回纥、大食（拔汗那）兵 15 万、号称 20 万，收复长安。

十月，唐肃宗返回长安。此段历史被后人称作"唐室中兴"，有许多诗人付之以诗篇。如杜甫《惜别行·送向卿进奉端午御衣之上都》："肃宗昔在灵武城，指挥猛将收咸京。"与杜甫同时代的贾至《自蜀中奉册命往朔方途中呈韦左相文部房尚书门下崔侍郎》诗中有句："明主信英武，威公赫四邻。誓师自朔方，旗帜何缤纷。"又有诗者称灵武即位后的唐肃宗为"中兴主"等。（《唐会要》卷七十，《全唐诗》）

唐肃宗乾元元年（758 年）

重以灵武大都督府为灵州，仍领回乐、鸣沙、怀远、保静、灵武、温池六县及三受降城、天德军、振武军等；重改五原郡为盐州；改平凉州为原州等。

是年，于朔方军辖之振武军置振武节度使，领镇北大都护府（置中受降城）、麟（今陕西神木）、胜（治榆林，今内蒙古准格尔旗东北十二连城）二州。（《元和郡县图志》卷四，《太平寰宇记》卷三十六）

至德后，散居在灵武、夏州等地的党项人，为吐蕃诱使，常常为其报告军事消息、侦查道路，或攻掠唐境州县，时服时叛。唐于灵武大都督府（灵州都督府）境内置小州 51、府 15 以处之。乾元初，党项使人至灵州，愿助唐以粮食、马匹，说明党项已由单纯的游牧业发展为农耕、畜牧并重，两业兼续的社会形态。（《旧唐书》卷三十八，《唐会要》卷九十八）

唐肃宗乾元二年（759 年）

六月，于原朔方分置邠、宁、泾原、朔方等九州节度使。其中朔方节度使，治灵州回乐，辖盐（今宁夏盐池、陕西定边）、夏（治今陕西靖边统万城）、绥（今陕西绥德）、银（今陕西米脂）、宥（今内蒙古乌审旗南）、麟（今陕西神木）、胜（今内蒙古准格尔旗东北）、单于府（今内蒙古和林格尔西北土城子）及三受降城。（《旧唐书》卷三十八）

七月，以朔方节度副史，殿中监仆骨怀恩兼太常卿，晋爵大宁郡王。因仆骨怀恩以前为朔方节度使郭子仪的前锋，勇冠三军，屡立战功，声名显赫，唐肃宗故加官进爵以赏怀恩战功。

《旧唐书》卷三八载：

灵州大都督府，隋灵武郡（属关内道）。（唐高祖）武德元年（618 年），改为灵州总管府，领回乐（今宁夏灵武西南）、弘静（今宁夏永宁）、怀远（今宁夏银川）、灵武（今宁夏青铜峡邵刚堡）、鸣沙（今宁夏中宁鸣沙镇）五县。（武德）二年（619 年），以鸣沙县属西会州（今宁夏中卫）。（唐太宗）贞观四年（630 年）于回乐县置回、环二州，并属灵武都督府。（贞观）十三年（639 年），废回、环二州，灵州都督入灵州都督府的灵、填州。（贞观）二十年（646 年），铁勒归附，于灵州界置皋兰、高丽、祁连三州，并属灵州都督府。（唐高宗）永徽元年（650 年），废皋兰等三州。调露元年（679 年），又置鲁、丽、塞、含、依、契等六州，总为六胡州。（唐玄宗）开元初废，复置东皋兰、燕然、燕山、鸡田、鸡鹿、烛龙等六州，并寄灵州界，属灵州都督府。天宝元年（742 年），改灵州为灵武郡。（唐肃宗）至德元年（756 年）七月，肃宗即位于灵武，升灵武郡为大都督府。乾元元年（758 年），复改灵武郡为灵州，依旧领有六县，共有户数 11456，人口 53163。在京师（长安）西北 1250 里，至东都（洛阳）2000 里。

回乐，隋县，在郭下。武德四年（621 年），分置丰安县，属回州。（贞观）十三年（639 年），回州废，和丰安县并入回乐。鸣沙，隋县。武德二年（619 年）置西会州，以丰安县属西会州。贞观六年（632 年），废西会州，置环州。（贞观）九年（635 年），废环州，以丰安县属灵州。神龙二年（706 年），以丰安县移治废丰安城（今宁夏中宁石空镇）。灵武（今宁夏青铜峡邵刚堡），隋县（隋时在今灵武北至原陶乐西南）。怀远（今宁夏银川西）界北有五原郡。武德元年，改五原郡为丰州，领九原县（今内蒙古包头西）。武德六年（623 年），丰州及九原县州县俱省入怀远县。仪凤中（676—678 年），再筑新城。现有盐池三所。保静（今宁夏永宁南望红镇），隋弘静县。神龙元年（705 年），改为安静（县），至德元年

(756年)，改为保静。温池（今宁夏盐池惠安堡），神龙元年置。燕然州，寄在回乐界，突厥九姓部落所处，户190，口978。鸡鹿州，寄在回乐县界，突厥九姓部落所处，户132，口556。鸡田州，寄在回乐县，突厥九姓部落所处，户104，口469。东皋兰州，寄在鸣沙界，突厥九姓所处，户1342，口5182。燕山州，在温池县界，突厥九姓所处，户430，口2176。烛龙州，在温池县界，突厥九姓所处，户117，口353。盐州（今宁夏盐池县），隋盐川郡。武德元年，改为盐州，领五原、兴宁二县。其年移州及县寄治灵州。武德四年（621年）省兴宁入五原县。贞观元年（627年），废盐州五原县入灵州。（贞观）二年（628年）平梁师都，复于旧城置盐州及五原、兴宁（今陕西靖边）二县，属夏州都督府。其年，改属灵州都督府。天宝元年(742年)，改为五原郡。乾元元年（758年），改为盐州。永泰元年(765年）十一月，升盐州为都督府。元和八年（813年），隶夏州。旧领县二，户932，口3969。天宝，户2929，口16065，在京师西北1100里，至东都2010里。五原（今陕西定边），隋县。武德元年，寄治灵州。贞观元年（627年）省，（贞观）二年（628年）复置。

唐代宗宝应元年（762年）

散居灵、夏两州的党项又派使者入长安来朝，愿以灵州军粮援助朝廷供军。此大约是后来宋朝称之为由以游牧为主而转为农耕业的党项“熟户”。

七月，以郭子仪都知朔方、河东、北庭、泽、潞、沁、陈、郑等节度行营及兴平等军副元帅。

十一月，郭子仪以仆骨怀恩有平河朔之功，请求以副元帅让给他，获得朝廷准许。

十二月，唐代宗以仆骨怀恩为河北、朔方军副元帅，仍兼朔方节度使（治灵州回乐县)。（《旧唐书》卷一九八，《新唐书》卷六，《唐会要》卷九十八，《资治通鉴》卷二二二)

唐代宗广德元年（763 年）

自“安史之乱”爆发以来，唐玄宗调集了西北等地 10 万大军，据守潼关一代，西北边防完全空虚。此时，吐蕃赤松德赞即位后，恃强的大相尚洁赞主政，对外扩张，遣使以“助国讨贼“为名，前往灵武，向唐肃宗表示出兵助唐平叛，但实际上并未付之以行。唐肃宗由灵武回到长安后，命宰相郭子仪等人与吐蕃盟誓和好，可吐蕃却乘唐西北边防空虚之机，出军攻占了岷（今甘肃岷县）、廓（今青海贵德）等河西走廊数州，阻断了“丝绸之路”的交通。是年，“丝绸之路”改走灵州道。（《旧唐书》卷一九八，《唐会要》卷九十八，《宁夏通史·古代卷》）

七月，吐蕃又大举攻掠秦、渭等州，河西、陇右尽没。“一自萧关起战尘，河湟割断异乡音。汉儿尽作胡儿语，却向城头骂汉人。”

唐代宗命仆骨怀恩送回纥登里可汗（助唐平定史朝义后）回国，仆骨怀恩到达太原与登里相见。河东节度使辛云京以为，登里可汗是仆骨怀恩的女婿（仆骨怀恩的长女嫁给登里），恐二人合谋袭击太原军府，就闭门自守，概不接纳仆骨怀恩等，也不出来犒赏回纥军。仆骨怀恩大怒，等送走回纥军，便与其子仆骨旸，朔方军将李怀光、张维岳等，领数万朔方军屯驻汾州、榆次、祁县、晋州、沁州等地，辛云京上奏朝廷说仆骨怀恩谋反。唐代宗诏双方入京和解，仆骨怀恩不敢去，只上书为自己辩解。

十月（《旧唐书》《新唐书》作九月），吐蕃攻泾州，泾州刺史高晖以城降吐蕃，引吐蕃军攻奉天、武功，并攻陷长安。半月后吐蕃退出长安，退守原（今宁夏固原）、会（今宁夏中宁鸣沙镇）、成（今甘肃成县）、渭（今甘肃陇西）等州。原州（今宁夏固原）被吐蕃占据后，凉州路彻底不通，自是年起灵州成为“丝绸之路”上的唯一通道。

唐代宗广德二年（764年）

一月，重以郭子仪为朔方节度使。河北、朔方副元帅仆骨怀恩举兵叛唐，下令回军灵州。当时朔方军将浑释之（浑瑊之父）率部守灵州，接到仆骨怀恩檄文拒绝接纳其进入灵州。浑释之的外甥张韶劝其舅说："彼或幡然改图，以众归镇，何可不纳也!"浑释之疑虑未决，仆骨怀恩却日夜兼程先于朔方军回到灵州，浑释之不得已开城将仆骨怀恩接进城。张韶向仆骨怀恩告发了浑释之不欲接纳仆骨怀恩之谋，仆骨怀恩便杀了浑释之，将浑释之部交张韶掌管。很快仆骨怀恩醒悟到："释之，舅也，彼尚负之，安有忠于我哉!"便找借口用大杖杖张韶，打断了他的腿胫骨，置于弥峨城而死。怀恩母见其子反，于灵州府邸提刀要追杀仆固怀恩，且骂道："我不叫你反，你却要反，唐天子有什么对不起你处?"怀恩仓皇出奔，占据灵州裹挟朔方军反唐。

九月，仆骨怀恩谎称唐代宗杀功臣郭子仪，唐无大将可惧，引吐蕃、回纥军南下攻掠泾州、奉天、邠州等地，逼近长安，京师戒严。

十月，河西节度使杨志烈遣监军柏文达率士卒5000人，攻仆骨怀恩后方摧沙堡（今宁夏固原西南）、灵武县，又攻灵州，仆骨怀恩急领军回救，大败柏文达于灵州。（《旧唐书》卷十一、一二一、一九五，《新唐书》卷六，《资治通鉴》卷二二三）

唐代宗永泰元年（765年）

八月，裹挟朔方军反唐的仆骨怀恩，又谎称唐已害死在回纥、吐蕃中有威望的郭子仪，诱合回纥、吐蕃、党项、奴刺等20万余众（《旧唐书》卷一二○作"三十万"），分数路南下进攻奉天（今陕西乾县）、邠州（今陕西彬县）、同州（今陕西大荔）等地，长安危急。郭子仪领军自河中（今山西永济）急赴泾阳（陕西今地）屯守，以保京师。

九月八日，仆骨怀恩暴死于回灵州途中的鸣沙县，其部众以其族习俗葬之灵州。唐代宗念仆骨怀恩的母亲有忠于唐之心，就将其母及其小女儿由灵州接进宫赡养。后回纥可敦，即仆骨怀恩长女死，登里可汗请婚，唐代宗又将仆骨怀恩小女收为金徽公主，续嫁回纥登里可汗。

时吐蕃正在攻邠州、奉天、醴泉（陕西今地）等地，和唐军相持20余日，得仆骨怀恩已死之讯，再加上吐蕃与回纥本不和，虽在吐蕃马重英（即尚结赞）、尚吕息赞磨、尚息东赞等的率领下，掳掠唐男女数万人、焚烧房屋而撤走，但其撤至邠州，与回纥军相遇，于是两方又合军回攻泾阳。

十月，郭子仪利用吐蕃和回纥的矛盾，单骑会回纥首领药葛逻等，其首领们才知被仆骨怀恩所骗，双方重归友好。郭子仪赠回纥缠头彩3000匹，相约共攻吐蕃。郭子仪遣大将白元光和回纥合军，大破吐蕃军于灵台县（甘肃今地）西，吐蕃10万人中5万被杀，被生擒万余人，原朔方军将、仆骨怀恩部将仆骨名臣（怀恩弟）以千余骑，和党项等部均降于郭子仪。

闰十月，朔方副将李怀光（突厥人）率军攻克灵州。郭子仪以灵州初复、百姓凋敝、戎落为安，而灵州为“国之北门”，请以路嗣恭为朔方节度使，兼灵州大都督府长史等上奏，唐代宗一一允准。

是年，升灵州所辖之盐州为都督府。（《唐会要》卷七十，《太平寰宇记》卷三十七）

唐代宗大历二年（767年）

因灵州扼吐蕃、回纥南下关中之要冲，要入攻长安，必得攻下灵州。九月，正向外扩张的吐蕃大相尚洁赞，为打通南下关中之路，欲攻下灵州，未果，于是率军转攻邠州，京师震动。郭子仪领军5万，自河中驰赴泾阳（今陕西泾阳西北）。吐蕃攻邠州不下，于十月退军回攻灵州。朔方节度使路嗣恭与吐蕃军于灵州大战，大破吐蕃军，杀伤2万余人，生擒500人，获战马1500匹。自此灵州成为吐蕃常攻之地，意在必得，但始终不曾被攻下。自唐肃宗灵武即位后，朔方始终稳固发挥着“国之北门”的重要作用，因史称“肃代以来朔方军输王室，功高天下”，又有言称“朔方兵精甲天下”。

是年，韦元甫为朔方节度使（治灵州回乐县），闻知灵州民间流传《木兰诗》。宋朝黄庭坚等说“唐朔方节度使韦元甫得于民间”，即流传于今的《木兰诗》。韦元甫又根据《木兰诗》拟作《木兰歌》载之于《全唐诗》《乐府诗集》中。今学者齐天举从《木兰诗》中用语的八个方面，论证“兵帖、爷娘、大儿、啾啾、戎机、铁衣、磨、战（征）袍”等，是唐代时才产生的用语，证明《木兰诗》是唐初作品，而非北朝民歌。由此再来看《木兰诗》中的投军路线和所到达的投军地点，是沿着灵州黄河河谷，到达灵州黑山头（今灵武水洞沟黑山，是隋长城建筑后，长城守卫军帐所在地）是吻合的。另外，中国历史上的汉、唐、元末，曾出现过四个“木兰”（其中唐初、中唐各一位），可都不姓“花”，而姓“魏、朱、任、木”等。其中“隋末义宁年间（617—618 年），突厥犯边，朱木兰女扮男装，投军于灵州长城一线巡边的窦抗帐下，“代父从军，征战疆场多载，屡建功勋”，最合乎《木兰诗》中描写的情景。而义宁二年（618 年），又是李渊建唐的武德元年，《木兰诗》中的木兰于此时投军，后于唐太宗贞观三年被唐太宗由“武昭将军”封为“武昭公主”，后人立庙奉祀。故今学者认为朱木兰最符合《木兰诗》中的木兰形象，其诗因起于唐初木兰投军的灵州民间，后朔方节度使韦元甫于大历二年得之于灵州民间而纪录传世。（《旧唐书·木兰传》《新唐书·木兰传》，宋代黄庭坚《题木兰诗后》，《文学遗产》1984 年第3 期）

唐代宗大历三年（768 年）

八月，吐蕃 10 万人攻灵州，吐蕃大将尚息摩攻邠州，被邠宁（治今陕西彬县）节度使马璘（为中唐三大名将之一）领军击败，吐蕃死伤 20000 人。

九月，吐蕃又攻灵州，为朔方节度使白元光领军击败。吐蕃又转攻灵武（治今宁夏永宁南），白元光又破吐蕃之万余于灵武，获羊马数以千计，吐蕃军解灵州之围撤军而去。

十二月，唐代宗因“国之北门”之固，便以邠（今陕西彬县）、宁（今甘肃宁县）、庆（今甘肃庆阳）隶朔方(治灵州回乐，位今宁夏灵武西南)。（《旧

唐书》卷十一、一二〇、一九六，《新唐书》卷六、一三七，《册府元龟》卷三五九，《资治通鉴》卷二二四）

唐代宗大历四年（769 年）

八月，郭子仪领兵由河中移驻邠州，分军守灵州、河中（今山西永济）。

九月，吐蕃攻灵州，被朔方留后常谦光击败。

十月，吐蕃再攻灵州和鸣沙，其军首尾延绵 40 里。唐大将李抱玉遣唐名将李晟（为中唐三大名将之一）领军 1000 人深入吐蕃腹地，用“围魏救赵”法，攻至临洮（今甘肃临潭），屠岭秦堡，俘吐蕃堡帅慕容谷钟而还。吐蕃得悉，回军救援，灵州围遂解。时郭子仪遣兵马使浑瑊（灵武籍大将浑释之之子，为中唐三大名将之一）领 5000 军救援鸣沙，闻知吐蕃军已退，便回军。（《旧唐书》卷一三三，《新唐书》卷一五四，《资治通鉴》卷二二四）

唐代宗大历七年（772 年）

四月，吐蕃 5000 余骑攻灵州，不能取胜只得退去。（《资治通鉴》卷二二四）

唐代宗大历八年（773 年）

八月，吐蕃 6 万余骑攻灵州，郭子仪遣军击败吐蕃于灵州城南七级渠，吐蕃军毁坏庄稼而去。

九月，吐蕃再攻灵州，不胜，吐蕃军 10 万又转攻泾（今甘肃泾川）、邠等州，郭子仪遣朔方兵马使浑瑊领步骑 5000 拒敌，于黄菩原战败，浑碱只领少数人突围而回，唐军死者什七八（十分之七八），吐蕃掳去居民千余人。郭子仪使浑瑊领兵驻朝那（今宁夏固原东南）。吐蕃又攻汧（今陕西陇县南）、陇（今陕西陇县），其时李国臣为盐州刺史，领军登安乐山（今宁夏同心罗山）邀击吐蕃军，吐蕃引兵败退，浑瑊乘机出击，杀吐蕃数千人。

是年，宰相元载向代宗献策云："……今国家西境极于潘原（今甘肃平凉东），吐蕃防戍在摧沙堡（今宁夏固原西南），而原州（今宁夏固原）界其间，原州当西塞之口，接陇山之固，草肥水甘，旧垒存焉。吐蕃比毁其垣墉，弃之不居。其西则监牧故地，皆有长壕巨堑，重复深固。原州虽早霜，黍稷不艺，而有平凉附其东，独耕一县，可以足食。请移京西军戍原州，乘间筑之，贮粟一年……移子仪大军居泾，以为根本，分兵守石门、木硖、陇山之关……稍置鸣沙县、丰安军为之羽翼，北带灵武（今宁夏灵武西南）五城（指灵州河西之定州、怀远、灵武县、鸣沙、丰安）为之形势……是谓断西戎之胫……"此论系南北朝时，于今宁夏设南北两大军镇之策的翻版。但唐代宗对此犹豫不决，适逢元载获罪，其策遂被终止。（《旧唐书》卷一一一、一一八、一九六，《新唐书》卷六、一四五、一三六、二一六，《武经总经》卷十八，《资治通鉴》卷二二四）

唐代宗大历九年（774 年）

二月，郭子仪入朝，上书言："朔方（治灵州回乐），国之北门，西御犬戎，北虞猃狁，五城相去三千余里，开元、天宝中，战士十万，战马三万……自先帝龙飞灵武（唐肃宗灵武即位），战士从陛下收复两京，东西南北，曾无宁岁……今吐蕃充斥，势强十倍……以朔方减十倍之军，当吐蕃加十倍之骑，欲求制胜，岂易为力……愿更于诸道各发精兵，成四五万人，则胜之道必矣，未可失时……"（《旧唐书》卷一二〇，《新唐书》卷一三七，《资治通鉴》卷二〇九）

唐代宗大历十年（775 年）

十二月，回纥千骑攻朔方军之夏州，夏州守将梁荣宗在乌水（即乌那水，在今杭锦旗西）击败回纥军。郭子仪派兵二千救夏州，回纥军北逃。《资治通

鉴》卷二二五)

唐代宗大历十一年（776 年）

二月，唐代宗采纳郭子仪建策，增朔方五城兵，以备回纥。《资治通鉴》卷二二五)

唐代宗大历十二年（777 年）

十二月，朔方节度使崔宁大破吐蕃军攻灵州的 10 万之众，斩首 8000 余级。《资治通鉴》卷二二五)

唐代宗大历十三年（778 年）

二月，吐蕃进攻灵州。

四月，吐蕃大首领马重英领军 4 万余众又攻灵州，毁坏灵州屯田的汉、御史、尚书三大渠道，灵州屯田损失严重。朔方留后常谦光派军追逐，将其驱出灵州回乐境。马重英转领军东下，残破盐州（今宁夏盐池）、庆州（今甘肃庆阳）而去。

七月，马重英又领军攻盐州、庆州，被朔方军大将李怀光领军东出击退。(《旧唐书》卷十一，《新唐书》卷六、二一六，《唐会要》卷九十七，《资治通鉴》卷二二五)

唐代宗大历十四年（779 年）

五月，以朔方留后常谦光为灵州大都督及西受降城、定远（今宁夏平罗黄渠桥镇）、天德（今内蒙古乌拉特前旗东南）、盐、夏、丰（今内蒙古五原西南）等军州节度使。

十一月，唐代宗改以崔宁兼灵州大都督、朔方节度使，以朔方节度虞侯杜希全为灵州、盐州留后。《旧唐书》卷十二）

唐德宗建中元年（780 年）

灵武、盐、夏、振武（今内蒙古托克托西南）、天德诸军的粮食，多由北都（今山西太原为唐北都）等地购买而来，一年费钱五六十万缗（1000 钱为一缗），再加上沿黄河上溯运输途中，损失甚多。宰相杨炎请在丰州（今内蒙古临河东）开凿陵阳渠，以发展屯田，解决灵州等驻军粮供。京兆尹严郢以为朔方五城，原为肥饶之地，只是由于吐蕃侵扰，才致荒废，十不耕一；只要加以垦植，不用新修渠道、只修复旧渠即可，唐代宗以严郢之论为是。（《旧唐书》卷八、一二一、一二八，《新唐书》卷五十三、一四五，《唐会要》卷八十九，《唐大诏令集》卷一一八）

唐德宗建中二年（781 年）

七月，唐德宗以邠宁节度使李怀光兼灵州大都督、朔方节度使。（《旧唐书》卷十二，《资治通鉴》卷二二七）

唐德宗建中四年（783 年）

一月，陇右节度使张镒和吐蕃大相尚结赞在清水（今甘肃清水县）订立盟约：泾州（今甘肃泾川）西至弹筝峡（今宁夏固原南）西口、陇州（今陕西陇县）西至清水（县）为唐境，兰（今甘肃兰州）、渭（今甘肃陇西东南）、原（今宁夏固原）、会（今甘肃靖远）等州，西至临洮（今甘肃岷县）为吐蕃境。黄河以北则从故新泉军（今甘肃靖远西南）以北至灵州大碛（今内蒙古阿拉善左旗一带），以南至贺兰山、骆驼岭（今宁夏盐池县南）为界，中间为闲田，双方不得越界侵扰。

四月，盟后，吐蕃将以前所俘获唐将士、僧尼等800人由沙洲（今甘肃敦煌西）放还。

十月，原凤翔、陇右节度使朱泚反，灵武节度使杜希全、盐州刺史戴休颜、夏州刺史时常春合军6000人（《资治通鉴》作“十一月”、“万人”），联合讨伐，为朱泚所败，各领军退还本州。（《新唐书》卷七、二一六，《唐大诏令》卷一二九，《唐会要》卷九十七）

唐德宗兴元元年（784年）

三月，以浑瑊为灵州大都督，充朔方节度使,兼朔方、邠宁、振武、永平、奉天行营节度使。浑瑊率诸军出斜谷（今陕西眉县西南），攻取了为朱泚所据的武功，大破朱泚军于武亭川，与李晟东西相应，以逼长安。

四月，灵武守将宁景璇为参加朱泚反叛的原朔方节度使李怀光在灵武修治宅第，别将李如暹愤而领兵攻杀宁景璇。

七月，浑瑊、韩游环（灵州籍大将）、戴休颜（朔方军夏州刺史）和李晟、骆元光、尚可孤等收复长安，迎接唐德宗回到长安。唐德宗想起当初唐肃宗在灵武即位后，德宗为奉节王，其父代宗令自己在灵武从李泌学文学政等事，因想起李泌其人，就急招为杭州刺史的李泌进京，商议治国之策，不久以李泌为金紫首相。李泌致力于政事改革，提出“南通云南，北和回纥”等策，说服唐德宗与回纥通婚，回纥改称“回鹘”，为唐守边等。

八月，以浑瑊为河中尹、管内行营兵马副元帅，另以金吾大将军杜希全为灵州大都督及西受降城、天德、灵、盐、丰、夏节度、营田等使。（《旧唐书》卷十二、一三四，《资治通鉴》卷二三〇）

唐德宗贞元二年（786年）

吐蕃不甘心以贺兰山与灵州为界，于八月分别扰掠泾、陇、邠、宁等州。

十一月，吐蕃欲先下灵州东藩屏，领军至盐州（今宁夏盐池）。盐州刺史杜彦光屈膝以与吐蕃结盟示好，使人以牛酒犒劳其军，吐蕃不受，驱逐杜彦光出城。杜彦光只得领众弃盐州城，走投鄜州（今陕西富县）。

十二月，吐蕃又攻陷夏州（今陕西靖边古统万城），夏州刺史拓跋乾晖弃城而逃。邻州陷落，灵州受到严重威胁。（《资治通鉴》卷二三二）

唐德宗贞元三年（787年）

二月，唐将骆元光（即李元谅，其先祖为波斯人）领军攻克盐、夏两州。屯于鸣沙（今宁夏中宁鸣沙镇）的吐蕃军缺少粮草，闻知唐军大量集结于塞上（灵州），大惧，数次遣使，请求重新缔结盟约，以此计麻痹唐军，企图乘机偷袭唐军。河东节度使马燧中计，他千不该、万不该力劝唐德宗同意吐蕃大相尚洁赞的假结盟之请，唐德宗于是再度答应。

四月，唐使御史中丞崔浣至鸣沙，尚结赞背盟攻占盐州、夏州。尚结赞对此百般辩解，要求以浑瑊为会盟使，重新结盟，且要求灵州节度使杜希全、泾州节度使李观参加缔约，妄图乘机擒杀。此为尚结赞“一石三鸟”之计，他认为唐只有马璘、浑瑊、李晟三名将。若除去这三人，取唐长安唾手可得。他诱使马璘入京主张会盟，要浑瑊为会盟使，李晟又反对会盟。只要在假会盟时除掉浑瑊，马璘逃脱不了主张结盟的干系，李晟又失去唐德宗的信任，马、李都失兵权，吐蕃进军就有胜算。果然，马璘中计力主会盟，唐德宗自然高兴，李晟以为吐蕃在进军顺利时要求会盟，必为假，因极力反对，引起唐德宗不快而遭冷遇。

五月，唐以侍中浑瑊为会盟使，兵部尚书崔汉卿副之，与骆元光领兵至清水盟地。但吐蕃再三改变盟地，最后选定在原州（今宁夏固原）土黎树。但唐随行神军将军马有麟以为，土黎树地势险要，恐吐蕃便于埋伏，力争在地势平坦的平凉川（今甘肃平凉）会盟。

闰五月，浑瑊等与尚结赞会盟于平凉。但吐蕃已预先埋伏下重兵，精骑数万突起，唐会盟副使崔汉卿以下60余名官员均被吐蕃所擒，只有浑瑊机警，用剑割开大帐，夺得一匹战马逃出，遇率军前来援引的韩游环、李谅佐等，为会盟使团中独自逃回者，唐军死者数以千计。吐蕃大相尚结赞等凯旋还原州。

十月，尚结赞修原州城以屯据。经原州的“丝绸之路”被阻断，灵州仍是东西交往的唯一通道，移居的党项日多。

十二月，唐德宗因党项助纣为虐，下令禁止商贾以牛马、兵器等物与党项部（含居于灵州的党项部）相贸易。（《资治通鉴》卷二三二）

唐德宗贞元四年（788 年）

一月，吐蕃多次想攻取处于南下关中要冲的灵州而失败，便转而掳掠泾、邠、宁、庆、鄜等州，焚毁彭原县（今甘肃镇远），各地唐军闭城自守。经二旬（20 天），吐蕃驱赶掳掠上述各地的人畜 3 万多退兵。

七月，以张献甫代灵武籍大将韩游环为邠宁节度使。韩游环治邠宁时，知其军骄横，因学郭子仪于朔方军治军之法，不甚严谨。但邠宁军知张献甫素治军十分严厉，遂以要求调换另一大将范希朝任邠宁节度使为由起事，纵兵大掠。此时韩游环已离邠（今陕西彬县），都将杨朝晟诛杀首要倡乱者，平息了事态，张献甫才得以赴任。（《旧唐书》卷十三、一二二，《新唐书》卷一三三，《资治通鉴》卷一二二）

唐德宗贞元五年（789 年）

宰相李泌以“北和回纥，南通云南”的国策极力主张和劝说下，唐德宗终摒弃前嫌，应回纥请婚，册名第八个女儿为咸安公主，下嫁回鹘（其年，回纥请婚后，改回纥为“回鹘”）合骨咄禄可汗，经“灵州大道”之“丝绸之路”，赴回纥成婚。回鹘可汗称唐子婿，为唐守边。

唐德宗贞元六年（790 年）

八月，吐蕃怒唐与回鹘通婚，发军攻灵州，为回鹘出军击败吐蕃军，灵州获安。（《旧唐书》卷十一、十三，《新唐书》卷一七〇，《资治通鉴》卷二三二）

唐德宗贞元七年（791 年）

二月，为稳固灵州“丝路”通道，泾原节度使刘昌修筑平凉城，又在平凉西 35 里处筑胡谷堡，赐名彰义堡，次又修筑了保定（今甘肃泾川北）等 7 城 2 堡，加强了青石岭（今甘肃泾川西北）要冲的防守。

八月，吐蕃又攻灵州，回鹘再次出军助唐。吐蕃为回鹘军所败，俘获吐蕃酋长尚结心，巩固了通长安的“丝路”通道。（《旧唐书》卷十三，《新唐书》卷一七〇，《资治通鉴》卷二三三）

唐德宗贞元八年（792 年）

四月，吐蕃攻掠灵州，攻陷水口（灵州旁黄河渡口），又进围灵州，堵塞水口渠道，破坏营田。唐令河东、振武军分道派兵救援灵州，又分神策军 3000 人戍守定远（今宁夏平罗黄渠桥镇）、怀远（今宁夏银川）两城，为犄角之势，吐蕃怕归路被断，带着掳掠人口、牲畜等向西退去。

五月，以都官郎中郑克均为灵、夏两州运粮使。郑克均自夏州用牛马运粮 6 万斛至灵州供军，度支又溯黄河而上运胜州（今内蒙古伊克昭盟东北）、云（今山西大同）、朔（今山西朔州）等州米万余斛至灵州。

六月，吐蕃数千骑经灵州南、青石岭（今甘肃泾川西北）进掠泾州（今甘肃泾川），掳去营田军卒千余人。（《旧唐书》卷十三、一九六，《新唐书》卷七，二一六下，《资治通鉴》卷一九六、二三四，《册府元龟》卷四八四、四九八）

唐德宗贞元九年（793 年）

其时杜希全兼灵州大都督及定远、三受降城、灵、夏等州军节度使。盐州地当要冲，自贞元三年（787 年）盐州城被吐蕃残破后，塞外无堡障，灵武以东军势被分隔，自东至鄜、坊（今陕西黄陵），无城可守，甚为边患。杜希全请修复盐州城以守屯。

二月，德宗命浑瑊、杜希全、张献甫、范希朝等，在其部选士卒 3.5 万人赴盐州，保护筑城，以免吐蕃偷袭；又命神策军将军张昌宜权知盐州事，征 6000 人修城。同时唐又派军深入吐蕃境内牵制吐蕃军力，故盐州城二旬筑成，朝廷内外称贺。由是灵武、银（今陕西米脂）、夏等地稍安，吐蕃不敢深入。为此，白居易《城盐州》诗中曰："自筑盐州十馀载，左衽毡裘不犯塞"等，就叙写了重筑盐州城的作用和意义。

七月，迁杜希全灵、盐等州节度使。

十二月，大都督杜希全卒于灵州。（《旧唐书》卷十三、一二二、一四〇、一四四、一九六下，《新唐书》卷三十七、一五六、二一六，《唐会要》卷七十三、八十六）

唐德宗贞元十年（794 年）

十月，唐德宗以其第 14 子虔王李谅为朔方、灵、盐、丰州等节度大使、灵州大都督；以原朔方行军司马李栾为朔方留后。

十二月，灵州怀远镇将士攻破吐蕃，缴获羊马衣物等，唐德宗令将缴获物分赏有关将士，自此著为以缴获品赏军的定例。（《旧唐书》卷十三、六十七、一六六下，《新唐书》卷七、二一六，《册府元龟》卷一二八）

唐德宗贞元十一年（795年）

唐德宗以郡王李栾为灵州大都督府长史等职。（《旧唐书》卷十三）

唐德宗贞元十三年（797年）

三月，唐怒吐蕃数次负约，出军攻取吐蕃之嶲州（今四川西昌），吐蕃赞普怒，派兵攻掠灵州、麟州（今陕西神木）等地以报复。唐德宗命西川节度使韦皋等领军深入吐蕃腹地。

十月，唐军围困维州（今四川理县），吐蕃忙撤攻灵州、麟州之军回救。吐蕃论莽热领所聚集的10万之众救维州，为西川节度使韦皋等军击败。（《新唐书》卷一五八，《资治通鉴》卷一五八）

唐德宗贞元十四年（798年）

闰五月，唐以左神策军行营节度使韩全义为朔方军辖之夏州刺史，兼盐、夏、绥、银节度使。

十月，韩全义率军在盐州西北与吐蕃大战，终大败吐蕃军。自中唐后，长乐州（今宁夏同心韦州镇）就处在“丝绸之路”“灵萧道”（灵州至萧关）的要道，对保障“灵萧道”的畅通处于十分重要的地理位置，因使得唐廷十分重视灵州长乐州的守卫。

十二月，以朔方节度副使慕容复为朔方军长乐州都督，此为慕容氏入据长乐州的起始年。（《旧唐书》卷一、一九六下、一九八，《新唐书》卷二一六，《册府元龟》卷四三四）

唐德宗贞元十五年（799 年）

十二月，灵武籍名将，功封中书令、咸宁王的浑瑊薨于河中任上。唐德宗谥其为太师，号“忠武”，以浑瑊次子浑镐为唐州（今河南泌阳）刺史。（《旧唐书》卷一三四，《新唐书》卷一五四，《资治通鉴》卷二三五）

唐德宗贞元十六年（800 年）

是年，吐蕃屯乌兰（今宁夏中卫和甘肃白银市交界之黄河两岸），唐以李朝寀为朔方、邠宁庆节度使（治灵州回乐）。李朝寀于十月，率灵州军破吐蕃于乌兰，阻止吐蕃南下。（《旧唐书》卷一九六下，《新唐书》卷二一六下，《资治通鉴》卷二三六）

唐德宗贞元十七年（801 年）

七月，吐蕃攻盐州，盐州刺史杜彦先还来不及向灵州求救，就弃城奔庆州（今甘肃庆阳）。吐蕃接着攻破麟州（今陕西神木），大掠军民，驱党项而去，返抵盐州西 90 里之横槽烽屯军。时吐蕃所掠的延州（今陕西安塞西）僧延素等 7 人被吐蕃将徐舍人召见。徐舍人自称是唐英国公徐世勣的五世孙，身陷吐蕃，可心向唐廷，只是由于族属已多，均在吐蕃，无法离开，此地至朔方军安乐州（今宁夏同心韦州镇，也由长乐山而称长乐州）只有 90 里，愿将他们放归汉（唐）境，于是放归被掠者数千人经由朔方军安乐州回到麟州等故乡。（《旧唐书》卷十三、六十七、一六六，《新唐书》卷七、二一六下，《唐会要》卷七十二）

唐宪宗元和元年（806 年）

六月，宰相杜佑等会见吐蕃使，吐蕃应允归还其所占秦、原、朔方军之安乐州。

八月，灵州大都督府长史李栾奏报：在灵州黄河边坍塌处，得古钱 3300 枚，其形小，方形，三足。张维《陇右金石录》卷首定此为“秦三足泉”，有论认为其可证明灵州在秦“新秦中”时之盛；有人认为定其为“秦三足泉”“似误”。（《旧唐书》卷十四、一九六下，《资治通鉴》卷一九六）

唐宪宗元和二年（807 年）

四月，以右金吾大将军范希朝为检校司空、灵州长史，朔方、灵、盐节度使。（《旧唐书》卷十四）

唐宪宗元和三年（808 年）

一月，在泾州（今甘肃泾川）北 90 里筑临泾城，以扼守要冲。

六月，西突厥处月种、沙陀（本居于今甘肃、新疆北）酋长朱邪尽忠与其子朱邪执宜为吐蕃所逼，率其众 3 万余人降唐，途中与阻隔其归唐的吐蕃屡战，自洮水至石门（今宁夏固原西北石门关），死者大半，朱邪尽忠败死。其子朱邪执宜领余众近万人、骑 3000、骆驼杂畜数千到灵州降唐。灵盐节度使范希朝，亲自率军至塞上迎接朱邪执宜等众，将他们安置在盐州，并为其市（买）牛羊，以增其畜牧数额。唐置阴山府，以朱邪执宜为兵马使，以石瑭为裨校（其五世孙为石敬瑭）。未几，朱邪尽忠弟葛勒阿波又率众 700 人至灵州降唐，唐以葛勒阿波为阴山府都督。以后，灵、盐每有战事，沙陀军皆所向披靡，战必胜，灵、盐军更加强盛。（《旧唐书》卷十四、二一八，《资治通鉴》卷二三七，《唐会要》卷七十，《武经总要》卷十八上）

唐宪宗元和四年（809 年）

三月，灵盐节度使范希朝上奏朝廷以太原兵 600 人衣粮给沙陀，唐宪宗允准。

六月，以灵盐节度使范希朝为太原尹、河东节度使。朝议中以为沙陀在灵武，地近吐蕃，恐其反复，且部落众多，又抬升灵盐粮价，应迁徙至河东安置。唐宪宗就命迁沙陀随范希朝至河东（今山西太原），另以王佖（李晟外甥）为灵州大都督府长史、灵盐节度使。

七月，奚及室韦攻灵州辖之振武军。吐蕃知王佖贪，于是厚金贿赂王佖，王佖也便有意放松对乌兰的防守，吐蕃“并力成桥”。乌兰桥（今宁夏中卫和甘肃白银交界处建黄河桥，名“乌兰桥”）建成，吐蕃筑月城守卫乌兰桥，使得黄河天险变通途，吐蕃军经常过乌兰桥犯灵州界，“朔方御寇不暇”，朝中多弹劾王佖失职（尚不知其纳贿通吐蕃事）。（《旧唐书》卷十四，《资治通鉴》卷二三八，《唐会要》卷九十六）

唐宪宗元和五年（810 年）

灵盐之盐州五原县（今陕西定边县）等地有乌池、白池、瓦池、细项池四个盐池。乌、白两池所产的盐颗粒大、色青白，可以入药，从汉代起就享有盛名。唐度支奏请邠州、泾原、鄜州的将士和当地百姓一样，就近食用灵州乌、白池所产的盐。

五月，奚（原居于热河西的奚人部落，后可能随回鹘东来）人寇灵州。（《旧唐书》卷四十八，《新唐书》卷五十四，《唐会要》卷八十八，《资治通鉴》卷二三八）

唐宪宗元和七年（812 年）

二月，因黄河流冰之冰凌阻隔，河水溢上岸，冲毁朔方节度使所辖之振武城。

六月，唐宪宗赐姓镇武节度使阿跌光进（突厥人，唐宪宗赐姓李，名李光进）。李光进和其弟李光颜，为灵州六胡州之鸡田州阿铁部都督之后，早年进入朔方军，多立战功。故唐宪宗赐其李姓。李光进请求重修振武城，允准，兼理河防。振武城即东受降城（已迁至今内蒙古托克托城），初为河水冲毁。李光进请求重修振武城时，宰相李吉甫请求徙振武于天德故城（即中受降城，今内蒙古包头西），宰相李绛及户部侍郎卢坦反对说："受降城，张仁愿所筑，当碛口（今山西临县碛口古渡口），据虏要冲，美水草，守边之利也。今避河患，退二三里可矣，奈何舍万代永安之策，徇一时省费之便乎？况天德故城僻处确瘠，去河（距离黄河）绝远，烽侯警急不相接应，虏忽唐突，势无由知，是无故而蹙国二百里也。"但唐宪宗还是采用了李吉甫之策，徙振武于天德军。六月，李光进请修振武城后，才又恢复了振武军原制而迁回原地（治托克托城）。

七月，户部侍郎判度支卢坦奏准，实行"平籴法"，于丰年粮价低时平价收购，歉收年国库以收购价卖给平民。是年灵武为丰年，是年冬，在灵武向民间强制征购粮食 7 万石、盐州强征 5 万石，以为灵武粮食储备。（《册府元龟》卷四八四、五〇二，《资治通鉴》卷二三八）

唐宪宗元和八年（813 年）

七月，以振武节度使李光进，为灵州大都督府长史、灵武节度使。

九月，以前朔方、灵盐节度使王佖为右卫将军。

十月，李光进率灵武水军夜袭乌兰，烧毁乌兰桥，彻底毁其月城，吐蕃军不得依桥东行，朔方得安。（《旧唐书》卷十五、三十八、一五三，《太平寰

宇记》卷三十七，《资治通鉴》卷二三九）

唐宪宗元和九年（814 年）

五月，李光进为加强灵州守卫，于受降城与灵州接界处置关卡守护。（《册府元龟》卷五〇四）

唐宪宗元和十年（815 年）

七月，灵武节度使李光进卒（死），唐宪宗以神策军长武城使杜叔良为朔方、灵、盐、定远、三受降城节度、观察使。李光进和其弟李光颜（时为忠武军节度使，随宰相裴度讨伐淮西割据者吴元济）友善，初时李光颜先成亲，李母就将家财交与光颜妻管理。李母死后，李光进才娶妻，李光颜妻就要将家财交于李光进妻管理，李光进反对说："新妇逮事先姑（婆婆），先姑命主家事，不可易也。"就仍由光颜妻管理，此为灵武流传的一段佳话。（《旧唐书》卷十五，《资治通鉴》卷二三九）

唐宪宗元和十一年（816 年）

一月，唐宪宗命中使（宦官等）通过灵州，以绢万匹于河曲（今青海东南黄河曲流处）诸地买马，经过灵武的"丝绸之路"马绢贸易再盛。（《唐会要》卷七十二）

唐宪宗元和十二年（817 年）

八月，灵州六胡州阿跌部人、李光进之弟李光颜，和李愬、乌重胤继续跟从裴度，讨伐淮西割据势力吴元济。李光颜和李愬、乌重胤，是继浑瑊、马燧、李晟之后的中唐三名将。李光颜、乌重胤初战不利，败于贾店。（《旧唐书》卷一六一，《新唐书》卷一七一，《资治通鉴》卷二四〇）

唐宪宗元和十三年（818 年）

吐蕃自占据河西走廊后，常于乐都（青海今地）东渡黄河入攻灵武。十月，灵武节度使杜叔良领军击吐蕃于定远城（今宁夏平罗南黄渠桥镇），击溃吐蕃军 2 万余人，杀 2000 人，生俘吐蕃节度副将 1 人、判官长行 39 人，获羊马甚众。平凉镇遏使郝玼破吐蕃 2 万人于原州，收复了原州城，获羊马无数。夏州节度使田缙也在入卫灵武时，于灵武破吐蕃 3000 人。

十一月，吐蕃 5 万余人攻掠河曲，被夏州军击溃。灵武军乘胜攻破、收复吐蕃所占据了的长乐州城（今宁夏同心韦州镇），保护了经灵武通道的“丝绸之路”的畅通。（《旧唐书》卷十五、一九六下，《新唐书》卷七、二一六下，《资治通鉴》卷一九六）

唐宪宗元和十四年（819 年）

五月，以李晟子李昕为朔方军辖之夏州刺史，夏、绥、银、宥等州节度使。

十月，吐蕃节度论三摩及宰相尚塔藏、中书令尚结心儿等，共领军 15 万之众，围盐州（今宁夏盐池）城数重，党项首领也发兵相助围攻三旬。吐蕃以飞梯、鹅车、木驴等四面齐攻，盐州刺史李文悦率领军士据城坚守，拆民房以堵缺口，日夜拒守。李文悦于夜晚派军出城偷袭吐蕃营帐，杀吐蕃兵万余，坚守盐州 27 天。灵武牙将史奉敬（灵武人）向朔方节度使杜叔良请兵 3000，带十日粮，出行十余天，无音信，朔方人都以为史奉敬已全军覆没。但就在此时，史奉敬领军出现在吐蕃军背后之盐州城下，奋力进击，吐蕃军大溃。史奉进率军与盐州军内外夹攻，吐蕃军被杀伤无数，吐蕃大败退。

十一月，灵武史奉敬又击败吐蕃军、退居于葫（瓠）芦河（又名高平川水，今宁夏清水河），获马牛等杂畜以万数。（《旧唐书》卷十五、一三三、一

五二、一六一、一九六下，《新唐书》卷七、一七〇、二一六下）

唐宪宗元和十五年（820 年）

一月，唐命灵武六胡州籍大将李光颜重修盐州城。

二月，吐蕃攻掠灵州，又掠盐州。

六月，唐以李佑代李昕为夏州刺史，另以李昕为灵州大都督府长史，充朔方、灵盐节度使。灵州境内本有光禄渠（今“汉渠”），废塞已久。李昕到任后加以重新修浚，可溉田千余顷，人们称便。

七月，盐州唐军以党项人常为吐蕃军侦探或向导，因报复掳掠乌、白盐池党项女子拓跋三娘及其奴婢二人。

十月，吐蕃企图占据灵武盐矿，出军营于盐州乌、白池。

十一月，灵盐节度使李昕领军，至长乐州以击吐蕃，迫使吐蕃军退出乌、白池。

十二月，吐蕃千余人又围乌、白盐池，掠取池盐。（《旧唐书》卷十五、十六、一三三、一九六下，《新唐书》卷八、一五四，《唐会要》卷九十八，《册府无龟》卷四十、四一〇、四九七）

唐穆宗长庆元年（821 年）

四月，唐准许灵盐乌池每年可以以盐榷米（卖盐买米），以 15 万石为定额。唐穆宗以其妹太和长公主嫁回鹘崇德可汗，吐蕃闻唐与回鹘联婚，于 6 月攻掠青塞堡（今宁夏盐池西南），被盐州刺史李文悦领军击败。

九月，吐蕃遣使向唐请盟，唐派刘元鼎为会盟使，双方再次结盟，暂时结束了战争状态。

十月，灵武节度使李进诚（原为吴元济淮西大将，后为李愬收服，助唐灭吴元济，功封灵武节度使），大败吐蕃 3000 人于大石山下，杀吐蕃 260 余人。（《旧唐书》卷四十八、一九六下，《新唐书》卷八，《册府无龟》卷四三四）

唐穆宗长庆二年（822 年）

一月，以李进诚兼灵州刺史，充朔方、灵、盐、定远城等节度使。

二月，以李昕为太原尹及北都留守、河东节度使。

四月，党项寇灵州、渭北，掠夺唐牧监官马。

六月，吐蕃千余人入灵州界掳掠官马（其时，灵州至盐州境内仍设有唐牧马监所），为盐州刺史赵玕击败，俘获吐蕃用于联络者 150 人。党项都督拓跋万诚至盐州降唐，其部落迁至灵州、盐州一带。（《旧唐书》卷十六、一九六下，《新唐书》卷八，《资治通鉴》卷二四二）

唐穆宗长庆四年（824 年）

五月，穆宗以朔方盐州刺史傅良弼为夏州刺史。

七月，灵武节度使李进诚率众将特进渠（今“秦渠”）疏通，于是置营田 600 顷，以 50 顷为一屯，灵武屯田屯垦大有成效。（《旧唐书》卷十七，《唐会要》卷八十九）

唐敬宗宝历元年（825 年）

十二月，吐蕃原攻掠灵州等地时，随军运输所用驮牛，在双方结盟后已无所用。唐敬宗便令度支在河东、振武及灵州、夏州等处，购买吐蕃牛 1 万头，分给京畿（长安近郊）贫苦百姓作为耕牛耕种使用。（《旧唐书》卷十七，《册府元龟》卷一〇六）

唐文宗大〈太〉和二年（828 年）

唐文宗以李文悦代李进诚为灵武节度使。（《旧唐书》卷十七）

唐文宗大〈太〉和三年（829 年）

六月，灵武籍奚人侍中、河中节度使史宪诚，在军乱中被杀，军中拥立灵武人何进滔，上奏朝廷允准。唐文宗闻史宪诚死，哀悼，追赠其为太尉。史载："史宪诚，其先出于奚虏，今为灵武建康人。"（《旧唐书》卷一八一，《新唐书》卷二一〇）

唐文宗大〈太〉和六年（832 年）

二月，户部尚书、判支度王起请朝廷于邠宁、灵武设置营田务，以督促和管理营田事，文宗准许。

五月，唐文宗以盐州刺史王晏平为御史大夫，充灵盐节度使管理营田事。（《旧唐书》卷十七下、五十三，《册府元龟》卷五〇三）

唐文宗开成元年（836 年）

闰五月，唐文宗以神策大将军魏仲卿为朔方、灵、盐节度使。（《旧唐书》卷十一、十七）

唐文宗开成二年（837 年）

由于藩镇将领对党项的马、牛、羊等畜产品强取豪夺，"恣其贪婪，不顾危亡，强市其羊马，不酬其值"，引起党项各部的不满，从而起事反抗，使灵、盐之间的交通一时中断，由此党项与地方军政关系恶化。

自大（太）和七年（833 年）在河西（今宁夏黄河以西至河西走廊）置银川监牧马（由灵盐牧马监西扩而建）以来，至是年，银川监的牧马已达

7000 匹。（《旧唐书》卷一九八，《新唐书》卷五十，《唐会要》卷九十八）

唐文宗开成三年（838 年）

五月，灵武节度使王晏平贪赃 7000 缗事发，唐文宗却因王晏平之父王智兴对朝廷有功，而免王晏平死罪，只作长久流放庚州的处罚。

唐武宗会昌元年（841 年）

晚唐，党项已多居于灵、夏等州，且多与地方官府不谐，矛盾纠纷不断。是年，唐武宗采用宰相李德裕之策，为加强对党项降户的控制，命侍御史为使，分别领部统制。李鄠统居于盐、夏州者，郑贺统领居于灵武、麟、胜州者。（《旧唐书》卷一九八，《新唐书》卷二二一）

唐武宗会昌二年（842 年）

四月，回鹘乌介可汗因部众大饥，率部移居于天德、振武军塞下，胁迫长庆元年（821 年）嫁回鹘崇德可汗的唐穆宗之妹太和公主，向唐武宗求借朔方军振武城以居，且向唐求食。灵武军节度使兼天德军使田牟，为求塞下宁静，上书朝廷，求发兵驱赶。唐德宗采取宰相李德裕策，严令约束田牟不得出兵，且发粮两万斛至灵武，由田牟主持运往塞下，以救济回鹘部众。（《新唐书》卷四十八，《资治通鉴·唐记》卷二四七）

唐武宗会昌三年（843 年）

一月，回鹘乌介可汗因求借振武城为居而不得，便发兵进逼振武城，想以武力威胁唐武宗答应其借城之求。朝廷命灵武军田牟及刘沔助石雄出奇兵，大破乌介军，乌介为部下所杀，太和公主回归长安，回鹘四散。后来并居于贺兰山下的四支回鹘部众，归附于唐朝，被称之为“贺兰回鹘”。

三月，朝廷以回鹘衰微、吐蕃内乱，议复河（黄河）、湟（湟水）四镇十八州（即今河西走廊），就以给事中刘濛为巡边使，使之先备器械糗粮及观察、了解吐蕃守军强弱之势。刘濛自幼精巧，对机械颇有研究，就以三国蜀丞相诸葛亮造“木牛流马”法，造“木牛”往灵州运粮，大效，大大节省了运输粮草的人力、畜力及牛、驴等往返运途的粮草消耗，是历史上第一次用机械往灵州运粮。

十月，党项攻掠盐州，唐武宗以李彦佐为朔方、灵、盐节度使，以防御党项。

十一月，唐武宗从宰相李德裕之谏，以兖王李岐为灵、夏等六道元帅、安抚党项大使，以李回为安抚党项副使，往灵、夏、盐等六州镇，安抚党项及其他百姓。唐在回鹘衰微之际，为解回鹘困厄，仍以绢帛还回鹘马价，均通过灵武交接，依然保持着“丝绸之路”上官方的商贸交易。（《旧唐书》卷十二，《资治通鉴》卷二四七）

唐武宗会昌五年（845 年）

八月，朝中议官韦博为李德裕所恶，出为灵武节度副使。

是年，党项仍攻掠不已，攻陷邠、宁、盐三州之间的城堡，屯聚叱利寨。回鹘原乌介余部攻朔方等北方边境而失败，再次发生内乱，其部四散。（《资治通鉴》卷二四八）

唐武宗会昌六年（846 年）

由于灵武、天德（治今内蒙古乌拉特前旗北，属灵武军辖）等地境内良田众多，“缘无居人，久绝耕种”，于是命自是年以后，天下处死刑的囚徒，“愤非巨蠹者，特许生全，并全家流配”上述灵武军辖各地，命各军镇收管安存，并借给农具，“务使耕植”，以此充实北方边境地区戍边、屯垦人口。《册府元龟》卷五〇三）

唐宣宗大中元年（847 年）

八月，突厥残部掠漕米（灵州船载于黄河水运北上运送的大米）及行商（“丝绸之路”上来往的商客），灵州振武军使史宪忠（灵州人，史贤诚之弟）率军击破突厥来掠的残部，保持了灵州黄河水运的畅通。（《旧唐书》卷一八一，《新唐书》卷二四〇，《资治通鉴》卷二四八）

唐宣宗大中三年（849 年）

吐蕃由于内乱，日渐衰弱。一月，吐蕃宰相论恐热专政，杀其东道节度使，愿与唐和好，将原吐蕃占据的唐朝秦、原、安乐州及石门（今宁夏固原西北）、木硖、六盘、制胜（今宁夏泾原境）、驿藏、木靖、石峡三州七关，归还唐朝（《资治通鉴》卷二四八《考异》却说：“盖三州、七关，以吐蕃国乱，自来降唐……非恐热帅以来。”）。唐宣宗命太仆卿陆耽往见论恐热，予以喻慰。命灵武节度使朱淑明、邠宁节度使张君绪等，各出本道军马迎接来归父老。

六月，泾原节度使康季荣接管原州和石门、木硖、六盘、制胜、驿藏、木靖、石峡七关，得人畜数万。十三日，邠宁节度使张君绪接管萧关。灵武节度使朱淑明接收安乐州。

八月，改安乐州为威州（今宁夏同心韦州镇）。以上三州七关的军民代表数千人，到达长安，唐宣宗出延喜门接见。军民换去番服，重着汉装。唐宣宗赐冠带 15 万匹，军民“莫不欢呼抃舞，更相解辫，争冠带于康衢，然后命善地以处之，观者咸称万岁”。唐命三州七关百姓垦耕该处土地，五年免纳租税；军卒有能垦耕者，官府给予耕牛、籽种帮助他们垦耕。

十月，灵、盐、夏州地震，压死戍卒数千人，坏房屋无数。

是年，将泾临城（今甘肃镇原）之行原州迁回原州原来州治（今宁夏固原）。（《唐大诏令集》卷一三〇，《唐会要》卷四十二、七十、九十七，《太平寰宇记》卷三十二）

唐宣宗大中四年（850 年）

唐宣宗令温池（今宁夏盐池惠安堡）所产盐，仍由灵州分巡院专管经营。（《新唐书》卷四十八）

唐宣宗大中五年（851 年）

二月，灵州辖天德军（原治西受降城，后西受降城为黄河水淹毁，移治灵州回乐县）奏摄沙洲刺史张议潮率河陇地区番汉人民起义，已夺取沙（今甘肃敦煌）、瓜州（甘肃今地）等地，遣使至灵州请求来归。

十月，起义的张议潮率起义的番汉民众，又收复了被吐蕃占据的伊州（今新疆哈密）、河州（今甘肃临夏）以及鄯州（今青海乐都）、珉州（今甘肃岷县）、廓州（今青海化隆）、兰州（甘肃今地），打通了被吐蕃阻绝了 80 余年的“丝绸之路”。张议潮欲派其弟张议潭带着河、陇十州地图和户籍入朝上奏，又怕途中受阻不能到达朝廷。于是张议潮就将同样内容的奏疏为十路使者上奏，分别入朝。结果经灵州天德军入朝的使者，最先到达天德军，天德军护送张议潮使者张议潭（张议潮之弟）入朝，将所带文书及义军起义情况向朝廷上奏。张议潮起义，是“丝绸之路”上的特大事件。从此凉州路通，河西走廊与经灵州的“丝绸之路”并行。

十一月，唐宣宗于沙洲恢复河西节度使，号称归义军，以张议潮为归义军节度使。（《资治通鉴》卷二四九，《中国通史》第六章，《宁夏通史·古代卷》）

唐宣宗大中六年（852 年）

三月，唐于灵武威州（今宁夏同心韦州镇）置榷税使，以管理温池（今宁夏盐池惠安堡）所产食盐。

五月，唐宣宗为安抚三州七关回归的民众，下敕书中有言曰：“……自收

关陇，便讨党项，边境生民，皆失活业，连属艰食，遂不宁居。”（《旧唐书》卷十八，《唐会要》卷九十）

唐宣宗大中十年（856 年）

十月，唐宣宗遣使至安西镇（龟兹、焉耆、于阗、疏勒四镇）抚慰回鹘使者，当朝使到达灵武时，适逢回鹘使者也到达灵武。于是朝使就会见回鹘使者于灵武。（《资治通鉴》卷二四九）

唐宣宗大中十一年（857 年）

二月，唐宣宗以郑助充朔方军盐州及当道沿路镇寨粮料使。

六月，以朔方、灵武、定远等城节度使，灵州大都督府长史郑潼为郑州刺史。

八月，以朔方军盐州刺史陆耽为泾原节度使。（《旧唐书》卷十八下）

唐宣宗大中十二年（858 年）

灵盐的盐州监军杨玄价聚众起事，杀盐州刺史刘皋。朔方军出击，很快得以平息。（《新唐书》卷八）

唐懿宗咸通元年（860 年）

十二月，当初回鹘屡求唐朝册命，唐懿宗就下诏，遣册立使郗宗莒到回鹘去册封其可汗。适逢回鹘被吐谷浑、温末所攻破，其可汗不知所逃何方。唐懿宗就又下诏，命将玉册、国信等授灵盐节度使唐弘夫掌管，郗宗莒返回京师。（《资治通鉴》卷二五二）

唐懿宗咸通二年（861 年）

六月，唐与南诏交恶，唐懿宗以灵盐的盐州防御使王宽为安南经略招讨使，征讨南诏。（《新唐书》卷九，《资治通鉴》卷二五〇）

唐懿宗咸通十五年（874 年）

唐懿宗发感化军（治今江苏徐州）至灵武，以防秋，会南诏攻西川，又调往西川救援。

十一月，因李业在沙陀中素有威名，使其子李钧为灵武节度使、宣威沙陀六州三部落使，以招抚尚留居在灵武境内的沙陀部众。（《旧唐书》卷十九下，《新五代史》卷四）

唐僖宗广明元年（880 年）

十二月，黄巢起义军攻下长安，唐僖宗率群臣逃往西川。灵州朔方军军事实力和中唐时相比，虽有所下降，但仍可保一方安全。（《资治通鉴》卷二五四）

唐僖宗中和二年（882 年）

雄州（今宁夏中卫）本在灵武西南 180 里，是年，徙雄州于承天堡，是为行雄州治所。（《新唐书》卷三十七）

唐僖宗光启元年（885 年）

十月，宦官田令孜遣邠宁节度使朱玫、凤翔节度使李昌符领其部及灵、夏、鄜、延等州神策军屯沙苑（今陕西大荔南洛、渭之间），共讨河中节度使王重荣。

十二月，灵夏等军为王重荣所败，各军还回本镇。（《资治通鉴》卷二五六）

唐昭宗景福元年（892 年）

灵、威节度使韩逊（《新唐书》卷三七作“韩遵”），（初为灵州牙将）上表，以定远城为警州（治今宁夏平罗南黄渠桥镇）。（《新唐书》卷三十七）

唐哀帝天佑三年（906 年）

一月，灵武节度使韩逊奏报：吐蕃 7000 余骑营于宗高谷（今银川西贺兰山谷），将西击嗢末，且攻凉州。（《资治通鉴》卷二六五）

唐（618—907 年）

据《新唐书·地理志》卷三七、《大唐六典》卷三等载：唐代，灵州（武）向朝廷进贡的独特产品主要有：甘草、青虫子、鹿皮、红花、野马皮、鸟翎、雕翎、鹿角胶、杂筋、花从蓉、赤柽、马鞭、代（岱）赭、白胶、鹘、白羽、野马、野猪黄，吉莫靴、鞹（去毛的兽皮）、毡、库里、印盐、黄牛臆等。（《新唐书·地理志》卷三十七，《元和郡县图志》卷三、四，《大唐六典》卷三）

五代十国

（907—960 年）

后梁太祖开平元年（907 年）

唐哀帝逊位于朱全忠，唐亡。朱全忠改国号为梁，建都汴州（今河南开封），升为开封府，改长安为雍州。原、武、泾等州属梁。灵盐自唐末以降，实际上为灵武籍人、朔方军帅韩逊所割据，此时也和夏州一起，名义上臣属于梁。（《旧五代史》卷十三）

后梁太祖开平三年（909 年）

三月，后梁太祖朱温为了笼络唐末以降割据灵州的韩逊，后梁除以韩逊为朔方节度使兼中书令外，又加颍川王，企以施恩感化韩逊真正归服后梁。

六月，仍割据灵州的韩逊以收复盐州，擒杀李茂贞所署刺史李继直以下 60 余人奏报梁。

十一月，割据凤翔（陕西今地）、岐州（也在今陕西凤翔境内）的李茂贞，为了扩大割据势力，夺取灵州富庶之地，派其忠武节度使兼侍中刘知俊领邠、岐、秦、泾之军数万人攻灵州。李茂贞许诺待刘知俊攻下灵州，以灵州作为刘知俊的牧马之地。韩逊向梁求援，梁太祖派康怀英、寇彦卿等领军攻邠宁，以牵制李茂贞。

十二月，刘知俊怕腹背受敌，忙撤灵州之围回军。后梁太祖也急召康怀英还军，当其回军行至邠州长城岭时，刘知俊据险掩袭后梁军，康怀英等大败。

（《旧五代史》卷五、十三、二十三、二十七，《新五代史》卷三、二十二、四十四）

后梁末帝乾化四年（914年）

韩逊治灵，大修水利，发展生产，保障了“丝绸之路”商贸、文化交流畅通，灵州物阜民丰，百姓奏请朝廷，于灵州为韩逊建生祠（人在世时，就为他建祠奉祀），梁太祖允准，且诏命礼部侍郎薛廷珪撰文，赞扬韩逊的业绩，赐其撰文至灵州于韩逊的生祠中悬挂。韩逊生祠一直到北宋时，还为灵州百姓岁时祭祀。

五月，朔方节度使韩逊卒，军中推韩逊子韩洙为留后上奏后梁；未几，后梁以韩洙为朔方节度使、检校太保，继续笼络韩洙，企其报效梁。（《资治通鉴》卷二六七）

后梁末帝贞明四年（918年）

四月，后梁末帝朱友贞加授朔方军节度使韩洙开府仪同三司之爵位，自行开府，自行选拔人才，自行任命其属下官员及官职。（《旧五代史》卷九、一三二）

后唐庄宗同光元年（923年）

晋王李存勖灭梁，建国号为唐，史称“后唐”，改梁天祐二十年为同光元年，灵武也改隶属后唐。（《旧五代史》卷十、二十九，《新五代史》卷三）

后唐庄宗同光二年（924年）

为巩固灵州韩洙、夏州李仁福（党项首领）归后唐之心，四月后唐庄宗进朔方、河西等军节度使韩洙为侍中，充朔方、河西等军节度使，灵（治今宁夏灵武西南)、盐(治今宁夏盐池)、警(治今宁夏平罗)、雄(治今宁夏中卫)、凉(治今甘肃武威)、甘(治今甘肃张掖)、肃(治今甘肃酒泉)等州观察使。进夏州节度使李仁福为朔方王。韩洙控制了西北“丝绸之路”,加强了灵州在“丝绸之路”的交通保护和商贸交易,灵州在“丝绸之路”中的地位得以进一步提高。

是年,甘州回鹘使人至灵州,奏告甘州回鹘可汗仁美卒,其弟狄银暂主国事,意求后唐册封狄银为回鹘可汗。韩洙遣使代甘州回鹘使者入朝奏报。(《旧五代史》卷十、二十九,《新五代史》卷三)

后唐庄宗同光三年(925 年)

七月,灵武奏告:后唐赐回鹘王的敕书,已由灵武遣人送往甘州册封狄银为回鹘王。(《册府元龟》卷九八〇)

后唐庄宗天成二年(927 年)

九月,后唐明宗朱嗣源再加朔方节度使韩洙、夏州节度使李仁福等食邑,改赐功臣以笼络、巩固其忠于后唐、为后唐保土之心。(《旧五代史》卷三十八)

后唐庄宗天成三年(928 年)

七月,朔方节度使韩洙卒,后唐明宗废朝一日以示痛悼,赠韩洙太尉。

八月,以韩洙之弟、朔方节度留后韩澄(《旧五代史》卷三九作“韩璞”,今据《旧五代史》卷四、《新五代史》卷四〇等作“韩澄”)为朔方节度使,灵武、雄(今宁夏中卫)、警(今宁夏平罗)、甘(今甘肃张掖)、肃(今甘肃酒泉)等州观察使、检校司徒等职,以企其继承兄志,忠于后唐。(《旧五代史》卷三十,《新五代史》卷三十九)

后唐明宗天成四年（929 年）

朔方军列校李宾（《资治通鉴》卷二七六作“定远军使李匡宾”，《旧五代史》卷四六作“李从宾”；《新五代史》卷四六作“李宾”，盖避宋太祖赵匡胤讳，故省去一字，见《廿二史考异》卷六二），领众起事，韩澄却不似其先祖，性文弱，恐为部下所谋，请求离朔方镇归朝，由朝廷另行命将，得后唐明宗允准。从此结束了韩氏一门之韩逊、韩洙、韩澄，史称五代灵州“三韩”割据灵州（武）的历史。

十月，后唐明宗命康福代韩澄为朔方、河西节度使，灵、威（今宁夏同心韦州镇）等州观察、处置、度支、管内营田、温池（今宁夏盐池县惠安堡）榷税等使，令将军牛知柔领兵万人护卫康福赴灵武任所赴任。

十一月，牛知柔、康福领军行至方渠（今甘肃环县南）时，遭党项野利、大虫两族邀击，康福领军将其击败，继续领军前行。行至青岗峡（今甘肃环县北）时，于山谷中遇吐蕃军，康福乘未被吐蕃军发现之际，分军三路，共突起抄击大破吐蕃数千帐，获玉璞、羊马甚多。行至保静（今宁夏永宁东南），击破屯于此的吐蕃部，使一度滞阻的“丝绸之路”得以重新畅通。

康福到达灵武镇不久，党项诸部等纷纷归附。在康福以后治灵的三年中，灵州百姓勤于耕织，境内年年丰收，岁赋充盈，仓多余羡，有战马 4000 匹，朔方军亦强。（《旧五代史》卷四十、四十六、一三二，《新五代史》卷四十，《册府元龟》卷三六〇）

后唐明宗长兴元年（930 年）

三月，康福以攻取保静镇，杀吐蕃首领李正宾及其部 2000 人奏告（《资治通鉴》卷二七七作“康福奏克保静镇，斩李匡宾”）。

五月，康福于灵武以野驼峰三峰进献后唐朝。

十二月，党项军绕过灵州，攻掠“灵州大道”中至长安的必经之路方渠

(今甘肃环县)。(《旧五代史》卷四十一,《新五代史》卷六,《册府元龟》卷三六〇)

后唐明宗长兴二年(931年)

十一月,以汝州防御使张希崇为朔方节度、观察留后。(《旧五代史》卷四十二)

后唐明宗长兴三年(932年)

居于灵、夏的党项,经常抢掠经由灵州前往京师或内地去朝贡、经商的河西回鹘人,不仅掠其财物,而且将所掠河西回鹘人卖给他族以换取牛马。届时,有回鹘入朝使乌仑红取道灵武入贡,为党项(《册府元龟》卷三六〇、四三五作"吐蕃")所掠。

是年一月,后唐枢密使范延光以灵州至方渠镇使臣及外国入贡者多为党项所掠为由,请发兵击党项。明宗命邠州节度使药彦稠、灵武节度使康福领军7000人,在方渠合击党项阿埋等十部,党项败,逃往山谷。康福、药彦稠等领军追入白鱼谷,俘党项2000余人和其首领连香等六人,杀数千人,缴获党项所掠回鹘的大量宝玉、药物、驼、马等,获牛、羊以万计。

三月,灵武军将裴昭隐等三人,私自匿藏官马被发现,有司按律论罪当诛,明宗以为"不可以一马杀三人命",改斩刑为以鞭刑惩罚处治。

七月,夏州界党项700余骑扰乱"丝绸之路"等交通,康福领军击败党项,俘获其50骑,追败逃党项至贺兰山下。

是年,灵武都指挥使许审环等起事,被朔方节度康福所杀。朔方节度留后药彦稠驱逐盐州境内的党项、吐蕃,将其所掠的人口千余人放还乡里。(《旧五代史》卷四十三、四十六、六十六、九十一、一三八,《新五代史》卷六、二十七、七十四)

后唐明宗长兴四年（933 年）

三月，后唐重置灵盐之盐州，以凤翔行军司马李彦琮为盐州防御使。

四月，灵武奏：开渠白河（今宁夏吴忠北有地名为“白河”，即其地），引黄河水（今宁夏吴忠北之黄河支流）由南向北入大城（位今宁夏灵武新华桥一带之灵武城）以溉田。

五月，以灵武留后张希崇为灵州节度使。

灵州的戍卒军粮，以前都由 500 里外运来，不仅运输困难，而且在运输过程中经常遭到党项掠抢。张希崇为灵武节度使后，鼓励和组织军卒大力屯田，教士卒耕种，一年以后，军食富足，不需再从外地运粮。张希崇抚养士卒，招抚附近各地少数民族，回鹘、瓜（甘肃今地）、沙（今甘肃敦煌）等地都纷纷遣人来此商贸，马绢贸易日益昌盛，灵州“丝绸之路”国际交通大都市、国际商贸大都市的地位，初步确立。（《旧五代史》卷四十四、八十八、一三二，《新五代史》卷四十七，《册府元龟》卷四十九、五〇三）

后唐闵帝应顺元年（934 年）

由于灵州道疏通，且控制着“河西走廊”，“丝绸之路”的东西商贸往来更加兴盛，通过灵州的交易物品及交易量日增。

一月，沙洲、瓜州遣牙将以该地方物进贡朝廷。回鹘可汗仁美遣使献故可汗仁裕遗留贡物鞍马、器械、美玉、圆玉、鞊鞢、硇砂、羚羊角、波斯宝丝、玉带等。

是年，灵州节度使张希崇以当地据霜齑（马齿苋等物精致而成的食品）、良马贡献后唐朝廷。（《旧五代史》卷四十六，《册府元龟》卷一六九、三九七）

后唐末帝清泰二年（935 年）

为了使回鹘贡使途中不为“河西杂虏剽掠”，七月（《资治通鉴》卷二七九作“清泰元年七月”，今据《册府元龟》卷六一九、一七〇改），令邠、泾等州出军迎接回鹘使人，又命邠州节度使康福遣将军牛知录（《资治通鉴》卷二七九作“牛知柔”），领禁军将回鹘使人送至灵武。“虏之为患者，随便讨之。”

十一月，灵武节度使张希崇入朝，献马 50 匹、玉团、陇右地图、斜褐、牦牛尾、野马皮、拒霜菜等。（《册府元龟》卷六一九、一七〇）

后晋高祖天福元年（936 年）

闰十一月，契丹灭后唐，石敬瑭自立为大晋皇帝，史称后晋。

十二月，后晋又以已调为邠州节度使（《资治通鉴》卷二八〇作“静南节度使”）的张希崇，返回灵武任朔方节度使，以防契丹西取灵、夏。后晋欲以袁正辞为雄州（今宁夏中卫）刺史，袁正辞以雄州在灵武之西突出于吐蕃界中，因不敢赴任。

是年，以临泾县（今宁夏泾原）隶原州（今宁夏固原），以加强今宁夏境内的南原州、北灵武两大军镇。（《旧五代史》卷七十六、八十八，《新五代史》卷四十五、四十七、六十）

后晋高祖天福三年（938 年）

十二月，后晋遣供奉官张匡邺、彰武军节度判官高居诲等，赴于阗册封其王李圣天为大宝于阗国王，自灵武出发，途经二年到达于阗（今新疆和田）。天福七年（942 年），张、高等一行，从灵武等地原路返回。高居诲记其沿途路线为：自灵州过黄河，行三十里，涉沙漠，进党项界，曰细腰沙、神点沙；至三公河，宿月支都督帐。自此涉沙行四百余里，至黑沙堡，沙尤广，遂登沙岭。沙岭，党项牙帐也，其酋长曰捻崖天子。渡白亭河至凉州，自凉州西行五百里至甘州。甘州，回鹘牙帐也。自甘州又西，始涉大碛，碛无水，载水以行。又西北五百里去肃州，渡金河，西行百里出天门关。又西行百里出玉门关，经吐蕃界。又西至瓜州、沙州。其西，渡都乡河，曰阳关。沙州又西，曰仲云。西行至大屯城。又西至绀州，又行二日至安军州，遂至于阗。（《旧五代史》卷十四，《新五代史》卷七十四）

后晋高祖天福四年（939 年）

朔方节度使张希崇请求内迁不允，遂郁郁不得志，一月病卒于灵州任所，党项乘机扰掠。后晋高祖另以义成军节度使冯晖继张希崇，为朔方军节度使。是时，灵武市马籴粟，招徕部族，给赐军士之费，一年用钱 6000 万。之前后晋自关以西，辗转运输以供军用，民不堪役使，纷纷逃亡。青岗峡（今甘肃环县北）和土桥（今甘肃环县南）之间，党项又常常出没剽掠行人商旅，无兵卒保护，交通（丝路）时时被阻断。党项诸部中以拓跋彦超最为强大，其他部均以其行动为向背。冯晖到达灵武镇之后，拓跋彦超前来进见。冯晖大摆筵席，酒肴十分丰盛，热情款待，党项大小首领争相献贺。冯晖又以锦彩赠送，党项大小首领皆大悦。冯晖开始为拓跋彦超建豪宅于灵武城内，内置服饰玩设十分丰足，拓跋彦超大为欢心。冯晖以此将其留之城内居住，不使其煽动其他部众，于是党项各部得以安宁。党项诸部、包括河西的党项都争相到灵武以牛马等进行交易，一年内竟达 5000 头、匹。同时，冯晖大力发展屯田，修建仓储、亭馆千余所，所需经费多由官府俸钱中支付，不加重民间赋税，百姓喜悦，于是灵州大治。（对于此时的灵武，中国唐史学会副会长兼秘书长杜文玉先生在《论五代十国时期的灵州》中说道："对当时的中国来说，唯一的陆上对外贸易口岸则是灵州，因此，其地位是非常重要的。"）

三月，灵州戍将王彦忠等乘冯晖到任不久之机，据怀远（今宁夏银川市）领兵起事，旋即兵败，被供奉官齐廷祚所杀，兵乱被平息。

五月，割灵州之方渠（今甘肃庆阳）、宁州（今甘肃宁县）之木波、马岭三镇置为威州（今甘肃环县），隶属灵武；废旧威州另置清边军（治今宁夏灵武市白土岗乡火城子），以捍卫灵州至关中的“丝路”要道，使“丝路”畅通。（《旧五代史》卷七十八、八十八、一二四、一二五、一五〇，《新五代史》卷八、四十九、六十）

后晋高祖天福七年（942 年）

四月，后晋高祖石敬瑭废原朔方军辖之雄州为昌化军（治今宁夏中卫）；废警州为威肃军（治今宁夏平罗南）。其军使均由关西道委派。

是年，朔方军辖之凉州（今甘肃武威）军逐刘文谦（《新唐书》卷七四作“李文谦”，今据《五代史》作）。朔方节度使（治灵武）冯晖遣牙将吴继兴（《新唐书》卷七四作“吴继勋”，今据《五代史》作）赴凉州，代刘文谦为凉州留守。（《旧五代史》卷八十、一三八，《新五代史》卷七十四）

后晋出帝开运元年（944 年）

后晋朝流配（流放发配）青州节度使杨麟于灵武朔方节度使治下之威州，流配青州节度使杨麟的掌书记官任邈于原州（今宁夏固原）边郡地区。（《旧五代史》卷八十三）

后晋出帝开运二年（945 年）

八月，后晋出帝石重贵听信“冯晖欲为灵武王”的谗言，欲使冯晖离灵，便以灵武节度使冯晖为邠州节度使，加检校太尉。

十月，石重贵以前延州刺史王令温，代冯晖为灵武节度使，冯晖赴邠州任节度使。（《旧五代史》卷八十四，《资治通鉴》卷二八四）

后晋出帝开运三年（946年）

三月，后晋又以邠州节度使冯晖为河阳（今河南孟县）节度使。时灵武节度使王令温对党项苛刻，引起党项诸部怨恨，拓跋彦超、石存、乜厮褒等领党项部众攻灵武，杀王令温弟王令周，王令温遣使入朝告急。

六月，后晋出帝后悔听信谗言，他以为冯晖治灵有方，就重以冯晖为灵武节度使。后晋朝应出兵护送冯晖到灵武赴任，但石重贵已无兵可调，冯晖便招募兵士千余人，与威州刺史药元福等领骑兵到灵武赴任。

八月初，冯晖等行至梅戍时，遇党项首领及其从骑，冯晖率众以迅雷不及掩耳之势突袭攻杀党项首领及其从骑十余人，余众四散败逃。冯晖与药元福领军于威州（今甘肃环县）土桥西100里与党项7000余人相遇，冯晖等领军又以突袭之势大破之，斩杀千余人，擒获3000余人。当进至灵州境内耀德（今宁夏灵武市石沟驿古城）之长流水（灵武今地）时，军粮已尽。拓跋彦超领党项数万人，扼守要道占据水泉、水源（长流水自东向西流入黄河，今已于半道干涸，不通黄河）而拦截于前。冯晖以之前在灵武时和拓跋彦超之交情，向拓跋彦超求粮。拓跋彦超佯装答应，暗中想于暑天困住冯晖军，使其无粮、无水，待其疲惫时，乘势而进攻打败冯晖军。药元福看出拓跋彦超之用意，便征得冯晖同意，自领精锐骑兵攻党项列于西山的精兵，一举而攻破，党项中坚溃败引得全军大溃，冯晖等得以于天晚进入清边军（今宁夏灵武市白土岗乡火城子）。次日，进入灵州城（今灵武西南）。冯晖至灵州后，仍抚谕党项，党项诸部稍安，后渐恢复冯晖原治灵时之形势。冯晖在镇十余年，政绩卓著，灵州国际商贸大都市和交通大都市的格局真正形成，其“两都市”之作用也得以充分发挥，灵武呈现出在“丝绸之路”上的极盛时期。（《旧唐书》卷八十四，《新五代史》卷四十九，《宋史》卷二五四，《资治通鉴》卷二八五，杜文玉《论五代十四时间的灵州》）

后汉高祖天福十二年（947 年）

一月，契丹攻陷开封，灭后晋，建国为辽。原后晋河东节度使、北平王刘志远不接受契丹委命，于太原称帝，建国大汉，史称后汉，刘志远为后汉高祖，灵州隶属于后汉。（《旧五代史》卷一〇〇）

后汉高祖乾祐元年（948 年）

三月，后汉加已隶属于后汉的灵州节度使冯晖兼侍中。（《旧五代史》卷一〇一）

后汉隐帝承祐二年（949 年）

九月，后汉隐帝加灵州冯晖、夏州李彝殷（党项拓跋氏首领）并兼中书令。（《旧五代史》卷一〇一）

后周太祖广顺元年（951 年）

上年十一月，后汉隐帝被杀。是年一月，原后汉邺都留守郭威建国号周，史称后周，郭威为后周太祖。后周进封灵州冯晖为陈留郡王，以示对冯晖的宠幸。

九月，加灵州节度使冯晖、夏州刺史李彝殷（党项拓跋氏首领）并兼中书令。（《旧五代史》卷一〇二）

后周太祖广顺二年（952 年）

三月，改威州为环州（今甘肃环县）。

六月，灵武节度使冯晖病故于灵武任所，周太祖废朝一日以示痛悼，以冯晖子、朔方军衙内都虞侯冯继业，为朔方军兵马留后。

九月，朔方军兵马留后冯继业向周太祖献马 100 匹。（《旧五代史》卷一一〇，《新五代史》卷十一）

后周太祖广顺三年（953 年）

灵武等青、白盐，以前抽税规定为青盐 1 石，纳税 800 文、盐 1 斗；白盐 1 石，纳税 500、盐 5 升。是年年初，因“祇是近年来颇乖循守”，故增加税收为青盐每石抽钱 1000、盐 1 斗，致使“蕃人汉户求利艰难”，“不便商贩蕃人入界”，灵武等青、白盐业日渐衰落。

三月，周太祖下令，今后青盐 1 石依旧抽税钱 800 文，以 85 为陌盐 1 斗；白盐 1 石抽税钱 500、盐 5 升。“本州务及诸巡镇倍加安抚，不得侵欺。如蕃人将羊马易价，须平和交易，不得纵任牙人（市场上的中介人，每说和一桩买卖，从中抽取一定利钱）通同脱略，故为抑凌”，“私抽税今后一切止绝”。其中规定外族人可以羊马折价换取食盐，方便了游牧族人以畜类换得食盐，使灵武盐业又兴。（《册府元龟》卷四九五、五〇四）

后周太祖显德元年（954 年）

一月，进夏州刺史李彝殷为西平王，授灵武留后，以笼络党项人。党项族人迁居灵武者日增。灵武冯晖子冯继业为朔方军节度、灵环观察、处置、度支、温池榷税等使，集政、财、物大权于一身。

七月，再加冯继业检校太尉。（《旧五代史》卷一一三、一一四）

后周世宗显德四年（957 年）

是年废灵环之环州改置通远军（治今甘肃环县）。（《旧五代史》卷十三）

后周世宗显德六年（959 年）

八月，更进灵州节度使冯继业阶爵。（《旧五代史》卷一五〇，《新五代史》卷六十）

宋、辽、金、夏

（960—1232 年）

《太平寰宇记》卷三十六：“灵州灵武郡，今理回乐县……皇朝为朔方军节度。元（原）领县六。今一：回乐。五县废：怀远、灵武、弘静、温地、鸣沙。今领镇七管蕃户：清远、昌化、保安、保静、临河、怀远、定远……皇朝户二千六百六十一，蕃汉相杂。”《宋史·夏国上》卷四八五：（咸年）五年三月，继迁大集蕃部，攻陷灵州，以为西平府。六年春，遂都于灵州……贺兰驻兵五万，灵州五万人……

宋太祖建隆元年（960 年）

赵匡胤代周，因其所领归德军在宋州（今河南商丘），故建国号为宋，史称宋太祖。宋建都于汴梁（今河南开封），由于政治中心南移，灵州的军事地位已比前朝建都于长安时，有所下降。

灵武节度使冯继业骄恣无度，经常抢劫党项人的财产、人口，引起党项诸部不满；冯继业对待部下又非常暴虐，致使其部逐生怨离心。本在宋太祖赵匡胤称帝前，冯继业就和时任殿前太尉的赵匡胤关系很好，经常送驼、马、牛、羊及其他军用品供军。赵匡胤建宋后，冯继业恐其众因此前自己的暴虐行为，致使党项、部属怨恨而发生事变，故预先将其家属送至京师汴梁，并贡驼马、宝器等给宋太祖，以继续结好其心。（《旧五代史》卷一二〇，《新五代史》卷十二，《宋史》卷一、二五三）

宋太祖建隆二年（961 年）

一月，灵武节度使冯继业，向宋太祖献马 500 匹、骆驼 100 头、野马 2 匹，再表归顺忠心。自唐末以来，原（今甘肃镇原）、泾（今甘肃泾川）、镇戎（今宁夏固原）至于灵武（今宁夏灵武西南）、夏州（今陕西靖边统万城）诸地，均有党项部落分布，其部落均有各自的首领。降附宋朝者谓之“熟户”，其余谓之“生户”。是年，灵武五部党项便也以骆驼、良马贡宋，以示归服。（《宋史》卷十五）

宋太祖乾德二年（964 年）

四月，灵州发生饥荒，朝廷向泾州等地运送粮食以救济灵武饥民。

《宋史》卷十五、《吴船录》载：是年，沙门王继业等 300 人途经灵武，取道西凉（今甘肃武威）、甘州（今甘肃张掖）等地赴天竺（今印度）取经。（《宋史》卷十五，《吴般录》）

宋太祖乾德四年（966 年）

《宋会要辑稿·方域》卷二一又载：灵、夏等州的回鹘 200 余人、汉僧 60 余人取道西凉府、甘州，西去天竺取经。

《佛祖统记》卷四三说：“乾德四年，诏秦凉既通，可遣僧往西竺求法，时沙门行勤等 157 人应诏。”《续资治通鉴长编》卷七云：“乾德四年三月，僧行勤等 150 人请游西域，诏许之，仍赐钱三万，遣行。”（早年斯坦因劫去《西天路境》文件一件，是宋初西行取经僧人记载其沿途路线的文件，内有云：“东京至灵州四千里地。灵州西行二十日至甘州，是汗王。又西行五日至肃州，又西行一日至玉门关……”据黄盛璋先生考证，此件是 966 年西行僧人所记。此又说明：北宋初，灵州—西域道，仍是“丝绸之路”的重要通道，中外经济、文化交流、往来十分频繁。)

宋太祖开宝二年（969年）

因灵武节度使冯继业“颇骄恣，时出兵略夺羌夷羊马，戎人不附”、“部下多携贰”，于八月调任靖难军节度使。

九月，以考功郎中段思恭知灵州事。段思恭在任灵州知州期间，“矫继业之失，悉心绥抚，夷落安静，周访利病，多所条奏，甚得吏民之情”。

十一月，回鹘使者道经灵州，在市上交易，段思恭却派官吏在市上强购回鹘使者的硇砂（中医学上用作消积软坚药，在工业、农业上都有广泛用途），双方因价格发生冲突，段思恭拘留回鹘使者数日。回鹘可汗得知，数年不再遣人入贡。（《续资治通鉴长编》卷十）

宋太宗太平兴国二年（977年）

自五代以降，“罪人”皆流配西北边地，他们中往往有由此怨恨朝廷而逃往塞外者，多诱羌戎为寇。

一月，宋太宗下令以后不得将“罪人”流配灵州（治今宁夏灵武西南）、通远军（今甘肃环县）及沿边诸州。

二月，灵州送岁市官马途经党项各部帐，抵付草料的货物十分粗劣，党项部民为此气愤不收。灵州知州张全操派兵捕杀18人，抢掠其羊马，激起党项民众反抗。

是年，灵州、通远军境内的嗓咩族、折四族、吐蕃村族、奈㖞三家族、尾落族、奈家族、嗓泥族等党项部民起事扰掠“官纲”（朝廷征收的赋税）。宋太宗命灵州领军将安守忠、通远军使董遵诲领军讨伐平息扰掠官纲等事。（《续资治通鉴长编》卷十八）

宋太宗太平兴国三年（978 年）

灵州、通远军的士卒，多为皇宫的卫队，即衙兵，桀黠难制。

是年十一月，宋太宗命王诜调内地兵卒前往替换，将衙兵调回内地。

是年，灵州发现官马中有足为二趾者，以为二趾马乃奇瑞，于是献于朝廷。（《续资治通鉴长编》卷十）

宋太宗太平兴国七年（982 年）

一月，以右卫大将军侯赟知灵州。侯赟在灵州任十年，常巡视、安抚蕃族各部落，很得各族拥护，境内安宁，史称灵州“甚治”。宋太宗也知侯赟在灵州任所达十年之久，很想选人代侯赟知灵州，但难有合适的人选，终不行。致使宋太宗淳化二年（991 年），侯赟卒于灵州任所。

五月，党项李继捧奉诏率族入朝。李继捧族弟李继迁，年二十，素有大志，不愿随李继捧入朝，便和亲信张浦等由银州出奔距夏州 300 里的地斤泽（今内蒙古巴彦淖尔），抗宋自立，成为日后攻取灵州建都的西夏始祖。（《续资治通鉴长编》卷二十三，《西夏纪事本末》卷一）

宋太宗太平兴国八年（983 年）

是年，塔坦遣使唐特墨入宋朝贡。返回时，唐特墨请准许道经灵州，宋太宗应允（其兼为于灵州从事“丝路”的商贸活动）。

十二月，灵州知州侯赟遣使前往京师向朝廷贡名马两匹。（《续资治通鉴长编》卷二十四，《西夏纪事本末》卷一）

宋太宗端拱二年（989 年）

回鹘都督石仁政、吆啰王子、邈拿王子等四族并居于贺兰山下，无所统属。回鹘其他诸部入贡宋廷，多道经其地至灵州，然后再前往京师汴梁。

九月，吆啰王子使宋，自云："向为灵州冯晖阻隔，由是不通贡奉。"他表示愿意归附宋廷。同时，延州知州王显上书言边防事曰："李继迁负恩于灵、夏，王小波反于巴、蜀……宜慎兵驻守，坚城壁垒，积蓄粮草。"宋廷便加强灵州的守御，以防李继迁部南下。（《宋会要辑稿·蕃夷四》，《西夏纪事本末》卷二）

宋太宗淳化元年（990 年）

宋朝派殿直丁惟清到西凉府（今甘肃武威）买马，为吐蕃所拘。宋太宗大怒，命灵州蕃落军使崔仁遇前往讨伐吐蕃。适逢吐蕃卖马路还灵州，为党项所掠，入京向宋太宗表诉其事，且请留丁惟清于西凉府，以便和朝廷沟通。宋太宗希望用吐蕃牵制党项，便答应了吐蕃的请求，留丁惟清在凉州，继续处置朝廷买马事宜。（《宋史》卷十五）

宋太宗淳化二年（991 年）

宋太宗以慕容德丰代侯延广为灵州知州，不久，又升慕容德丰为灵州都督。是年灵州等地歉收，谷价上涨，慕容德丰以家仓所贮粮食赈济灾民。（《宋史》卷十五）

宋太宗淳化三年（992 年）

原臣属于辽的党项李继迁，又归属了宋。二月，辽遣招讨使韩德威至党项李继迁境，李继迁借故不见，韩德威于灵州掳掠而还。

是年，宋太宗遣张继能与白承睿等，护送粮草前往灵州。适逢党项扰掠边境，宋太宗便命张、白二将领军5000，共同主持灵州军务。其后不久，又留张、白二将为灵州都监，主持灵州军务等。（《宋史》卷十五，《续资治通鉴·宋纪》卷十六）

宋太宗淳化四年（993年）

李继迁占据了灵州红桃池、白池（今属宁夏盐池县）盐池，不断出兵抢掠宋运往灵州的军粮，宋太宗深以为患。陕西转运副使郑文宝以为党项部众农业少、粮食缺乏，他们赖以池盐和宋边民交易粮食。于是建策严禁党项池盐输入宋境，对其进行封锁，下令自陕以西有敢以粮食交换党项池盐者，不论数量多少，均处死。宋太宗采纳郑文保策，发布禁盐令，实行了数月，党项民粮食匮乏，相率起事，边人42族聚万余骑攻掠环州（今甘肃环县），屠小康堡，原归附宋的党项“熟户”，也由于得不到食盐而叛宋。关、陇等地民众因无盐可食，也不断发生骚乱。宋太宗得到各地的军情奏报，不得不命钱若水解除禁盐令，宋禁盐失败。

是年，宋欲修复清远军（今甘肃环县）西北80里的古威州城（今宁夏同心韦州镇）。郑文宝以为灵武古威州一带水甘土沃，东控五原（今陕西定边）、北固峡口（今宁夏青铜峡口），足以襟带西凉、咽喉灵武，地理位置十分重要。但清远当群山之口，扼塞门之要，地位远比威州重要，上言先修伯鱼、青岗（今甘肃环县北）、清远（今甘肃环县西北）三城（均处于“丝绸之路”中“灵武大道”上），宋太宗从郑文宝之谏令其依策实行。郑文宝便令田绍斌、张继能等领军民修建清远军城。由于该地处于旱海（即大沙碛），去灵、环均三四百里，附近无水，郑文宝等便令民夫从数百里外运水，并种植榆槐等杂树，又命民夫从别处拉倒古碑运至清远，欲为自己树碑颂德。可由于清远遍地斥卤，所种之树皆枯死。民众苦于其徭役，怨声载道，而所筑之城不久也为山水所毁。郑文宝之举，归于彻底失败。

灵州及通远军，都上奏说赵保吉（即党项拓跋氏李继迁，归附宋廷后，宋太宗赐名赵保吉）不断攻围灵州至通远军诸堡寨，不断侵掠居民。宋太宗大怒，命马步军都指挥使李继隆（前已归宋的与李继迁同族的党项首领）为河西兵马都部署，以尚食使尹继伦为都监，领军讨伐赵保吉。（《太平治迹统类》卷二，《续资治通鉴·宋纪》卷十七）

宋太宗淳化五年（994年）

一月，李继迁率党项军攻灵州。宋太宗命李继隆为河西兵马都部署，领宋军讨击。吏部尚书宋琪建策发鄜（治今陕西富县）、延（治今陕西延安）、庆（治今甘肃庆阳）、灵（治今宁夏灵武西南）、武（治今陕西神池）等州的宋军四面齐头并进，合势进击，以绝李继迁逃逸之路。

三月，李继隆领军攻入夏州（今陕西靖边统万城）。但其时，李继迁得悉王师来讨，预先携其母及妻女以及卒吏坚壁于野外，李继捧却邀功上言已与李继迁解仇，李继迁已归顺朝廷，并入朝贡马50匹，请求罢兵。军前指挥使赵光嗣却将李继捧私通李继迁，以虚言欺骗朝廷等情上奏。宋太宗大怒，立遣中使到军前，监督李继隆移兵击李继迁。李继迁表面要和李继捧讲和，实际上是要麻痹他，暗中图谋李继捧。李继捧果然上当，被李继迁夜袭。毫无防备的李继捧仅以身免，逃回夏州城。对于李继捧和李继迁的暗中勾结，赵光嗣已侦知，就于暗中出家财散给士卒，联络他们为国讨叛，他们发誓要效忠朝廷。当李继捧逃回夏州，赵光嗣便聚众擒李继捧，又迎接李继隆大军入城，用槛车将李继捧押解进京，李继迁领其部逃遁而去。（《续资治通鉴·宋纪》卷十七，《西夏纪事本末》卷三）

宋太宗至道元年（995年）

六月，宋太宗下敕书抚慰盐州刺史巢延明、灵州界及河外（今宁夏黄河西）、保安（今宁夏中宁石空镇）、保静（今宁夏永宁东北）、临河（今灵武临河镇）、怀远（今宁夏银川市）、定远（今宁夏平罗南）等五镇的党项“熟户”各部，以免为李继迁所利用。

七月，李继迁派兵攻清远军，被清远守将张延击败，党项睡泥部首领你乜逋令男至灵州，以其部700余户为李继迁所劫，唵逋部逃往萧关（今宁夏固原东南）相告，请求宋军予以救助。宋太宗闻奏，令资助其食粮。

是年，复以侯延广知灵州兼兵马都部署。其时李继迁所部扰掠灵州，致使邮传、粮运皆不通。侯延广便独引数十骑至灵州。因其素有威名，李继迁部皆引兵回避侯延广。李继迁便派遣有谋略的张浦入宋修好，宋太宗知张浦乃李继迁谋主，便扣留了张浦，不放他回到李继迁身边。（《元丰九城志》卷三，《西夏纪事本末》卷四）

宋太宗至道二年（996年）

是年春，宋太宗命洛苑使白守荣和皇甫继明、马绍忠、卢之翰、周仁美（灵武籍人）等领兵护送军粮40万石往灵州，令他们将运粮车分成三队，各布方阵以卫护；又命会州（今甘肃靖远）观察使田绍斌领军应援。可白守荣、卢之翰等在运粮途中擅自将三队并为一队，当行至浦洛河（今宁夏盐池惠安堡）时，为李继迁军所袭击。田绍斌因怒白守荣不听其劝告，便不派军应援，宋押送粮饷军大溃，军粮全部为李继迁军所夺。宋太宗闻知大怒，于四月命李继隆为环、庆等10州都部署，准备大举攻讨李继迁。其时河西军帅曹玮自河西还，告知宋太宗，李继迁只领军万余围困灵州。宋太宗欲发兵救援灵州，廷臣有人以为灵州路远，大军进讨粮运困难，不如静以待之，宋太宗不允。时吐蕃折平族首领握散，以其部落屡为李继迁所扰掠，愿出兵会合灵州宋军攻李继迁。

五月，宋太宗诏大臣商议灵州守战事宜。

九月，宋太宗命李继隆出环州，丁罕出庆州，范廷召出延州，王超出夏州，张守恩出麟州（今陕西神木），五路进击李继迁，直捣平夏（指今宁夏灵武至陕西靖边统万城一带）。大军已聚集，准备出师，银夏钤辖卢斌入朝献策说：“蕃族马骄兵悍，来往无定，败则走他境，激战沙漠，非大兵所利。不若坚保灵州，于内地多积刍粟，以师远送，苟其至也，会兵首尾击之，庶几无枉费，且不失固圉。”宋太宗不听，改授卢斌为环庆钤辖，领兵2万为李继隆前锋，出环州（今甘肃环县），取东关镇（今灵武崇兴镇台子村西，旁宋时有黄河支津兴州渡口，宋于其旁立东关镇，设军守卫。后东关镇入西夏，1971年4月，于台子村3队出土了一批西夏窖藏瓷器及6种北宋钱币，且有铜钟出土。今此地仍有大量西夏时的瓦当、砖瓦等）。

即已出军，卢斌对李继隆说：“灵州趋乌白池，月余方至，若自环州橐驼岭（即今陕西定边南骆驼岭）才十里路程。”李继隆听从卢斌之言，派其弟李继和入朝汇报说：“赤柽路回远乏水，请自青冈峡直抵继迁巢穴。”便不去援灵州。宋太宗于便殿召李继和责备说：“汝兄如此，必败吾事矣!”接着，又手书切责李继隆，且命引进使周莹到军前督李继隆按原定行军路线进军。可周莹到达军前时，李继隆军以已经出环州为由，改变了行军路线，由青冈峡（今甘肃环县西北）过旱海（今宁夏灵武东南至环州间的大沙碛）绕灵州趋夏州。行军数日，遇丁罕军，与之合军，又行军十余日，不见李继迁军，乃引军退还。张守恩部虽见李继迁军，但为保存自己实力，不敢接战而还。只有王超、范廷召部和李继迁军战之于灵州乌、白池（今宁夏盐池境内），俘获李继迁军主米幕、指挥使吃罗等。王超之子王德用，年十七为先锋，有勇有谋，率部万人战铁门关（位今盐池东北），斩首13级，俘获畜产以万计。但由于宋军其他各路未能按时会合，而王、范军粮草不济，终原路退回。宋军五路攻李继迁，由于无统一指挥、各路军不协调，战士厌战而无所获。

时灵州被李继迁军围困一年多，地震连续200余天，李继迁攻灵州不下，而城中也粮尽。宋内殿崇班窦神宝时也被困在灵州，他暗中派人出城到河西（黄河西）购粮，夜晚由水路运入灵州，且不断派军出击。李继迁见围灵州一年多，终不能攻下，只得引军退走，灵州得以保全。

王超将在灵州乌白池俘获的李继迁母亲献俘。宋太宗和宰相寇准商议，想在保安军（今陕西志丹县）北门将其斩首，用来警戒党项叛者。宰相吕端极力反对，主张将李继迁之母安置在延州（今陕西延安），妥善养护，用以招徕李继迁等。此策为宋太宗所采纳。（《宋会要辑稿·兵八·方域五》，《东都事略》

《续资治通鉴·宋纪》卷十八、十九，《西夏纪事本末》卷四）

宋太宗至道三年，辽圣宗统和十五年（997 年）

一月，宋廷以殿前都虞侯王昭远为灵州都部署，蕃部纷纷投附宋朝。李继迁见状，忙派其军主史乩遇领军屯骆驼口（今陕西定边南）西北的双堆，以阻绝蕃部和宋朝的联系。时,乩遇乃党项熟仓部首领，心向宋朝，遂将李继迁之谋告之于宋军。

二月，灵州行营破李继迁，李继迁逃遁。宋李继隆遣刘承蕴、田敏等与乩遇合军击史乩遇部，大破其部，斩杀数千人，获牛马、骆驼无数,李继迁败逃。

四月，辽加封李继迁为西平王，鼓励他攻灵州，以分宋势。

五月，李继迁率万余人入寇灵州，陕西百姓运送粮草前往灵州，越过瀚海（今灵武东南至甘肃环县北之沙碛）时，被李继迁劫掠以及饥渴而死的，不计其数。

十月，李继迁率军再攻灵州失利，被灵州合河都部署杨琼击退。是年，宋分全国为十五路抵御李继迁部。今宁夏南部属陕西路，而对于守灵州策虽已定，但仍缺乏守御决心。

十二月，宋太宗死，宋真宗即位，参知政事李至反复上疏言："灵州不可坚守，望释李继迁之罪，厚推赐与，降诏绥怀。"此时李继迁修贡，求继续为蕃部职。宋真宗因从其请，恢复原赐赵保吉之名，封为定南节度使，并将张浦放还。宋真宗采取不军事手段，单纯一味地用怀柔手段使敌来归的策略，实际上是对李继迁采用更加柔弱的政策，客观上自然助长了李继迁攻取灵州之志。（《续资治通鉴长编》卷四十一、四十二，《宋史》卷十五，《续资治通鉴·宋纪》卷十九，《西夏纪事本末》卷四）

宋真宗咸平元年（998 年）

赵保吉（李继迁）威逼居于贺兰山一带的党项熟户随其攻掠灵州。知石州

（治今山西离石）的宋将韩崇信领军击败，追至贺兰山而还。时李至为工部尚书，承前所主，再次力主放弃灵州，但宋真宗依然犹豫不决。（《续资治通鉴长编》卷四十三）

宋真宗咸平二年（999年）

三月，宋以王汉忠为灵、环、泾、原等州都部署，以杨琼为副。

六月，秘书丞何亮与转运使陈玮同往灵州经度屯田。等何亮还朝，宋真宗召问安边之策。何亮上《安边书》言："灵武远隔塞外，有飞挽力劳，无毫发之利。然地方千里，表里河山，水甘土厚，草木茂盛，真牧放耕战之地。"他坚决主张灵武不可弃，且深入分析了坚守灵武的重要性，又说："自清远至灵武，有溥乐（今宁夏盐池惠安堡），有耀德（今宁夏灵武石沟驿古城），盖水草之地，为河西（治今甘肃武威等河西走廊）之粮道，而悉有古城之迹存焉。"他主张修清远（今甘肃环县西北）、耀德（今灵武石沟驿古城）、溥乐（今宁夏盐池惠安堡）三城，"杜三山之口以断其（李继迁之众）奔路……又令延州（今陕西延安）之师入其境，驱其畜产，俘其老弱而空其巢穴，灵武之众收河外之地，复贺兰之境，杜三山之口以断其路……破而擒之，此万世之功也。"史载，对于何亮之建策，宋真宗不能决，但灵武耀德古城却得以重修，在原城北向外扩大50米，另筑北城墙，与北城墙外建驿站。（《续资治通鉴长编》卷四，《续资治通鉴·宋史》卷二十一，《宋会要辑稿·方域十八》）

宋真宗咸平三年，辽统和十八年（1000年）

二月，李继迁命万子、米逋、西鼠等部3000余骑驻萧关（今宁夏固原东南），以图切断宋南北联系，作为以后攻取渭、灵、环诸州的根据地。

灵州被李继迁长久围攻，形势极为危急，宋廷仍有人力主放弃灵州。其中左司谏杨亿竟以尧、舜、禹虽为明主，但地也不过数千里为例，力主放弃灵州。陕西副转运使刘综却针锋相对，驳斥道：放弃灵州，正中"贼之奸计"，

“灵州民淳土沃，为西陲巨屏，所宜固守，以为扞蔽，苟失之，则缘边诸州亦不可保……”力主于浦洛河（今宁夏盐池惠安堡）建军城，屯兵积粮以应援灵州，宋真宗以之为然。

十月，邠、宁、环、庆副都部署王荣和李守恩、陈玮等领军往灵州运送军粮，途中疏于防范，行至积石河（今盐池惠安堡南）时，夜遭李继迁部劫营，军营大乱。混战中李守恩、陈玮等战死，军粮损失殆尽。

十一月，辽授李继迁子李德明为朔方节度使，鼓励其父子攻取宋西北重镇灵州，以困宋。（《续资治通鉴长编》卷四十四、四十七，《续资治通鉴·宋纪》卷二十二，《西夏简史》第一章）

宋真宗咸平四年（1001年）

一月，宋真宗仍以怀柔之策，以杨琼为灵、环等十州军副都部署兼安抚副使。

八月，李继迁以5万骑围攻灵州，不克。宋真宗任命张齐贤为泾源（治今甘肃泾川）各路经略使。张齐贤上言：“灵武（今灵武西南）孤城，必难以固守，徒使军民六七万陷于危亡之地。”他与杨亿主张放弃灵州，迁其军民于内地，遭宰相及大多数重臣反对，对此宋真宗不置可否。

九月，李继迁兵屯积石河（今宁夏盐池惠安堡南），围攻清远军。清远军形势危急，急请杨琼救援，杨琼只派刘文质、潘璘领6000人赴援，自己屯军庆州不进。清远军监段义叛降党项军，清远军城被李继迁攻陷，灵州北隔绝于塞外。

清远军陷于李继迁手，宋廷震惊，宋真宗忙命张齐贤为泾、原等州军安抚经略使，且出示环、庆至灵州地图，与宰相等商讨军事方略。他指着殿北壁上挂着的《灵州图》说：“此冯继业所画，颇为周悉，山川形势如此，安得智勇士为朕守之乎!”左右大臣都曰：“灵武乃必争之地，苟失之，则缘边诸州亦不可保。”张齐贤以为：清远军已陷，灵州势孤，必成为李继迁下一个攻取的目标。要保住灵州，只有利用素与李继迁有隙的吐蕃大首领，对其加官晋爵，诱以货利，吐蕃10万余众便可为宋所用。他建议加封吐蕃大首领潘罗支为六谷王，使其领吐蕃军和宋军相互为援，以牵制李继迁，李继迁便不敢屯军于灵州。若此，河西（今宁夏黄河以西）、贺兰山一带的蕃部也必然叛李继迁，李继迁必困。他建策立即从东、西两路出军攻灵州四围的李继迁部，以援接被困在灵州城内的六七万军民，宋真宗允准。

十月，宋以西凉府六谷大首领潘罗支，为盐州防御使兼灵州西南都巡检使。

十一月，以六谷左厢副使折逋游龙钵为宥州（今内蒙古鄂托克前旗东南城川古城）刺史，援引灵州。

闰十二月，宋马步军虞侯王超领步骑6万赴援灵州。

是年，李继迁攻下灵州河外五城，即定州（今宁夏平罗南）、怀远镇（今宁夏银川）、保静（今宁夏永宁东北）、永州（今宁夏永宁南）、鸣沙（今宁夏中宁鸣沙镇），灵州孤城被围，十分危急。宋以王超为西面行营都部署，以环庆路部署张凝为副，以秦翰为钤辖，共领6万军向灵州进发，进军缓慢。（《续资治通鉴长编》卷四十九、五十，《续资治通鉴·宋纪》卷二十二，《宋会要辑稿·方域二十一》《西夏纪事本末》卷五）

宋真宗咸平五年（1002年）

一月，转运使陈玮护粮由庆州运往灵州，于清远军南遭李继迁部攻袭，陈玮战死，军粮全被劫掠。李继迁率部再次进陷刚复宋的清远军，灵州被阻隔。正在居丧的郑文宝献《河西陇右图》，力主灵州可弃。

三月，李继迁集结大军攻占灵州，宋知灵州裴济刺破手指，写血书告急，求救不应，战死。裴济在灵州凡二年，大兴屯田，民甚赖之。李继迁喜“西平北控河、朔，南引庆、凉，据诸州上游，扼西陲要害，一旦四出，关中无防……且其人习华风，尚礼好学。我将藉此为进取之资，成霸王之业，岂平夏偏隅可限哉！”因将在夏州的亲族、宗庙迁于此，仍置灵州（今灵武西南），于灵州置西平府建都，号翔庆军。

其时宋将王超等领军6万余救援灵州，才到达环州，距灵州还有300里，知悉灵州已失，便回军。同时，知镇戎军（今宁夏固原）李继和，以西凉府吐蕃六谷大首领潘罗支愿出兵助攻李继迁之事，相告于宋，宋即派集贤院梅询出使西凉府，商议守御灵州之策。梅询还未入西凉境，灵州已陷落。

七月，镇戎军城（今宁夏固原市）始筑成。

七月，李继迁建都灵州西平府以后，兵力更加雄厚，不断向外扩张。于是派军南下，堵塞镇戎军城外的壕堑，越过古长城直抵城下。知镇戎军李继和与都监史史重贵领军出击，党项军失利退还。

十二月，西凉府和咩逋族遣使至宋，宋真宗以灵州河外（黄河西）贺兰山侧的大凉、小凉部族与李继迁有隙，使其进行招谕，助宋讨李继迁。（《宋史纪事本末》卷十四，《续资治通鉴长编》卷五十一、五十二、五十三，《续资治通鉴·宋纪》卷二十二，《西夏纪事本末》卷五，《西夏简史》第一章）

宋真宗咸平六年（1003年）

一月，西凉府吐蕃六谷首领潘罗支集军6万余骑，要和宋会军收复灵州，派咩逋部首领成逋至镇戎军，商议共讨李继迁。但成逋至安国镇，坠谷而死，联络中断。

二月，宋以潘罗支为朔方节度使、充灵州西面都巡检使。潘罗支上书感谢朝廷的恩德，说已集结6万骑兵，请求与朝廷会师，收复灵州。宋真宗“诏令允潘罗之所请”。

三月，宋又以咩逋部首领泥埋为灵州河外五镇都巡检使，以与潘罗支牵制李继迁。

七月，李继迁的旧党迷般嘱及日逋吉罗丹二族，假意归附于者龙族，以图暗中助李继迁，寻机谋害潘罗支。

九月，宋泾原部署陈兴等于镇戎军、石门、摧沙堡、六盘关等地设防，以阻遏李继迁于灵州出兵南进。

十一月，李继迁攻西凉府，宋知州丁惟清被杀，吐蕃首领潘罗支伪降，张浦劝李继迁说："兵务慎重，贵审敌情。潘罗兵锋未挫而降，须防其有诈，不如将计就计，乘机灭之。"李继迁不听张浦之言，认为张浦多疑，便派张浦先回灵州部署安置潘罗支诸事，张浦怏怏而回灵州。是月二十六日，潘罗支暗中集结六谷部及者龙部，乘李继迁回灵州时，合击李继迁。李继迁大败，且中流矢重伤逃回灵州，途中至灵州三十井（灵州南30里处）伤重而死，党项追谥李继迁为神武皇帝，庙号太祖，墓号裕陵（在今宁夏贺兰山东麓），其子李德明即立。李继迁临死前，嘱其子德明和宋通好，不可再战；又嘱咐张浦尽力辅佐李德明。（《续资治通鉴长编》卷五十四、五十五，《宋会要辑稿·方域二十一》）

是月，伪归者龙族的迷般嘱及日逋吉罗丹二族攻者龙族，潘罗支得报率百余骑前往救援，被党项伪附的二族杀死于帐下。六谷各豪帅共立潘罗支弟厮铎督为首领，报送宋廷授厮铎督为朔方节度使。其时，朔方（灵州）已为李德明都城，宋廷授厮铎督为朔方节度使，是毫无意义的一纸空文。（《西夏纪事本末》卷六，《西夏简史》第一章）

宋真宗景德元年（1004年）

六月，宋真宗不知潘罗支已死，仍赐潘罗支诏书中说："卿上奏取七月回鹘并六谷蕃部，直往贺兰山突袭贼兵，请大军来灵州会合，杀尽李继迁贼一事。朝闻李继迁已死，尚未殡葬，所以未欲讨伐除害……"李德明于灵州派军南下攻镇戎军，宋军败党项军于石门川（今宁夏固原西北）。

七月，德明葬李继迁于贺兰山下。宋真宗得六谷奏闻潘罗支死事，又下诏书授厮铎督为朔方节度使。

十月，宋再授潘罗支弟厮铎督为朔方节度使、灵州西面巡检使、西凉府六谷大首领。（《续资治通鉴长编》卷五十六、五十八，《西夏纪事本末》卷六，《西夏简史》第一章）

宋真宗景德二年（1005年）

六月，李德明时年二十四岁，李继迁新死，李德明新立，又不见宋朝册封，党项部众多生疑惑，纷纷内投宋朝。李德明为稳定人心，一方面派使到辽请求册封，一方面派牙将王旻赴宋入贡请和。宋朝提出交还灵州、遣子弟入京师做人质、解散军队、归还掠去的宋朝官吏等条件，李德明迟迟不做答复。

七月，辽封李德明为西平王，却不见宋朝的册封，党项内部因生疑而分化益烈，又有不少部族走投宋朝。（《西夏简史》第一章）

宋真宗景德三年（1006年）

二月，吏部尚书张齐贤上书言道：数年间，灵州、清远军已为李继迁所有，今潘罗支已死，他的弟弟厮铎督恐怕敌不过李德明，望委派大臣经理节制此事。

七月，李德明向宋示好，镇戎军将缴获蕃部的耕牛，运往内地分给贫农作耕牛使用。

九月，李德明于灵州西平府遣刘仁勖，向宋送归款誓表。

十月，宋真宗授李德明检校太尉兼侍中，充定难军节度使，封西平王，赐李德明名赵德明及银、绢、钱、茶等大量钱帛物资。赵德明向宋回献马驼千余头（匹）。辽主以李德明为定难军节度使，兼侍中，封西平王，给俸如内地，又责李德明遣子弟入质（即派子弟入辽为人质）。李德明以此非先世所有之例，自己不敢为，拒绝送人质入辽，只献驼马谢恩。（《续资治通鉴长编》卷六十三，《西夏纪事本末》卷七）

宋真宗景德四年（1007年）

由于宋朝解除了对灵州乌、白池所产青、白盐入宋境的限制，“西人市

粮”的限制也被取消，党项人多入宋境或以盐换粮，或以宋币购买粮食。(《西夏简史》第一章)

宋真宗大中祥符元年（1008 年）

一月，宋边臣上奏：“赵德明邀留回鹘贡物，又令张浦率骑数千侵扰回鹘。今岁夏州饥馑，此衰败之势也。”赵（李）德明就以民饥上表乞求宋赐粮数百万。宋真宗就把赵德明的表奏出示辅臣，研究对策。近臣们看后都怒道：“德明方纳款而敢渝誓约，妄有乞请，乞降诏责之。”宰相王旦知道这是赵德明以此来试宋廷之策，看宋廷如何应对。如朝廷允准，他便以取粮为由，乘宋无备，派大军入东京（今河南开封），就上言：“请敕三司，在京积粟百万，令德明自来取之。”宋真宗采纳王旦之策，派使降诏到灵州西平府。李德明接受诏书后，望着朝廷所在的方向拜了两拜，说：“朝廷有人！”他知道宋已识破其谋，因而有备，不得不停止了乞粮之举。（《续资治通鉴·宋纪》卷二十七，《西夏纪事本末》卷七）

宋真宗大中祥符四年（1011 年）

上年（1010 年）九月，辽又册封李德明为夏国王，都西平（今宁夏灵武西南）。是年，对灵武周边产生了一定影响。

九月，笼干川（今宁夏隆德东）的党项熟户将不耕之地交官，宋泾原（治今甘肃泾川）钤辖曹玮奏准于要地募兵据守，请建笼干城（今宁夏隆德城）。(《续资治通鉴长编》卷七十六)

宋真宗天禧四年（1020 年）

夏王李德明以为怀远城（今宁夏银川）西北有贺兰山之固，黄河绕其东南，又有西平（灵州）为其屏障，形势便利，决定暗中于此建都城，改怀远为兴州，派贺承珍督领役夫修筑门阙、宫殿，但西平对外依然是其都。

是年，宋诏西凉府（治今甘肃武威）回鹘，自后贡奉改由秦州（今甘肃天水）路，宋“丝绸之路”经灵州等北路遂绝，只西夏与西域往来。灵州通西域的“丝绸之路”在西夏时，成为一种特殊形式，灵武成为其起点。（《《西夏纪事》卷十，《宋会要辑稿·方域二一》）

宋真宗乾兴元年（1022 年）

自宋太宗淳化四年（993 年）开放原灵州乌、白池青、白盐以后，由于青、白盐价低质好，很有竞争力，宋河东（今山西）各地边民均食灵州青、白盐，对宋朝的财政收入造成很大损失。

是年，宋廷又于其地局部地区下禁盐令，河东地区边民不得私购灵州青、白盐，违者不论其数量多少，均严惩。（《宋史》卷十五）

宋仁宗天圣二年（1024 年）

原灵州所辖怀远城西北百余里的省嵬山，土地肥沃，向来是党项族的樵牧之地。是年二月，李德明于该地建省嵬城（今宁夏平罗东北），以加强控制该地的党项各部。省嵬城遗址，在今石嘴山市庙台，城方形，墙用土夯筑，南面辟门，单门洞。经整理，门洞两壁各有一排石基，上有被火烧的木桩，门洞内堆积有大量碎瓦。城内未经全面发掘，但出土大量兽骨、宋代所制货币、残瓷器（大都是灵武西夏瓷窑所产）等文物。（《考古》1981 年第 1 期）

宋仁宗明道元年，夏显道元年（1032 年）

李德明三姓妻之一卫慕氏于灵州西平府所生元昊，身高五尺余，通晓蕃、汉文，曾领兵夜袭洛隔可汗，夺得甘州（今甘肃张掖），断宋“丝绸之路”。他数次谏德明不要向宋称臣，德明就告诫他说：“吾久用兵，终无益，徒自疲耳。吾族三十年衣锦绮衣，此宋天子恩，不可负也。”元昊却说：“被毛，事畜牧，蕃姓所便。英雄之生，当王霸耳，何锦绮为！”

十一月德明死，年28岁的其子元昊继立。宋仁宗以元昊为检校太尉兼侍中、定南节度使、西平王。但元昊袭封却因宋“明道”年号犯父讳，就改年号为“显道”，颁行于夏国内。同月，辽册封元昊为夏国王。（《中国通史》第四期）

宋仁宗明道二年，西夏显道二年（1033年）

元昊自袭位以后，就于暗中准备了称王的仪仗、法驾，平时出入使用。宋使杨吉到来，元昊藏起法驾，却以王者身份接待宋使臣杨吉，他一走，元昊就使用王者法驾。但杨吉虽知元昊有不臣之举，回朝后却不敢上奏宋仁宗，宋仁宗也对夏一味退让，更加懦弱。元昊以为：“灵州地势平坦，又居于河东；不若庆州（今宁夏银川市），东倚黄河天堑，背靠贺兰山，易守难攻……”其实际上是要避宋来攻，遂东依黄河天险、背靠贺兰山为障，决定迁都兴州（今宁夏银川市）。自号嵬名吾祖，设立文武官职。

十月，镇戎军新修赤草城，名曰怀远城（今宁夏固原西）。

李元昊得甘、瓜、凉州，《宋会要辑稿·方域八之二七》云：“灵、夏之右臂成矣！”（《宋会要辑稿·方域八之二七》）

宋仁宗景祐元年，西夏显道三年（1034年）

二月，辽即禁止夏国使人在沿途购买铜、铁等物，禁止辽的铜、铁进入西夏，以防止西夏以其制造兵器，从而增强军力。元昊建国，辽更严格控制输入西夏的物品等，设立诸多限制，宋朝亦然，但西夏竟然能够在夹缝中生存、发展。

五月，元昊在国内下秃发令，规定服制，改兴州为兴庆府，灵州西平府为夏陪都。后来人们根据西夏二京的方位，以南北论，称兴庆府和西平府为北京（兴庆府）、南京（灵州西平府）；以东西论，亦称兴庆府为西京，称灵州西平

府为东京。(《续资治通鉴长编》卷一二〇，《西夏书事》卷十一、十六)

宋仁宗景祐三年，西夏大庆元年（1036 年）

是年冬，元昊攻取回鹘瓜（甘肃今地）、沙（今甘肃敦煌）、肃（今甘肃酒泉）三州。至是，西夏悉有夏（今陕西靖边统万城）、绥（今陕西绥德）、宥（今陕西靖边西北）、静（今宁夏永宁东北）、灵（今宁夏灵武西南）、盐（今宁夏盐池、陕西定边）、会（今甘肃靖远）、顺（今宁夏永宁南）、韦（今宁夏同心韦州镇）、甘（今甘肃张掖）、凉（今甘肃武威）、瓜（甘肃今地）、沙（今甘肃敦煌）、肃（今甘肃酒泉）、洪（今陕西靖边西南）、定（今宁夏平罗南）等22州。元昊完备官职和军制，在兴庆府设16司，分别管理全境事务；又设韦州静塞、白马强镇（今内蒙古阿拉善北）等12监军司，有兵50余万，分别委任党项豪右为统帅。在黄河以北部署7万人以备辽；黄河以南洪州、天都山（位于今宁夏海原西安镇）等地部署5万人以备宋之环庆、镇戎、原州军。又在左厢宥州、灵州各部署5万人以备宋之鄜（今陕西富县）、延（今陕西延安）等军；在甘州路部署3万人以备吐蕃、回鹘。其中贺兰山、灵州、兴州等地区为重点驻守区，也是西夏的经济中心区。

是年，元昊扣留由宋经灵州“丝绸之路”上的“神仙路”（今宁夏灵武北经黑山、红山、清水营等地，多来往于西域和山西五台山之间的僧侣之路，故称“神仙路”，实际上是文化交流之路）返天竺的僧人善称等九人至夏州，以阻绝宋经灵州的“丝绸之路”。他又在西夏国内制定、颁行西夏文字。(《西夏书事》卷十二，《西夏纪事本末》卷十)

宋仁宗宝元二年，西夏天授礼法延祚二年（1039 年）

六月，宋仁宗诏陕西安抚使庞籍谕旨知永兴军夏竦讨论西北边境事，夏竦上言道：“继迁一族，本党项一种，太平兴国中，竭内帑之财，罄关中之力，不能扑灭。真宗即位，惟戒疆吏谨烽堠，严卒乘，此实真宗之远图也。然自灵武陷没，银、绥割弃以来……德明、元昊相袭，拓地千余里，积货数十年，较之继迁，势已相万。刍豢过饱，猖獗遽彰。”批评朝廷对西夏的政策是一误再误，而宋仁宗有过之而无不及。（《续资治通鉴·宋纪》卷三十八）

宋仁宗康定元年，西夏天授礼法延祚三年（1040年）

八月，延州都监周美（灵武籍人），对陕西经略使兼知延州范仲淹说：“贼（西夏军）新得志，其势必复来。金明（今陕西延安北40里之金明寨）当边冲，我之蔽也，今不亟完，将遂失之。”范仲淹就嘱周美，按其意思完善金明寨的防守。果然几天后，西夏军数万人进逼金明寨，列阵于金明北，周美领3000人力战。战到天晚，仍不见宋援军到来。周美就引军退至军山北，于山谷中多设疑兵。西夏军见到山谷中多有旌旗，以为宋援军到来，便撤军。史载：当时诸将作战多不利，而周美经10余战，平西夏族帐200，焚其帅帐20多，收复旧为宋城堡甚众。

闰十二月，鄜延、环庆副都部署刘平上言：“元昊侵逆，恣行杀害，众叛亲离，复与嘉勒斯赍相持已久，结隙方深，此乃天亡之时……或授嘉勒斯赍以灵武军节度使、西平王，使逼元昊河外族帐，复出鄜延、石州蕃汉步骑收河西部族……则以大军进讨……”但无果。（《续资治通鉴·宋纪》卷四十二）

宋仁宗庆历元年（1041年）

十月，知并州杨偕上言：“今请建新麟州于岚州（今陕西岚县）合河津黄河东岸裴家山，其地四面绝险，有水泉。”又说：“灵、夏二州，皆汉古郡，一旦弃之，麟州复何足惜！”宋仁宗览罢杨偕上书后，对大臣说：“麟州，古郡也，咸平尝经寇兵围攻，非不可守。今遽欲弃之，是将退而以黄河为界也。其谕（杨）偕速修宁远寨，以援麟州。”但对于另一古郡灵州已为西夏陪都，宋仁宗已无可奈何，更不提及收复之事。（《续资治通鉴·宋纪》卷四十二）

宋仁宗庆历二年，西夏天授礼法延祚五年（1042年）

李元昊数年攻战不止，渐生淫佚之心。八月，元昊以天都山逼近关陇，于天都山营造宫室，屯驻重兵，日夜与没移氏宴乐其中。

九月，夏军约10万人大举进攻镇戎军（今宁夏固原）。宋泾原路安抚使葛怀敏领徐思纯、张贵等部由瓦亭寨（今宁夏固原瓦亭）北上，与镇戎军守将曹英会合。当获悉西夏军集结在新壕（新长城壕）外，葛怀敏便分军入居定川堡（今宁夏固原西北）。西夏军包围定川，葛怀敏领军退返镇戎军，但后路被西夏军截断。当葛怀敏领军退至长城壕时，被西夏军包围，宋军将校死十余人，士卒9000人被西夏军所俘。至此，自南北朝以降，在今宁夏所设南北两大军事重镇灵州、固原，悉为西夏所有。西夏军乘胜南下，直抵渭州（今甘肃平凉）。宋陕西安抚副使范仲淹领军相救，逼西夏军北撤。

十月，宋仁宗调发定州（今河北定县）禁军2.2万人增援泾原路。由于其时宋军兵器大量损失，宋只得命泾原、环庆、秦风等缘夏各路设立都作院，以制造武器。宋仁宗又一次下令，严禁原灵州等地所产青、白盐输入宋境，以困西夏。（《资治通鉴长编》卷一六二）

宋仁宗庆历五年，西夏天授礼法延祚八年（1045年）

李元昊三次派人至宋庆贺节日，要求将灵州等地所产10万石青、白盐输入宋境，以获取经济上的利益，但宋仁宗不许。

十月，宋颁历法于西夏，遣使经灵州送往兴庆府。（《宋史》卷十五）

宋仁宗庆历八年，西夏天授礼法延祚十一年（1048年）

李元昊娶第七个皇后没藏氏。没藏氏原已许给元昊之子，为太子宁令哥（《元刊梦溪笔谈》卷二五作“宁令受”）的太子妃。宁令哥因对元昊生夺妻之恨，伺机刺杀李元昊，刺伤其鼻。元昊一个月后因鼻伤而死，其遗腹子谅祚即立。谅祚本为没藏氏所生，即位时才周岁，由母舅辅政，国政落入其母舅没藏讹庞手中。谥元昊为武烈皇帝，庙号景宗，墓号泰陵。

四月，宋册封谅祚为夏国主。但宋虽一直不向西夏开放盐禁，可由于宋盐价高，宋边境及蕃部的商人，贩卖西夏西平（灵州）所产青、白盐入宋境者越来越多，宋仁宗只得佯装不知，听之任之。

李元昊死，辽兴宗以为其幼子立，夏国内兴庆、灵州及皇族、母族可能发生争权而夏国内乱，于七月亲征西夏，却以兵败而告终。（《资治通鉴长编》卷一六二，《涑水纪闻》卷十，《东都事略》卷一二七）

宋仁宗嘉祐六年，西夏䄙都五年（1061 年）

年已十三的谅祚不满没藏讹庞专权，使人诛杀其母舅，夷没藏族。立梁氏为后，以梁氏弟梁乞埋为家相。梁氏及其弟梁乞埋，都是番化的汉人，后梁氏为西夏太后，与梁乞埋逐渐专权。

六月，灵、夏二州大雨成灾，灵州七级渠决口，淹没房舍民居无数。谅祚崇尚汉文化，于是在夏国内废蕃礼，行汉礼。（《宋史》卷十五，《西夏书事》卷二十）

宋神宗元丰三年，西夏大安七年（1080 年）

宋多年来一直要求西夏将灵州归还宋朝，西夏一直不答应。

四月，经辽册封的西夏国王李秉常，一心向宋。西夏汉将李清劝秉常将黄河以南（今宁夏中宁、中卫一带黄河以南）之地归还给宋，秉常从李清之请。此谋为西夏国相梁乞埋所获悉，梁乞埋带兵杀李清，将李秉常囚禁（《元刊梦溪笔谈》卷二五作“秉常被废”），西夏国内大乱。宋鄜延（治今陕西延安）总管种谔以为，此是灭西夏的大好时机，上疏力劝宋神宗发军征西夏。

七月，宋军分五路西征，欲于灵州城下会齐，先下灵州，再取兴庆府。西征军五路分别从泾原、环庆、鄜延、麟府、熙秦出兵，预定会师灵州，直捣兴庆府，以图灭夏。

八月，李宪领熙秦路（治今甘肃临洮）3万余人，攻至西市新城（今甘肃榆中北），克复兰州（甘肃今地），然后领军东上，败西夏军于高川、石峡，攻占天都山（位今宁夏海原西安镇），烧焚南牟（今宁夏海原西安镇）之夏人宫殿仓库，抵葫芦河（今宁夏清水河），即师回兰州不进。王中正领麟府路（治今陕西神木）7万余人北上夏州，因粮草准备不足，军中无粮溃不成军而返。种谔领鄜延路（治今陕西延安）9万余人，攻克米脂（陕西今地），进军到夏州时，已军中无粮，冻饿而死者甚众，9万大军也大溃。泾原（治今甘肃泾川）总管刘昌祚领泾原军5万人，却受环庆（治今甘肃庆阳）经略使高遵裕节制。刘昌祚领军出庆州，于磨脐隘口（今宁夏海原东南）大败西夏军10万人的阻截后，进军至鸣沙（今宁夏中宁鸣沙镇），缴获西夏“御仓”窖粮米百万石，用车装载，直奔灵州。军到城下，灵州城门还没有关闭，刘昌祚正要夺门入城，但高遵裕所领环庆路军还没有到。嫉贤妒能的高遵裕恐刘昌祚独得头功，便派人快马赶到，命刘昌祚不得入城。不一会，灵州城门关闭，西夏军严守。等高遵裕领环庆军到达灵州，战机已失，围灵州18天而不能下。西夏军决七级渠以灌宋营。时值农历十月，宋军被溺，粮道又被西夏军截断，冻饿而死者甚众，遂溃乱。环庆、泾原两路军13万人，逃回者只有13000余人，宋五路西征50余万人，损失40多万，惨状目不忍睹，史称“灵州之战”。时张舜民在高遵裕军中掌文书，随军至灵州城下，亲见宋军在灵州城下乱砍乱伐树木和死伤无数的情景，当即写下两首诗:“灵州城下千株柳，总被官军斫作薪。他日玉关归去路，将何攀折赠行人?”“青冈峡（《嘉靖宁夏新志》作‘青铜峡’）里韦州路，十去从军九不回。白骨似沙沙似雪，将军（《嘉靖宁夏新志》“军”作“凭”）莫上望乡台。”张舜民因诗获罪，被贬为郴州（今湖南郴县）监税。

当初宋将发五路西征，西夏梁太后聚文武商议对策，少壮派将军纷纷要求出战，有一老将献计说：“不须出战，只坚壁清野，重兵伏于兴庆一带即可。”于是，梁太后采纳此策，收缩大军于兴庆及贺兰山一带，故宋五路大军进展顺利，环庆路军可到达灵州。宋军“灵州之战”，大败于灵州城下的消息，传到京师，宋真宗夜不能寐，彻夜绕床行走。（《宋史》卷十五，《续资治通鉴长编》卷三一二、三一七、三一八、三一九，《西夏纪事本末》卷二十四）

宋神宗元丰五年、西夏大安九年（1082 年）

一月，宋神宗因“灵州之战”军败，责谪高遵裕为郢州团练副使、本州安置，贬谪刘昌祚为永兴军钤辖。（《续资治通鉴·宋纪》卷七十七）

宋哲宗元祐元年，西夏天安礼定二年（1086 年）

六月，夏主遣使到宋求还兰州（甘肃今地）、米脂（陕西今地）等五寨给夏。宋尚书左仆射兼门下侍郎司马光说：“灵、夏之役（指灵州之战和永乐之战）本自我起，新开数寨，皆是彼田。”主张因夏之求，还给西夏。文彦博附和，而大臣安焘固争说：“自灵武而东，皆中国故地……今无故弃之，岂不取轻于外夷邪？”司马光又召问礼部员外郎、前通判河州孙路。孙路的主张与安焘相同，并且说：“今自北关濒大河，城兰州，然后可以捍蔽；若捐以予敌，一道危矣。”司马光顿悟，于是停止还兰州等给西夏之举。（《续资治通鉴·宋纪》卷七十九）

宋徽宗崇宁三年，西夏贞观四年（1104 年）

二月，西夏不得兰州等地，便各出千人扰掠延（今陕西延安）、渭（今甘肃平凉）、庆（今甘肃庆阳）三州。

六月，宋折可适领军万余骑出萧关，北上进入灵州川（今灵武川区），西夏民扶老携幼逃入灵州城。折可适因后军无继，又遇雨失道而还。（《宋史》卷十五）

宋徽宗大观四年，西夏贞观十年（1110 年）

是年秋，瓜、沙、肃三州大旱，因饥荒逃亡者众多，西夏发灵州、夏州等诸州粮食以救济三州饥民。（《西夏书事》卷三十二）

宋徽宗政和元年，西夏贞观十一年（1111 年）

八月，西夏兴、灵州地区普降大雨，黄河水暴涨，汉源渠（兴庆之汉延渠、灵州之汉伯渠）决堤，冲毁军营五所，仓库、民舍千余所。（《西夏书事》卷三十二）

南宋高宗绍兴十年，西夏大庆元年，金天眷三年（1140 年）

二月，西夏李仁孝（于上年六月四日嗣立）立罔氏为皇后。

四月，曾陪嫁至西夏的统军李合达，以老将擅功，据夏州起事叛西夏，遣人至阴山，联络乙室耶剌部共起事恢复已灭亡的辽国，欲先攻下灵州，再下兴庆府。

五月，金册封李仁孝为西夏国主。

六月，李合达领军数万围攻灵州西平府（今宁夏灵武西南），又分兵攻占盐州（今宁夏盐池），西夏都城兴庆府震动。西夏国主李仁孝忙命任德敬（原宋西安州——今宁夏海原西安镇守将，投降西夏，并献其女给西夏主），领夏州军出击，相继收复夏州、盐州，李合达撤围灵州西平府而去，途中为部下所杀，起事被平息。

十二月，任德敬因讨李合达有功，被擢升为翔庆军（治今宁夏灵武西南）都统，封西平公（治灵州）。（《宋史》卷十五，《西夏纪事本末》卷三十四））

西夏大庆四年，金皇统三年（1143年）

三月，西夏国都城兴庆府地震，一月不止，震毁官舍民房城壁，人畜死亡数以万计，灵州西平府有震感。

四月，由于地震，夏州地裂泉涌，冒黑沙，林木皆没，民居数千陷没，西夏大饥，西夏国主于是设立井里，分别于各井里赈济灾民。饥荒和灾害频频袭来，西夏国内大乱，党项民众纷纷起义反夏。

八月，威州（今宁夏中卫东）大斌、静州（今宁夏永宁）埋庆、定州（今宁夏平罗南）篪浪、富儿等部蜂拥而起，多者万人，少者五六千，攻击州城，州军不能制，各地连连告急。只有灵州在任德敬的统治下，还显平静。（《西夏书事》卷三十五，《西夏纪事本末》卷三十四）

西夏天盛元年，金天德元年（1149年）

七月，西夏晋（灵州）西平公任德敬为尚书令，入西夏朝主政。（《西夏纪事本末》卷三十四）

西夏天盛三年，金天德三年（1151年）

十二月，西夏以精通五经的灵州人斡道冲，为蕃汉教授，尊儒敬师。（《西夏书事》卷三十五）

西夏天盛八年，金正隆元年（1156年）

九月，西夏国以西平公任德敬为国相，西夏政事操于任德敬之手。灵州西平府已为任德敬的私第，任德敬精心经营，以其为根据地。（《西夏书事》卷

三十六，《西夏纪事本末》卷三十四）

西夏天盛九年，金正隆二年（1157 年）

六月，任德敬以其弟任德聪为西夏殿前太尉、任德恭为西夏兴庆府尹，以其族弟任德仁为西夏南院宣徽使、以其侄任纯忠为西夏枢密副都承旨。（《西夏书事》卷三十六，《西夏纪事本末》卷三十四）

西夏天盛十二年，金正隆五年（1160 年）

三月，西夏王李仁孝即位以来，国中多有内乱，得大臣、李仁孝的外祖父任德敬抗御外敌、平息内乱。任德敬据灵州西平府以宰相晋爵为楚王，权势显赫。

十月，任德敬未经上奏李仁孝准允，就擅自废止西夏国的学校，以愚昧西夏人，逞其专权西夏的威势。番汉教授、灵州斡道冲奋起反抗，遭任德敬擅权贬谪闲居。（《西夏书事》卷三十六，《西夏纪事本末》卷三十四）

西夏天盛十七年，金大定五年（1165 年）

任德敬加紧篡夺西夏国权的行动，于五月征发 10 万民夫，大修灵州城及西平府；又于翔庆军监、军司内（治灵州）大起宫殿衙署，民不堪命，怨声载道，而李仁孝不能制。（《西夏书事》卷三十七，《西夏纪事本末》卷三十四）

西夏天盛十八年，金大定六年（1166 年）

十月，任德敬派西夏军袭杀归附于金国的吹折、密藏二部，引起金人强烈不满。（《宋史》卷十七）

西夏天盛二十年，金大定八年，南宋孝宗乾道四年（1168 年）

五月，任德敬秘密自灵州西平府遣使至宋四川宣抚司，约会南宋军攻取归附于金的蕃部。南宋四川宣抚使虞允文答应，以蜡丸密书答报。

七月，任德敬又使人持其书去往四川宣抚司，他所使之人途中被西夏兵劫获，搜出其书信。西夏国主李仁孝密将任德敬通南宋的书信献于金，欲借金人之力剪除任德敬。（《宋史》卷十五，《西夏纪事本末》卷三十四）

西夏天盛二十一年，金大定九年（1169 年）

四月，任德敬又从灵州西平府发军，攻袭归附于金的蕃部首领结什角。结什角等众虽被围，但拒不降西夏。守战中结什角重伤而死，其母为西夏军所俘。

十月，任德敬征发役卒 7 万人，于已攻占的结什角地筑祈安城。（《宋史》卷十七）

西夏乾祐元年，金大定十年（1170 年）

任德敬自恃为西夏屡立战功，又掌重兵，镇压党项等众起义，为众人所威惧，遂阴谋篡权，诬杀西夏国宗族大臣，其势大炽，西夏国主李仁孝无力制止，任德敬胁迫夏仁宗分西南路及灵州啰庞岭（今灵武鄂尔多斯台地）给自己，以灵州为都，自为楚王，并向金请求册封。金世宗不许，同尚书令李石商议说："有国之主，岂肯无故分国与人。此必权臣逼夺，非夏王本意。况夏国称藩岁久，一旦迫于贼臣，朕为四海主，怎能容忍此举？倘若他无力自治，当发兵诛灭。"金世宗下诏给夏仁宗说："自我国家戡定中原，怀柔西土。始则画疆于乃父，继而赐命于尔躬"，"今兹请命，事颇靡常，未知措意之由来，续当遣使以询。"金世宗退回了夏国的贡物，拒不承认楚国。李仁孝得金支持，诱杀任德敬及其党羽，即殿前太尉任德聪、兴庆府尹任德恭，其族弟南院宣徽

使任德仁，其侄枢密副都承旨任纯忠及其党羽。（《宋史》卷十五，《中国通史》第六册）

西夏乾祐二年，金大定十一年（1171 年）

五月，西夏主以蕃汉教授、灵州人斡道冲为中书令，又进为国相。斡道冲正直清廉，博学多才，朝中文臣多奉斡道冲为师。斡道冲执政，西夏国又转危为安。（《西夏书事》卷三十七，《中国通史》第六册）

西夏乾祐十四年，金大定二十三年（1183 年）

八月，西夏中书令斡道冲卒。斡道冲为西夏国相十余年，私蓄全无，死时只有书籍数床而已。西夏国主李仁孝及群臣对斡道冲至为敬重，命人将斡道冲的画像祭祀在兴庆、灵州等地学宫里，尊为楷模。（《道国学古录》）

西夏光定六年，金贞祐四年（1216 年）

十二月，金兵以左监军陀满胡土门等为一路，以庆阳总管庆山奴等为另一路，大举进攻西夏国之盐、宥、威、灵、会等州。

是年秋，蒙古军经越灵州等西夏国攻金。（《宋史》卷十七）

元　朝

（1206—1368 年）

西夏宝义元年、成吉思汗二十一年（1226 年）

戌年秋，即丙午年之秋，是年为二十一年，西纪 1226 年。成吉思汗 65 岁。成吉思汗征西夏、攻灵州。

十一月，蒙古军进围灵州。灵州是西夏西南重镇，为兴庆府重要屏障。西夏末主李晛遣老将嵬名率 10 万大军赴援灵州，双方隔黄河对阵。蒙古军发起猛攻，阻止西夏军从结冰的河面上过河东进。灵州之战，西夏军死伤数倍于蒙古军，损失惨重，不得不退，灵州失守，成吉思汗至盐州过冬。（《宋史》卷十七，《多桑蒙古史》第一卷第九章）

西夏宝义二年、成吉思汗二十二年（1227 年）

是年六月，西夏末主李晛出降被杀，西夏灭亡。兴庆、灵州等地，《嘉靖宁夏新志》曰："其民穿凿土石以避锋镝，免者百无一二，白骨蔽野，数千里几成赤地，土地荒芜，人口下降。"

元世祖中统元年（1260 年）

三月，忽必烈至开平（今内蒙古正蓝旗东）即皇帝位，是为元世祖。

四月，元世祖立中书省，以廉希贤、商挺等为陕西、四川等路宣抚使。阿里不哥也随之称帝于和林（今蒙古国鄂尔浑河上游东岸哈尔和林）。

六月，浑都海起兵反忽必烈，陕西、四川等路宣抚使廉希贤驰往六盘山宣谕安抚。

七月，忽必烈召还在灵州（今宁夏灵武西南）屯田的居民还回京兆，以免为浑都海所用。

八月，忽必烈设秦蜀行中书省，命廉希贤为中书省右丞，行省事。

九月，浑都海以京兆有备，便洗劫了六盘府库，领兵由六盘山北撤，自灵州西渡黄河过应吉里城（今宁夏中卫）至甘州（今甘肃张掖）。时阿兰答儿由和林领军前来与其会合，遂据甘州（今甘肃张掖）。忽必烈、命廉希贤、商挺等负责讨伐事宜，廉希贤等遂令汪良臣、八春（又作哈必赤）等领军西讨，于甘州东大败浑都海等，浑都海、阿兰答儿被俘，后斩首（《耶律希亮神道碑》作“八月”，《蒙兀儿史记》卷四七作“阿兰答儿自杀，浑都海遁入吐蕃”）。

忽必烈即位后，以西夏子弟多俊逸，于香阁召见灵州斡道冲之孙、扎篑之子朵儿赤，字道明，向朵儿赤询问治国之策并以朵儿赤为“中兴路新民总管”，管理今宁夏平原兴农事。

西夏灭亡前，西夏兴庆府约有军民10万人，灵州有34751户。居民以农业人口为主。蒙古军灭西夏时，“民至穿凿土石避之，免者百无一二，白骨蔽野，数千里几成赤地”。朵儿赤到任后，首先要解决劳动力和河患问题。于是，他录南军子弟之壮健者垦田，于灵州塞黄河九口，开其三流。凡三年，赋额倍增，转为营田使，致力于兴庆、灵州等原西夏地农业经济的恢复、发展。（《旧元史》卷十八，《蒙兀儿史记》卷七十、八十一）

元世祖中统二年（1261年）

年初，忽必烈颁布了流民还业免税一年的诏书。

三月，于中兴路置怀宁（原怀远，今宁夏银川市西）、灵武（今宁夏灵武西南）二县，分别安置新民（即元朝前往今宁夏之民）4800户，以增加二县人口。（《续文献通考》卷十三）

元世祖中统三年（1262 年）

在忽必烈颁布了流民回乡还业、免税减半的诏书，鼓励逃亡者回乡开荒务农的第二年，原西夏灵州等地逃亡的人口逐渐回乡，荒芜的土地得到了耕作。灵州（今灵武西南）隋长城（即今明长城）内外牧场的苜蓿种植和大牧场的开辟，渐成规模。蒙古大羊族一支，于今灵武市马家滩镇“大羊其”建立村落，树起大羊族大旗，该地因此得名“大羊旗”。今在流传中，将“大羊旗”，误为“大羊其”。于灵州牧区内建起了马王庙和牛王庙，今灵武临河镇“双庙子”地名由此而得。（《元史·兵志·屯田》卷一〇〇）

元世祖中统四年（1263 年）

四月，中书省从应理（今宁夏中卫）沿黄河至东胜（今内蒙古托克托县）设立水驿。

七月，忽必烈令西京（今山西大同）宣抚司造新船 30 艘，修理旧船只 36 艘，配水手 200 名，每个驿站给牛 10 头、羊 100 只，置驿馆、拨耕地，开通长 1700 多里的水驿。今宁夏境内有设立应理州（今中卫）、鸣沙州（今中宁鸣沙镇）、灵州（今灵武西南）、中兴（今银川市）等水站，以供西夏（今宁夏平原）漕运所需用，并设行省中兴府（今宁夏银川）。

九月，以粘合南合行中兴府中书省事，灵州等地隶属之。

十月，命昂吉所统领的西夏军（原西夏灵州等地驻军）自备鞍马甲杖，违抗者以失误军期论处。

元代的驿站称为“站赤”，也是“丝绸之路”通往西北和国际交通的要道，即“经灵州至西域道”。其时，这条道是由长安通北，经今陕西的兴平、乾县、永寿、彬县及甘肃的宁县、庆阳、环县，进入宁夏府路。灵州萌井驿（今宁夏盐池盟城）为宁夏的第一站，南至环州为 250 里。由萌城向北 350 里（经石沟驿）为灵州（今灵武西南），再西南 120 里为鸣沙驿（今宁夏中宁鸣沙镇)，然后渡黄河向西至应理（今宁夏中卫），又西行 180 里为野马泉站，随后即入甘肃境，经甘州、肃州往西域。这条丝路驿道横贯宁夏中部，境内里程约 300 里。

灵州站赤和灵州石沟驿站赤，是这条“丝绸之路”要道上的重要陆路驿站，陆路驿站依然是靠马力来维持交通，但其时驿站所配马匹的数量要远远超过前朝，石沟驿配置马匹约 74 匹，灵州站赤所置的马匹数在 85 匹左右。

担负着站赤徭役的广大站户，被组成与民户不同的特殊户籍，即站户户籍。站户的经济负担和徭役负担比民户更重，他们不仅要负责供应来往使臣的饮食，向驿站提供车马等交通工具，还要提供劳动力、负责马匹的饲养，充任马夫、车夫、船夫、搬运夫、馆夫等。站户的私有田地规定要入站作为站田。随着元朝统治的腐败，站赤出现了许多弊病，也出现了站户的日益贫困化和逃亡现象。所以站赤不啻是加在当时各地人民身上的一道锁链，灵州水驿、陆驿，无不如此，站户实际上为官奴。（《续文献通考》卷十三，《中国养马史·站赤》《宁夏通史·古代卷》第八章）

元世祖至元元年（1264 年）

经浑都海兵乱之后，中兴等地渠道淤塞，民众逃亡，官府制度混乱，官员办事毫无章程可循。

五月，忽必烈命中书左丞张文谦行省西夏、中兴等路，诸路河渠提举郭守敬同行，召董文用为中兴等路行省郎中，一同到任。他们发布安民告示，以安定人心；又发动民众疏浚河西（今宁夏黄河以西）唐来、汉延，河东灵州秦家、汉伯等渠及支渠 70 余条，可溉田 9 万余顷（《嘉靖宁夏新志》卷二却云：“文用先而守敬继之。”同书卷五又说：“正月……郭守敬行视宁夏河渠……”与《旧元史》卷五作“五月”均不合）。又开中兴、灵州等地水田，吸引逃亡者纷纷返乡，陆续归之者四五万户。对于归还家园者，官府还给予籽种、农具，鼓励农耕，使生产逐渐得到恢复和发展；又造船置黄河中，使中统四年所设灵州、中兴到东胜（今内蒙古托克托）间的漕运真正得以恢复。张文谦等还从俘虏的南宋官吏中，选拔出五六人，使他们习熟官府的办事章程，建立了官府公文的正确格式，兴办学校，使中兴、灵州等地的社会风气为之一振。郭守敬在中兴期间，还曾令人拽船溯黄河而上，探索黄河源流。

自此，在宁夏、灵州等地的水利建设中，普遍采用推广了郭守敬新的工程技术，即修筑渠、堰、陂、塘，大都使用了调节水量的“牌堰”，就是水坝和水闸。水坝和水闸起到了控制水流的作用，旱则开闸引水入田，以收灌溉之利；涝则关闭闸门，以避泛滥之灾。郭守敬同张文谦到西夏的兴庆、灵州等中心地区修复的许多渠道，所采用的工程技术，在全国处于领先水平。郭守敬在兴、灵州等地，从兴筑水渠到建筑水坝、水闸，是人类由储水到控水认识上的一个飞跃，是人工灌溉史上的一大进步，影响至今。（《宁夏通史·蒙元统治时期的宁夏》）

元世祖至元二年（1265 年）

盐税是官府收入的重要来源之一，原陕西行省实行食盐官卖，强制民众食用解池盐（即山西运城西南解池产盐），并按人口征收盐税。由于“民多流亡”“户口凋残，十亡八九”，“民不堪命”，“缓则输息而借贷，急则典鬻妻子”。而西夏中兴灵州所产的红盐，当时不课税。灵州盐池（大多为今宁夏盐池县之盐池）邻接陕西、环州（今甘肃环县）百余里，红盐味甘而价贱，解盐味苦而价贵，因而百姓私相贩卖灵州红盐，官府不能禁。有鉴于此，陕西行台咨备监察御史帖木儿不花，上书建策得准改由商贩经营食盐，官府向商贩征收盐税为便。陕西汉中道肃政廉访使胡通奉建策，食用灵州红盐的西部民众，也实行按人口征收盐税的办法：既使陕西百姓食用灵州红盐，也要担负所摊派解盐的税额。（《旧元史》卷十八，《续资治通鉴》卷一六四）

元世祖至元三年（1266 年）

都省派员与陕西行省议定：以黄河为界，陕西之民从便，食用中兴灵州所产之红盐，但灵州红盐不许东渡到今山西等地。

二月，罢西夏中兴行中书省，立宣抚司（《蒙兀儿史记》卷七下作“十月）”，灵州属之。

五月，浚西夏、中兴（灵州）汉延、唐徕、秦家、汉伯等渠成。元世祖下令中兴、西夏的良田凡是为僧人所占据者，得由蒙古人分别垦耕。

七月，又下令凡是逃亡在外的原西夏民，一律还回本籍，灵州民回归者渐多。（《续资治通鉴》卷一七八）

元世祖至元四年（1267 年）

二月，前中兴等路行中书省粘合南合病卒。元世祖下令登记西夏居民田数，按田亩征收租税，灵州亦然。

九月，下令西夏、灵州及中兴等路的僧尼、道士缴纳商税，并禁止酿酒造醋（因酿酒造醋要使用粮食）。（《续文献通考》卷一）

元世祖至元七年（1270 年）

三月，改陕西五路、西蜀四川等路行中书省为尚书省。尚书省上奏河西（含今宁夏灵武黄河以西）和籴时，僧人、豪官和富民应按同样的规程办事。元世祖以为可，灵州等地集市贸易秩序得以恢复。（《续资治通鉴》卷一七九）

元世祖至元八年（1271 年）

一月，元大立屯田，将 1259 年随州（今湖北随县）、鄂州（今湖北武汉）归附蒙古的 1107 户居民、万余口人迁往中兴、灵州等地屯田。被迁民众流离颠沛，苦不堪言。元世祖以独吉、袁裕分别为西夏中兴等路新民安抚使、副使，以焦德裕为按察使。独吉、袁裕奏准对迁徙至中兴、灵州等地的外地移民实行按丁给地，设立 3 个屯田所，使他们耕以为食。由于南方民众在元时地位最低，独吉、袁裕又奏请将移民之中已有从良证书者，划为良民的 8000 人，官府给予耕牛、农具，使其为平民。

十二月，登记西夏田数，规定西夏中兴（今宁夏银川、灵武等原西夏经济中心区）和兀剌海等地的田税，白地（旱地）每亩纳税 3 升，水地每亩纳税 5升。（《旧元史》卷十八）

元世祖至元十一年（1274 年）

一月，以原来迁徙中兴、灵州的鄂州、随州良民成丁者 2400 人编为屯田户，又编聚新收的良民 904 户置西夏中兴、灵州营田司为屯田户籍，置耕地 446 顷。（《续文献通考》卷四）

元世祖至元十二年（1275 年）

二月，元世祖遣孛罗至西夏、中兴检复西夏榷课。省西夏中兴都转运司入总管府。于中兴路置怀远、灵武（州）二县，将新民 4800 余户安置于二县地。

四月，改西夏中兴道为陇右河西道按察司，灵武隶属之。（《旧元史》卷十八）

元世祖至元十三年（1276 年）

意大利著名旅行家马可·波罗，跟随其父亲和叔父于至元八年（1271 年），沿“丝绸之路”经灵州黑山、红山、清水营，转而东北行，去往上都，游历中国各地，居住中国 17 年，于至元二十九年（1292 年）回国。在他的《马可·波罗游记》中的《宁夏王国》一节里写道：“离开西凉王国，（骑马）向东走八天，到达一个地方，名叫宁夏王国，仍属唐古多省（即甘肃行省）。”“居民大都是偶像崇拜者，但聂斯托利教徒在这里有三个教堂。”游记中还写道：“军民用白羊毛和骆驼毛制成一种精美的驼毛织物，是世界上最好的产品。这里还有一种美丽的白色骆驼绒，是居民用白骆驼的毛纺织出来的。商人大量地购买这些布匹，贩运许多国家，特别是销往契丹（中国国内）。”

在由西班牙阿道弗·莫雷诺所著《百万之家——马可·波罗的生平和游记》一书中，转述马可·波罗自述道：“从沙州城出发后的第四天（有误，应为第八天），我们遇到了一条大河，很奇怪，河水的颜色黄得出奇。我目不转睛地望着这种异乎寻常的河水。我们遇见第一个人时，立即向他打听这条河叫什么名字，他回答说叫黄河，意思是黄色的河，并说河水之所以是这种颜色，是因为从蒙古刮来大量黄沙，把河水染成了深黄（译者注：实际上，黄河沿途带走大量泥沙，使黄河水变成黄色，当然与从蒙古高原刮来大量黄沙，不无关系）。黄河西岸是广阔的稻田和肥沃的麦地，由于引黄河水灌溉的缘故，这里成了中国最肥沃的土地。我们在离河边不远的地方看到了犄角粗大的野牛。除了背部外，这种野牛身上长着黑白相间的漂亮的足有三柞长的毛。当地的居民已经驯养了一些野牛。他们将野牛捕回让它们自由繁殖，所以越来越多。它们的力气很大，能干其他牲畜两倍的活儿。”接下来的第六章中又记载说：“这个地区出产最好的麝香。你知道吗？麝香是这样得来的：有一种与羚羊差不多大的小动物，毛色很难看，蹄脚跟羚羊一样，头上没有长角，尾巴也和羚羊一样。它长着四个有三指长的尖锐锋利的牙齿：两个在下，另外的两个长在颌骨上。它们活动时总是结对而行。这是一种漂亮的动物，这种动物的皮肉之间，有一个暗藏着的小囊，小囊里贮藏着一种液体，这就是麝香，它能散发出持久的香味。这个地区出产大量的麝香。”这段记载和唐史的记载相吻合，《新唐书·灵州土贡》中，就有“灵州产麝香”的记载。游记中还记载说：“唐古特山区中盛产最优秀的大黄，由各地商人运到世界各地。”这与《新唐书·灵州土贡》中所载灵州的特产中有“大黄”是相同的，大黄为中药材，灵州所产大黄古来有名。（《马可·波罗游记》第一卷第七十二章）

元世祖至元十六年（1279 年）

二月，忽必烈遣塔黑麻合儿、撒儿塔带至中兴，登记中兴及其所属灵州等地居民户口。（《旧元史》卷十八）

元世祖至元二十一年（1284年）

元世祖又遣塔塔里千户所官军人家958户，至中兴、灵州屯田，其屯田数为1498顷33亩。（《元史·兵制·屯田》）

元世祖至元二十四年（1287年）

七月，中兴府（自然包括灵州）隶属甘肃行省管辖。

十月，在中兴路及其属灵武等地屯田的基础上，元世祖从总帅汪惟和之请，分汪所部戍守四川者5000人于六盘山屯田。罢安西王府，收其王相印。

十一月，元世祖从尚书右丞相桑哥之请，以阿难答为安西王，仍置王傅。

安西王阿难答年幼时，受一回回人的抚养，因而长大后皈依了伊斯兰教，对伊斯兰教信仰甚笃。受封安西王后，传布伊斯兰教于唐兀（包括灵州等原西夏）之地。其所部士卒15万人，信仰伊斯兰教者居其大半。（《多桑蒙古史》第八卷第六章）

元世祖至元二十五年（1288年）

一月，元世祖下令中兴、西凉等地不得阻塞河渠。

二月，改中兴路为宁夏路总管府，领灵州（今宁夏灵武西南）、鸣沙州（今宁夏中宁鸣沙镇）、应理州（今宁夏中卫）三州。

七月，由于灵州屯田大效，仓储粮食日多，重新修茸灵州州仓。“宁夏”地名于此年正式使用，是取西夏之地得以安宁之意。

十二月，阿难答以军士饥荒和缺骆驼，请求元世祖予以赈济。元世祖应其所请，给米6000石、骆驼100头。

是年，灵州等地屯田仅宁夏所辖灵州、鸣沙、应理三州内以及枣园纳怜站等处，屯田就有1800余顷，其中鸣沙州屯田就有440余顷。（《元史·兵志·屯田》）

元成宗元贞二年（1296 年）

二月，元代军人于和平时期多转为屯田军人，仅自今宁夏六盘山至灵州等地“立田，置军万人”屯田。（《元史·成宗纪》卷十九）

元成宗大德十年（1306 年）

江南浙西道杭州路大万寿寺，用西夏文印刷的西夏文《大藏经》3620 余卷，早在大德六年（1302 年）就已印刷完毕。

是年，颁施予宁夏、甘肃等路寺院，以供僧人诵读流传。（《观堂集林》卷二十一，《蒙兀儿史记》卷七十六）

元泰定帝致和元年，元文宗天历元年（1328 年）

二月，宁夏、灵州等地灾害不断。

是月，开成州蒙古军饥荒。

四月，灵州大雨成灾。

七月，宁夏地震。

十二月，晋封安西王阿剌纳失里为豫王，治灵州。（《旧元史》卷十八）

元文宗天历二年（1330 年）

五月，因上年灵州等地灾害，宁夏路哈赤千户所军士饥荒，赈粮两月加以救济。

闰七月，宁夏应理、鸣沙州陨霜杀稼，灵州霜冻灾害稍轻。（《旧元史》卷十八）

元宪宗至元三年（1337 年）

九月，于宁夏设立皮货所，设提领使、副提领使以管其事。灵州皮货贸易又兴，直至后世。（《蒙兀儿史记》卷十六）

元惠帝至正十九年（1359 年）

四月，红巾军李喜喜部一度攻占宁夏路，分兵攻灵州等地，不克后退出。（《旧元史》卷十八）

元惠帝至正二十三年（1363 年）

四月，陈友谅复举兵围洪都（今江西南昌）达 85 日，吴国公朱元璋亲自领军救洪都，双方水军于鄱阳湖激战。

朱元璋平定天下建立明朝的洪武元年（1368 年），大封功臣，对于之前为国死难的功臣，均封为不同地方的城隍。其时北元的势力仍很强，严重地威胁着重镇灵州的安全。于是就封韩成为灵州城隍，藉其英灵守土安民。韩成的子侄辈由此继承先祖的遗愿，纷纷由安徽迁往灵州戍边奉祀，后即举家落户于灵武郝家桥镇韩家墩一带，今已发展到 200 余户、600 多口人。又因为韩成代朱元璋殉难时，身着吴王冠服，因封其为着王者冠服，高其品位，在宁夏府城和各县的城隍中，品位最高，一直受到灵武汉族群众的崇奉，形成城隍出府的风俗，至今已历 600 多年。这项积淀深厚的民俗活动，于 2008 年被列入银川市非物质文化遗产名录。2015 年被列入宁夏回族自治区非物质文化遗产名录。（《续资治通鉴·元纪三十五》）

元惠帝至正二十八年（1368 年）

八月，明军攻占元大都，元亡。但元惠帝（即元顺帝）率群臣及元军逃往宁夏贺兰山及灵州以北地区，史称“北元”。

《元史·地理三》卷六十载：“宁夏府路……元至元二十五，置宁夏路总管府。至元八年，立西夏中兴路行尚书省。领州三。”有元一代，今宁夏北部则属甘肃行中书省下之宁夏府路，领灵州（治今宁夏灵武西南）、鸣沙（治今宁夏中宁鸣沙镇）、应理（治今宁夏中卫）三州和灵武县、怀远县、河渠县三县。元时的宁夏（包括灵州），已属于元的内陆地区，交通道路通行自然较前平安。元代的站赤，承接了唐、宋的驿站制度，分掌于通政院及兵部。而元时的灵州站赤依然属于陕西行省，灵州石沟驿、高桥儿驿、灵州站，各有驿马由原 85 匹后发展为 95 匹，其所置马匹数，大大超过了前朝后世。

灵州驿道，是元通往西北和国际交通的要道，而且推广得比唐代更远。如至元十五年（1278 年），元授给巴撒察里虎符，掌别失八里（约今新疆乌鲁木齐一带）畏兀城子里军站。至元十八年（1281 年），从诸王阿只吉等之请，自太和岭（约今高加索地区）至别失八里设置驿站 32 处。当蒙古帝国的盛期，在今里海四周经营了若干个汗国，在中亚西亚也设立了站赤。元代的站赤，是和当时的“丝绸之路”相联系的。如前所说马克·波罗远从意大利到元上都，就是沿元通往西北和国际交通要道，由沙洲进入“宁夏王国”，在“宁夏王国”内渡黄河、经灵州北至元上都的。这已证明欧、亚间在元朝已通过驿道和“丝绸之路”相联系了。其时的“灵州道”仍是国际驿道、商道中的要地。（《旧元史》卷十八，《永乐大典·站赤》）

明　代

（1368—1644 年）

明太祖洪武二年（1369 年）

四月，明太祖朱元璋置陕西等处行中书省，以宁夏（包括灵州）隶属之。

十二月，设陕西等地都转运盐使司，规定灵州盐课司每年以产盐 13338 引（每引 200 斤）为课税定额，成为宁夏地方税收的重要来源之一。（《明史纪事本末》卷九》）

明太祖洪武三年（1370 年）

四月，明大将徐达率师击败王保保（故元河南王扩廓帖木儿）。王保保经今宁夏向北逃往和林（今蒙古国鄂尔浑河上游）。都督郭英追击至灵州、宁夏（今宁夏银川），未及而还。明改元之宁夏路为宁夏府，但其时明军无力据守宁夏府各地，于是将宁夏府及其所属应理州（今宁夏中卫）和灵州（今宁夏灵武西南）之民，迁于关内，将这一带变为无民居的军事防守区。

是年，灵州居民迁徙至关中今咸阳地区，灵州空其城。

户部言："陕西察罕脑儿之地有大小盐池，请设盐课提举司、捞盐夫百余人，蠲免杂役，专事煎办。行盐之地，东至庆阳，西至平凉，南至凤翔、汉中，北至灵州，募商人入粟中盐（缴纳粮食到边防，换取盐引，明初以 6 斗粮食换一盐引，一盐引准贩盐 200 斤；明后期变为于边地缴纳 1.5 斗粮食，准换一盐引，贩盐 200 斤），粟不足，则以金银布帛、马、驴、牛、羊之类验值

（价值）准之。如此，则军贮不乏，民获其利。”明太祖从其言。（《明史纪事本末》卷十，《国榷》卷四）

明太祖洪武四年（1371 年）

中书省言：陕西灵州盐课提举司大盐池夫 80 人，小盐池夫 39 人，宜日给米 2 升以为公食。及漳县（甘肃今地）、西河（今山西汾阳）二处盐井积盐以多宜募商人于延安（陕西今地）、庆阳（甘肃今地）、平凉（甘肃今地）、宁夏、临洮（今甘肃岷县）、巩昌（今甘肃陇西）纳米七斗，兰县（今内蒙古阿拉善左旗）4 斗，灵州 6 斗，并于灵州给盐一引（一引可贩盐 200 斤）……”此种盐税，是为开中制度。（《明实录》卷五十九）

明太祖洪武五年（1372 年）

宁夏府城，徙其民于陕西，宁夏府空其城。（《明史》卷十九）

明太祖洪武六年（1373 年）

四月，明军于宁夏、灵州的守卫力量渐强，太仆卿梁也先帖木儿，以宁夏及四川土地肥沃，又有通航之利，建策委派重要将领镇守，召集流亡百姓，务农屯田，规定纳税标准为产量的十分之一。明太祖从其请。自是，宁夏、灵州原居民始陆续迁回。（《明史》卷十九，《国榷》卷五）

明太祖洪武九年（1376 年）

六月，明廷改陕西等地行中书省为承宣布政使，以加强中央集权。于宁夏置宁夏卫。

是年，《明史·地理三》载：置宁夏五卫：宁夏卫，宁夏左、右、中屯卫，宁夏前卫（治今宁夏银川）。后在宁夏五卫的基础上，又设宁夏中卫（今宁夏中卫），宁夏后卫（今宁夏盐池）。中路灵州，领宁夏后卫。（《明史》卷十九）

明太祖洪武十年（1377 年）

改灵州盐课司为正八品，设大使、副使各一人。（《明实录》卷一一五）

明太祖洪武十一年（1378 年）

一月，后分藩宁夏的皇子朱㮵出生。

四月，灵州地方的屯田军户不堪沉重剥削，在百户山丹的率领下，举行起义，旋即被陕西都指挥使叶昇镇压，被俘者 2600 余人。

是月，宁夏（今银川）地震，城垣被摧坍，波及灵州。

六月、七月，宁夏（今银川）及灵州等地连续大风和地震。（《明史》卷十九）

明太祖洪武十三年（1380 年）

三月，西平侯沐英领军至灵州，派遣侯骑侦知脱火赤等兵次（驻）亦集乃路（今内蒙古额济纳旗黑城）。沐英遂率师渡过黄河，经宁夏（今银川），越贺兰山，涉流沙，共经七昼夜到达亦集乃路，距脱火赤等营帐 50 里，分军为四道，于夜间衔枚（口中衔着短木棍，使不发出声响）四道齐进，合围脱火赤部，擒获脱火赤、爱足等，全部俘获脱火赤部而归。

明太祖令陕西卫军分出三分之二的兵力进行屯田，宁正兼领宁夏境内的军事屯田，领军民修筑河西、灵州秦、汉、唐等诸旧渠，开垦屯田数万顷，收获岁丰，兵食丰足。（《明实录》卷一三〇）

明太祖洪武十五年（1382 年）

宁夏卫兵卒薛理上言："本卫军士月盐二斤，于（灵州）小盐仓支给，其地隔黄河，去宁夏（今银川，下同）三百里，往还须半月，计公负载道路之费，得盐无几。定州（今宁夏平罗南）旧有盐池，去宁夏一百里，若于此取盐为便。"从之。（《明实录》卷一四三）

明太祖洪武十六年（1383 年）

十月，于灵州置守御千户所（《嘉靖宁夏新志》卷八作"下年"），置灵州河口（渡口）守御千户所，隶属宁夏卫。（《明史》卷十九，《明实录》卷一五七）

明太祖洪武十七年（1384 年）

灵州城为河水所崩塌，唯遗西南一角，移于故城北 7 里（《宣德宁夏志》云"于河北十里筑新城"，《弘治宁夏新志》《嘉靖宁夏新志》《万历朔方新志》《乾隆宁夏府志》《嘉庆灵州志迹》统作"移筑于河北七里"）新筑灵州新城（今灵武西南），"编集原遗土民及他郡工役民夫之望归者，为瓦渠（灵武旧城西南 7 里处）、枣园、苜蓿、板桥四里（里，为古代地方行政组织，明朝时以一百一十户为一里，见《明史·食货志二》），属宁夏卫经历司。又以来王土夷（外来的少数民族）四百有奇（400 多户），兼调宁夏前卫（治今银川）宋德等六百户，共为十'百户'，置守御千户所，属陕西都司"。（《明史》卷十九，《嘉靖宁夏新志》卷三、八）

明太祖洪武二十七年（1394 年）

十二月，于灵州韦州（今宁夏同心韦州镇）置宁夏群牧千户所，以管理宁夏境内的军马牧苑。

明惠帝建文四年（1402 年）

由北元分化而来为蒙古鞑靼、瓦剌各部日渐强大，成为明北方边境的大患。明廷在东起鸭绿江，西抵嘉峪关的万里边境线上，先后建立了辽东、宣府、大同、延绥、宁夏、甘肃、蓟州、偏关（山西偏头关）、固原九个军事州镇，总称“九边”或“边境九镇”。其中宁夏的防守任务最重，而宁夏镇的河东灵州（辖盐州）北边，无险可守，再加上灵州有牧马监，为朝廷养殖战马，边防和牧马监的防守任务尤重且艰巨。（《国榷》卷四，《明史纪事本末》卷十，《故元遗兵》）

明成祖永乐元年（1403 年）

一月，明廷复置宁夏卫，领灵州、兴武（今宁夏盐池高沙窝镇）、韦州（今宁夏同心韦州镇）、平虏（今宁夏平罗）四个千户所。又以原置应理州置宁夏中卫（宁夏今地）。（《明史》卷十九）

明成祖永乐二年（1404 年）

宁夏府之河西诸县、河东灵州屯田大效，然而易受瓦剌的攻掠，明成祖朱棣敕宁夏总兵官何福“严兵备之，来则击之”。不久又敕何福曰：“宁夏多屯所，虏卒至，恐各屯先受掠。可于四五屯内择一有水草者，四围浚濠，广丈五尺，深如广之半，筑土城约高二丈，开八门以便出入。旁近四五屯，辎重、粮草皆集于此。无警则各居本屯耕牧，有警则驭牛羊从八门入土城固守，以待援兵，则寇无所掠。”灵州马牧依此实行，从此开启了后世于灵州各地筑寨子之风。（《明实录》卷三十三）

明成祖永乐三年（1405 年）

六月，宁夏总兵官左都督何福奏：“灵州鞑靼宜垛集为兵，以足备边。”明成祖敕（何）福斟酌人情，可行则行。垛集，就是以垛兵法征兵，意即百姓每家出一丁当兵。

是年，在实行卫所制中，置灵州守备衙门，改灵州为灵州千户所，属宁夏卫。（《明实录》卷四十三，《嘉靖宁夏新志》卷三）

明成祖永乐四年（1406 年）

《明史·职官志》、《大明会典》卷一一五载：

是年，明始置苑马寺，各苑马寺原定均各有 6 监 24 苑，视各苑马寺地域的广狭分为三等：上苑牧马 1 万匹，中苑 7000 匹，下苑 4000 匹。牧人有恩军、队军、改编军、充发军、招募军及抽选军之别，每年查籍马驹的数目，呈报兵部，以备考课。马到 3 岁，且由寺卿偕同御史前往监督烙印。灵武监领清平、万安、定边、庆阳四苑，均为上苑，属陕西苑马寺，共牧马 4 万匹以上。

明成祖敕宁夏总兵官左都督何福领所部军马，赴灵州操练。

九月，灵武监建成，隶陕西苑马寺。本来每监统 4 苑，其时每监先设二苑：西宁、大通隶祁连监，广特、麒麟隶甘泉监，开城、安定隶长乐监，清平、万安隶灵武监。监置监正一员，正七品；监副二员，正八品；录事一员，未入流。苑视其地里广狭，为上、中、下三等。上苑牧马万匹，中苑 7000 匹，下苑 4000 匹。苑有围长，从九品。一围长率 50 夫，每夫牧马 10 匹。（《明史·职官志》《大明会典》卷一五〇，《明实录》卷五十九）

明成祖永乐六年（1408 年）

十二月，增设陕西苑马寺威远、同州、熙春、顺宁四监，并前永乐四年已

建成的长乐、灵武共为六监。以开成、安定、弼隆、广宁四苑隶灵武监。（《明实录》卷八十六，《中国养马史·明朝的养马业》）

明成祖永乐七年（1409 年）

七月，鞑靼丞相昝平、平章司徒亦儿忽秃典德哥，带领部众 3 万余人至宁夏降明。

十月，鞑靼知院秃赤等也至宁夏降明，宁夏总兵陈懋遣秃赤等入京。

是月，明廷将部分鞑靼降众，安置在灵州至瓦梁（今宁夏灵武白土岗乡东南）等地。

明成祖永乐八年（1410 年）

居于灵州的都督阿滩不花等到朝廷贡马，明成祖赏赐给阿滩不花钞（钱）币，对其贡马之举予以奖励。（《明实录》卷一〇一）

明成祖永乐九年（1411 年）

七月，宁夏总兵官安远侯柳升奏：灵州都指挥冯答兰帖木儿等叛逃，为陕西都指挥孙霖、王仪等领军捕获。指挥王辅、仇智至大坝（今宁夏青铜峡大坝），官军进剿破石山遇叛贼百户孛罗等 400 余人，叛贼败逃，溺死者 300 余人，其余的都溃逃，官军缴获马、驼、牛 215 匹头。指挥高亮追溃逃者至河北（河套黄河以北），斩贼首 25 级，获男女 91 人、马 30 匹。（《明实录》卷一一七）

明成祖永乐十年(1412 年)

十二月，居于灵州的千户所都指挥米朵儿，遣其弟锁纳等入朝贡马，明成

祖赏赐给锁纳钞币（钱币），以奖励其贡马之举。（《明实录》卷一二三）

明成祖永乐十九年（1421年）

四月，明成祖册封庆王朱栴之子秩煃为世子、秩涛为静宝王、秩炵为安化王。他们常随庆王经灵州，来往于宁夏（今银川）、灵州之韦州（今宁夏同心韦州镇），常有诗词唱答。

明仁宗洪熙元年（1425年）

十一月，分藩庆王朱栴以宁夏卑湿卤碱，乞求将王府迁回灵州辖之韦州。明仁宗不允，只许其于宁夏（今银川）、灵州之韦州，从便往来。

明宣宗宣德元年（1426年）

四月，陕西洮州卫指挥后广，宁夏卫灵州千户所故土官（于降明的蒙古部族所设长官）百户脱火赤弟孛罗歹、福余卫千户阿帖木儿、乌思藏葛里麻番僧着由灵藏、番僧绰巴藏、扎乩星吉等贡马。赐孛罗歹等不同的钞币、表里（衣服的面、里）、袭衣（礼服的上衣）。（《明实录》卷十八）

明宣宗宣德二年（1427年）

八月，宁夏总兵官宁阳侯陈懋奏："前者招商于宁夏，纳米灵州，支盐往平凉、庆州鬻卖，而行盐地方不广，商旅遂稀。今河东（今山西）盐池久被水潦，盐利不兴，灵州私盐转出他境。暂许灵州之盐得至陕西、山西地界，则商旅竞至，边储充实矣。"明宣宗允准，命等到河东盐池恢复产盐之日，仍如旧例。

十一月，宁夏总兵官宁阳侯陈懋奏："灵州千户所城垣距黄河三里，今河水冲激，切近城下，恐致崩陷，难于守御。城东有地高爽宽平，请徙城于彼。"上命行在工部遣官覆视，果当徙，俟来年春用工筑新城迁徙。（《明实录》卷三十、三十三）

明宣宗宣德三年（1428 年）

二月，徙置灵州千户所于城东北 5 里。先是，宁夏总兵官宁阳侯陈懋奏河水冲决至城下，请徙于城东，命俟来年春用工。至是城成，遂徙之（其徙地就是今灵武市区所在地，自 1428 年建新城，至今已近 600 年）。（《明实录》卷三十六）

明宣宗宣德四年（1429 年）

七月，巡按陕西监察史傅吉言："比招商于宁夏中纳灵州盐粮，每引米六斗（即纳粮六斗即可换一贩盐 200 斤之盐引），视平凉等府中纳粮者多一斗五升。缘灵州地在极边，山路险远，费重利轻，趋之者少，请减轻，且不拘米麦兼收。"明廷允准傅吉所奏，减少宁夏（灵州）盐粮例。凡陕西、山西所属客商，每引纳米、麦 4 斗，宁夏卫（灵州）所纳粮由 6 斗减少至 5 斗 5 升（换一盐引，贩盐 200 斤）。但因灵州盐质好于山西盐，故每引纳粮还要高于山西 1 斗 5 升。（《明实录》卷五十六）

明宣宗宣德五年（1430 年）

四月，行在户部上奏曰："定各处中纳盐粮则例。京仓、云南、安宁等井盐每引米五斗；宣府卫（今河北宣化）仓，淮浙盐每引三斗五升，山东、福建盐每引两斗，河间、长芦盐每引四斗，四川、广东盐每引两斗；甘肃卫仓，淮浙盐每引米豆四斗；宁夏卫仓，灵州盐课司小盐池盐，若陕西、山西所属客商

每引米麦四斗五升，宁夏卫所属客商米六斗……”明宣宗一诏准俱。（《明实录》卷五十五）

明宣宗宣德六年（1431 年）

二月，陕西参政陈瑛上言：宁夏（包括灵州）、甘肃肥沃的耕地，皆为镇守官及各卫豪强所霸占，不纳租税；屯田兵卒只能耕种那些贫瘠的土地，以致屯粮亏欠，军士饥困。明宣宗命工部右侍郎罗汝敬和陈瑛前往宁夏、甘肃调查。

四月，召宁夏总兵官陈懋返京。

九月，置宁夏、甘肃二州河渠提举司。

十二月，遣御史巡视宁夏、甘肃屯田水利情况。

同年，分别不同赏赐陕西宁夏卫土官指挥同知韩当道驴（灵州人，以汉官领降于明的蒙古部族）、岷州卫剌麻坚束扎等、哈密使臣迭力迷失及亦力把里、使臣亦思剌麻失等 120 人白金、彩帛、表里、纱罗、绫绢。（《国榷》卷二十一，《明通鉴》卷二十，《明实录》卷七十五）

明宣宗宣德八年（1433 年）

陕西灵州千户所土官千户乃蛮、四川乌蒙军民府署府事土官杨普，遣把事纳举等入朝贡马。

正月，分别不同赏赐陕西灵州千户所土官千户乃蛮、四川乌蒙军民府把事纳举等纱、彩币、表里。（《明实录》卷九十八）

明英宗正统三年（1438 年）

以金濂为宁夏巡抚。金濂上言：“镇有五渠，资以行溉，今明（鸣）沙州七星、汉伯（灵州汉渠）、石灰三渠塞，请用夫四万加以疏浚，可溉芜田 1300 余顷。”明英宗准其请，划宁夏等卫草滩湖泊隶河渠提举司管辖。

八月，恢复史昭宁夏总兵官之职。庆王朱栴受诬陷“沮坏边务”“私占灵州草场畜牧”“遣使至绥德煽惑归附蒙古”等，怀疑是史昭所为，庆王朱栴请求徙国他处以避免上述被诬陷罪名，明英宗不许。朱栴遂郁郁不乐，于八月初三病死，谥曰靖。（《明史》卷十九，《国榷》卷二十四）

明英宗正统四年（1439 年）

闰二月，（由于瓦剌不断侵扰宁夏），移灵武牧马监苑于镇远（甘肃今地），移万安、清平二牧马苑于开城（今宁夏固原开城乡）。五月十三日，葬庆靖王朱栴于蠡山（今宁夏同心东北）之原。（《国榷》卷二十四）

五月，命召商于陕西布政司纳马（买马）。先是，都督史昭言召商于宁夏纳马，给灵州官盐以偿之（以盐偿还马价）。

六月，开始疏浚河西（今宁夏黄河段以西）宁夏（今银川）、河东（今宁夏黄河段以东）灵州 5 条渠道。

八月，定宁夏中盐例。先是，巡抚陕西右副都御史王文奏：“宁夏岁用粮、料三十四万余石，近于庆阳一府取给恐不足用，乞将灵州、河东盐仍于本处减轻开中（即明太祖规定的纳粮换盐引的开中制度），米麦兼收，以备接济。”明英宗将其所奏事下发给行在户部，户部覆奏应该准许王文所奏事。中河东盐者每引 2 斗，灵武盐者每引 1 斗 5 升（开中制度为每引六斗）。明英宗允准，命陕西灵州盐课司召商以中盐纳马（以盐换马），供给甘肃、宁夏官军骑兵操练。（《明实录》卷五十五、六十）

明英宗正统六年（1441 年）

巡按陕西监察御史冯诚上奏说：“宁夏（今银川）僻在黄河之西，密迩夷虏，实关中要地。自高桥驿（灵武东南处于灵州大道跨长流水上有桥，形高为拱桥，桥南有驿站名“高桥驿”）至河（黄河）70 余里，四旷无人。请于河岸东、西各立寨堡，拨官军守瞭，庶盗息民安。”明英宗允准实施。是年即河中、灵武胡家堡、新接堡、吴忠、李俊等诸堡始筑年代。（《明实录》卷七十九）

明英宗正统九年（1444 年）

一月，陕西灵州千户所土官百户哈赞赤、辽东安乐州达官千户官僧等……贡马及方物（地方特产），明英宗分别不同赏赐彩币、表里。

四月，初宁夏左参将都督佥事丁信奏：“石沟（今灵武石沟驿古城）至清平五驿铺所，地临边境。军夫众多而寨堡不固，兵器不足，恐无以备寇。”上命右佥都御史卢睿同总兵官等处分。至时，卢睿等奏：“各寨堡可修者，即令修之。”其中，灵州石沟城，原为唐肃宗灵武登基后的至德元年（756 年）八月，兵部尚书、灵武长史郭子仪所筑。其时的石沟驿位于丝绸之路灵州大道的要冲，且是汉代至唐的重要驿站，其城后被人们称作“郭子仪城”，周城 300 步，向南开一门。北宋时改称“耀德城”，仍为扼守关中至灵州要道的要塞和重要驿站。明代时改称“石沟城”，仍为军城和驿站。正统九年，在原址上进行了维修、加固。

六月，宁夏总兵官黄真选等灵州土达（明初降附之蒙古部族）从征，禁官军诈夺宁夏、灵州等地土达财产。

十月，展拓宁夏城（今银川）。

是年，修筑灵州花马池城（今宁夏盐池城，《嘉靖宁夏新志》卷三作“正统八年修筑花马池城”）、广武营和兴武营。

是年，罗绮任宁夏巡抚，灵州横城渡本有 500 名士兵驻横城堡。罗绮为在黄河东岸加强渡口防守，严防偷渡，特意在渡口南今灵武临河镇石坝处，筑中州宁河台，台上驻扎将士，专门管理和戍守渡口，后竟成为灵州的古八大名胜之一“宁河揽胜”，史载：“黄河东渡，筑台高五丈余，登眺于上，则河山景物，举在目中。”明代翰林王家屏《中路宁河台记》（灵州为宁夏中路）中描写道：“……台高五丈五尺，之上构亭三楹，厢房四墁。前施迤桥数级，上嶟嶟翼翼如也。外列雉为城，城周还九十余丈，高二丈四尺，缭以重门……”

（《明实录》卷一一四、一一二，《明会要》卷七十五，《朔方道志》卷二十五）

明英宗正统十一年（1446 年）

移置宁夏玉泉营于灵武墩山（今灵武东 10 公里烟墩山，因此而得名）。

明英宗正统十二年（1447 年）

宁夏右参将都指挥同知王荣奏："臣守花马池（今宁夏盐池）、兴武（今宁夏盐池高沙窝镇）、清水（今宁夏灵武宁东镇清水营城）等营，三面受敌，并无屏障，寇来侵犯，惟马力是赖，而原领官军骑少步多。乞将客商中盐马匹与各营步兵领去骑操，每营增骑兵三百，庶缓急得用。"明英宗准奏予以实行。（《明实录》卷一五九）

明英宗正统十四年（1449 年）

八月，明英宗听从宦官王振之谏，率 50 万大军亲征瓦剌，全军覆没，死伤数十万，英宗朱祁镇于土木堡（今河北怀来东）被瓦剌所俘，史称"土木堡之变"。自此，宁夏（今银川）、灵州等明北方边境吃紧，转为被动防守。

九月，给宁夏（今银川）、灵州等卫所选操余丁月粮每人 5 斗。

十月，封藩宁夏的安塞王朱秩炅，得知宁夏、灵州边防吃紧，十分恐慌，忙上疏请求内徙，明廷不允许。（《明实录》卷一八三）

明代宗景泰元年（1450 年）

一月，瓦剌 2000 余骑扰掠灵州。

闰正月，瓦剌也先扰掠鸣沙，土达冯沟等随也先归去。为了防止灵州境内的土达亦回归瓦剌，明代宗以发钱粮来笼络他们。

六月，分别不同赏赐灵州土官指挥韩鹏（灵州人，以汉官领蒙古降明的族部）等 17 人银、绢、布，以兔儿脑追剿逃叛土军拜白等功。先是，宁夏总兵官都督同知张泰言：“小盐池（今灵武白土岗乡灵武盐场）、石沟（今宁夏灵武石沟驿）及大沙井（今宁夏灵武沙江）、白塔（灵武白土岗乡原白塔水村）二站俱地多沙碱，不便耕牧，欲移小盐池驿于赤马房驿（今宁夏盐池惠安堡），石沟于阿剌麻，并大沙井、白塔二站为一驿，移于红寨子（今宁夏灵武白土岗乡火城子）。”兵部核实，回复张泰按所奏请便实施。原灵武白塔水“丝绸之路”驿站从此废，移红寨子。至是，张泰因岁凶艰食（荒年粮食难得），又近于秋防（每到庄稼收割时，朝廷都要派军保护收割庄稼，免遭马背民族抢劫），请求到来年（1451 年）春再大兴徭役，进行搬迁，兴建红寨子驿站，得兵部允准。（《明实录》卷一九三，《明史》卷二十九，《明通鉴》卷二十五）

明代宗景泰二年（1451 年）

一月，瓦剌 2000 余骑扰掠半个城（今宁夏灵武白土岗乡一点山半个城），都指挥李玉畏缩不敢战。

是年，灵州红寨子驿站建成，完成了白塔水驿的搬迁。免灵州土达官军民景泰元年应缴纳税粮。（《明实录》卷二〇三）

明代宗景泰三年（1452 年）

二月，应左参将都指挥使熊震所请，设置了宁夏长流水沟（今宁夏灵武白土岗长流水）并盐池脑、西沙山墩台三座（此年为今灵武长流水烽火台的始筑年代）。

是年，因宣德三年（1428 年）灵州城仓促筑成，史称灵州新城（今灵武市区），规模较小。于是年又拓展灵州城，扩大筑城和新筑南关在内的周长为七里八分之城，后世一直维持其规模。（《明实录》卷二一三，《嘉庆灵州志迹·城池》）

明代宗景泰四年（1453 年）

九月，兵部应宁夏总兵官都督同知张泰、太监王清奏请朝廷，因宁夏副总兵都督佥事马让有病休息，对宁夏境内部分武职官员进行调整：升东路右参将都指挥使王荣为右军署都督佥事，充副总兵代替马让；以守备灵州都指挥佥事仇廉充为右参将，代替王荣；升宁夏左屯卫指挥佥事赵广为署都指挥佥事，代替仇廉。俱从总兵官都督同知张泰、太监王清奏请。（《明实录》卷二三三）

明英宗天顺四年（1460 年）

（1457 年，明英宗复辟即皇帝位，改元天顺元年。）

一月，对灵州千户所土官（土达），明初时不支粮，自买马骑操，人援田百亩，不纳粮，不另给俸禄，每年只给布 3 疋。后土达渐有战功，历升千户、百户，不再给布。至是年土达“告困”，愿纳田税，为官者给马骑操，各支俸粮。镇守太监、总兵官上言此等皆骁勇堪用之人，乞赐奉矜恤，明英宗听从灵州千户所土达所请。

五月，镇守宁夏都督张义卒，以翁信为总兵官镇守宁夏，巡视灵州千户所防务。

六月，陕西宁夏卫灵州千户所镇抚哈帖木等，贡马及方物，明英宗分别赏赐彩币等物。

十二月，鞑靼扰掠灵州花马池兴武营（今宁夏盐池高沙窝镇）。（《国榷》卷三十三，《明实录》卷三十三、三一六）

明英宗天顺六年（1462 年）

一月，兵部侍郎白圭与右都御史王竑等分兵巡边，适逢鞑靼孛来攻掠固原（宁夏今地），白圭、王竑分别领兵击败（《明史》卷一七二作“上年”，今据

《国榷》卷三三说）。孛来等领万余骑北还至灵州大坝（今宁夏青铜峡市大坝）对面扎营，欲毁黄河大坝，以黄河水灌宁夏（今银川）。当时宁夏精兵外调，总兵张泰募义勇3000人，赴灵州大坝，背水扎营，率义勇军奋勇攻击，杀获鞑靼孛来部数百，孛来余众逃遁贺兰山西（《北虏事迹》作“天顺四年”，今据《国榷》卷三三之说）。

明宪宗成化元年（1465年）

巡抚宁夏副都御史陈价上疏奏道：“宁夏马少，请给盐引40万道，于灵州盐课司易马（换马）。”明宪宗将此事下发户部议办，商议决定，给宁夏灵州30万盐引，用以易马上奏。明宪宗听从户部议决，命下发宁夏实行。

是年，废除宁夏灵州大沙井驿，自此灵州大沙井驿从历史上消失，红寨子亦被废弃。（《明实录》卷二十一）

明宪宗成化二年（1466年）

十二月，整饬边备兵部尚书王复上奏：“宁夏三路皆冲要：中路灵州往南二百八十里原无墩台，东西二路营堡墩台相去甚远，声闻不接。达（鞑）贼深入路皆经此，不即经理何以保障？请迤东东路兴武营移至近里，与花马池（今宁夏盐池）、灵州东西对直各一百里。自花马池东南红山儿（今灵武红山堡）至环县（甘肃今地）等处，西南长流水（今宁夏灵武长流水）至小盐池（今灵武白土岗灵武盐场）等处；西路自河北分水岭至固原半个城（今宁夏同心城亦称半个城）等处，及永安墩至靖虏等处；中路灵州至石沟儿（今灵武石沟驿），一路往韦州（宁夏同心县韦州镇）、葫芦峡（位今宁夏固原等处）；一路接小盐池（今宁夏盐池惠安堡）至萌城（宁夏盐池今地）等处。每二十里添设墩台一座，共五十有八座。周围筑墙、掘沟，务在宽广。可容运粮接递，军民客商投宿避害。量摘附近卫所屯守军余，每墩拨给五人看守瞭望。庶几，营堡相连，烽火相接，而易于应援，盐货流通，粮马渐增。”明宪宗准予实行。此年为今灵武红山墩、石沟驿一带至今保存较完整的烽火台的始筑年。

《明史》卷三七载，其时，已严申烽墩举火法令，即将热兵器的号炮和燃烟火并用，其规定云："及各边墩堠、烽炮务要审实贼众多寡，严立举放之数。仍于总要便于瞭望之所举放：彼有一、二人至百余人，举放一烽一炮；五百余人举放二烽二炮；一千余人举放三烽三炮；五千余人举放四烽四炮；一万余人举放五烽五炮。其瞭报得宜致克敌者，依其功升赏；违者必处以军法。"

是年，灵武烽火台大增，每座由原来的 3 人守候增加至 5 人，报警始有了规范的方法及法令，每墩遵守执行。（《明史》卷三十四、三十七）

明宪宗成化三年（1467 年）

二月，明宪宗诏令宁夏以淮浙两运司盐召商中马（以盐换取马匹）。是时宁夏内外守臣王清等上奏："宁夏三路旧马 13900 余匹，选调亡失之余，只存 600 匹，罢驽半之（600 匹中有一半是劣马）。虽令以灵州盐课中纳（以灵州盐税买马），自沿边被掠，兼以盐池寇盗，所经商旅罕至（很少到灵州盐池来贩盐）。今边御多事，正用马之秋，倘倚池盐缓不及事，乞预为区画，或给银于陕西等处收买……"明宪宗遵从奏言，除以灵州盐税买马外，朝廷每年出银两于宁夏买马。

守备张翊，在新城（治今灵武市区）西门外建立"灵州守备千户所社学"，招收学子入学读书。社学内有孔子庙，祀孔子。（《嘉靖宁夏新志》卷三）

三月，吏部侍郎叶盛奏："……其宁夏官军数余三万，本境虏可入路惟花马池（今盐池）、兴武营（今盐池高沙窝镇）、高桥（位今灵武白土岗北的长流水桥，以桥高纵跨长流水而得名）三处，不过二百余里，宜令总兵等官会选各城骑兵及游击将军祝雄领堪战者共九千人；即令副总兵林盛分领三千于高桥（驿）屯驻，祝雄分领三千于兴武营屯驻，参将岁敬连所部辏领三千于花马池屯驻。又虑各官如前怠忽，宜令京营把总都指挥白玉、康永、吴瓒协济操习剿杀。今次拟调甘州等处官军一万六千，宜令副总兵赵英等领军六千五百人赴安边（今陕西定边安边镇）至（灵州）高桥一带屯驻灵州。"关于高桥，《嘉庆灵州志迹·坛庙坊市桥梁津渡名胜志》第六："高桥春柳:城南有桥以形高故名焉。自萧关北，荒漠无际，至是忽睹林木阴森，柳更条畅，若屏然。相传'塞北江南',盖以此云。"《朔方道志》卷二曰："高桥渡，在（灵州）城东南四十里"，是说在灵武城东南 40 里有形高之桥跨过长流水，桥旁有渡过长流水的渡口，名"高桥渡"。明清时于此设"高桥儿驿"，是"丝绸之路"中"萧关道"自萧关以北过大沙碛（古称"旱海"）至灵州的最后一座驿站。过此驿站和高桥，就进入了宁夏平原中的灵武部分，眼前"人烟漠漠边村落，畎亩鳞鳞傍水塍"：林木阴森，瓜果飘香，好似人在画图中，由此得名"塞北江南"。（《明史》卷一〇一，《明实录》卷三十九）

明宪宗成化五年（1469 年）

九月，巡抚右副都御史张莹上疏说："宁夏等处屯田多碱薄收，及滨黄河者，又被水冲沙壅，田废税存，军士受累。惟灵州黄河东岸花果园、沙井（大沙井，今灵武沙江）等处有隙地六七百顷，肥饶可耕。如得浚渠以通水利，开垦成田，给予无田军士耕种，以补赔纳之数，庶公私两便。"明宪宗听从张莹之言，灵州果园隙地、大沙井荒地进一步得以开发。（《明实录》卷七十一）

明宪宗成化九年（1473 年）

二月，陕西纪功兵部郎中刘洪陈备边事宜："盐绥自清水营（今宁夏灵武宁东镇清水营古城）至永济堡一千五百余里，险易相半，为营堡十有九；自永清堡（今陕西靖边西英雄堡）至灵州所五百余里，俱平原沙漠，只有五营堡……宜及今虏马瘦弱，起自永清直抵灵州，每一里半筑一墩，共为三百有奇。每墩下方十丈，上方六丈，高一丈五尺，上盖土房一间，四角用板遮护，剜为箭眼。墩中空处，仿嵩之法，设为陷阱。筑墙、浚壕以渐修举。及观兴武一营（治今宁夏盐池高沙窝镇），置于灵州、花马池之间偏出东北境外，道路迂绕。今宜于二堡间各增一小堡，摘宁夏中卫守备西安（今宁夏海源西安镇）

官军就近防守，仍令宁夏总兵或副总兵一员专于兴武营居中巡督。其永济堡至清水营仿都御史余子俊法，傍险铲削……”

是年冬，余子俊和王越等役军卒 4 万人，修筑东起清水营（今灵武清水营），西抵花马池，东西 300 里的边墙（全长 1700 里，300 里仅是其中的一部分），每二三里设一敌台。又于边墙（明长城）沿线修筑城堡 11 座、墩台 15 座、小墩台 70 余座，每一里半筑墩台一座（此指灵武清水营至花马池段），是明长城沿线烽墩设置最密集的防守地段。（《明史》卷十九、一一三，《明通鉴》卷三十二）

明宪宗成化十年（1474 年）

闰六月，东自清水营紫河塞（灵州紫河寨，即横城）：西至花马池的边墙修筑完工，以兵近 5 万人、马 2.4 万余匹据守。墙内（长城南）之地分给军卒屯垦，岁可得粮 6 万余石。此段长城，就被称为“河东墙”，又称为“明大边”。其自灵州的黄河东岸横城起，迄东经今宁夏盐池入陕西定边县，全长 387 里。又沿长城外侧挖了 4.4 万个“品”字形的深坑，若敌骑兵来攻，不易靠近长城墙体。

巡抚盐绥都御史余子俊上奏修筑边墙之数：“东自清水营紫城寨（灵武横城），西至宁夏花马池营界碑止，铲削山崖及筑垣、掘堑。定边营（今陕西定边县）平地仍筑小墩，其余二三里之上修筑对角敌台，崖砦连接，巡警险如墩台。及于崖砦空内适中险处，筑墙三堵，横一斜二如箕（像簸箕形），以为瞭空，避箭及有警击贼之所……边墙内地，俱已核亩起课令军民屯种，计田税六万石有余。凡修城堡一十二座。榆林城南一截旧有，北一截创修。安边营（今陕西定边县安边镇）及建安、长乐、把都河（今红柳河）、永济、安边、新兴、石涝池、三山、马跑泉（今灵武宁东镇马跑泉村）八堡俱创置。响水、镇靖二堡俱移置。凡修墙东西长一千七百七十里；守护壕、墙、崖砦八百一十九座；守护壕墙、小墩七十八座；边墩一十五座。”奏疏上，明宪宗令将其奏疏下发兵部衙门知此事。

十月，灵州大沙井驿（今灵武沙江）地震，地震声响如雷。

十一月，灵州大沙井驿地震。先是十月十五日地震有声如雷，自后昼夜屡震，至十一月共发生地震 11 次，城堞房屋墙多被震得倾斜、开裂、倒塌。（《明史》卷十九、一三〇、一三五）

明宪宗成化十五年（1479 年）

明宪宗以副都御史杨一清督理陕西马政。杨一清上疏言道：“今陕西牧马之处只有长乐、灵武二监六苑……可是由于牧养不得法，现在马的数量只能满足三边（陕西、延绥、甘肃）之用；若能增加种马，补充牧马人，加强管理，五年即可达到 3.2 万匹。”此建策至弘治十七年（1504 年）始实行。

十一月，朝廷命修筑宁夏沿黄河长城。因镇守宁夏太监龚荣上奏说：“宁夏东路（即明代灵州至花马池东长城）至黄河，东至平山墩西至黑山营（今灵武水洞沟），中间相去几二百里，虏所出没。说者以为前（西）有黄河可恃。然春夏之时河可恃也，如冬月冻合，实为可忧。今欲沿河修筑边墙，使东西相接。其西路（宁夏明代西长城）永安墩至黄沙嘴（原陶乐西南黄河边）旧墙低薄颓坏，欲改筑高厚，庶可保障地方。”明宪宗将龚荣上奏的事宜下兵部复议后上奏，以为可以施行。于是命征发 1 万人修筑宁夏沿河的边墙，灵州只修了自黄沙嘴（今宁夏原陶乐西南）向东（今宁夏灵武临河镇）之 40 里，因工程浩大，又因冬季寒冷不便施工，不得不停工。（《明史》卷十九，《明经世文编》卷一一四、一九七）

明宪宗成化十八年（1482 年）

鞑靼 3 万余骑围攻灵州，又散掠各地，宁夏镇总兵李祥和指挥仇钺领兵抗击，将鞑靼军击退。

六月，鞑靼又发大军南下，攻入宣大、山西及灵州清水营，拆墙（拆长城豁口进入）南下掳掠。朝廷赴宁夏监督军务的大太监汪直、宁夏总兵官威宁伯王越调兵分别守御。

王越领军东击攻入灵州清水营的鞑靼军，使之东逃出塞。但当他们刚到灵州“河东墙”（明长城）下，王越领大军已赶上，将鞑靼军困于长城下。仓皇北逃的鞑靼军一时又不能翻越过长城（河东墙），王越领军从后追杀，遂被斩杀多人，明军获大胜。《明史》云：“是役也，斩获最多，盖由尚书余子俊铲削边墙，虏入为官军所逐，散漫而无出路故也。然自是无敢复轻犯边者，盐绥军民颇得息肩（卸下负担，得以休息）云。”这是“明大边”（“河东墙”）筑成后发挥作用，使明军因此而获大胜的战例。（《明史》卷十九、二二八，《国榷》卷三十九）

明孝宗弘治二年（1489 年）

三月，裁革陕西行太仆寺少卿一员、寺丞一员、苑马寺少卿一员、寺丞三员，长乐、灵武每监监副二员。先是，巡抚陕西右副都御史萧祯奏请：“减行太仆寺官。兵部复奏洪武中设陕西、甘凉行太仆寺，永乐间，复于平凉设苑马监，所属有长乐、灵武、同川、威远、熙春、顺宁六监，开城等二十四苑，各

置官属，凡茶马并番夷贡马悉送寺苑收牧。平凉地广善水草，马大蕃息，牧常数万匹，足充边用。正统以后，边备渐弛，北虏知平凉饶马，屡入寇掠马以去，马遂日耗。久之遂裁革同川等四监、泰和等十九苑。今所从寺监官言者，每请裁革，是惜小费而忘备边大计，恐马政遂废，不可复矣。请量裁为宜。”故所裁革行太仆寺官员到此为止，灵武等监官员没有得到裁革，依然如故。（《明实录》卷二十四）

明孝宗弘治五年（1492 年）

十月，为防鞑靼等军于冬季黄河结冰后，玉冰面上偷渡。于灵州黄河东岸、宁夏（今银川市）黄河西岸各筑一座墩台，上有暖铺（即可住人瞭敌举烟火的小房子），每墩设人看守、适时报警。

是月初，户部会议各处巡抚都御史所奏事宜：“榆林城西抵宁夏迤东黄河西岸，旧筑边墙，虏固难侵。但黄河既冻，则人马经行无异坦途。乞敕延绥镇巡官于黄河两岸边墙尽处筑墩台各一座，每岁冬拨军哨守。至初冬之时，以草卷沙如土牛之形横列冰上（即用草卷土筑成土坝），而于下流凿冰取水灌之，使结冰成壁以塞河口（渡口），则虏寇无由南侵矣……”以此年为始，即在宁夏（今银川）和灵州石坝渡口处筑冰坝，阻隔鞑靼军于冰面上南下，每年照此行施。（《明史》卷六十八）

明孝宗弘治六年（1493 年）

五月，巡抚陕西监察御史李鸾上奏道：“陕西之地依山带河，内屏诸夏，外控西陲，号为重镇。自撤东胜之后（指明成祖永乐时，将边防由东胜一带南撤至后来的明长城一线），河曲内地弃为虏穴，灵、夏外险反南备河。故成化中毛里孩、乩加思兰扰我边场，转输劳费，民已不能堪。去岁以来，宁夏地方烽火不绝，行旅惶惑，居民失业，而其典兵事者安居自适以为无事……”奏议虽为明孝宗接受，却没有实际措施加以改变此等边防状况。（《明史》七十五）

明孝宗弘治七年（1494 年）

宁夏巡抚王珣奏曰：“宁夏古渠三条，东汉、唐代都畅通。只是河西傍山一渠，长 300 余里，广 20 余丈，两岸危峻，汉唐旧迹俱已堙没。宜发卒重新浚修，引水下流，以渠内之土填筑渠之东堤，沿线修建军营城堡屯兵以防鞑靼。请拨银三万两并灵州上年盐课作为修渠经费。又请于灵武金积山河口开渠灌田，贷给军民种子等。”明孝宗应允。由于河西古渠石坚不可凿，沙深不可浚，财耗力困而未能疏通，后来还是放弃了，河西古渠仍为废弃。（《明史》卷十九）

明孝宗弘治十二年（1499 年）

巡抚宁夏都御史王珣等奏：“宁夏（今银川）地方孤悬河西，密迩虏巢，所赖贺兰山、黄河之险阻。山下隘口，虏所出没，正当设兵按伏。然苦于无水，军马多在僻处就水，贼入不知，比得报追截，贼已出境。故边民常被寇钞（抄），不敢耕牧。臣闻本边旧有古渠三道，东为汉渠，中为唐渠，今见通水利可为守御。惟西一渠，逼在山下，首尾三百余里。渠两岸高峻，中广二十余丈，相传亦汉、唐旧渠。故道虽存，已多淤塞，请发卒相地势循故渠疏凿成河，引水下流；修筑东岸，积土如山，斩削如墙。山口要害各设营堡，即掣各军马于沿河堡内按伏以遏贼冲，保障地方。令军民耕种其中，稍赋之以益边储。请出京帑银三万两，并借支灵州盐司五六年盐课之直以给其费。”兵部复奏：“请以来年二、八月兴役。”明孝宗又听从了王珣之谏，发灵州盐税疏浚河西古

渠。灵州盐税，于明中期以后在宁夏边地建设中，仍发挥着重要作用。（《明史》卷一五七）

明孝宗弘治十三年（1500 年）

九月，宁夏巡抚、都御史王珣奏置灵州，设知州、吏目及儒学学正、训导并阴阳、医学官各一员。其原设灵州仓及盐课、巡检二司并大沙井驿隶本州。于是重新于灵州千户所城内治灵州，直接隶陕西布政司，向南扩大灵州城规模，增筑灵州南关（即包括南门瓮城的南关城，后南关城废，民间称其为“土城子湾”），建州学于灵州城内东南隅，建立了州学制度，科贡选士等同于内地。

都御史王珣根据“石沟城”在军事上的作用，将其由原来周长 300 步拓展为城周 2 里，使之东西长 460 米、南北宽 300 米。保留了原城北墙，且距其北 50 米处新筑一道北城墙，使之形成两道北城墙。新拓的“石沟城”墙体，均为黄土夯筑，今残存部分基宽 7 米，顶宽 3 米，残高 8 米。其时，城内驻军，且于东城处设炼铁及兵器营造厂，驿站设于北城墙北侧的原“灵州大道”石沟驿段道边。（《明史》卷十九，《明会要》卷四十四，《明实录》卷一六六，《嘉靖农机厂新志》卷三，《嘉庆灵州志迹·城池》）

明孝宗弘治十四年（1501 年）

四月，鞑靼火筛、小王子诸部攻掠宁夏，既而绕过灵州攻延绥、固原。

闰七月，小王子部攻掠中路灵州之盐池，都指挥王泰战死。

七月，庄浪有人从鞑靼中逃回说："虏酋孛罗王与其巴王选兵四万，杀马祭天。再请小王子调兵六万，期七月初至灵州，乘麦豆成熟，入境杀掠。仍驻营河岸，候冰冻过河入宁夏（今银川）、甘凉杀掠。"而兴武营又报："虏贼约八百余骑，两次拆墙入内地，其大众在套者（留在河套的大多数鞑靼军）势甚猖獗。"宁夏守臣以此情上奏，请增兵防守灵州、环庆、固原、临巩等处。兵部商议说："河套之虏自三月后从花马池入至韦州、鸣沙杀掠，凡数十次，宁夏兵少不能支，丧亡人畜不可胜计。虽尝斩获贼级，而虏不为惧。近传贼已入固原，而神英之兵七月尚未到韦州。今天雨连绵，河水泛滥，虏尚敢尔，值秋高肥，大举入寇势所必至，传言当不虚窃料虏欲深入，必留兵在套自护人畜，别选兵入临巩剽掠。若不预选精兵屯驻要害，以逸待劳，则胜负未可知。乞敕监督太监苗逵等密探虏势，先令总兵或提督一员赴固原或韦州（今宁夏同心韦州镇，时属灵州辖）节制各路兵马，相机战守。仍令大同、宣府游奇兵及分延绥兵一万，调环庆、宁夏兵五千会于韦州，待虏回至罗山（位今宁夏同心北，韦州位其东麓，时亦属灵州辖）西东截之。须大挫其锋，方肯过河而退，不然则陕西用兵无时已也。"明孝宗倒是同意兵部所奏，可自明中叶以降，明采取消极防守的策略，尤其是宁夏镇河东灵州、花马池等地防不胜防。

八月，火筛诸部分数道由花马池拆边墙南下，攻掠固原、韦州、灵州、萌城，又转攻平凉、庆阳。

九月，兵部又论宁夏用兵形势说："谓宁夏（今银川）孤悬河外，兵将皆驻灵州，常有贼过河夺舡（船），乞增兵渡口守之，请增兵防守灵州。"明孝宗一一听从。（《明实录》卷十九，一七七）

明孝宗弘治十六年（1503 年）

二月，以秦紘兼督宁夏，始筑灵州东花马池至小盐池间的墩堡。

八月废灵州，恢复灵州千户所，复隶宁夏镇。

十二月，鞑靼攻掠宁夏大关口、花马池，围攻灵州，被都指挥崔洪领军击退。（《国榷》卷四十五）

明孝宗弘治十七年（1504 年）

“为时议所阻，革州，并及其学焉。”灵州州学被废后，诸士子分寄于宁夏（今银川）、环州（今甘肃环县）、固原（宁夏今地）各学求学者十分之六，其余的十分之四进入灵州私学。灵州社学为地方民学，是守备张翊所建，在灵州城西门外，社学一同州学，学校内有孔庙，庙内祭祀孔子。

八月，革宁夏新设灵州并知州等官，充实民户、军兵，仍恢复灵州守御千户所，停止了开发金积渠。《嘉靖宁夏新志·灵州守御千户所》载：“金积渠，在州西南金积山口，汉伯渠之上。弘治十三年（1500年），都御史王珣奏浚。长一百二十里，役夫三万余名，费银六万余两，夫死者过半。遍地顽石，大皆十余丈，锤凿不能入，火醋不能裂，竟废止。今存虚名耳。”

十二月，宁夏守臣上奏说：“近虏（鞑靼）数万围灵州，都指挥焦洪等力战却之（使鞑靼军退去），然犹虑其深入，请调京营军马六万分驻各境，俟警会剿。”（《嘉靖宁夏新志·兴复庙学记》《明实录》卷二一五、二一九）

明孝宗弘治十八年（1505 年）

一月，鞑靼小王子部 3 万余骑于花马池拆边墙入境，围攻灵州，又分遣骑兵自花马池攻掠韦州、环县，又攻入灵州清水营。

二月，小王子部久攻灵州不下，撤围而去，转攻宁夏（今银川）。

三月，小王子部再攻兴武营。

六月，宁夏地震，波及灵州。

十月十二月，小王子部自花马池、灵州清水营二处拆边墙攻入，由下马房（今宁夏同心下马关）直至固原、隆德（宁夏今地）、静宁（甘肃今地），杀掠20日，才于贺兰山后退去。（《明史》卷十九，《明退鉴》卷四十）

明武宗正德元年（1506年）

一月，明廷以杨一清总制延绥、宁夏、甘肃、陕西边务。

九月，杨一清上言："花马池至灵州，地宽延，城堡稀疏，鞑靼毁墙（拆长城，即河东墙）而入，则固原、平凉受其害。成化初，宁夏巡抚徐廷璋虽修筑有延亘二百余里的边墙（指灵州境内河东墙），但由于以后边备荒疏，墙堑日夷，故弘治以来，鞑靼连年侵扰。请发宁夏、西安等府卫九万人，维修先前徐廷璋等所修的河东边墙，将边墙由原高、厚各一丈增筑为各二丈，墙上修建暖铺（长城墙台顶部可住人、贮藏武器的小房子）九百间，以四千五百人守之；墙外浚理旧堑，深阔亦二丈，计划四个月完工"（《嘉靖固原州志》作"弘治十八年，杨一清奏筑定边营至横城（灵州横城）墙三百里，发八府各卫丁夫九万人，筑完横城堡墙三十里，丁夫溃散"，今依《北虏事迹·杨一清传》《明史·杨一清传》之说。又奏修复横城以北废弃已久之墩台36座。明武宗准奏，拨数十万以为经费。

十月，杨一清以宁夏以往贡红花、役卒千人，请停止，明武宗却不允准。

是年，改灵州花马池守御千户所为宁夏后卫，于灵州兴武营置兴武守御千户所。以曹雄为固原总兵官。（《明史》卷十九、《明经世文编》卷一一六）

明武宗正德二年（1507年）

经杨一清推荐，是年二月，擢升仇钺为游击将军，驻屯灵州清水营。

四月，杨一清兴工修复起自灵州横城，东至花马池的河东墙（明长城）。时由西向东而筑，只修完30里，便因天气渐热，人众饮水、伙食均很困难，再加上风餐露宿，疾病流行，死者时有发生，役夫哗变。哗变之众折竿悬旗，鼓噪散归。管工者令骑兵包围并射杀哗变者。杨一清知民情如此，人心难犯，下令暂且停工，宣谕众人，许之筑完花马池城即散。花马池城五日筑完，民夫溃散，杨一清也因不倚附朝中权贵宦官刘瑾，被刘瑾陷害而引疾离职而去。并令其将原先所拨筑墙经费全部交还朝廷。（《明史》卷十九、《明经世文编》卷一〇四）

明武宗正德三年（1508 年）

三月，杨一清遭陷被下锦衣卫狱，后经李东阳力救得以出狱。

四月，明廷又起用杨一清为总制陕西都御史，杨一清念念不忘前于筑灵州边墙事，又上奏道："……今自花马池一带边备疏略，地里平漫，虏每从此拆墙深入抢掠，自灵州直抵固原、平凉不得耕牧，生理萧条……若边墙完固，则边人安业而畜牧无惊，内地罢输（省去了内地长途向边地运粮之苦）而陪纳（由此相伴的付出）可免。每班军民不过百日之劳，而内外可享百年之利矣。"上疏入朝，明武宗将其上疏下发有关部司办理。

十二月，陕西巡察御史翟唐奏报："陕西苑马寺长乐、灵州二监六苑，共有马一万三千八百余匹。"明武宗允准将灵州盐课移作当地军饷，且加强灵州马苑的马政管理，以繁战马。（《国榷》卷四十七，《明史纪事本末》卷四十三，《明实录》卷二十五）

明武宗正德五年（1510 年）

四月，宁夏镇庆王朱栴曾孙、安化王朱寘鐇以讨伐刘瑾为名，发生兵变。副总兵杨英不从，被由王宏堡（宁夏永宁今地）送往灵州。陕西总兵官曹雄得悉，急领军驰赴平息宁夏军乱，令都指挥黄正领 3000 军入灵州，使杨英督灵州军防守黄河一线，使史墉夺回黄河西岸渡船，焚烧大、小坝（今宁夏青铜峡大坝、小坝）积草，朱寘鐇除留周昂统军守宁夏城（今银川）外，令其他将领均领军出城抵抗。时游击仇钺有病在家，佯降为朱寘鐇起事谋划，取得了他们的信任。仇钺乘起事者悉出城抵御，而周昂至仇钺家探病之机杀了周昂，暗中领军赴朱寘鐇府宅，将朱寘鐇擒获，又伪传朱寘鐇命千户何锦等回城将其俘获。朱寘鐇被俘的消息一经传开，起事者溃散，朱署左右副将军何锦、丁广等骑马逃至贺兰山，为巡逻军所获。朱寘鐇起事仅 18 天即失败。

当朱寘鐇起事时，明武宗命杨一清重新总制三边军务，与总兵官神英、中官（宦官）张永前往征讨。当他们领军至灵州时，朱寘鐇已起兵失败而被俘。杨一清于灵州暂停不进，与张永谋划在上奏平宁夏兵乱时，乘机上奏刘瑾谋反，以除刘瑾。

八月，张永采用杨一清之策，乘上奏宁夏事平之机，告刘瑾谋反，刘瑾被捕下狱，又从其府中搜出刘瑾所制皇帝袍服等物。不久刘瑾被凌迟处死，实由杨一清灵州定策所致。（《明史》卷十九，《明史纪事本末》卷四十四）

明武宗正德七年（1512 年）

鞑靼大举寇扰固靖（今宁夏固原、甘肃靖远），游击将军史镛领军迎战于长流水（今灵武白土岗乡长流水），斩首 28 级，鞑靼溃败，此次战役明称“长流水之捷”。（《嘉靖宁夏新志》卷二）

明武宗正德十二年（1517 年）

宁夏右参将都指挥同知王荣奏：“臣守（灵州）花马池、兴武（营）、清水等营，二面受敌，并无屏障。寇来侵犯，惟马力是赖，而原领官军骑少步多。乞将客商中盐马匹（以盐税买得的马匹）于各营领去骑操，每营增骑兵三百，庶缓急得用。”明武宗应王荣所请，下诏于宁夏、灵州实行。（《明实录》卷一五九）

明武宗正德十三年（1518 年）

以右都御史巡抚宁夏的王时中，上奏朝廷“建立灵州守御千户所学”，获准。（《嘉靖宁夏新志·光复庙学记》）

明武宗正德十五年（1520 年）

灵州守御千户所新学建成，共有校舍 120 间，新招收及寄宿于宁夏、环州、固原而回归的诸士子共 190 余人，“（灵州）风俗一变而为礼乐之邦”。（《嘉靖宁夏新志·光复庙学记》）

明武宗正德十六年（1521 年）

正德年初，御史杨一清奏议修花马池至灵州边墙，刚议妥，就因杨一清下狱而废止，边民们大失所望。

是年九月，尚书彭泽又上言选择农闲时，不仅修花马池至灵州长城，还论及其他地方长城的修复，宜采取“深沟高垒”。他说：“边墙当备者不止（杨）一清所奏为然，即诸边镇若辽、宣、大、固靖、甘肃地方，宜悉下守臣亲为经略，度远迩，视高下，迨农隙时责才能吏程工饰材，务浚筑之使墙垣高厚，沟堑深广，墩台巩固，足为经久之计。”此即是灵州至花马池长城，实行“深沟高垒”筑法的开始，并延至以后。（《明史》卷九）

明世宗嘉靖七年（1528 年）

二月，工科给事中陆粲上言说：“陕西河套（灵州等宁夏镇时属陕甘辖）本吾内境，国初（明太祖朱元璋时）设东胜卫以控扼之，自后弃为虏巢（指明成祖朱棣弃东胜卫，将边守南移，鞑靼、瓦剌部逐渐南下移居河套北部）。其宁夏花马池至灵州一带地方最为虏冲。地势平衍，无险可恃；边墙低薄，壕堑浅狭。虏每拥众深入，往往由此。正德初年，今大学士杨一清总制陕西，欲将延绥定边营迤东石涝池至宁夏（灵州）横城三百里内边墙筑高厚，事已就绪，会本官去任，仅筑四十里而止。迄今议者多言边塞风沙，版筑之功难成易坏。然前项所筑边墙四十里者，计今且二十余年，屹立如故，则斯言之谬妄可知。夫兴事立功要以实心为主，能极坚固自堪耐久。须如当年原议筑墙浚壕，高、广、深皆踰二丈。有敌台以便守御，有暖铺以便巡警，有小堡以相协助，有墩台以便瞭望。今日守边固圉之计莫先于此……灵州大小盐池近以虏警频仍坐失岁课……”他请求朝廷派员到实地勘察，适时修筑杨一清未完成的边防设施。嘉靖帝命兵部备查杨一清的初议方案，“亟往经略兴工”。

三月，大学士杨一清上言：“近者言官建议修筑宁夏花马池至灵州一带边墙……期以五年大工必就。墙堑高深广阔，丈尺如臣所画……待大边既成，则以其余力于延绥、定边营迤东至宁塞营，宁夏（灵州）横城迤北至黑山（大）营（今宁夏石嘴山南5里）塌陷边墙（宁夏北长城）一切修补。”嘉靖帝深纳其言，即命兵部右侍郎王廷相兼都察院右佥都御史，提督延宁边防，修筑墙堑。（《明史》卷八十六）

明世宗嘉靖八年（1529年）

鞑靼万余人驻屯于花马池（今宁夏盐池）杨柳堡，三边总制王琼调兵万人分守旧安边营（今陕西靖边县安边镇）和花马池；又调宁夏、固原处兵3万余人于安边堡、兴武营、灵州驻防。

九月，鞑靼2000余人于清水营拆墙南下，攻掠灵州，为灵州守军击退。

十月，王琼命东自定边（陕西今地），西至灵州横城的守军3万余人，同时出动，越过边墙，焚烧边外沙漠旱原野草，以绝北方游牧民族骑兵南下马食。事成后耀兵而还。（《国榷》卷五十三，《明通鉴》卷五十二）

明世宗嘉靖九年（1530 年）

镇远关（位今宁夏石嘴山市石嘴山区）西有山，东为河，是平虏城（今宁夏平罗县城）、黑山营（今宁夏石嘴山南 5 里大营）以北之要地。弘治年之前，派守军轮番戍守。正德初，因各处征调，兵员不足，遂废弃。是年五月，又于其南修筑自贺兰山枣儿沟至黄河岸的“北门关墙”（即今宁夏平罗县东至黄河边的边墙，史称“北边墙”），长约 40 里（其中的一段利用今沙湖为“水长城”），为宁夏“北长城”。于是弃北长城外之镇远关、黑山营不守。

九月，以周尚文为宁夏总兵官。是年，杨一清死。因王琼（生祭）和杨一清，均守御有方，守土平安，百姓安居乐业。百姓们感其德，故建“二贤祠”以祭祀。

十月，总制陕西三边尚书王琼奏：“灵州大小二池盐近改庆阳兵备副史兼管，相离六百余里，顾理不周。每年十月封池至次年三月始开。今挑挖沟堑，盐利大通。宜令延绥西路管粮佥事兼管大盐池，宁夏管粮佥事兼管小盐池，十月以后不必封池，俱招商报中上纳粮草以足边储为便。”朝廷允准。是年于灵州大池（盐池）增课税 1.36 万余引（盐引），小池增课 2.24 万余引。每引纳银二钱五分，共增收盐税 1.96 万两，解平凉府贮用。（《国榷》卷五十四，《明经世文》卷一〇五）

明世宗嘉靖十年（1531 年）

陕西三边总督王琼重修“河东墙”（明东长城），河东墙由于战争破坏，颓圮不堪。正德初，杨一清予以重修，但只完成 40 里。王琼于是年重新自灵州横城至花马池，“颓垣垫洫，于崇于浚”，历经 4 年，于嘉靖十四年（1535 年）修筑完毕。其东段（自灵州清水营向东）废弃原长城，往南移筑新墙，时称为“深沟高垒”；又在“饥民采莲子为食”的艰难时，役屯丁万余人，修筑自赤木口至大坝堡，长达 80 余里的西门关墙。“深沟高垒”之明长城，自灵州黄河东岸的横城至花马池（今宁夏盐池），长 360 里，其中自灵州清水营往西至横城，加固原有的“河东墙”，自清水营往东南移 5 里至 10 里另筑新墙，并在长城的外侧挖成壕堑，以有效地防御蒙古骑兵攻城。其时在长城内侧形成了一条“宁（今银川）盐（今盐池）大道”，和陕北有军守卫的“平安大道”相接。这条有守御军士保护的“宁盐大道”后发展为“黄金商道”。边墙的走向，有意将“草茂之地筑于其内，使虏绝牧；沙碛之地筑于其外，使虏不庐。”这次的新筑长城称为“头道边”，原河东墙被称为“二道边”，自灵州清水营（长城上的乙城）始分两道边（即两道边墙），“头道边”迤东南方向而去，“二道边”向东北方向蜿蜒。

但自此年，即“明嘉靖筑河东新墙后，尽减其马以省草料之费，息喂养之劳。惟置军夫沿沟垒守之，谓之‘摆边’。给事中管律对“摆边”之策大为非之，他上疏论‘摆边’之略曰：‘亘三百六十余里，皆虏入寇之路。步计一军，该十二万，犹虞稀阔，矧见未及十之三乎？法曰：以逸待劳者，胜。‘摆边’昼夜戒严，恐非逸道也。倘虏众分道而来，则十万之众岂能一呼成阵？首尾势不相援。为今之计，宜息肩养锐，联络于诸寨，待其来也，相机御之。如不果御，随向往而追逐之。况兵贵其奇正，患无应援；将贵主一，患在势分。摆边之举有五弊焉：无奇正，无应援，主将不一，士卒分散，骑少难集。以五弊之谋，御方张之虏，不资敌之利乎？’”这标志着灵州军骑始衰，是明中期以后国力衰减所致。随着明朝的灭亡，灵州的轻骑兵力量也在边防历史上降至最低点。（《明史》卷十九，《国榷》卷五十五，《嘉靖宁夏新志·边防》卷一，《嘉庆灵州志迹·兵额汛驿志》第十二）

明世宗嘉靖十五年（1536 年）

一月，明廷以刘大和总制三边军务。

二月，诏改灵州下马房（今宁夏同心下马关）批验所（盐税查验所）仍设于固原州。当初，灵州小盐池引盐（盐商持引贩盐，每“引”准贩盐由原来的200 斤，到嘉靖时准贩 150 斤）由固原直达平凉、巩昌等，于静宁州（今甘肃静宁）验掣。到固原设镇，将静宁批验所改设在固原。属兵备道管辖，以祈有利于增加军费。嘉靖十年（1531年），王琼以盐池距离固原镇远，转运费劳，又改设于下马房。实行了数年，盐税有所损失，且私盐渐盛。于是总制唐龙再次请求改由固原设批验所，得到嘉靖帝允准。

八月，经刘天和设计，令守军造双轮车，上置枪炮斧钺，二车相连，三四十人可隐蔽其中。他又制随车小帐，作为行军途中住宿的“小帐篷”，使士卒不致露宿于野外。为了断绝吉囊由花马池南入固原等地之路，于铁柱泉（在今宁夏盐池冯记沟境）筑铁柱泉城，加强灵州清水营和盐池间的军事防守。刘天和设计制造的“双轮车”，在灵州固边和保护运盐商路方面，取得了“双丰”效果。（《国榷》卷五十六，《明通鉴》卷五十六，《明实录》卷一八四）

明世宗嘉靖十六年（1537年）

九月，“深沟高垒”的东长城灵州清水营至兴武营一段，土沙相半，人们担心不堪保障。刘天和发役卒沿其边墙内外，各挑挖深堑一道以加强防守，堑长53里，深1丈5尺，阔1丈8尺。费银2.4万两。是年，许纶上《九边图论》，论宁夏属边防九镇之一的形势。又云：“自虏入套以来而河东三百里之间更为敌冲。故窥平固（平凉、固原）则犯花马池，掠环庆（治甘肃庆阳）则由花马池之东，入灵州等处则清水营一带是其径矣……臣尝筹之，若移总督于花马池大建城堡，添设参游，分屯重兵于清水、兴武等营，令三百里之间旗帜相望，刁斗相闻。其铁柱泉等处尽建墩堡，此亦扼吭（咽喉要道）先制之计，居中乘便之法也。”总督刘天河则提出与许纶不完全相同的策论，其中有“及灵州参将移驻清水营，固原守备移驻平虏所（今宁夏同心），庶防御严而地方可保”。兵部复奏，两人之策都可施行，嘉靖帝下旨从其议。（《明史》卷二二二，《国榷》卷五十六，《明通鉴》卷五十七）

明世宗嘉靖十九年（1540 年）

八月，修成《嘉靖宁夏新志》，志书中载：灵州“汉伯渠，自黄河开口，长九十五里。洪武初浚立，灌田七百三十余顷。秦家渠，古渠名也。自黄河开闸口，长七十五里，灌田九百余顷，而里、仁、李、罗、大、中，皆其支渠。金积渠，在州西南金积山口，汉伯渠之上。弘治十三年（1500 年），都御史王珣奏浚。长一百二十里，役夫三万余名，费银六万余两。遍地顽石，大皆十余丈，锤凿不能入，火醋不能裂，竟废之，今存此虚名耳”。（《嘉靖宁夏新志·水利》）

明世宗嘉靖二十三年（1544 年）

朝廷发灵州盐池及各地盐课税余银于陕西：以 3 万两修边，以 5 万两召买粮米备客兵支用，以 7350 两给新兵月粮。灵州至花马池长城、壕堑作为重点修复工程实施。（《明史》卷二九三）

明世宗嘉靖二十九年（1550 年）

一月，以黄甫川、木瓜国、孤山三堡隶属灵州清水营，而清水营守备属东路参将管辖。（《明史》卷三五六）

明世宗嘉靖三十年（1551 年）

于平虏城（今宁夏平罗）置千户所，隶属宁夏卫，乂移灵州参将驻横城。（《明史》卷六十）

明世宗嘉靖三十三年（1554 年）

三月，宁夏地震，灵州有感。

五月，鞑靼俺答部攻水洞沟（今宁夏灵武临河镇水洞沟，原称“黑山”，明成化是年，改称原清水河为“边沟”，意即“边墙下的水沟”，于此处修水洞，于水洞上筑长城，始称“水洞沟”）。宁夏参将王宝领军于水洞沟，击退来攻之鞑靼部。

六月，陕西总督徐三畏议筑红山市口镇北台城，朝廷允准。原红山处大边有暗门（长城基部所设供人进出长城内外的砖砌拱券小门，称“暗门”），暗门内有旧瓮城，其年将其瓮城改筑成台城，即在高台上筑城，查验进出长城内外人等。

十一月，兵部批复：“陕西巡抚王基洪言汰冗丁、筑边垣、移边堡三事……其筑边垣，大率言：（灵州）横城边墙先年与黄河相近，达虏蹈冰南下，情形易知，堵截亦易。今（黄）河西徙，远营数里，倘狡虏渝盟，牧马城窟，片时可至灵州。议自该堡平胡墩西北，顺叠水湃一道以堵枝流；边外叠逆水湃一道以塞倒流。于退地处所，又筑边墙一道，建四墩铺。挨河筑敌台一座，容五十人，营房十间。其夫役均之两河（即河西之宁夏镇、河东之灵州），而物料独办河东（即由河东灵州一力承办）。既障黄河令不横流，又探虏形无使深入，诚扼险之奇，非直权宜之计也……”于此年始筑宁夏镇、灵州沿河两岸短边墙，即短长城，今遗迹犹在。（《国榷》卷六十一，《明史》卷四三五、四四〇）

明世宗嘉靖三十六年（1557 年）

一月，兵部复（答复）陕西巡抚余懋衡条议六事：“一、修险隘。延绥三路城堡俱用砖石包修，河口（渡口）大小不一之处，用叠石架墙法：河口两边用石堵口，上架松木作墙角以便瓮石，高至四尺而后架土。其河口大者，酌量水势多开数口，量高数尺以防冲突。虏即大举拆墙，亦费工夫，应兵渐可集矣。此诚治河御虏之急务……”灵州石坝、横城处由于河口直宽处，于河西磊石使河水改道，再用上法于横城砌护包砖，使之坚固。

六月，陕西三边总督徐三畏题：“延镇红山市（今灵武红山堡）口（马市西端出入马市的查验处）去镇城至（广本“止”作“六”）十里（即至灵州城的距离），奉旨于原城之内创筑高台，以便瞭望，以备防御。及时成功，工程坚固。在事（负责其工程的）文武各官陈性学、陈孝等宜行叙录（其时某工程由某人负责，都要记录在册，以便工程出现问题追究责任）。”（《明史》卷四四一、四五〇）

明世宗嘉靖三十八年（1559 年）

《明史》卷四七八载：是年八月，灵州至花马池加强长城防守，以保护秋收，被称为“秋防严密”。将镇靖堡新平坡墩起至定南暗门 12 墩止，属之驻扎靖边营管粮佥事；定南暗门 12 墩起至兴字 13 墩止，属之驻扎花马池布政司官；兴字 13 墩至灵州横城码头河口（渡口）止，属之驻扎灵州清水营按察司防秋官。但宁夏河西地区由于副总兵吴征调遣去应援凉州等地防秋，河西备御极为单薄，而鞑靼俺答部久据贺兰山北部一带游牧，宁夏镇须要“防冬”。因宁夏巡抚都御史霍冀等上言说：“自灵州横城码头起的宁夏北长城、西长城共四百八十九里，请如延绥修边事例（于宁夏修边），先期量发帑银三四万两支用。”但兵部却回复说：“内帑匮乏，前项银两无从给发，听于镇贮库银取给。”嘉靖皇帝下诏说：“从部议。”

十一月，户部尚书等条上七事中的第一条，就言道：“各边赏功。修边银两惟于本处库贮及兵部马价银内议发，不得辄请帑银及动支军饷。”嘉靖皇帝又下旨：“允行。”（《明史》卷四七八）

明世宗嘉靖四十一年（1562 年）

二月，鞑靼吉能攻宁夏（今银川），镇固原的总兵官许经领军出击，吉能不敌，领军北撤，宁夏副总兵王勋闻吉能军来，竟然放弃灵州清水营。

三月，陕西、宁夏地震，边墙被震圮，朝廷拨银 2 万两以修补或重筑。

十一月，鞑靼吉囊部攻宁夏（今银川），副总兵王勋战死。（《明史》卷十九、五〇七，《国榷》卷六十三）

明世宗嘉靖四十三年（1564 年）

一月，以右佥都御史王崇古为宁夏巡抚，他“具知诸边扼塞”，先于灵州至花马池长城一线严守，又主动出击，数次派军攻鞑靼吉囊。（《明史》卷十九，《国榷》卷六十四）

明世宗嘉靖四十四年（1565 年）

一月，王崇古领宁夏军由灵州清水营击鞑靼俺答部，俘杀 70 余人。

四月，宁夏巡抚王崇古条上边务六事第一条中就说：“今岁拟将正兵一营及备御班军东路灵州二参将各营兵马仍赴河东（宁夏黄河以东）分墙伏守，其旧游兵一支并中西二路（宁夏镇北部及西部），往来调发守墙军丁俱留河西（宁夏黄河以西）画地自守。其入卫回镇奇兵一支在城休息以备各路策应。”得以兵部允准。（《明史》卷五四五，《国榷》卷六十四）

明穆宗隆庆元年（1567 年）

五月，王崇古募兵 3000 人驻固原下马关（今宁夏同心下马关，已由灵州辖划归固原辖）。

十月，以宁夏巡抚王崇古为三边总督，另以朱笈为宁夏巡抚。宁夏总兵官雷龙、灵州参将何其昌等领军北上出塞，于河套攻击鞑靼，得胜而还。（《明史》卷十九，《国榷》卷六十五）

明穆宗隆庆二年（1568 年）

三月，总督陕西侍郎王崇古以为，宁夏东路自灵州黄河东岸至花马池后卫300 余里，且花马池、定边两营，军费浩大，都仰仗灵州大小两池盐利。但本道分管延庆两府难以遥制，以故盐利岁减。他提议专设定边兵备盐法副使一人，专管灵州大小池盐法及修饬边事。王崇古以此策上奏，得隆庆皇帝允准，予以施行。（《明史》卷十八）

明穆宗隆庆三年（1569 年）

九月，宁夏灵州至花马池的河东墙以及宁夏北长城、西长城均整修完工，朝廷为此分别赏赐总都御史王崇古、总兵官雷龙、兵部佥事方岳、副总兵刘济不同数额的银两。（《明史》卷三十七）

明穆宗隆庆四年（1570 年）

是年 1 月，明廷以王之浩代王崇古为三边总督，以牛秉忠为宁夏总兵官，再议灵州河东墙防守。

五月，为加强河东墙的防守，再次修筑延绥、定边（陕西今地）、宁夏、灵州横城（河东墙）等处边墙。（《国榷》卷六十六）

明穆宗隆庆五年（1571 年）

是年二月，总督尚书王崇古等因鞑靼首领俺答多次请求开边互市，于是上奏条为八议，请求于陕西（时辖宁夏、灵州）开马市。其奏条在朝中引起激烈的争论，首相、辅相高拱、张居正等坚决支持王崇古于灵州开马市的主张。隆庆皇帝最终支持了王崇古等人的奏议，诏于灵州红山墩—清水营设马市（茶马互市）。

是年，汪文辉为宁夏佥事，距郭守敬于宁夏兴修水利已过 300 多年了，渠道中所设木闸多已损坏。汪文辉在视察宁夏（今银川）、灵州（治今灵武市治所）一带水利时，改进郭守敬原木闸设计，推广了以石制坝闸代替木闸的方法。其用石头砌水口（渠道中的水流口岸），就地取材以当地的胶泥作为石头砌缝的黏合剂，用石头砌坝，使闸坝更为坚固耐用。汪文辉是继郭守敬之后的另一位古代水利建设工程师，为宁夏、灵州等地的农田水利建设做出了贡献。汪文辉设计的水利设施，当时在全国处于领先水平，后来人们把其改进的闸坝建筑法，又推广到全国各地甚至桥梁建筑中去。

三月，明穆宗封俺答为顺义王，将其所居之地名归化城（今内蒙古呼和浩特），并允准其于灵州等地“开边互市”之请。

六月，明穆宗以谢朝恩为宁夏总兵官，授鞑靼吉囊为都督同知，授其部于灵州等马市入市交易的有关凭证等。

八月，许鞑靼互市于红山墩（今宁夏灵武临河镇红山堡）至灵州清水营（今宁夏灵武宁东镇清水营村），人“无不踊跃趋之”。因互市主要以茶、马交易，故史称“马市”或“茶马互市”。红山墩—清水营马市沿清水河（今灵武边沟）绵延 30 里，规模空前，可以说是明代在宁夏地区于灵州首设的“经济特区”。

九月，革陕西行太仆寺、苑马寺寺丞，各增设少卿一员，与本寺卿俱兼按察司佥事职衔，分理中、东、西三路，以藩、臬有才望者充任。长乐、灵武监正以举人选补，录事、圉长亦授于北方谙于养马者，令其专心冏政，只听巡茶御史的管束、遣用，其他抚按衙门不得干预灵州等马监的养马事宜。（《明史》卷十九、三二七，《明通鉴》卷六十五，《明实录》卷六十一）

明穆宗隆庆六年（1572 年）

二月，兵部回复宁夏巡抚张蕙等所请：延绥、宁夏缺马甚多，宜于灵州红山墩—清水营互市之时，收买虏马。发太仆寺银 25000 两、延绥 15000 两、宁夏 10000 两以充买马银，于红山墩—清水营马市买鞑靼等入市交易之马。

十一月，以延、宁二镇（红山墩—清水营马市）等互市告竣，因升总督戴才为兵部尚书，仍加赐金帛，新旧抚臣及文武将吏予以不同赏赉有差。（《明实录》卷六十六、六十七）

明神宗万历元年（1573 年）

二月，裁撤陕西苑马寺长乐、灵武二监录事。宁夏田税原 1 斗纳 2 升后又增加地亩草束，税赋日益加重。宁夏巡抚朱笈以"河势迁徙，良田冲没，河崩沙壅，宿水荒芜，田不得耕"，请豁免租税。

八月，允许免除宁夏镇及灵州等地历年所欠租税 1.2 万余石。（《国榷》卷六十八）

明神宗万历二年（1574 年）

俺答之子宾兔因居于庄浪一带，以红山墩—清水营互市距其部偏远，请改于中卫（宁夏今地）互市。

是年，允许鞑靼于宁夏中卫互市贸易，与在宁夏及灵州红山墩—清水营马市、后万历六年（1578 年）所设赤木口（今贺兰山赤木口）马市，并行为明时今宁夏的三马市。

六月，升宁远堡守备范子忠、清水营守备陈保量、靖远营守备张懋勋并充游击，领固原、延绥军入卫。其中陈保量是因在镇守灵州清水营期间，确保红山墩—清水营互市安全方面有功而得以升迁的。（《国榷》卷六十九，

《明实录》卷五十一）

明神宗万历五年（1577 年）

巡抚罗凤翔（有的史书作“罗凤翱”），以砖石裹灵州城。砖石所裹之城墙，高 3 丈 1 尺，址厚 2 丈 5 尺，顶厚 1 丈 5 尺。城门四道：东城门曰“澄清”，西城门曰“孕秀”，南城门曰“洪化”，北城门曰“定朔”，分别有勒石门额，嵌于城门洞上方正中间。四门的城墙顶部各有一座城楼，四座城楼皆为两层飞檐木结构阁楼式。城墙上的四角各有一座角楼，为 1 层八角飞檐式木制小楼。四座城楼旁各筑一座炮台，上置铜炮。四座城门外，均有瓮城，南瓮城门向东开，北瓮城门向东开，东瓮城门向北开，西瓮城门向南开。瓮城外环城周有护城河，护城河深 1 丈、宽 3 丈，四门于护城河上各设一吊桥，战时将吊桥拉起竖立，各门关闭，上城守卫。（《嘉庆灵州志迹·城池堡寨志第四》）

明神宗万历六年（1578 年）

灵州所属盐池和西河（甘肃今地）、漳县(甘肃今地）产盐由弘治年间的每年 350 万斤增至是年产 1357 万斤，其中灵州所属盐池所产盐数量占三产地总量的五分之四。（《甘肃盐池志略》卷一）

明神宗万历十年（1582 年）

一月，陕西巡按赫瀛奏，将长乐、灵武二监(牧马监）监正，开城、广宁、黑水、安定、清平、万安、武安七苑圉长俱裁革，而改七苑为七监，每监设监正一人，俸秩与县官等（同），礼部铸给七监印信以便行事，得朝廷允准。明代，于朝廷养马基地设苑马寺监苑，灵武、长乐属陕西苑马寺。长乐监设在今宁夏固原，领开城、安定、弼龙、广宁四苑。灵武监置今灵武西南后迁至今灵武治所地，领清平、万安、定边、庆阳四苑。每监设正九品监正一人，监副两人；每监领四苑，各苑设圉长一人，率领群长牧马；每群长领 50 名牧夫，每个牧夫牧马 10 匹。总起来看长乐、灵武二监，每监养马 8000 匹。灵州东部的鄂尔多斯台地，均辟为牧场。监所所养的马，统称为营马。照旧制每年春末夏初，除了应留存听用的马匹外，其他马匹则由兵部推举坐营官一人，指挥营马下场放牧，在放牧月份停支草料费，到八月终回营。放牧期间的营马，每三个月要进行作战演习 1 次。灵武等监所，在平时的牧养中，若遇到价值高的高贵马，不行出牧，另加以精心养护至 3 岁，上征为官用。凡军、民屯田的地方，不许放牧，其荒间平地及山场腹里之区，听任放牧采樵，而且严令边境的藩府将草场占为已有。

同月，顺义王俺答死，其子黄台吉袭封；顺义夫人三娘子亦袭封。三娘子“主兵柄，为中国守边保塞，众畏服之，乃敕封‘忠顺夫人’,自宣大至甘肃不用兵者二十年。”三娘子力主灵州红山墩—清水营等马市，双方按制开市边贸。

明初故元杨倘兀马火丹部降明，明置其部于灵州瓦梁（今灵武白土岗乡西南部），称为土达，其壮丁充任当地营卒。

四月，灵州参将许汝继苛虐营卒，马景、杨文遇等聚众杀许汝继，领众走半个城（今宁夏灵武白土岗乡东南一点山半个城）诸堡。巡抚晋应领兵征讨，起事者被杀 20 余人，被捕者 30 余人。

五月，改灵州大小盐池巡检为大使。

十二月，朝议将灵州驻扎行太仆寺中路少卿郭汝经理灵州红山墩—清水营互市，兵粮道副使刘尧卿经理平虏（赤木口）、中卫互市，各请给敕一道。兵部如上批复。宁夏三马市每年买马约 4000 匹，用银约 3 万两。（《明实录》卷一三一，《明史》卷十九、三一七，《万历武功录》卷一，《中国养马史·明朝的养马业》）

明神宗万历十一年（1583 年）

六月，录万历十年延、宁、甘肃三镇贡市（即灵州红山墩—清水营等互市，亦即马市扩大规模，不限于茶马交易，已向日用商市转化）竣功，朝廷对督抚石茂华等予以不同赏赐。

八月，“免河东灵州花马大池万历八年拖欠消折盐七十六万五千九十八石有奇，小池一百四十九万九百石有奇”。（《明实录》卷一三八、一四〇，《万历四川总志》卷二十一）

明神宗万历十三年（1585年）

七月，明廷以张惟忠代刘承嗣为宁夏总兵官，继前于灵州等三马市买马。

九月，户科给事肖彦说：“宁夏古称‘塞北江南’，又早有水田，藉汉、唐二渠灌溉，耕种省力，然而却有大量荒地无人耕种，驱民领田耕屯，犹如赴汤蹈火。”

是年，又以宁夏灵州、中卫、平虏城（今宁夏平罗，明时辖赤木口）三地均建成了与鞑靼互市交易的民族贸易之处，即除“马、茶”外，继续扩大各种日用品入市交易的范围。宁夏巡抚梁向孟修理、加固（灵州）横城堡等地边墙。又因黄河为患，再筑堤于黄河西岔河，以阻西岔河水，使之东流。（《国榷》卷七十三）

明神宗万历十四年（1586年）

兵部题：“宁夏巡抚梁问梦条陈应复者四事。一、议处协防要地。谓宁夏一镇，河西有玉泉营、石空寺，河东有（灵州）横城，一带三堡逼近虏巢，俗称冲要而兵微将寡，地广边长，诚难防御。今后每遇秋防，各令本镇协守副总兵移住镇北堡，游兵、游击移住永兴堡，灵州参将移住红水（山）堡（今宁夏灵武临河镇红山堡）。河西则以标兵参将移住金贵堡。无事分守信地，有警就近应援……”（《明史》卷一八〇）

明神宗万历十七年（1589年）

二月，宁夏标兵参将哱拜，是年60岁，擢升为宁夏副总兵，以其子哱承恩袭都指挥，经常巡视灵州等地东长城及灵州马市。

十一月，俺答之孙、顺义王撦力克及其妻三娘子（顺义夫人移嫁其）以数万骑出贺兰山后，求宁夏开设马市，如俺答时（灵州）清水营、赤木口马市之例，明神宗应允。（《国榷》卷七十五）

明神宗万历十八年（1590年）

七月，总督三边梅友松，为宁夏边境贸易的灵州等马市上奏说："宁夏地土广袤，按制只设守备三员。灵州清水营市厂（即马市）在焉，大坝堡（今宁夏青铜峡大坝）当黄河之口，鞑靼军谋划要决大坝堤坝。清水堡（今灵武清水营堡城）、大坝堡都为要地，宜各设守备一员，以军士500人隶之。"此奏，万历帝下发兵部商议答复。终以上奏所言实行，就是于灵州清水营、大坝堡两地各设守备一员、军士500人。（《明实录》卷二二五）

明神宗万历十九年（1591年）

三月，以魏学曾总督陕西三边（宁夏、延绥、甘肃）军务。

十二月，河套部土昧明安入灵州红山墩—清水营互市交易，总督魏学曾遣延绥（治今陕西榆林）总兵官杜桐及李绍祖等袭杀了土昧明安，又获互市的鞑靼400余人。土昧明安之子出兵为其父复仇，边衅又起。时洮（今甘肃洮河一带）、河（黄河宁夏一线）告警。宁夏副总兵哱拜与其子哱承恩领3000余骑驰赴征讨，巡抚党馨从中刁难，有意不给其补充军马，致使哱拜等对党馨产生怨恨。监察御史周弘禴行视宁夏边务，时宁夏巡抚梁向孟、巡茶御史钟化民贪污挥霍官府金帑，周弘禴上书揭发。又奏准将秦、汉（今灵武秦、汉二渠）各渠两坝（渠坝）用石头砌护；于河东（灵州）疏浚秦渠下游一道，向北流达鸳鸯湖（今灵武西湖、东湖——今已不存）诸湖。周弘禴回京后，又力荐哱承恩、土文秀、哱云等人。

八月，将灵州横城堡守备江廷辅，调往宁夏城（今银川）为中军坐营。（《明史》卷十九，《明通鉴》卷六十九、二三九）

明神宗万历二十年（1592 年）

哱拜等领军击退河套兵返回宁夏（今银川），冬衣、棉花、棉布、月粮久欠不给，军锋刘东旸等率军至帅府请求发放，巡抚党馨不但不依规发给，反而以诛杀相威胁，刘东旸更加愤恨党馨。三月二十八日晨，刘东旸在哱拜的支持下，拥众进入宁夏帅府，杀了党馨、副使石继芳、游击梁琦等多人，纵火焚烧公署，释放囚犯，逼总兵官张惟忠自杀。刘东旸自称总兵，以哱拜为主谋，杀牲而盟；又署哱朝恩、许朝为左、右副总兵；署土文秀、哱云为左、右参将，挟庆王而起事。哱朝恩领军攻占玉泉营，千户陈继武领军响应。中卫、广武（今宁夏青铜峡市北）等河西（今宁夏黄河以西）之地，均为起事者所迅速占领，唯平虏城（今宁夏平罗）参将肖如薰坚守未下。哱拜等占领河西之地后，立即发兵渡过黄河，包围灵州，又派人和鞑靼著力兔联络，请求出兵帮助。三边总督魏学曾驻军花马池，于三月四日派副总兵李煦领游击吴显等赴援灵州，哱拜等攻灵州不下，只得从灵州撤军回宁夏（今银川）；魏学曾又派游击赵武领军驰往鸣沙，沿黄河布防，以阻断起事者南下之路。延绥等军陆续来到灵州后，李煦派军渡过黄河，先后收复了河西宁夏黄河以西 47 堡。

四月，李煦和前宁夏总兵牛秉忠等，多次领军攻宁夏城（今银川），哱拜等挟庆王以坚守，明军未能攻下。明军一面包围宁夏镇城，一面调集甘肃、延绥、榆林、辽东、山西军数万驰往宁夏，由灵州渡黄河西进。

六月下旬，李如松等领辽东、山西军数万驰往宁夏（今银川）攻城，又为哱拜等击败。

七月，朝中以三边总督魏学曾征讨无方弹劾他，将其免职，以叶梦雄代魏学曾为三边总督。七月初三，叶梦雄等鉴于宁夏低洼、周围多渠的地形，决定拦坝决堤灌城。十七日，拦水坝筑成，决红花、新渠等渠水灌城。

八月，宁夏城（今银川）外水深八九尺。二十一日，鞑靼著力兔又领万余人攻镇北堡、李刚堡等地以牵制明军，被明总兵李如松、麻贵等领军击退。

九月初三，浙江军和苗兵抵达宁夏。九月初八，宁夏城北墙被水浸坍，宁夏城因被久围，食尽无援，明军牛秉忠、李如松等由宁夏城南关攻入外城。哱拜等退据内城。叶梦雄使用了离间计，使起事者内部互相残杀。刘东旸、许朝首先诱杀土文秀，哱承恩又诱杀刘东旸和许朝。

九月十六日，李如松等领军攻入内城，俘获哱承恩，进围哱拜。哱拜见大势已去，引火自焚身死，其另一儿子哱承宠被活捉。叶梦雄由灵州驰至宁夏城，下令杀哱拜同党及投降者 2000 余人。

十一月，哱承恩被杀于京师长安市上。

十二月，明廷以宁夏事平布告全国。

这次兵变影响极大，明廷怒鞑靼著力兔等领兵支持哱拜等起事，双方交恶，宁夏灵州等马市被停。（《明史》卷十九，《万历武功录》卷一）

明神宗万历二十一年（1593 年）

一月，督抚宁夏侍郎叶梦熊上奏："酋妇切尽妣吉带领诸酋首着力兔、宰僧、庄秃赖、铁雪、合落赤、打尔汉、把都尔等，在花马池长城关下悔罪（即宁夏兵变时，哱拜曾同其等联络，邀他等南下参与支持哱拜兵乱者），乞求开市。其间着力兔、宰僧二酋再三哀恳，愿立奇功，各派使者进贡马七匹。又令贡马的各酋长和镇抚讲和，请他们上报朝廷，各续旧好……"因他们都曾是助哱拜兴宁夏之乱的参与者，灵州、宁夏都报请朝廷定夺。朝议的结果是："勒令尽献隐匿之人，立功自赎，方许开贡（灵州等马市，明称'贡市'，因称'开贡'）。如苟且玩寇，致贻后悔，责有所归。"（《明实录》卷二五六）

明神宗万历二十三年（1595年）

一月，鞑靼著力兔因怒明廷没有允准其于灵州等马市贸易，率部攻平虏城（今宁夏平罗）、灵州横城、靖康堡等地，被守军击退。

四月，陕西总督叶梦雄条奏防御事宜，其中曰："其在宁夏，则花马池、沙湃、兴武等处，俱以副、参、游（击）防守，而总兵解一清驻清水营以调度之……申明监司之任，令谨收敛、修防塞以严督察；申严军伍之令，作勇敢、诛退缩以振纪律。"（《明史》卷二八四）

明神宗万历二十四年（1596年）

二月，三边总督李汶、延绥总兵麻贵等，因上年鞑靼著力兔出兵以武力威胁明于灵州等地开贡市，便集军1.5万余人，分兵三路出塞60里击鞑靼著力兔部，斩杀400人，获驼、马、牛、羊1000余头。

五月，著力兔率部绕过灵州攻固原永安堡。

七月，著力兔部又攻宁夏（今银川）。

九月，著力兔、宰僧等攻平虏城和灵州横城，宁夏总兵李如柏、副总兵马孔英等领军迎战，斩杀270人。（《明通鉴》卷七十一）

明神宗万历二十六年（1598年）

六月，陕西苑马监七监生员，以向随附近州县寄学不便，请求于灵武卿平监选适中的地方建立儒学，以收集教育牧军子弟。礼部以"所费不赀，军民冒籍难诘，事多掣肘"等由未予批准，不欲开马监办学的先例。（《明实录》卷三二三）

明神宗万历二十七年（1599 年）

一月，叙论保灵州安定堡之功：朝廷奖给陕西总督李汶银币，奖巡抚杨时宁、周光镐、总兵刘嗣、副使王道增各不等数额的白金。（《明实录》卷三二〇）

明神宗万历三十年（1602 年）

二月，应鞑靼诸部不断请求，明廷终允许恢复宁夏灵州红山墩—清水营等三马市，与河套鞑靼诸部的边境贸易（自万历十九年（1591 年）宁夏之乱，明廷以鞑靼支持宁夏之乱为由，马市停止已十年，至此才又恢复）。延绥巡抚孙维诚上奏条为六款中曰："延镇市（即马市）旧设（灵州）红山大边（红山长城）暗门（长城基部开通长城内外，可供进出的砖券拱门），外与边里隔一墙基，且围墙高不过八九尺，环垣薄颓。应改创边里（长城内），外倚边墙，上筑围垣，如城匝以深池；内设抚夷台、瓮城。即将官厅市地（马市交易场所）设险，庶缓急无虞。"兵部答复云："俱如议。"万历帝下诏曰："然之。"又云："毋恃款忘战，毋贪功轻动。"

闰二月，又规定"每年照数全发二万二千二十四两（白银买马）……一岁不犯，方给一岁款市……抚夷守备专管清水厂（即灵州清水营马市），钱粮则中、东通判轮管。中卫（马市）、平虏（即赤木口马市）专责路将，钱粮则中卫、平虏各委通判分管。令河东道驻清水（营），河西道驻中卫，镇城（今银川）副总兵驻平虏（今宁夏平罗）弹压，总兵官移镇玉泉营（今宁夏青铜峡邵岗玉泉营村）适中调度……兹岁易马以三千五百匹为额。"这一规定，比前减少了马匹的交易量约 500 匹，但日用品的交易量和品种却比前大增。

四月，陕西税监梁永请镇守职衔冠以督税务，其称灵州花马池、庆阳府等处池盐山积，俱被奸徒侵渔……查延绥、定边属大盐池，宁夏灵州惠安堡（含今灵武白土岗）属小盐池，两池所产盐利应征课银，俱延、宁、固原三镇抵充年例。

明时的马市，是丝绸之路的一种特殊形式。

是年，经明廷允准入市交易的有皮张、糖果、细缎、布匹等，但实际交易中还有铁锅、铁犁、铁铧等铁器（铁器等在初开市时绝对禁止入市交易，是防鞑靼以铁器溶造兵器）等各种各类的日常生活用品、生产工具等。自是年起，开市时间也由原来每月开市一次、开市时间只有数天，而增加为每月数次或连续开市十数天。还允许民间每月开设一次“月市”，每半年开一次“半年小市”。市上商品不少是内地商人长途贩运而来，如铁锅就是从遥远的广东佛山运来。灵州等地的黄河水运也空前繁荣，出现了“商贩满关隘，茶船遍江河”的盛况。明代陈德武《黄沙古渡》诗，就反映了其时灵州水运渡口繁忙的景象，其诗曰：“天堑西来禹迹陈，高桥北下是通津。造成荡荡摇摇棹，渡尽忙忙汲汲人。雪浪休风明似练，冰梁映日净如银。贺兰设险金城固，护此汤池壮塞滨。”（《明史》卷三六九，《万历四川总志》卷二十一，《明通鉴》卷七十二，《明实录》卷三七一）

明神宗万历三十二年（1604 年）

四月，宁夏游击梁国富被擢升为分守灵州地方左参将。

十一月，朝廷给宁夏河西、镇城、东路、西路、中路（灵州）各管粮同知关防每官铸印一颗。（《明实录》卷三九五、四〇三）

明神宗万历三十五年（1607 年）

四月，总督陕西的徐三畏请求修筑延东一带土堡，用砖石包砌。先支班价银 3000 两，发东路神木库收贮听支。灵州横城、清水营（甲城）土城堡，是月开始了用砖石包砌的工程。

十一月，兵部复：“陕西巡抚按王基洪言汰冗丁、筑边垣、移边堡三事……其筑边垣，大率言：（灵州）横城边墙先年与黄河相近，达虏蹈水南下，情形易知，堵截亦易。今（黄）河西徙，远徙数里，倘狡虏渝盟，饮马城窟，片时可至灵州。议自该堡平胡墩西北，叠顺水湃一道以堵枝流；边外叠逆水湃一道以塞倒流。于退地处所，又筑边墙一道，建四铺墩。挨河筑敌台一座，容五十人，营房十间。其夫役均之两河（河西、河东），而物办河东（即黄河东之灵州）。既障黄河令不横流，又探虏形无使深入，诚扼险之奇，非直权宜之计也……”灵州按此批复充实军将，加强守卫。（《明史》卷四三二、四四一）

明神宗万历三十六年（1608年）

灵州横城、清水营甲城（乙城在长城上未以砖石包裹）以砖石包裹完毕。清水营甲城原周回一里，弘治间巡抚王珣拓展为周回二里，使其城址扩大了一倍。裹城烧砖的砖窑，位于清水营甲城之东，其窑址今仍存二三十座之多。

九月，陕西三边总督徐三畏题："延镇（灵州）红山市口（马市西端）去镇城止（广本'止'作'六'）十里（若为'六十里'是指红山至灵州城的距离），奉旨于原城（指前已所说的小拱券门内之瓮城）之内创筑高台，以便瞭望，以备防御。及时成功、工程坚固。在事（广本、抱本'事'作'任'）文武各官陈性学、陈孝等宜行叙录。章下兵部（施行）。"实际上将红山堡乙城筑成为"坞城"，城中有高台便于瞭望长城内外军情。

其时红山堡已成为重要驿站，南至灵州千户所、西至宁夏（今银川）的驿道畅通，官府传递文书可南下灵州、西入宁夏镇城，十分便捷，同时也成为有军兵安全保障的"黄金商道"，商旅、行商络绎不绝。沿途商屯（即商家于此开垦土地，所收获的粮食就地上仓，以换取盐引贩运灵州池盐）地渐多。（《明史》卷四三二、四五〇，《嘉庆灵州志迹·城池堡寨志第四》）

明神宗万历四十三年（1615年）

一月，杜文焕为宁夏总兵官，灵州等地马市的繁荣，引起有些北方草原游牧部落的垂青。

九月，火落赤部攻掠灵州清水营，扰掠马市。

十二月，宁夏河东（灵州）、河西地震。（《国榷》卷八十二）

明神宗万历四十六年（1618年）

八月，俄皇迈克尔·梯多罗维奇，遣西伯利亚托姆斯萨克伊万·斐德林等人出使中国。据其报告，曾经唐古忒地，即今宁夏、灵州、甘肃之地（《国榷》卷八三）。（《国榷》卷八十三）

明熹宗天启二年（1622年）

宁夏巡抚、灵州兵备张九德治灵，时灵州秦渠多年失修，遇黄河水暴涨，洪水横流宣泄，农田皆为一片汪洋；汉渠又苦于没有排水，致使膏腴之地都成为浸水潴留之地。张九德访苦问贫，上书朝廷，提出灵州治水方案。（《嘉庆灵州志迹·艺文志第十六下》）

明熹宗天启五年（1625年）

经张九德两年半的治理，于灵州南筑石堤长20多公里，使黄河水西退十多里，既留下了大片湿地，又保护了灵州城不被黄河水淹，此堤人称“张公堤”。张九德又率军民疏浚秦渠，修筑堤坝，使秦渠利于灌溉保丰收；在汉渠尾开“涝河”（排水沟），泄地面明水，使汉渠在发挥灌溉效益的同时，又具有排涝的作用，保证灵州丰收。同时，还从秦渠北岸至洼桥（原灵武城西南7里处）疏通渠道30里，使渠中余水于此渠泄入黄河，恢复了良田数百亩。（《嘉庆灵州志迹·艺文志》第十六下）

明熹宗天启七年（1627 年）

二月，宁夏巡抚使永安上疏言道：“本镇额设平虏、中卫、清江（灵州清水营，时清水河又称清江）三厂互市（马市）每年额银七千二百两。自万历三十年起，天启六年九月终止，除拖欠外，实收并旧管存剩银七十九万九千四百八十八两……”

张九德因治灵政绩卓著，被擢为宁夏巡抚而离开灵州。灵州原有“二贤祠”，奉祀保灵州平安有功的明杨一清、王琼。张九德离灵后，灵州百姓将“二贤祠”扩建，增塑张九德金身，改“二贤祠”为“三贤祠”，按传统的纪念方式，岁时祭祀，以示怀念。太仆少卿崔尔进，特意写了《灵州张公堤记》，颂扬张九德于灵州治水的功绩，流传后世。（《嘉庆灵州志迹·艺文志第十六下》）

明思宗崇祯元年（1628 年）

以张德昌为灵州清水营守备，重点加强长城沿线防守，保护红山墩—清水营马市的安全。（《明史·张德昌传》）

明思宗崇祯三年（1630 年）

关中起义军王嘉胤率部攻下灵州清水营，张德昌负伤而逃，被削夺官职。红山墩—清水营马市衰渐。（《明史·张德昌传》）

明思宗崇祯五年（1632 年）

五月，蒙古插汉、虎墩兔憨同河套 5 万余骑自灵州清水营、横城大举分兵南侵，守备姚之夔等不能遏。灵州临河堡（灵武临河镇今地）参将张问政、副总兵、沙井驿（今白土岗乡火城子）史开先、岳家楼守备赵访皆望风弃堡而

逃。入侵者遂迫近灵州城下，宁夏总兵贺虎臣以千骑驰入灵州城入守。（《明实录》卷六）

明思宗崇祯六年（1633 年）

五月，贺虎臣尽出城中守军以攻来犯敌军而取胜。遂移民众入屯堡，连屯数十里，又被插汉等部杀掠甚惨。贺虎臣一路驱除于连屯杀掠的插汉等部，乘胜追击至大沙井（今灵武沙江），为察哈尔重兵所包围。贺虎臣在重围中力尽战死，只有其子贺赞领 50 骑突出重围，回到灵州。

明廷又以马世龙代已战死的贺虎臣为宁夏总兵。时蒙古诸部皆先后附于后金，察哈尔闻后金军将至，遂解围而去。

有明一代，于原西夏瓷窑址置磁窑寨，仍制瓷，但规模与西夏时不可同比，已缩减至“今止庆府（即兴庆王府）窑匠军余四十余名，并各处陶器者十余人居焉”。（《明实录》卷六，《明史》卷十九，《明史纪事本末（补遗）》）

明思宗崇祯十六年（1643 年）

李自成义军占领固原，是年十一月，经灵州南的原东关镇渡过黄河攻宁夏府城（今银川）。（《绥寇纪略》卷九）

明代（1368—1644 年）灵州所属、所辖地区

《嘉靖宁夏新志》卷之三载：灵州守御千户所北至宁夏九十里，南至庆阳甜水堡界二百九十里。

建置沿革。《禹贡》雍州之域。汉惠帝四年，置州县，属北地郡。（唐）颜师古曰：“水中可居者曰洲。”此县在大河之洲，随水高下，不能洽没，故曰灵州，又曰河奇也。魏晋因之。后魏太武平赫连昌，置薄骨律镇河渚上，旧是赫连果园地。明帝立灵州。初治在河北，后徙治于果园所筑城。西魏置临河

郡。后周置普乐郡。隋初置新昌郡，寻废。大业初，置灵武郡。唐武德元年，改灵州，即回乐峰也。开元中，以州为朔方节度。天宝元年，改灵武郡大都督府。宋咸平中陷于西夏，仍为灵州，　号翔庆军，又为西平府，元亦为灵州。

国朝（明）洪武三年，徙其民于关内。十七年，以故城为河水崩陷，惟遗西南一角。于故城北七里筑城，编集原遗土民及他郡工役民夫之忘归者，为瓦渠、枣园、苜蓿、板桥四里，属宁夏卫经历司。又以来王土夷四百有奇，兼调宁夏前卫宋德等六百户，共为十“百户”，置守御千户所，属陕西都司。永乐间，置守备衙门，改“灵州’千户所，属宁夏卫。宣德三年，城淹于水，又去旧城东北五里筑之，景泰三年，增筑新城。弘治十三年，巡抚、都御史王殉奏置灵州，属陕西布政司。增筑南关，弘治十七年指挥保�建。革州治，仍为灵州守御千户所，属陕西都司。嘉靖九年，总制、尚书王琼奏改守备为参将分守中路。城并南关，周回共七里八分，高三丈，池深一丈，阔五丈。城门三：南曰“弘化”，北曰“定朔”，西曰“临河”。上皆有楼。关则东、南各一门。其“瓦渠”等四里，改属守御千户所吏目管辖。

分守参将一员。

……

《嘉靖宁夏新志·灵州·屯堡烽堠》载：明代灵州领屯堡一十三，为：枣园堡、吴忠堡、惠安堡、汉伯渠堡、金积堡、中营堡、秦坝关（嘉靖六年巡抚、都御史翟鹏奏筑者）、夏家堡、河东关堡、红崖站堡、半个城、马家园、胡家堡。夏家堡、河东关堡、红崖站三堡，废久无居人。

明代灵州所领有的烽堠三十八，为：方塔墩、暇腰山墩、甜水河墩、红崖站墩、石灰口墩、一个井墩、虎刺都墩、保保沟墩、月台墩、木厂墩、护门墩、鱼湖墩、夏家堡墩、新接墩、古城墩、坝口墩、党千户墩、峰台墩、滚泉墩、茨烟墩、下十里墩、小岗儿墩、尖山儿墩、五里坡墩、高石崖墩、小沙沟墩、沙沟墩、项寺塔墩、长流水墩、许直墩、上十里墩、小沙井墩、白土岗儿墩、旧石沟墩、马鞍山墩、柴山儿墩、大沙沟墩、白塔儿墩。

清水营领烽堠一十四，为：双沟墩、苦水墩不、柔远墩、镇北墩、古寺墩、靖边墩、斩贼墩、木井墩、清字墩、定远墩、旧定远墩、宁靖墩、塔尔墩、庙儿墩。

横城堡领烽堠七，为：马头墩、小平山墩、大平山墩、清平墩、界牌墩、石嘴墩、平胡墩。

红山堡领烽堠八，为：窑儿墩、永隆墩、镇虏墩、红山儿墩、安边墩、马鞍山墩，以上六墩旧设之者；出水墩、大鸾墩，以上二墩，新设之者。

红寺堡领烽堠一十五，为：黑山儿墩、小蠡山墩、阎王窆墩、四十里墩、石板泉墩、水泉儿墩、黄草岭墩、韩麻子墩、红寺儿墩、梁家泉墩、红泉墩、沙葱沟墩、苦水井墩、查家崖墩、白疙瘩墩。

清　朝

（1644—1911 年）

清世祖顺治六年（1649 年）

三月，武大定收集陕甘回民起义失败的余部，重新于宁羌（今陕西宁强）等地起事，打击清军。清张德俊等领军进剿，起事者被杀 1400 余人，妇女、衣甲、辎重等为清军所获。但起义对灵州及今宁夏等地，产生了很大影响。

四月，王永强响应明宗室朱森淦等在阶州（今甘肃武都）的起义，于榆林、延安等地聚众起义，攻占延安、榆林、定边、花马池、灵州临河堡（今宁夏灵武临河镇堡）等地，杀死延安巡抚王正志、靖远（甘肃今地）道台夏时芳等，清派吴三桂等领清军进讨，驻宁夏清军也出击灵州临河堡等地。

十月，起义被镇压。同年，居于河套的蒙古鄂尔多斯台吉札木索和多尔济等，亦领军起事，劫持清使图噜锡，奔据贺兰山，要求按明制于灵州等地设马市。

清初，承前朝官营盐业之制，规定灵州花马池小盐池（惠安堡盐池、今灵武白土岗盐场）所产食盐，可分别在平凉、庆阳、灵州、中卫等地销售，共发行盐引 61440 引，每引定额贩盐为 1 石，征收税课银1 钱 1 分 5 厘 5 毫。（《清史稿》卷二十，《世祖实录》卷四十四）

清世祖顺治十六年（1659 年）

在明代灵州州学、义学的基础上，灵州巡抚黄图安，在灵州城内东南角魁星楼下的“大成殿”院内，重修“灵州学宫”。时省撤宁夏后卫（今盐池县），将其并入灵州。两地取文武生各 15 名，佾修生（兼习祭孔之“八佾舞”）64名。

清初宁夏已为内地，灵州军马场几近消失，转移到宁夏贺兰山、平罗一带。清廷在宁夏的牧马场有两个，一在今宁夏平罗县的河滩一带，一在贺兰山前沿山边一带，共有马匹 4500 匹。灵州的养马基地，大大缩小至只有驻灵州的营兵军马放养。但始自明代的驿站制度是中国古代历史上最完备的驿站制度。就灵州而言，红山驿道的开通及红山驿的设立，于前朝石沟驿道并行，使得朝廷文书的传递，有选择近便驿道的余地，文书传递至宁夏府城或灵州，驿路更加畅通、便捷，因被清朝所沿用。

十二月，裁驿马关（今宁夏同心下马关）、灵祐驿（今宁夏灵武石沟驿）、灵武驿、曲子驿驿丞各一员。（《乾隆宁夏府志》卷六）

清世祖顺治十八年（1661 年）

工部议复宁夏巡抚刘秉政请令灵州营兵疏浚黄河河道的上疏事，顺治帝下旨驳斥道：“设立营兵原以防守边方，剿贼御寇，平时须修养训练，方于战守有裨。若疏浚河道，原非营伍事务，刘秉政辄请灵州营兵疏浚，不致劳民伤财，既恐劳民，何独不念营兵？大不合理。刘秉政著吏部议处，河道作何疏浚，尔部另议。”（《清实录》卷一）

清圣祖康熙七年（1668 年）

民间于灵州城东南四里许，重修镇河塔以“镇”黄河水，祈佛保护灵州城不被水淹。历时 30 年，至康熙三十七年（1698 年），镇河塔才竣工。

清圣祖康熙十四年（1675 年）

吴三桂起兵反清，派人联络王辅臣同反。王辅臣由宁羌归至平凉，受吴三桂白金 20 两和“平远大将军印”，固原道陈彭也接受吴三桂封号，接受其受封“招抚总兵”。王辅臣派总兵李国良等领军 8000 人，于三月分别攻占花马池、惠安堡等地，又分军攻灵州和兴武营。宁夏总兵陈福领军抵御，先后收复花马池、惠安堡、定边等地后，又和副将秦必图等领军南下攻固原时，遭到叛军的顽强抵抗，围攻一月不下，秦必图战死。王辅臣派兵增援，在内外夹攻下，陈福大败，撤军回还灵州。

五月，宁夏提督陈福疏报：“逆贼朱龙大肆猖獗，臣于三月二十日自宁夏（今银川）统兵驻扎灵武，遣官兵恢复惠安、韦州、安定三堡……逆贼陈彭觇知臣统兵恢复花马池、定边，遣伪贼官突犯灵州汉伯等堡。臣檄游击熊飞等发兵于大沙井滩（今灵武沙江），奋勇杀敌，阵斩伪参将马腾蛟等一十一名。”

十二月二十二日，宁夏发生提标兵变，提督陈福遇害。康熙帝下谕旨道：“宁夏三边要地，所关綦重。可令将军侯张勇、巡抚花善急速会议，如巩昌无虑，分一人赴宁夏慰谕官军。其副都统恰塔所领兵及员外郎拉笃祜所领土默特兵，应驻防灵州、定边等处。”

十二月底，宁夏兵变才被平息，驻防灵州、定边土特默军撤回。（《十一朝华东录·康熙》卷十五、十六，《东华灵》卷十一，《清实录》卷五十五）

清圣祖康熙十五年（1676 年）

一月，清廷再调拉笃祜所领的蒙古土默特军驻防灵州、定边等处。

二月，清廷又以都统毕力克图为“平逆将军”，统辖满洲、蒙古大军。先是，宁夏提督陈福遇害，康熙帝令都统恰塔等移兵驻守灵州等地，恰塔为此上疏曰：“臣等移驻灵州、定边，中有黄河之隔，宁夏有事，猝难即至。臣请率所部兵屯于黄河对岸，以扼两路要害。”康熙帝命恰塔等协守宁夏，以安抚军民。兵部又谕：“提督赵良栋今兼程速赴宁夏，军机紧要。赵良栋抵宁夏之日，一切军务机宜，恰塔、拉笃祜等，俱与赵良栋会商行事。”

三月，王辅臣派陈甲等领军 1.5 万余人，再一次攻灵州，为副都统恰塔等领军击败。

六月十五日，随吴三桂反清的王辅臣领陈彭、周扬名等部属投降清廷，灵州等地解除戒严。（《十一朝东华录·康熙》卷十七、十八，《清史列传》卷六、十六）

清圣祖康熙二十四年（1685 年）

宁夏灵州地方豪绅吴仲良隐占田地 1.1 万余亩，甘肃巡抚叶穆济疏请追收其地价及所漏地税，康熙帝却不允许叶穆济对吴仲良采取追收地价等举动。（《十一朝东华录·康熙》卷三十五）

清圣祖康熙二十九年（1690 年）

三月，户部以为灵州花马小池（在今宁夏盐池惠安堡）并临、巩二府盐课，距河东（黄河东岸）灵州等地遥远，盐税不便征收，请令甘肃辅臣就近管辖征课。康熙允准户部所奏事。（《清实录》卷一四五）

清圣祖康熙三十六年（1697 年）

二月初六，康熙三征新疆分裂祖国的噶尔丹，从北京出发，皇子允禔随驾，欲到宁夏府城指挥征讨事宜。十七日到山西大同，喻山西巡抚倭伦、陕西巡抚党爱、甘肃巡抚郭洪等："朕比年出师剿寇，总期人安边徼，永辑民生……朕自大同从内地赴宁夏（今银川，下同），一路地方，见缘边州县地土瘠薄，军民生计艰难，朕心深切轸念。一切御用所需，皆自内廷措办，不以烦民。"

先前，康熙命主事萨哈连探路。"萨哈连出神木边，往询从边外至榆林及宁夏之路，计几宿，水草何如。"至时复奏："自神木出边至榆林共三百二十里，凡五宿，俱砂路。自边关外至宁夏之正路，无人知之。但由神木过鄂尔多斯贝勒江舒克所居阿都海之地，接摆站大道，有一路从此而往，则自神木至宁夏，计八百七十里，凡十四宿。但自神木边至察罕扎达海五十家驿，路中水草柴薪无误，行道沙多。自察罕扎达海至（灵州）横城口（渡口），路平，水略少。”上奏入报，康熙帝下旨说：“著萨哈连亲出榆林边，问蒙古至宁夏之路，并水草亦照此开明，在榆林候驾。”

三月辛酉（初九）主事萨哈连查明榆林至宁夏路程回奏：“自榆林至（灵州）横城共七百三十里，分为十宿，水甚少，路有大砂。又有沿边（沿着边墙）外至安边一路，共四百七十余里，凡七宿。路虽小有砂，而水草足用。及问安边至宁夏之路，无人知之。”康熙帝即命萨哈连往视安边至宁夏路。三月丁卯十五日，萨哈连勘明边外之路回奏道：“自安边由口外至（灵州）横城，共四百八十里，凡七宿。惟三处有水，其余当宿之地，无水，草亦恶，边外不可行。故告之乡导布笪伐保铺竹簾（铺粗竹簾使人马不致陷于大沙）等前去。从边内编次宿站。报闻。”

理藩院奏：“前因驾出榆林，由边外幸宁夏，故自榆林起，设驿（灵州）至横城口。候驾临宁夏撤去。其所设驿马，仍交各安塘笔帖式等赶解，地方官护送至宁夏。得旨：边外草佳，此马自边外赶赴宁夏。”于是定下了由边内至宁夏的行军路线。

三月戊辰十七日，由榆林（陕西今地）抵安边（今陕西靖边之安边镇），宁夏总兵王化行至安边迎接。辛未二十日，抵花马池，王化行请“行围花马池以观军容”，康熙以“噶尔丹未灭，马匹关系紧要……罢猎而休养马匹”不允许行猎。癸酉二十一日驻兴武营，甲戌二十二日驻灵州清水营，乙亥二十三日驻灵州横城，丙子二十四日驻灵州横城，随驾的御前侍卫纳兰性德随住横城，填词一阕:《百字令：宿汉儿村》

无情烟火，乘西风烧边，天涯芳草。榆塞重来冰雪里，冷入鬓丝吹老。牧马长啸，征笳乱动，并入愁怀抱。定知今夕，庾郎瘦损多少。

便是脑满肠肥，尚难消受，此荒烟落照。何况文园憔悴后，非复酒垆风调。回乐峰寒，受降城远，梦向家乡山绕，茫茫百感，凭高惟有清啸。

三月二十五日，康熙祭黄河，接见、抚慰已去世赵良栋的家属子女，自横城石坝渡过黄河时赋诗《横城堡渡黄河》："历尽边山再渡河，沙平岸阔水无波。汤汤南去（一作"南北"）劳疏筑，唯此分渠利赖多。"诗后小题云："黄河至处，多足为患，唯宁夏开渠种田资以为利。"当日入宁夏城（今银川），"命自榆林至横城渡口，照向导官所分宿次安设驿站，俟驾至宁夏后撤回。"

康熙驻宁夏府城18天，以"边地哓瘠，民生艰苦"，"朕扈从人众，恐多留一日即滋百姓一日扰"，于闰三月十五日离开宁夏，乘船顺黄河水运北行。随驾船101只，其中楼船3只，官员、侍卫所坐船96只，载马大船2只。沿途在尧甫堡、流穆河西岸、峡河西岸、哨马营和石咀子（今宁夏石嘴山）西南等处，各住一夜。二十六日，到达黄河西岸的白塔。

四月十五日，康熙舟行至内蒙古布古图，费扬古报告："闰三月十三日，噶尔丹至阿察阿穆塔台服毒自尽。"以噶尔丹服毒自杀为标志的平叛结束。康熙立即下令班师，五月乙未初四，回到北京。（《十一朝东华录·康熙》卷七十，《清实录》卷一八一，《宁夏通史·古代卷》）

清圣祖康熙四十六年（1707年）

中路（即明代所设的中路灵州）同知祖良真，重修灵州学宫，学宫仍在灵州城内东南角。

其时宁夏东路驿道：由陕西定边入境，西向经花马池、红山驿（今灵武红山堡驿站），在横城渡黄河，西至宁夏府城。在宁夏境内410里，中途由红山驿分支南行60里至灵州（今灵武市治所）。实际上是仍然沿用了明朝时宁夏东路的驿道。（《乾隆宁夏府志》卷六十，《宁夏通史·古代卷》）

清圣祖康熙五十二年（1713年）

十一月，因灵州所、会宁县、宁夏中卫、宁夏所及甘肃靖远卫等14处遭受水旱之灾，豁免上述灾区额银47700两、粮食88500余石、草840300束。（《清实录》卷二五七）

清圣祖康熙五十五年（1716 年）

十月，山、陕二省年岁丰收，喜登大有岁，将山陕所属宁夏左屯、中屯、平罗、中卫、灵宁（灵州）、平凉等州、县、卫、所、堡，征康熙五十六年（1717 年）额银 86100 两、粮米豆谷 317725 石、草束 2765900 束，并将以前积年逋欠全部蠲免。（《清实录》卷二七〇）

清圣祖康熙五十八年（1719 年）

十二月，康熙皇帝因想到三征噶尔丹时，见山陕等边地瘠苦，故将宁夏左屯、中屯、平罗、中卫、灵州及甘肃所属山丹等 66 州、县、卫、所、堡等康熙五十九年（1920 年）应征钱粮米豆草束全部蠲免，将康熙五十九年额征银 98100 两尽行蠲免。（《清实录》卷二八六）

清世宗雍正二年（1724 年）

四月十八日，雍正在陕甘总督年羹尧的奏折上，以朱笔丹书密旨曰："在宁夏出一种羊羔酒，当年有人进过，今有二十年停其不进了，朕甚爱饮他。寻些送来，不必多进，不足用时再发旨意。不要过百瓶，特密谕！"

其密旨中云"宁夏出一种羊羔酒"，就是指"灵州羊羔酒"，是灵州唐氏所产的独门秘技，以二毛皮的副产品，即羊羔胴体，加多种名贵中药材、糯米等发酵制成。康熙朝就以之为名贵朝廷贡品，以小玉瓶分装。康熙已有饮灵州羊羔酒的经验之谈，曰："要一口喝一瓶，才算正宗。"

六月，川陕总督年羹尧请改宁夏、西宁、凉州、甘州四厅为府，其所属各卫，皆改为县。宁夏清初所设灵寿所（灵州），却是意外保存未改。

十月，朝廷议准将宁夏卫改为宁夏府。其所属左卫改为宁夏县，右卫改为宁朔县，中卫改为中卫县，平罗所改为平罗县，灵寿所改为灵州，裁宁夏千户

（即明代宁夏后卫，今盐池县）并入灵州，置花马池分州……俱隶宁夏府管辖，并于以上灵州、宁夏县等各州县学各取进童生 15 名。

其年朝廷给宁夏发帑银 15 万两，招宁夏县（今银川）、宁朔（今青铜峡市）、灵州和固原等地移民万余家到查汉托护（今宁夏平罗黄河滩地一带）等新开垦区落户垦殖。（《清史稿》卷二十，《清史列传》卷十三，《清实录》卷二十五）

清世宗雍正三年（1725 年）

改原明代时所置“灵州学宫”为“灵州州学”，其址仍在灵州城内东南角。（《乾隆宁夏府志·学校》卷六）

清世宗雍正四年（1726 年）

二月，议政大臣等复议，隆科多等奏称：“……查汉托护为汉、唐灵州之地，当时广置屯田。元至元间，置屯田万户所。明时套夷渡河而西，侵占内地，葫芦河（今宁夏清水河）之东居民不得耕种，遂至废弃。我朝洋德恩溥，番夷臣服。鄂尔多斯移归套内，以河为界。查汉托护之地，久属版图，今宁夏卫志。汉、唐二渠之支流，有百家（唐代灵州秦渠称百家渠）、良田、满达喇等渠，向在查汉托护左近。若仿其遗迹开渠建闸，诚裕国利民之善政。但隆科多、石文焯等所奏建闸筑堤等处，情形互异，事关久远，臣等难以悬定。见今总督岳钟琪亲赴布隆吉尔查看地势，应将隆科多、石文焯奏折并地方画图，一并交与大理寺卿智通带往，同岳钟琪至查汉托护等处，照图验看，核议具奏。”雍正帝具允准隆科多所奏灵州查汉托护开渠等事项。（《清实录》卷四十一）

清世宗雍正六年（1728 年）

十一月，岳钟琪奏原汉、唐属灵州之查汉托护，已新开六羊渠等、招来人民4000余户，读书人尚属有限，暂停设立学校等。但圣旨下，却对设学一事说："建立学校一条，据奏招徕人民已有四千余户，朕思其中亦多读书之人。若必俟人文蔚起，始行考取，恐远方士子，目前阻其上进之阶。应将两县中现在读书愿就考试者，许其附入邻近州县内考试，酌量加额收录入学。俟两县人文渐盛，建学设官之日，仍行拨入本学，庶为妥协。余从议。"于是，岳钟琪等按照雍正谕旨，很快就在查汉托护地设立新县，名"宝丰县"，又于宝丰县设县学。（《清实录》卷七十五）

清世宗雍正七年（1729年）

七月，宝丰县既设，从此不再称汉、唐灵州旧地，所开新渠，亦应命名。于是，雍正又下旨："大渠著名'惠农渠'，六羊渠改名'昌润渠'"。（《明实录》卷八十四）

清世宗雍正八年（1730年）

二月，于灵州花马池添设为花马池州，仍属灵州管辖。（《十一朝东华录·雍正》卷十六）

清世宗雍正九年（1731年）

据报灵州横城与黄甫州（宁夏原陶乐）地界纠纷事，雍正谕内阁："宁夏横城口及黄甫州边外闲地与鄂尔多斯接壤，内地民人越界耕种，而蒙古等私索租价，每至生事互争……朕为天下主，溥海之内，一视同仁。若照廷议立界，俾民人蒙古各守疆址，彼此无夺，揆之事势，似属有益。著行文鄂尔多斯之扎萨克王等，再加详细询问，各抒已见，公同商酌，具奏到日，再降谕旨。"有司遵谕解决了灵州横城与黄甫川的边界之争。（《清实录》卷一一〇）

清世宗雍正十年（1732 年）

应署陕西总督查郎阿所请，灵州横城堡、威远堡、清水堡（灵州清水营）、梨园堡（宁夏吴忠今地）、峡口堡、大坝堡（均属今宁夏青铜峡）等及陕西诸堡守备各缺，俱为都司佥书。（《清实录》卷一一六）

清世宗雍正十一年（1733 年）

雍正颁布上谕，正始命令各省城等设立书院，灵州州学改称“钟灵书院”。（《乾隆宁夏府志》卷六）

清世宗雍正十二年（1734 年）

十二月，从陕西总督刘于义、甘肃巡抚许容之请，免陕西固原属之平原所（今宁夏同心）、下马关及灵州属之花马池、中卫县属之香山、礼县属之大潭一里，本年秋禾歉收额赋，并乏食贫民所借口粮，一体作为给赏（作为赏赐而免征）。（《清实录》卷一五〇）

清世宗雍正十三年（1735 年）

五月，严令宁夏镇属之平罗、灵州横城及花马池三处市口（与蒙古各部族的贸易交流市场，清初灵州横城边市已代替了红山—清水营马市），每月蒙古人等入市货买零星铁器，理应设法稽查。请嗣后令该扎萨克预先报明夷情衙门，给以印票，填明件数、斤两。每逢开市之期，监视营员，验明印票，方许置买。其蒙古民人货买铁器，不得私入集场。俱令监管营员，验明印票，当官交易，仍将原票汇交夷情衙门查核。

九月，雍正帝谕示宁夏诸地赈灾事宜道：“……环县及宁夏府属灵州之花马池、石沟（今灵武石沟驿）等堡、中卫香山一带，今年收成稍歉，朕心轸念。著将各该处本年额征本色粮石，缓至来年夏收后，该督抚看年岁光景奏闻，再行征收。至于歉收诸处有乏食之百姓，著该督抚悉心确查，动用仓储，借给米粮，务令糊口有资，不致失所。”（《清实录》卷三十六、一五六）

清高宗乾隆元年（1736 年）

九月，乾隆发上谕于甘肃、宁夏赈灾事宜曰：“雍正十三年平凉府所属厅、州、县并巩昌府属西固厅，庆阳府属环县及宁夏府属灵州之花马池、石沟（今灵武石沟驿）等堡，中卫之香山一带收成稍歉，彼时朕即降旨，令该督抚加意轸悯，并将各该处额征本色粮石缓至次年夏秋后，看年岁光景奏闻，再行征收。今据该督抚奏报，各处收成有六七分者，亦有八九分者。朕思此等地方，上年收成歉薄，今虽收获，民力未必宽余。若新旧并征小民不无窘迫。著将缓征本色粮石，自本年为始，分作五年带征还项，以示朕加惠秦民（西北地区秦时为秦地，百姓因称秦民）之至意。”（《清实录》卷二十六）

清高宗乾隆二年（1737 年）

九月，户部议复：升任甘肃巡抚宗室德沛疏报，于宁夏县张口堰（今灵武新华桥治所，其时还归宁夏县辖）救灾事宜：“宁夏县属河忠堡（今属灵武市梧桐树乡）张口堰，本年河水冲决，淹没田禾，所有被灾男妇，无论大小，每名给予社仓粮三斗。”应如所请。

十一月二十四日，宁夏、花马池、灵州、中卫、宝丰、新渠等地陡然地震，尤以宝丰、新渠、宁夏（今银川）为烈。

十二月，续免甘肃宁夏县河忠堡水灾十分丁耗银两。（《清实录》卷五十一、五十九）

清高宗乾隆三年（1738 年）

三月，免甘肃兰州、环县、灵州、中卫县、花马池等遭旱灾地区不同额赋。

十一月二十四日，宁夏（今银川）地震，波及邻近县及灵州。

十二月，乾隆下谕旨道："宁夏附近之州（灵州）、县被灾者，著班第会同地方文武大员一体查赈，无得遗漏。"即查核因宁夏地震波及到的灵州等地受灾民众，予以赈济。（《清实录》卷五十一、五十九）

清高宗乾隆四年（1739 年）

九月，乾隆颁谕旨曰："西宁府属之碾伯县、宁夏府属之灵州、中卫县俱续有被水、被雹之处……今碾伯、灵州、中卫亦有被灾之处，而碾伯上年已属歉收，灵州、中卫又当宁夏灾伤之后，著将此三州县应征银粮草束与秦安等州县一体加恩，分别宽免。"（《清实录》卷一一〇，《清代地震档案史料》）

清高宗乾隆五年（1740 年）

二月，宁夏府属新渠、宝丰二县（俱属今宁夏平罗、贺兰）既被裁汰，其文武童生随原籍灵州、宁夏、宁朔（今宁夏永宁南部及今青铜峡市）、中卫、平罗五属应考。将新、宝二县文武童生各 12 名原额，于宁夏府学拨增 8 名，灵州、中卫县各增 4 名，宁夏、宁朔二县各增 3 名，平罗县增 2 名……遵照雍正六年（1728 年），新、宝两县附入平罗考取 16 名之额，统于灵州、宁夏、宁朔、中卫、平罗五州县内，视人文之多寡，酌量增取。将 8 名分隶各学，再将 8 名拨入宁夏府学，以符该省大府之额。

五月，查灵州所属之清水、红山二堡与横城相近，将清水（营）、红山（堡）二堡把总 2 员、守兵 100 名，俱归横城都司管辖。

乾隆三年（1738 年）灵州地震，州城墙多处被震损毁，于是年进行了修复。（《清实录》卷一一一，一一五，《嘉庆灵州志迹·城堡》）

清高宗乾隆六年（1741 年）

五月，灵州开垦碱地 41 亩余。

十月，赈恤甘肃灵州、中卫县、盐茶厅（今宁夏海原县）受旱灾的贫民。（《清实录》卷一四二、一五三）

清高宗乾隆七年（1742 年）

五月，宁夏府上奏："宁夏应修城工统计二十四处……灵州之灵沙堡……俱经完竣……灵州属之横城、红山堡……未完工程无几，又灵州城及所属之清水营、花马池、兴武营，平罗县属之洪广营均边塞要地，自应及时修理……灵州属之毛卜喇……又灵州属之韦州堡（今宁夏同心韦州镇）并无民人居住，已属废城，均可毋庸修建。"

六月，因宁夏府属之同心、沙泉二驿，额设驿丞一员，分隶厅州，多有未便，且地僻马少，故将同心驿夫马归并灵州。所有小川、沙泥、同心、沙泉四驿驿丞之缺，悉行裁汰。（《清实录》卷一六〇、一六八）

清高宗乾隆八年（1743 年）

九月，宁夏府属各渠每年挑浚征民夫施工，自是年为始，实行按田亩数出工。"凡宁夏、宁朔、灵州、平罗、中卫各属之大清、汉、唐、西河、惠农、秦汉、七星、美利以及一切官、民等渠，若值需夫挑浚、修筑之时，无论绅衿庶民，俱按田亩之分数，一律出备夫料，共勷力作，不得借名优免。如有绅衿不便亲执力作者，听其出资雇募代役，违即详革究拟。并且勒石，以垂永久。"（《清实录》卷一七四）

清高宗乾隆九年（1744 年）

十一月，甘肃含灵州在内的 35 厅、州、县、卫遭受冰雹及水、风、霜、虫等灾民，分别蠲、缓新旧额赋。

十二月，宁夏府属之灵州至永宁暗洞，系汉渠尾水及上游东南一带苏家湖（今苏家滩）等处山水之去路，横穿秦渠之下。上年山水陡发，冲塌秦渠中断。故南移 30 丈，重建石闸，加筑秦渠，并将附近涝河一带挑挖宽展，量筑堤埂，并改建利济桥，上述工程原系民办，自是年改为由官办，以方便民众。（《清实录》卷二〇九、二二八）

清高宗乾隆十年（1745 年）

六月，灵州旧有仓廒（官府粮仓）90 余间外，再添建 36 间。查灵州乾隆七年（1742 年）十月以后，采买粮食 11000 余石，以每间贮粮 500 石计算，只应添建 20 余间。按发展需求现 20 间之外的其余部分，准予茶篦（茶业及手工业税收）折银项下动支。（《清实录》卷二四二）

清高宗乾隆十一年（1746 年）

十二月，含灵州在内的八州县，春秋二季迭遭水灾、雹灾，所属成灾村堡，先行予以赈恤。（《清实录》卷二八一）

清高宗乾隆十三年（1748 年）

五月，免除灵州、中卫县乾隆八年的水冲田地应征额赋。

十二月，朝廷命赈恤宁夏、宁朔、灵州等八州县遭雹灾、水灾地区的贫民。

（《清实录》卷三一四、三三一）

清高宗乾隆十四年（1749 年）

五月，免灵州、中卫等 13 厅、州、县于乾隆十二年旱灾地亩银 5500 两、粮 5220 石、草 4620 束。

六月，户部议复：灵州、宁夏、宁朔等厅、州、县乾隆十三年夏秋被灾，分别级次贫民，照例初赈加赈……平番、灵州等州县被淹人口牲畜等项，于司库备贮及各属仓库内动给（动用支给）。其灵州、西宁、皋兰本年被灾之新旧钱粮，应同渭、源等州县一体缓征。

七月，再添建灵州城仓（官府粮仓）124 间，添建乡仓（乡里粮仓）20间。（《清实录》卷三四〇、三四二、三四五）

清高宗乾隆十五年（1750 年）

十一月，官府借贷给灵州、西宁等 28 厅、州、县籽种口粮。（《清实录》卷三七六）

清高宗乾隆十六年（1751 年）

九月，豁除甘肃宁夏府属灵州水冲碱地额征 2900 亩税赋。两天后，豁除甘肃灵州之羊马湖（今属宁夏吴忠市）滩沙碛碱废地，额征 3680 亩税赋。

十一月，对灵州、平罗等水雹成灾的 31 厅、州、县、卫、所的饥民借贷给籽种口粮。（《清实录》卷四一五、四二八）

清高宗乾隆十七年（1752 年）

五月，赈恤宁夏、宁朔、灵州等14 州县于乾隆十六年遭水灾的饥民。

十二月，赈贷灵州、秦州等 21 厅、州、县本年遭受水灾、雹灾的饥民，并缓征新旧正借（官府正式借贷给灾民）的额赋。（《清实录》卷四一五、四二八）

清高宗乾隆十八年（1753 年）

四月，甘肃巡抚鄂乐舜疏报："灵州垦地四千五十七亩。"

十一月，赈贷灵州、宁夏、中卫、平罗等 29 州、县、卫本年遭受水、雹灾民，并蠲免或缓征不同数额的税赋。（《清实录》卷四三七、四六一）

清高宗乾隆十九年（1754 年）

九月，蠲免宁夏、宁朔、灵州、中卫、平罗等 14 州县于乾隆十八年被灾地 1627 余顷的税额，并豁免被水冲坍无征地 36 顷有余的额赋。（《清实录》卷四七三）

清高宗乾隆二十年（1755 年）

九月，豁免甘肃灵州于乾隆十九年水冲沙压地 984 亩余的额赋。（《清实录》卷四九五）

清高宗乾隆二十一年（1756 年）

九月，豁除甘肃灵州里仁、张大二渠于乾隆十八年分水冲地 769 亩的额赋。（《清实录》卷五二一）

清高宗乾隆二十三年（1758年）

四月，甘肃巡抚吴达善……又奏："甘肃各属春夏以来，民间耕牛染疫，率多倒毙，原有借给牛本银三两或粮三石，敕令买补之例。除批饬宁夏府属灵州及中卫等县依前例借给牛本，分两年还项，别属或有续报之处，均请一例办理。"得乾隆旨："甘肃常有牛疫之灾，何不讲求医治禳解之方耶？"

八月，赈贷中卫、灵州、宁夏等22府、州、县及平凉、镇远二厅旱灾户口籽种口粮。

十二月，乾隆帝谕军机大臣等说：榆、延、绥三府州被灾12州县，除现在抚恤外，应需加赈……至于定边等县，与宁夏灵州接壤，灵州及宁夏他地粮食尚属有余，令农民自备车辆前往挽运。（《清实录》卷五六一、五六九、五七二）

清高宗乾隆二十四年（1759年）

四月，宁朔、宁夏、中卫、平罗、灵州、花马池等23厅、州、县、卫于乾隆二十三年受旱灾、雹灾的饥民，给其葺屋（修房子）银两。

五月，吏部复议："至宁夏府属之宁夏、宁朔、平罗、灵州四州县水利，请并归水利通知管理，加宁夏知水利衔，换给官防。"乾隆帝准予所请。

八月，赈贷甘肃中卫、灵州、花马池、西宁40厅、州、县、卫于本年遭受旱灾的饥民。

十月，豁免甘肃宁朔、宁夏、中卫、平罗、灵州等22厅、州、县、卫于乾隆二十二年被雹、被水、被旱灾地的额赋。

十一月，乾隆帝又颁旨谕："甘肃折赈，向例每石给银一两。上年因该地方岁事大收，恐贫黎买食不敷不普遍布施，已降旨河东每石加银三钱，河西每石加银四钱。今皋兰等各属被灾地方粮价尚未平减，朕心甚为轸念。著再加恩将皋兰、靖远、金县、平番、固原、盐茶厅、环县、古浪、安定、会宁、新宁、隆德、灵州、花马池、中卫、狄道、河州、碾伯等各州县赈粮折价，俱于前加每石三钱、四钱外，河西、河东每石再各加给银三钱。俾穷黎足数买食，以示朕惠养边氓（民）至意。该部遵谕速行。”（《清实录》卷五八四、五八七、五九九、六〇一）

清高宗乾隆二十五年（1760 年）

八月，乾隆帝谕示军机大臣据吴达善奏，甘肃灵州之横城堡河岸冲决，现在详勘修筑。但如签桩下埽以及修做木龙（均为古代治河所用的挡水的长设备）等事，南河弁兵最为熟练，恳饬江南河臣选取素谙河工把总一员，河兵四名，迅速来甘”等语。又着传谕谕示白钟山：“即于南河兵弁内熟悉河务者如数挑选，敕令先赴横城将应修堤岸会同地方官确估妥办。仍留该省教习沿河营汛。其把总即留甘酌补，兵丁暂食马粮，俟二三年后教习有成，仍咨回本省量加拨补，以示奖励。”

十一月，抚恤甘肃洮州、古浪、灵州、中卫等 27 厅、州、县、卫本年饥民。（《清实录》卷六一九、六二五）

清高宗乾隆二十六年（1761 年）

八月，户部议称：“环县、中卫、灵州等六厅、州、县，上年被雹、水偏灾（偏于某些地方成灾），应免银粮草束。查甘肃省二十五、六两年额赋，皆奉恩旨蠲免，请俟壬午年（1762 年）补豁。”乾隆帝听从部议施行。（《清实录》卷六四三）

清高宗乾隆二十七年（1762 年）

四月，赈恤甘肃安定、灵州等 10 州、县于乾隆二十六年受雹灾的饥民，并予缓征赋税。（《清实录》卷六五〇）

清高宗乾隆二十八年（1763 年）

六月，赈恤甘肃狄道、灵州、花马池、中卫、平罗、西宁等 30 厅、州、县于乾隆二十七年受水、旱、霜、雹灾的饥民，并缓应征额赋。（《清实录》卷六八八）

清高宗乾隆二十九年（1764 年）

四月，乾隆下赈灾旨谕示："甘肃省翻种秋禾，复被偏灾之金县、沙泥州判、环县、灵州、花马池等处，虽经该抚照例赈恤，恐民力尚不无拮据。并著加恩，照皋兰十九州县之例，加赈一个月（口粮）。"

清高宗乾隆三十年（1765 年）

一月，又下旨谕示："去岁甘省夏秋偶被偏灾各州县，业经降旨，令该督等加意抚绥，照例给赈并蠲免本年额赋以示优恤。但念该处地土瘠薄，此时青黄不接之时，例赈将停。麦秋未逮，小民口食恐尚不免拮据。著加恩将灾重之皋兰、金县等十四厅县，无论极次贫民，概行展赈两个月；稍重之中卫、灵州、花马池州同等十五州县，无论极次贫民，概行展赈一个月。"

四月，赈恤甘肃河州、灵州、花马池州同等 26 厅、州、县于乾隆二十九年受雹、水、旱、霜灾的灾民粮食 12 万 480 石，折赈银 27 万 6170 余两。（《清实录》卷七二八、七三四）

清高宗乾隆三十二年（1767 年）

一月，蠲免甘肃宁夏、宁朔、灵州、中卫、花马池州同等 36 厅、州、县灾地 49654 顷 58 亩额赋。

十一月，抚恤甘肃平凉、宁夏、宁朔、灵州、花马池州同等 34 州、县、厅本年旱、雹灾民，并蠲缓不同额赋。

豁除甘肃灵州乾隆二十五、六、七、八、九等年，被水冲塌不能垦复田 44 顷 58 亩额赋。裁甘肃灵州惠安堡盐大使，改设巴里坤同知经理。（《清实录》卷七九〇、七九八、七九九）

清高宗乾隆三十四年（1769 年）

三月，赈恤甘肃宁夏、宁朔、灵州、中卫等 29 州、县、厅于乾隆三十三年受水、旱、霜、雹的灾饥民。

十一月，甘肃宁夏府所管王鋐、大坝、横城口三驿，王鋐、大坝及大坝适中三塘，分隶宁夏、宁朔、灵州三属地方，该州县就近分管，办理较易。以王鋐塘归宁夏县管；大坝驿、大坝塘及大坝适中塘改归宁朔县管；横城口驿归灵州管。（《清实录》卷八三一、八四七）

清高宗乾隆三十五年（1770 年）

三月，赈恤甘肃狄道、宁夏、宁朔、灵州、中卫、平罗、花马池州同等 34 厅、州、县于乾隆三十四年受水、旱、霜、雹灾的贫民，缓征额赋。

十一月，蠲免甘肃三月赈恤的狄道、灵州等 34 厅、州、县乾隆三十四年被雹、水、旱、霜灾额赋。

十二月壬午（19 日），旌表守正被戕之甘肃灵州民吴某妻李氏，灵州因皇帝旌表，特为李氏树立牌坊。（《清实录》卷八五三、八七二、八四七）

清高宗乾隆三十六年（1771 年）

十二月，蠲免甘肃陇西、宁夏、宁朔、灵州、中卫、平罗、花马池州同等 33 厅、州、县于乾隆三十五年夏、秋受雹、水、旱、霜灾等地亩的不同额赋。

（《清实录》卷八九八）

清高宗乾隆三十七年（1772年）

八月，甘肃灵州、中卫等21厅、州、县雹灾成偏灾（局部地区受灾）。

十一月，赈贷甘肃宁夏、灵州、平罗、中卫等31厅、州、县本年水、旱、雹灾饥民。（《清实录》卷九二〇）

清高宗乾隆三十八年（1773年）

是年，乾隆谕示："迩年办理小金川（乾隆征云南小金川战役）以来，节次调派陕甘官兵较他省为数较多。一切经过地方，停宿供亿均动支官帑……兹当小金川全境荡平，兵差所过之地民劳可念，尤宜量加恩泽……宁夏、宁朔、灵州、中卫、平罗……三十一厅、州、县缓征钱粮十分之三。"

三月，赈恤甘肃宁夏、灵州、平罗、中卫等28厅、州、县于乾隆三十七年被灾贫民不同钱粮。

十一月，赈恤甘肃宁夏、平罗、灵州等10厅、州、县雹、霜成灾区饥民。（《清实录》卷九二四、九二九、九四五）

清高宗乾隆三十九年（1774年）

九月，赈济甘肃皋兰、宁朔、灵州、平罗等7州县水、旱、风灾饥民。（《清实录》卷九六六）

清高宗乾隆四十年（1775年）

一月，乾隆谕示："其被灾较轻之灵州、宁朔、平罗镇番，沙泥州判等五处，如有缺乏籽种口粮，随时体察，照例酌借。"

七月，蠲免甘肃皋兰、武威、镇番、宁朔、灵州、平罗6州县乾隆三十九年水灾、旱灾不同额赋。（《清实录》卷八七四、九九三）

清高宗乾隆四十一年（1776年）

一月，上谕："上年被旱、被雹之处，惟皋兰、金县、渭源、平番、中卫、灵州……情形较重，或值积歉之后民食未免拮据。著加恩于青黄不接之时，各展赈一个月。"

十一月，赈恤甘肃灵州等29厅、州、县本年水、旱、霜、雹灾民，缓征新旧不同额赋。

十二月，甘肃皋兰、灵州等29厅、州、县分别由州判、县丞赈恤本年旱灾灾民。（《清实录》卷一〇〇〇、一〇一五、一〇二二）

清高宗乾隆四十二年（1777年）

四月，赈恤甘肃灵州、中卫等31厅、州、县乾隆四十年旱、雹灾饥民。

是月，贵州定广协守备、53岁的苏尔相，在出使缅甸被羁押了7年后回国。《清史》载："苏尔相，灵州人。"白寿彝《回族人物志》曰："苏尔相，字君辅，甘肃灵州吴忠堡回民。"

六月，灵州汉渠，接筑石工1670丈，并迎至野马墩黄河溜处，旧有正闸亦经拆除，水势建瓴而下。

七月，豁免甘肃皋兰、灵州等29厅、州、县乾隆四十一年夏旱灾地亩额赋。

八月，赈恤甘肃皋兰、灵州等32厅、州、县、卫本年旱灾贫民，并予缓征。

十一月，陕甘总督勒尔谨奏准修整中卫美利、长乐二渠，宁夏、宁朔、平罗三县汉渠、唐渠、七星渠，灵州之秦渠、汉渠。

十二月，赈恤甘肃皋兰、灵州等32厅、州、县本年遭受旱灾的饥民等。

（《清实录》卷一〇三一、一〇三五、一〇三六、一〇三九、一〇四七，《清史·列传》卷二十五、三二七，《十一朝东华录·乾隆》卷八十三）

清高宗乾隆四十三年（1778年）

四月，陕甘总督勒尔谨奏："甘省出产官盐，只有宁夏府属之灵州花马小池（今宁夏盐池惠安堡、灵武盐场）及巩昌府属之漳县、西和县，每年出产，仅敷商人配引行销，并无余盐，亦无肩挑背负贫民贩卖余盐之事。其额销官引者，止平凉、庆阳、宁夏、巩昌、秦州、阶州等属。其余各属，民间所食多系土盐，间有买食夷盐者。皆因地处边陲，闾阎贫苦，兼之山路崎岖，若运销官引，脚费既重，盐价倍昂。是以定例听从民便，积久遵行，并无奸商贩囤之事。应仍循旧，毋庸另为筹议。"

七月，赈恤甘肃灵州、花马池州同等32厅、州、县本年遭受旱灾的饥民。

十月，蠲免甘肃灵州、中卫等32厅、州、县于乾隆四十二年受旱灾地亩的不同额赋。

十二月，赈恤甘肃灵州、花马池州同、中卫37厅、州、县本年雹、虫、旱灾贫民，并蠲缓不同额赋。（《清实录》卷一〇五四、一〇六三、一〇六九、一〇七三）

清高宗乾隆四十四年（1779年）

十一月，赈恤甘肃皋兰、灵州等12厅、州、县灾民，并蠲免本年秋禾遭受雹、水、霜灾地亩额赋。《清实录》卷一〇九五）

清高宗乾隆四十五年（1780年）

七月，成书的《乾隆宁夏府志》载灵州牌坊，与《嘉庆灵州志迹》所载同："坊表：翠挹兰峰、河东挺秀坊，在西门外，乾隆十三年（1748年）知州刘辉祉建。城隍庙坊，在城北街，康熙五十五年（1716 年）建。舆梁桥坊，在南门外（二里处）。钦赐烈妇坊二：吴李氏坊，在城西南街，乾隆三十六年（1771 年）建。张萧氏坊，在磁窑寨堡外，乾隆元年（1736 年）建。旌表节妇坊五：监生朱士梃之妻姚氏坊，在城东。生员王式闾之妻李氏坊，在城南。民人文运祥之妻魏氏坊，在城南。民人许昭之妻周氏坊，在城西。民人马健明之妻蔡氏坊，在韩家桥（在城南 15 里秦渠支渠之韩渠上）。

十月，蠲免甘肃皋兰、固原、隆德、中卫等 35 厅、州、县并灵州属之下马关营于乾隆四十四年受水灾地亩的额赋。（《清实录》卷一一一七，《乾隆宁夏府志·灵州坊表》《嘉庆灵州志迹·坊表》）

清高宗乾隆四十六年（1781 年）

三月，蠲免甘肃宁夏、宁朔、灵州、中卫、平罗等 15 厅、州、县乾隆四十五年遭受水、雹灾地不同额赋，蠲免征税未完成所剩下的银两或予缓征。

八月，（为便于控制边陲，对起事者，方资弹压）紧要营堡如宁夏属之花马池、同心城、惠安、灵州、横城……固原城守等处，由各自添（兵）数百名至数名不等。（《清实录》卷一一二七、一一三九）

清高宗乾隆四十八年（1783 年）

五月，豁免甘肃灵州于乾隆四十五年因发山水被冲毁，当年无收成的土地 36 顷 10 亩多的额赋。

七月，豁除甘肃宁夏、宁朔、灵州、中卫、平罗等 15 厅、州、县于乾隆四十五年秋禾遭受水灾田亩的额赋。（《清实录》卷一一八一、一一八四）

清高宗乾隆五十年（1785 年）

十一月，赈恤甘肃宁夏、宁朔、灵州、中卫、平罗等七州县本年水、雹灾贫民。

甘肃布政使福宁上奏："宁夏府属汉延、唐徕、大清、惠民四渠，关系民田。因夏间黄水涨淤，应行修浚……又，灵州横城堡地方护城堵水坝三道、石防风三道俱各冲损，应照例修整。"户部将福宁奏折上报乾隆皇帝。（《清实录》卷一二四三）

清高宗乾隆五十一年（1786 年）

九月，陕甘总督福康上奏道："宁夏各渠（河西诸县、河东灵州）蒙恩借帑普修，嗣后每年培浚，请派府佐、州、县春分前赴各渠点检料物，清明动工，立夏报竣。饬道、府水利同知督办，如有玩误，一并参处。倘遇停淤，渠长即时禀报。各渠口拨正闸手一、厅役一，住宿防守。"得乾隆皇帝下旨："允行。"（《清实录》卷一二六四）

清高宗乾隆五十二年（1787 年）

是年，灵州"钟灵书院"已废弃。灵州知州广玉，于灵州西门外城墙下路北，建立"奎文书院"。（《乾隆宁夏府志·学校》）

清高宗乾隆五十五年（1790 年）

《朔方道志》卷十六，《嘉庆灵州志迹·人物乡献志》载：灵州人王绥中武进士，步入仕途。史载：王绥字履斋，宁夏灵州人。清乾隆庚戌年（1790 年）武进士。后由武进士选侍卫，历官江南督标，中军副将、南赣寿春镇总兵官，升江南提督。抚循军民，所在著绩。任督标时，倡议娟（捐）俸贮库（把自己的俸禄捐给国家入库），以资武员（武职人员）故回里费（亡故后送回乡里的费用）。当事者美其义（赞扬他的义举），并咨浙江省画一遵行（商议浙江全省统一遵照定议施行）。自是两省（浙西、浙东）故员（亡故的武职人员）旅榇

(扶柩归乡)，妻孥无不得归者（没有不能回乡的）。南赣俗多溺女（生下女儿便溺死），（王）绥闻之恻然（怜悯伤痛），乃为立法。自营兵始（由军士们带头），存活者有赏，淹溺者坐罚（军士家里有溺死女婴的，军士虽不知情也要负连带责任受罚）。队长自捐养廉（金）备赏，资为所属倡（作为其属下倡导养廉的标兵）。从事（此法实行了）六七年，全活（女婴）无数，民间感化，其风渐移（逐渐改变了其地的风俗）。辛巳（道光元年，即1821年），黄河漫溢，奉旨星夜赴寿春（今安徽寿县），条上（上书条屡细陈治河事）10余事，水患悉平。圣旨褒嘉赏赉，事母至孝，事兄尤恭，谨俸禄有余，悉以归兄（全部都给了他哥）。事无巨细，罔不禀命焉。自奉极俭而济人之急，倾囊不惜。好读书，公余手不释卷，或弹琴赋诗，著有一《啸轩集》《琴谱小编》。仕宦30余年，馈遗无所收（从不接受任何贿赂），卒之日，江南军民，无不流泪(他的生平被列入《嘉庆灵州志迹·人物乡献志》，他写有《黄沙古渡》一诗，诗曰：“荒烟漠漠路漫漫，河泻平沙两岸宽。缆解帆悬朝雨歇，马嘶人语夕阳残。涛声澌湱千秋壮，风色苍茫六月寒。独羡渔舠轻一叶，长歌终日傍惊湍。”诗作被收入《朔方道志》)。（《朔方道志》卷十六，《嘉庆灵州志迹·人物乡献志》）

清仁宗嘉庆元年（1796年）

是年，免除甘肃灵州新接堡、旱元堡被山水沟冲塌耕地的额赋。（《清史稿》卷九）

清仁宗嘉庆三年（1798年）

四月，免除甘肃宁夏县河忠堡（今灵武河忠堡，其时还属宁夏县管）沙压地18顷30亩土地的额赋。

十二月，灵州知州杨芳灿及郭楷等，完成编修灵武今存最早的志书《嘉庆灵州志迹》。（《清实录》卷二十九，《嘉庆灵州志迹·序》）

清仁宗嘉庆五年（1800 年）

《清史稿·列传》卷三二七，《清史·列传》卷五七等载：灵州回族“苏武式”的人物苏尔相病故于保山（云南今地）。苏尔相（1724—1800 年），清史只载其为“灵州人”，白寿彝先生考《云南统志》等称“苏尔相，字君辅，甘肃灵州吴忠堡回民。”乾隆三十二年（1767 年），苏尔相随大将军明瑞出征云南打击缅甸土地方头目对云南西南部的袭扰、勒索。他领军进至蛮结，第二年接战 25 次，均以超等功受奖，被补授为贵州定广协守备。乾隆三十五年（1770 年），缅甸方请求解围，愿奉表纳贡。几个月过去了，缅方仍无音讯。至四月，云贵总督彰宝遣苏尔相等四人，前往老官屯投送催促文书。缅方头目诺尔塔失信，却将苏尔相等四人扣留不放，一直到乾隆四十二年（1777 年）四月，缅方头目鲁蕴等才伴送苏尔相及其随从到永昌，苏尔相等被整整羁押了七年。可最初乾隆皇帝听说苏尔相被缅方扣留，非常气愤，传旨斥责苏尔相身为都司，带有兵丁同行，为何不能申明大义，骂贼捐躯，反而甘受拘绊，已属无耻贪生，罪责难逃。“该犯罪情如此严重，其家属理应加之罪愆，以明法纪。”于是，陕甘总督明山奉上谕查办苏尔相的家属。苏尔相弟兄五人，其中三弟为嘉峪关千总也不能幸免。苏尔相的儿子、女儿都还年幼，先行羁押，等到流放年龄再签发，后均死于狱中。苏尔相的妻子被发往伊犁给披甲人为奴，由京城签发去往伊犁，死在了途中。

乾隆四十二年（1777 年），苏尔相回到云南受审，留有供词，云贵总督当年给苏尔相的札谕牌票，苏尔相七年来一直小心保管着，不敢遗失，他在供词中说明了在缅甸被拘押和求死不得的经过。不久又译出了缅方的来信，信中说当初不该扣留苏总爷，苏总爷多次闹骂寻死被救等等，此案才有了转机。乾隆闻知审情，才命阿贵进一步安抚苏尔相，准其回灵州省坟茔后，回到云南候补，且赐苏尔相诗一首，把他比喻成苏武：“差往缅甸因被羁，今知悔罪送凯旋。兵传后实非佳也，事贵先声信有之。疠地瘴乡怜久汝，冰天雪窖岂殊其。设如此拟伊家武，无子无妻谓过伊。”乾隆四十九年至乾隆五十八年（1784—

1793年）先后授苏尔相为参将、云南鹤丽镇总兵等，始终防守滇西，直至嘉庆五年（1800年），苏尔相因旧伤复发而病故，享年76岁，其子苏天贵奉旨入籍云南保山县，曾以主事分发在刑部行走。（《清史稿·列传》卷三二七，《清史·列传》卷五十七，《国朝耆献类征》卷二九〇，《云南通志》卷一三九）

清仁宗嘉庆七年（1802年）

九月，缓征遭水灾的甘肃宁夏、平罗、宁朔、灵州、中卫五州县本年额赋。（《清实录》卷一〇三）

清仁宗嘉庆八年（1803年）

一月，官府借贷给甘肃宁夏、宁朔、平罗、中卫、灵州五州县遭水灾的灾民籽种、口粮。

四月，免甘肃宁夏、宁朔、中卫、平罗、灵州等20厅、州、县并沙泥州判、红水（原灵州红寺堡）县丞所属历年来百姓所欠的不同银粮、草束。（《清实录》卷一〇七、一一〇）

清仁宗嘉庆九年（1804年）

八月，赈济甘肃西宁、碾伯、大通三县遭受水灾的贫民，并缓征遭水灾较轻的灵州、中卫、平罗三州县本年应征的不同税赋数额。（《清实录》卷一三三）

清仁宗嘉庆十年（1805年）

一月，供给甘肃灵州、宁朔、中卫等八州县遭受水灾百姓的不同口粮。

八月，缓征宁朔、宁夏、平罗、灵州四州县遭受水灾的庄堡应缴纳的新旧赋税银两、粮食、草束。（《清实录》卷一三九、一四八）

清仁宗嘉庆十二年（1807 年）

是年十一月，朝廷旌表守正捐躯的甘肃灵州民吴进珀的妻子张氏。（《清实录》卷一八八）

清仁宗嘉庆十三年（1808 年）

八月，赈济甘肃平罗、中卫、宁夏、宁朔、灵州等 13 厅、州、县遭受水灾、雹灾的灾民，并缓征新旧额赋。（《清实录》卷二〇〇）

清仁宗嘉庆十四年（1809 年）

三月，朝廷旌表守正捐躯的甘肃灵州民刘亥娃的妻子王氏。（《清实录》卷二〇八）

清仁宗嘉庆十五年（1810 年）

六月，缓征甘肃灵州、中卫等 21 厅、州、县及花马池州同、沙泥州判、红水县丞所属被旱灾民新、旧、正、借银、粮、草束，并拨付赈济附近各省备赈银 100 万两。（《清实录》卷二三一）

清仁宗嘉庆十六年（1811 年）

一月，展赈甘肃灵州、中卫、灵台等 15 厅、州、县及花马池州同、沙泥州判、红水县丞所属上年遭受水灾、旱灾的百姓，并借贷给灾民籽种、口粮。（《清实录》卷二三八）

清仁宗嘉庆十八年（1813 年）

十月，旌表守正捐躯的甘肃灵州民郭进的妻子李氏。

十一月，展缓甘肃省（含宁夏、灵州等）积年旧欠额赋并杂税银两数额、粮食。（《清实录》卷二七七、二七八）

清仁宗嘉庆十九年（1814 年）

九月，缓征甘肃皋兰、靖远、盐茶（今宁夏海原）、灵州、中卫五厅、州、县及红水县丞所属本年因遭受旱灾免去新徵、旧年积欠应缴赋税数额。（《清实录》卷二九七）

清仁宗嘉庆二十年（1815 年）

一月，借贷给甘肃皋兰、靖远、盐茶、灵州、中卫、平罗、宁朔七厅、州、县及红水县丞所属上年遭受旱灾、霜灾、水灾的百姓籽种、口粮。（《清实录》卷三〇二）

清仁宗嘉庆二十一年（1816 年）

一月，赈贷给甘肃灵州、平罗、宁夏、宁朔等 25 厅、州、县及花马池州同所属上年歉收贫民籽种、口粮。（《清实录》卷三一五）

清仁宗嘉庆二十二年（1817 年）

八月，户部议准前任陕甘总督和宁疏报："皋兰、靖远、灵州三州县并红水县丞所属开垦地二十八顷五十亩有奇，照例升科。”嘉庆帝听从奏议。

十一月，缓征甘肃宁夏、宁朔、灵州、中卫、平罗等11州、县遭受旱灾、水灾、雹灾地区应新缴的和旧欠的应缴税额数，并赈贷给受灾百姓口粮。（《清实录》卷三三三、三三六）

清仁宗嘉庆二十三年（1818年）

一月，赈贷甘肃灵州、中卫、安西等11州、县上年遭受旱灾的民众籽种、口粮。

十一月，缓征甘肃平罗、灵州、灵台等10厅、州、县所属遭受雹、水、旱灾地区百姓的应缴新旧税赋额度。（《清实录》卷三三八、三四九）

清仁宗嘉庆二十四年（1819年）

九月，本年陕甘乡试宁夏府属灵州及各县照例另编字号，应取中二名。因知照内帘咨文，将“二字误写一字”，以致少中一名。所有缮写错误之书吏，著审明照例治罪。朱勋未经看出，著交部议处。（《清实录》卷三六二）

清仁宗嘉庆二十五年（1820年）

九月，缓征甘肃灵州、宁夏、宁朔、平罗等9州县遭受旱、雹、水灾村庄的应新缴、旧欠钱、粮、草束、厂租等。

十一月，赈贷甘肃灵台、灵州、镇远等10州县灾民两月口粮，并缓征灵州、狄道、灵台、河州、镇远5州县应缴新、旧税赋额。（《清实录》卷八、二十三）

清宣宗道光元年（1821年）

九月，缓征甘肃灵州、宁夏、宁朔、平罗等9州县遭受、水旱、雹灾村庄的应新缴、旧欠税赋钱、粮、草束、厂租等。（《清实录》卷二十三）

清宣宗道光二年（1822年）

一月，赈贷甘肃中卫、灵州、宁夏、宁朔、平罗等27州县，并王子庄州同所属上年遭受水、旱、雹灾的灾民籽种、口粮。

十月，缓征甘肃静宁、灵州、渭源、清远、西宁、碾伯6州县遭受水、雹、霜灾村庄的应新缴、旧欠的税赋额赋，并赈济河州遭受水灾的灾民。

十一月，赈济给甘肃河、灵州等10厅、州、县及沙泥州判所属灾民口粮。（《清实录》卷二十八、四十二、四十五）

清宣宗道光三年（1823年）

二月，免除甘肃灵州、宁夏、宁朔、中卫、平罗等10州县及西固州同所属因水冲毁、沙压民屯地943多顷，正耗银、粮、草束。（《清实录》卷四十九）

清宣宗道光四年（1824年）

十一月，缓征甘肃灵州、皋兰等21州县及沙泥州判、庄浪、东乐2县丞所属灾区的应新缴、旧欠赋税额赋。（《清实录》卷七十五）

清宣宗道光六年（1826年）

七月，户部议准署陕甘总督杨遇春的疏报：甘肃灵州新开垦耕地88亩多，照例升科。

八月，缓征甘肃宁夏、宁朔、灵州、平罗、镇远 5 州县遭受水、旱、雹灾的灾民应新缴、旧前赋税额赋、草束等。（《清实录》卷一〇〇、一〇四）

清宣宗道光七年（1827 年）

九月，缓征甘肃宁夏、宁朔、灵州 3 州县遭受水灾的村庄应新缴、旧欠赋税额赋。（《清实录》卷一二五）

清宣宗道光九年（1829 年）

十一月，缓征甘肃宁夏、宁朔、中卫、平罗、灵州等 15 州县遭受水灾、旱灾村庄的应新缴、旧欠赋税的额赋。

十二月，旌表守正被戕甘肃灵州民牛彦杰的妻子李氏。（《清实录》卷一六二、一六三）

清宣宗道光十年（1830 年）

是年（1830 年）10 月，缓征甘肃固原、宁夏、宁朔、灵州等 14 厅、州、县遭受雹灾、水灾、霜灾的民众本年应征赋税的额赋。（《清实录》卷一七八）

清宣宗道光十一年（1831 年）

十一月，缓征甘肃灵州、秦州、固原等 18 州县及盐茶同知、沙泥州判所属遭受雹、水、旱等灾村庄的应新征、旧欠、正税、应借银、粮、草束。（《清实录》卷二〇〇）

清宣宗道光十二年（1832 年）

十一月，缓征宁夏、宁朔、灵州、中卫、平罗等 27 州县及盐茶同知、沙泥州判所属遭受雹、水、虫灾地区应新征、旧欠赋税额赋。

清宣宗道光十五年（1835 年）

十一月，缓征甘肃宁夏、宁朔、灵州、平罗等 25 州县并盐茶同知、沙泥州判、东乐县丞所属遭受旱灾歉收地区应新征、旧欠赋税钱、粮、草束。（《清实录》卷一七四）

清宣宗道光十七年（1837 年）

十一月，缓征甘肃宁夏、宁朔、灵州、中卫、平罗等 17 厅、州、县遭受雹、水、旱、霜灾灾区，应新征、旧欠赋税的额赋。（《清实录》卷三〇三）

清宣宗道光十八年（1838 年）

十一月，缓征甘肃宁夏、宁朔、灵州、平罗、固原等 17 厅、州、县及花马池州同、沙泥州判所属歉收区应新征、旧欠赋税额赋。（《清实录》卷三一六）

清宣宗道光十九年（1839 年）

十一月，缓征甘肃宁夏、宁朔、灵州、中卫、平罗等 18 州县及沙泥州判所属遭受旱、雹、霜灾歉收区域，应新征、旧欠、正、杂赋税额赋。（《清实录》卷三二八）

清宣宗道光二十年（1840年）

是年，“鸦片战争”爆发。“自从1840年的鸦片战争以后，中国一步一步地变成了一个半殖民地半封建的社会。”（毛泽东《中国革命和中国共产党》。）和其他各地一样，时宁夏、灵武等地自然灾害不断，天灾人祸相乘，人民贫困化日益严重。宁夏府领4县1州，即宁夏县（今银川）、宁朔县（今永宁南部、青铜峡市）、平罗县、中卫县和灵州，灵州又辖花马池分州（今宁夏盐池县）。

十一月，宁夏（今银川）、宁朔县、平罗县、固原、隆德、灵州及花马池分州等地遭受自然灾害。清廷命缓征上述地区新旧赋税额赋。（《十一朝东华录》卷四十二）

清朝（1644—1840年）灵州所属、所辖地区

《清史稿·地理十一》卷六十四：（灵州属宁夏府）“灵州……府东南九十里。初因明制为直隶州。雍正三年来属，并省后卫，以其地入州境（撤今盐池县后卫，归入灵州辖境）……”

《嘉庆灵州志迹·堡寨》载：清代灵州所属堡寨有三十六：

枣园堡，在城西南四十里。吴忠堡，在城南四十里。惠安堡，在城南一百六十里。驻宁夏府通判，司盐务。汉伯堡，在城东南七十里。金积堡，在城西南七十里。忠营堡，在城东南七十里。秦坝关，在城西南七十里。同心城，在城西南四百五十里。明置操守，今设守备。胡家堡，在城南二十里。新接堡，在城西南三十里。临河堡，在城北六十里。今设把总。夏家堡，在城北二十里。河东关，在城北四十里。大沙井，在城东南四十里。明设驿递。石沟驿，在城东南九十里。明置操守。盐池堡，在城东南一百五十里。产盐。明置操守、驿递，今废。隰宁堡，在城东南二百里，明有驿递。萌城，在城东南二百五十里：明有驿递。磁窑寨，在城东北七十里。出喳炭，其土可陶。清水营.

在城东北七十里：明置操守，继改守备。今设把总。横城，在城北七十里，明置操守，继改守备。今设都司。红山堡，在城东北六十里：明置操守，今设把总。红寺堡，在城南二百九十里。明设操守，今设把总。兴武营，在城东北一百四十里。今设都司。花马池，在城东二百六十里。明置后卫，驻副将。今因之，后改参将：韦州堡，在城东南二百一十里。安定堡，在城东二百里。明设守备，今因之。杨柳堡，在城南一百四十里。野狐升，在城东南一百八十里。西水头，在花马池西六十里。南水头，在花马池南九十里。张贵堡，在花马池西南一百二十里。孙家水，在花马池东南一百九十里。寺儿掌，在花马池西南一百六十里。铁柱泉，在花马池西一百二十里。查旧志尚有红崖站堡，今废。

《嘉庆灵州志迹·营汛》载，清代灵州各营汛烽火台如下。

衡成营墩十四处：石嘴边墩、出水壑，以上属横城。安边墩、大莺墩（暗门）、镇罗边墩、窑儿边墩，以上分属红山堡。庙儿边墩、塔儿边墩、定远边墩、余汤墩（暗门）、靖边墩、古寺边墩、柔远墩，以上分属清水营。

兴武营墩十六处：苦水边墩、平安墩、暗门墩（暗门）、沙沟边墩、双沟边墩、碱口边墩、西沙边墩、沙岭边墩、兴武营（暗门）、高粱边墩、硝池边墩、干沟边墩、中沙边墩、半个城墩、清字边墩、镇边墩。

花马池营墩二十一处：芨芨沟边墩、十一铺边墩、七铺边墩（暗门）、四铺边墩，以上分属安定堡。二十三铺边墩、二十一铺边墩、十九铺边墩、十六铺边墩、十三铺边墩、八铺边墩、三铺边墩、二铺边墩、长城关（暗门）二铺边墩、五铺边墩、七铺边墩、九铺边墩、十三铺边墩、十七铺边墩、二十一铺边墩，与延绥定边营接界。

以上各墩防兵三名。

灵州营二十五处，属灵州有：磁窑寨墩、新墩子墩、茨烟墩、上十里墩、麦岗子墩、白土墩、旧石沟墩、红窑墩、深沙沟墩、晏湖墩、马站湖墩、夏家堡墩、鱼湖墩、野马墩。

兴武营四处：峭汲塘房墩、西倒墩房墩，以上属兴武营；镇安塘房墩、石山塘房墩，以上属毛卜喇。

横城营五处：大墩塘房墩、石嘴塘房墩，以上属横城营；出水塘房墩、镇罗塘房墩，以上分属红山堡；庙儿塘房墩，分属清水营。

从上述可看出，到清代时烽火台所用的数量比明代大减，部分明代所筑烽火台被废。今灵武文物普查中统计，灵武境内今存50余座烽火台，大部分为黄土夯筑，包以砖石者很少。它们主要分布在灵武市临河镇、宁东镇、白土岗乡和东塔镇，大致分东西线一条，西起横城，东至杨家庄出灵武境至盐池县，沿线今存烽火台14座，全部为黄土夯筑。而从北向南至灵武市区的线路却有两条：其一是黑山至灵武城线，是从长城脚下的黑山墩台，每隔5—10里设一座烽火台，依次是黑山墩、半截墩、火儿墩、黄草坡墩、烟墩山墩等，折向西南达灵武城；其二是杨家庄至灵武城线，是从长城附近的杨家庄姚家墩始西南向的6座烽火台，接烟墩山烽火台达灵武城，依次为姚家墩、东湾墩、高立墩、黄刺墩、甜水河墩、烟墩山墩；其三是横城至白土岗线，是灵武境内线路最长的一条烽火报警线，有五里墩、十里墩、长流水墩、白土岗墩等，其中白土岗乡境内的两座烽火台，一座保存状况最好，另一座保存状况较好。灵武境内的所有烽火台，今都得以保护。

清宣宗道光二十一年（1841年）

十一月，缓征甘肃宁夏、宁朔、灵州、中卫、平罗等18州县及花马池州同、沙泥州判、东乐县丞所属遭受雹、霜、水灾歉收区旧欠赋税额赋。（《清实录》卷三六二）

清宣宗道光二十二年（1842年）

十一月，缓征甘肃宁夏、宁朔、灵州、中卫、平罗等26州县及沙泥州判所属遭受旱灾歉收村庄应新征、旧欠各种赋税额赋。（《清实录》卷三八五）

清宣宗道光二十三年（1843年）

十一月，因旱灾而缓征甘肃宁夏、宁朔、灵州、中卫等24州县并花马池州同、沙泥州判所属歉收村庄应新征、旧欠各种赋税额赋。（《清实录》卷三九九）

清宣宗道光二十四年（1844）

一月，宁夏、宁朔、中卫、平罗、固原、隆德、灵州和花马池分州各属部分地区遭受旱灾，清廷命缓征歉收地区应新征、旧欠各种赋税额赋。

十二月，宁夏、平罗、灵州和花马池分州部分地区受灾，清廷命缓征所属歉收地区应新征、旧欠、正、杂税额赋。（《大清历朝实录·道光朝》）

清宣宗道光二十五年（1845年）

十二月，宁夏、宁朔、平罗、固原、隆德、灵州和花马池分州所属部分地方遭受旱灾。清廷命缓征歉收地区应新征、旧欠赋税额赋，并于明年（1846年）春播时节，给隆德等地区灾民贷放籽种。（《大清历朝实录·道光朝》）

清宣宗道光二十六年（1846年）

十一月，缓征甘肃固原、灵州、灵台等16州县及陇西县丞所属遭受雹、水、旱、霜灾灾区，应新征、旧欠各种赋税额赋。（《清实录》卷四三五）

清宣宗道光二十七年（1847年）

一月，固原和灵州地区连续受灾，清廷命缓征灾区应新征、旧欠赋税额

赋。（《大清历朝实录·道光朝》）

清宣宗道光二十八年（1848 年）

一月，宁夏、宁朔、平罗、固原、隆德和盐茶厅（今宁夏海原县）等地部分地区受灾，清廷命缓征被灾地区应新征、旧欠赋税额赋。

十二月，宁夏、宁朔、中卫、平罗、固原、隆德、灵州部分地区受灾，清廷命缓征歉收地区应新征、旧欠各种赋税额赋。（《大清历朝实录·道光朝》）

清宣宗道光二十九年（1849 年）

八月，宁夏境内黄河水位暴涨，秦渠进水口大码头被洪水冲毁，且金积（今宁夏吴忠市金积镇）、灵州地区不靖，盗匪横行，被毁水利设施一直未能得以及时修复。从此，秦渠险工迭出，或大水或无水造成旱灾频仍，迫使灵州江家湾、蔡家嘴、枣园一带居民纷纷迁徙他乡谋生。（《大清历朝实录·道光朝》）

清宣宗道光三十年（1850 年）

八月，灵州山洪暴发，黄河水位大涨，金积、灵州一带遭受严重水灾，田舍稼禾漂没甚多，其中有 4 个乡的人民因故土水淹过后，房屋漂没，耕地被沙砾淤积而成为荒漠，无法耕种，民众流离失所。（《大清历朝实录·道光朝》）

清文宗咸丰元年（1851 年）

十一月，缓征甘肃宁夏、宁朔、灵州等 14 州县及陇西县丞所属，旧年、当年遭受水、大雪、风灾、旱灾区未完应新征、旧欠赋税银粮、草束。（《清实录》卷四十八）

清文宗咸丰二年（1852 年）

一月，清廷命缓征宁夏、宁朔、固原、灵州等地灾区未完应新征、旧欠赋税银、粮、草束。

二月，在镇压太平天国起义的同时，陕甘总督舒兴阿制定保甲制，在甘肃全省城乡推行。今宁夏属甘肃管辖，宁夏、灵州等地同时实行保甲制，即十户为甲，设一甲头；十甲为保，设一保长。户给印牌，上书写其户长姓名、丁口，出则注其所往，入则稽其所来，进一步加强对人民的黑暗统治。

十二月，缓征甘肃宁夏、宁朔、灵州、中卫、平罗等 19 州县及陇西县丞所属遭受旱、水、雹、霜灾等地方应新征、旧欠各种赋税所征的额赋。（《大清历朝实录·咸丰朝》《清实录》卷七十九）

清文宗咸丰三年（1853 年）

一月，宁夏、宁朔、中卫、平罗、固原、灵州部分地区受灾，清廷缓征被灾地区应新征、旧欠各种赋税额赋。

四月二十一日，灵州白昼晦暗如夜，翌日始明。

八月，清文宗晓谕内阁："易棠奏查勘秋禾被灾情形一折。本年甘肃省宁朔、宁夏、灵州、平罗、中卫等州县因夏秋暴雨，山水陡发，渠流泛滥，淹没田禾、民房并乡仓分储粮石，人畜均有淹毙。复有被雹之处，情形较重殊堪悯恻。现经该署督委员驰往，会同该府、县查勘。著即饬令宣泄积水，妥为抚恤。其应如何蠲缓之处，著即查明，据实具奏。其被旱、被雹之皋兰等州县，被雹之洮州等厅、州、县，被旱之陇西等州县及被雹、被水之安定县，或积得雨泽，或被灾较轻，并著该署督一并迅速查明，分别核办，用符朕轸念民依至意。"

九月，署陕甘总督易棠奏报，宁夏府及灵州、诸县，今年以来，连下暴雨，山洪暴发，渠流泛滥，田禾、民舍和乡仓储粮大受损失。人、畜均有淹毙。清廷命分别免、缓被灾地区的新旧额赋。

十二月，清廷命缓征固原、隆德受灾地区旧欠额赋，缓征宁夏中卫、平罗、灵州等地应新征、旧欠各种赋税额赋。（《大清历朝实录·咸丰朝》《清实录》卷一〇四）

清文宗咸丰五年（1855年）

一月，清廷命缓征宁夏、平罗、隆德、灵州受灾年份旧欠银粮。

十二月，清廷命缓征宁夏、宁朔、中卫、平罗、固原、灵州和盐茶厅（今宁夏海原）受灾地区应新征、旧欠各种赋税所征额赋。（《大清历朝实录·咸丰朝》）

清文宗咸丰八年（1858年）

上年（1857年），今宁夏大部分地区遭受旱灾、雹灾，是年（1858年）1月，清廷命缓征宁夏、宁朔、平罗、中卫、固原和盐茶厅（今宁夏海原）等地受灾地区应新征、旧欠赋税的银、粮、草束，但灵州除外。

是年，今宁夏地震。（《大清历朝实录·咸丰朝》）

清文宗咸丰九年（1859年）

一月，清廷命缓征宁夏、宁朔、中卫、平罗、隆德、灵州等州县应新征、旧欠赋税钱、粮、草束。（《大清历朝实录·咸丰朝》）

清文宗咸丰十年（1860年）

一月，清廷命暂缓征收宁夏、宁朔、中卫、灵州等地遭受水灾地区旧欠额赋。

五月，清廷升任宁夏灵州营参将滕家胜，为四川川北镇总兵官。（《大清历朝实录·咸丰朝》）

清文宗咸丰十一年（1861 年）

二月，清廷命缓征宁夏、平罗、固原、灵州受灾地区应新征、旧欠赋税额赋。（《大清历朝实录·咸丰朝》）

清德宗光绪二年（1876 年）

是年，灵州知州孙承弼筹款在原奎文书院旧址（同治二年，1863 年，毁于兵燹），改建新书院，取原“钟灵书院”之“灵”字，和“奎文书院”之“文”字，名为“灵文书院”。灵州知州孙承弼因撰《创修灵文书院碑记》，以记其创建过程。（《大清历朝实录·同治朝》）

清德宗光绪四年（1878 年）

八月，灵州大旱又兼飞蝗成灾，灾害相乘，人民饥不得食。

是年，将宁夏宁灵厅属之同心城巡检，改隶固原直隶州平原县（今宁夏同心）属。（《大清历朝实录·光绪朝》）

清德宗光绪六年（1880 年）

五月，灵州参将肖兆元贪污一案，业经署宁夏镇总兵冯南斌查证落实，计侵吞白银 7400 余两，且手段恶劣，贻误左宗棠领军征讨新疆分裂叛乱势力之役左军军粮供给。经左宗棠奏准，抄没其家产，将肖兆元军前正法。（《大清

历朝实录·光绪朝》）

清德宗光绪十一年（1885 年）

六月，灵州的宁夏哥老会首领赵神仙（名赵良才，亦名赵进才，系灵州邵岗人，原籍平远县—今宁夏同心县豫旺镇），平时以开粉坊货店，兼以相面为掩护。他从光绪九年（1884 年）起，受哥老会组织的影响，在灵州组织宁夏哥老会，奔走于韦州（今同心韦州镇）、金积（今宁夏吴忠金积镇）、灵州一带，秘密发展会友，暗中购买枪械，进行反清准备。时已在暗中组织起了五六百人，自称“西烈王”，准备起事。约定十一月，攻打灵州金积堡。但消息走漏，宁灵厅同知郭昌默侦知后，严令各乡搜捕其会众。

十一月九日，于灵州无法存身的赵良才逃归原籍（今同心）豫旺城躲避，起义未遂。（《大清历朝实录·光绪朝》）

清德宗光绪十五年（1889 年）

九月，灵州地大震，房屋倒塌甚多。

十月，灵州再次地震，较上月震感要弱。（《大清历朝实录·光绪朝》）

清德宗光绪十八年（1892 年）

七月，灵州呈现流星雨天象。《光绪灵州志·历代祥异》载：“十八年秋七月，西南星陨如雨。”

清德宗光绪二十一年（1895 年）

是年，灵州人张煦卒于晋（山西）巡抚任上。《朔方道志》卷十六、十七载："张煦（1822—1895 年），字南浦，灵州人。父松年［《朔方道志》卷十七载："字寿山，灵州举人，司铎狄道，任狄道州学正。淡于仕进，归里（回到故乡灵州）授徒（教授学生），以德行为先。常谓士不敦品（品德不敦厚），虽学富五车，亦糟粕耳"］。张煦少承家学，以道光己酉（道光二十八年，1849 年）拔贡举乡试。咸丰癸丑（咸丰三年，1853 年）中进士，授刑部主事，擢员外郎，迁郎中，京察一等。出为贵州镇远府知府，调贵阳府，丁母忧归（母亡，回到灵州家中丁忧三年）。服阕（丁忧期满，着官服回朝）补贵东道，迁（升迁）陕西按察使，擢（擢升）广东布政使，调山西布政使。旋（不久）简任（经过考绩选择而任用）陕西巡抚，调湖南巡抚、山西巡抚。为治一本经（儒学），术诘奸暴（以儒术反对奸邪、暴虐之徒），安良懦。及任封疆（等到位及封疆大臣），值公私凋瘵（指社会腐败，百业凋敝），涤除封（风）靡，综核名实，革陋规（革除陈规陋习），清积弊（清理多年积累的弊端），上下肃然。廉静诚慤，不为赫赫名，所在事集而民和，有各得其所之乐。抚湘时，湖广督臣（指张之洞）有失宜事（政事处置不当，指张之洞为行洋务筹款，不免常急躁行文前后文意不符），寓书规谏（写信规劝），义正词严，海内钦服。光绪二十一年（1895 年），卒于晋抚任陕西巡抚任（上），议恤如例丧归（归葬灵州）。关中民巷哭致祭，遂留葬焉（西安百姓执意挽留，使之葬在西安）。子（张）体元、（张）赞元，孙（张）柄权。（张）体元候选郎中，（张）柄权二品廕生。"（《朔方道志》卷十六、十七）

清德宗光绪二十五年（1899 年）

今宁夏境内回民起义不断。

六月，海城县（今宁夏海原县）雹灾严重。

九月，海城回民再次举行起义，旋即失败。

灵州全年多雾雨，复加地震，房屋倒塌无数，经过了一个月，地震才停止，灾情严重。（《大清历朝实录·光绪朝》）

清德宗光绪二十六年（1900年）

是年，灵州人张俊卒于武卫军任上。《朔方道志》卷十六载："张俊（?—1900年），字杰三，灵州人。光绪元年（1875年），由总兵借补北川营都司。光绪二年（1876年），随左宗棠大军出征新疆（平定新疆分裂割据势力，维护国家统一），仍隶湘军部下，于古牧地乌鲁木齐、玛纳斯、托克逊、吐鲁番大战，屡著奇功，生擒库密尔贼目（头目）30余名，夺获军械牛马无算。而喀喇峡、库尔勒、库车、拜城、阿克苏、乌什各城，节次肃清（相继收复、整肃），复于（与）提督余金虎，攻剿西四城，一鼓而捷。叙头等军功，加提督，赏黄马褂。旋统四城马步各军，移防英吉沙尔，权（权领）乌什协副将，授甘肃西宁镇（今青海西宁）总兵。（光绪）二十一年（1895年），擢喀什噶尔提督，仍驻阿克苏（新疆今地），以资镇摄。当其镇伊犁（新疆今地）也，捐廉（捐自己廉洁银，即俸禄及因军功所得赏赐银）7000两购马千匹，游牧孳生，马政大兴；又于霍尔果斯（新疆今地）筑碉卡7座，以通烽堠（指西征军击败阿古柏侵略军以后，收复了伊犁，与新疆其他收复地连片守卫）。其治喀什噶尔也，其界与俄（沙俄）毗连（接境），强邻窥伺，防不胜防。（张）俊以饷运维艰，改练士兵，坚修堡寨，仍捐廉储粮70000余石，以备缓急……（光绪）二十四年（1898年），调署甘肃提督，奉诏入京，并奉旨巡阅沿边营伍。旋（很快）领武卫军翼长，并领中军，赐紫禁城骑马。巡阅北洋各军，圣眷优崇，为诸臣冠（在清诸大臣中，是最受光绪帝尊崇的大臣）。（光绪）二十六年（1900年）卒于军（死于武卫军任上），赐祭葬（皇帝赏赐由朝廷祭奠），谥（号）'壮勤'，御制碑文（由皇帝亲写碑文），生平事迹，宣付史馆（皇帝宣诏命存于国家档案馆）。"（《朔方道志》卷十六，《白话二十四史》第四卷）

清德宗光绪二十九年（1903年）

十月，在八国联军的压力下，被清廷革职还乡的董福祥率旧部，屯田于灵

州马家滩（今灵武市马家滩镇）。（《大清历朝实录·光绪朝》）

清德宗光绪三十年（1904 年）

十月，黄河自发大水以来，各大渠多处决口，淹没农田、民舍甚多，自中卫至灵州，再至平罗，灾情严重。百姓流离失所，无以生计。董福祥允将灵州马家滩部分土地，让灾民定居，且向灾民捐赠白银 28 万两，清廷奖其孙董恭以道员加二品衔。黄河发大水，引发灵州秦渠决口，加重了灵州水患的危害程度，知州廖葆泰筹款银 8 万两，主持修复秦渠。（《大清历朝实录·光绪朝》）

清德宗光绪三十一年（1905 年）

七月，清廷内务部下令修甘肃各府、厅、州、县志与乡土志。灵州《光绪灵州志》成，今存多为残本，其中有《创立灵州高等小学校堂碑记》，详记了灵州由书院教育向现代教育转变的史事。

《光绪灵州志·历代祥异》载："三十一年冬（秋）八月十六日申刻（11 月 12 日夜），有星大如斗（灵州天空有一星大如斗），从东方起，落于正西（落于正西贺兰山后）。其声如雷，落后光芒冲入天中（空际），其形蜿蜒，越时始灭（过了好长时间，其行迹才消失）。"（《大清历朝实录·光绪朝》《光绪灵州志》）

清德宗光绪三十四年（1908 年）

是年，原处于黄河中洲岛上、归宁夏县辖的河忠堡，因黄河河道的改变，而被隔于河东，为灵州所辖。宁夏府知府赵惟熙，为解决河忠堡农田灌溉问题，从灵州秦渠清水沟（古清水河）渡槽下，接引宁灵厅汉渠退水，开新渠沿灵州之新接堡（由新接"天水渠"而得名）通达河忠堡，所开新渠命名曰"天水渠"，全长 30 余里，溉田数千亩。

其何为名“天水渠”，《甘肃新通志》载：“河忠堡旧受汉延渠（今灵武汉渠）水，有支渠名河忠堡渠。顺治初，灵州被水冲啮，因于河忠堡西岸挑沟以分水势，后河竟西趋，将河忠堡隔在河东，堡民于河忠堡自开小渠二道，藉以灌溉，但因河形无定，常苦无水。光绪三十四年，宁夏知府赵惟熙（《朔方道志》卷十六载：赵惟熙，字芝珊，江西南丰人）接引汉渠退水之清水沟，经过玉皇墩而入黄河。利用沟水灌溉农田，名曰天水渠。”（《大清历朝实录·光绪朝》《朔方道志》卷六，《甘肃新通志·宁夏府志》卷十）

清宣统二年（1910 年）

十二月，灵州遭受水灾，清廷令免除地方银米。陕甘总督长庚上奏，请修筑甘肃南北铁路干线，计划南线由甘肃兰州至宁夏灵州，北线由灵州北往今内蒙古包头，接京张线，全长 2000 余里，需借外款 2000 数百万白银。

清宣统三年（1911 年）

是年，10 月 10 日，武昌辛亥革命首义成功；10 月 12 日，陕西同盟分会负责人、灵州籍张煦之子张赞元，传言家乡响应辛亥革命，举行起义。灵州响应辛亥革命的先行者们，便暗自进行串联活动。10 月 22 日，陕西革命军政府以鸡毛传贴知会灵州、宁夏等地共起反抗清廷。

11 月 9 日，宁夏哥老会积极准备起义，宁夏知县陈元骧闻讯，将会党骨干 10 余人逮捕下狱。11 月 17 日夜二更，灵州会党首领高登云、马连第等率会友百余人和义民，一举攻占灵州州署，灵州城光复。11 月 19 日，灵州军政府成立，高登云任大元帅，马连第为副元帅，杨忠厚为参谋长，称“灵州复汉军”。11 月 20 日，灵州革命军进占灵州横城，同时，派杨雄、朱仝（二人均系化名）率 300 人前往攻打宁灵城（金积堡）。可宁灵守城署同知黄英和巡防营管带戴春霖防守甚严，义军伤亡 30 余人，退回灵州。

12 月 20 日，清军在镇压了宁夏府城义军后，渡过黄河，攻打灵州横城。

灵州义军首领高士秀率义军与清军奋战两日后，终因寡不敌众，高士秀率义军撤往“三边”（陕西定边、安边、靖边）地区。是月中旬，灵州义军与清军激战后，光复后的灵州已不保，义军便主动撤离灵州赴陕西定边。清军进入灵州城，背信弃义，“敞刀三日”，杀害灵州民众3000余。灵州顾氏阴阳（伙居道士）义举号召城内残存居民，收尸掩埋被杀者，葬于灵州城北5里处的晏湖墩下陇土，后人称之为“万人坟”。

清代的灵武制瓷业比明代时要活跃得多，而且是和灵武所产的香砟子煤（学名“长焰煤”）一道，通过黄河水运，销往他地。清代黄恩锡有两首《竹枝词》写道：“冻解河开欲暮春，船家生理趁此晨。土窑瓷器通宁夏，石炭连船贩水滨。”“围炉砟子出灵州，烟尽风前火自悠。晓起室中殊不冷，烘烘暖气胜披裘。”（《朔方道志》卷三十一）

中华民国

（1912—1949 年）

中华民国元年（1912 年）

1 月 1 日，中华民国成立。

1 月 11 日，清廷宁夏道傅秉鉴将灵州知州余重基革职查办。

是年，原灵州驿站撤销，于灵州城内南街设立“灵州邮政代办所”。

中华民国 2 年（1913 年）

2 月 7 日，北京政府令各省裁府存道，改称观察使；同时将原厅、州、分州一律改为县制，知县改称县知事。宁夏府亦裁府设道，因宁夏道与首县宁夏县同名，故依古代灵州为朔方郡，宁夏属之古制，改称朔方道（治今银川），其下辖的州县依次改灵州为灵武县，改宁灵厅为金积县，改灵州花马池分州为盐池县。时朔方道领 8 县：宁夏县、宁朔县、平罗县、中卫县、灵武县、金积县、盐池县、平原县（今宁夏同心县）。

12 月，北京政府又将朔方道改回为宁夏道。

《辞海·灵武》云：“灵武古县名……1913 年改为灵武县。境内渠道纵横，为黄河上游农业发达地区之一。”就“渠道纵横”而言，《朔方道志》卷六、十二中记载原灵州秦渠、汉渠的支渠就有 35 条。

秦渠支渠 26 道：瓦渠、李闸渠、西渠、迎门渠、黄莎渠、鲁家渠、新乐渠、车木渠、狗燥渠、东渠、西渠、大杨渠、管不得渠、龙渠、中渠子、白瓜渠、新渠、乾渠、冯渠、新王渠、沙渠、大红闸渠、毛家渠、高口子渠。

汉渠支渠 9 道：旧新渠、黑渠、闫家渠、新闫家渠、马兰渠、波罗渠、瓜连渠、沙渠、朱渠。

中华民国 4 年（1915 年）

灵州哥老会会首高士秀，与绥远（今内蒙古自治区）独立队卢占魁取得了联系。高士秀派金占奎到后套，重新组织辛亥革命时失败的原宁夏、灵州的宁夏民军和会友，以重整旗鼓，再次举兵攻取宁夏（今银川）、灵武。

是年，将灵武县所属之惠安堡（即旧盐捕通判）、盐积堡（原名盐池堡）、萌城堡、隰宁堡 4 地划归盐池县管辖。

中华民国 5 年（1916 年）

2 月 29 日，原宁夏、灵州民军首领高士秀、金占魁联络绥远护国军司令卢占魁，由陕北绕道进攻宁夏、灵武，宁夏镇总兵马福祥派其子马鸿逵率部赴盐池迎击，两军大战于盐池天池子、灵武清水营一带。

5 月 4 日，金占魁、卢占魁率部进占灵武县大寨子（今崇兴镇）后，突袭灵武县城未能得手，金占魁被马鸿宾阵斩于灵武大寨子，卢占魁逃亡河套地区。

6 月，高士秀率部集结于盐池北之昭化庙，准备再攻宁夏。消息为主政宁夏的马福祥所侦知，马福祥遣昭武统领马福寿、灵武知县余鼎铭率众“衔枚夜踔二百里”夜袭、包围了疏于防守的高士秀部，义军损失大半。

中华民国 6 年（1917 年）

3 月，原灵州民军首领高士秀，诡称甘肃静宁县巫医吴六吉为清室后裔，改名达尔六吉称帝，率众自磴口（今内蒙古临河）进攻宁夏平罗县城，被马福祥侄子马鸿宾击败。达尔六吉等逃匿于贺兰山中，旋被搜获，正法于宁夏城

（今银川），高士秀逃遁。

9月，灵武知县余鼎铭在修筑灵武西城墙时，发现两箱西夏文佛教经卷，完整无损。余鼎铭将一部分经卷上交宁夏护军使马福祥，而大部分据为己有。据考证，这些经为大德六年（1302年）用西夏文印刷的《大德经》。

是年，今宁夏博物馆、北京图书馆和甘肃临夏等处保存、收藏的西夏文《大方广佛华严经》，即其中的一部分。这些佛经，经牛达生等专家研究、鉴定，是用木活字印刷的，字迹清晰，版式精美，反映出西夏高超的印刷技术水平，对研究我国早期木活字版印具有重要的学术价值。

10月，灵武知事余鼎铭于灵武县吴忠堡西街文庙，创办"灵武县第二高级小学"。

是年，高士秀第二次转移到"三边"（陕西定边、安边、靖边）后，由于原民军集体解体，高士秀便长期蛰居榆林（陕西今地）。

中华民国7年（1918年）

宁夏护军使马福祥在灵武大寨子创办了一所"高级小学"。

陈润生、向涤修、蔡质夫等商人，发起组织"甘绥轮船公司"，购置轮船"飞龙号"，船长6丈，宽1丈4尺，舱深3尺，载重两万斤。由灵武横城于黄河顺流至绥远（今内蒙古）包头河口镇。后因经费维系困难而停航。

中华民国8年（1919年）

是年，原灵武县所有的私塾一律撤销，改建"国民小学"。

7月，比利时传教士肯特于灵武古"丝绸之路"之"神仙路"（文化交流之路）去往陕北，夜宿灵武水洞沟，发现了古人类文化遗迹。由此，肯特又于灵武其他地方进行考察，曾于台子清真大寺（今灵武市崇兴镇台子村）与人合影留念。

中华民国 9 年（1920 年）

12 月 16 日晚 7 时，今宁夏海原发生 8.5 级大地震，受难 20 多万人。其中地震波及灵武县，震感强烈，死亡 300 多人，压毙牲畜 700 多头，倒塌房屋十分之二。

中华民国 10 年（1921 年）

2 月 20 日，灵武大地震，城堞均被摇落，城内房屋经上年（1920 年）大震未被震塌者，今此无免。城乡房屋总数倒塌过半，死亡 700 多人，哀鸿遍野。

中华民国 12 年（1923 年）

法国神甫、古生物学家德日进、桑志华，按照肯特所言，到灵武县水洞沟古人类文化遗址进行“调查”，发掘去大量珍贵文物，转运至欧洲（《宁夏文物略述》）。

中华民国 13 年（1924 年）

灵武县高等小学、初等小学一律改称高级小学、初级小学。高级小学学制 6 年，初级小学学制 4 年。

中华民国 14 年（1925 年）

1 月，西北边防督办冯玉祥派刘郁芬率暂编第二师，进入宁夏。

10 月，刘郁芬前往灵武考察。

12 月，刘郁芬令马鸿逵部驻防金积、灵武二县。

中华民国 15 年（1926 年）

马鸿逵部奉命调离金积、灵武县，移兵固原一带。

中华民国 16 年（1927 年）

7 月，根据甘肃省政府公布之《各县行政公署组织法》，灵武县政府之下分设科局，县知事改名县长。

是年，由马福祥主编、王之臣主纂的宁夏《朔方道志》由天津华泰印书馆印刷发行，费洋 3000 多元。其中关于灵武县的沿革、水利等记载较详，是 1949 年以前宁夏编纂的最后一部地方志书。

是年冬，大雪成灾，灵武城东北一带枣树多被冻死。

中华民国 17 年（1928 年）

11 月，南京国民政府改组，于宁夏、青海分别建立行省，又在磴口（今内蒙古临河）设置新县为磴口县，遂将阿拉善旗、额济纳旗和磴口县，一并划归宁夏省。新建的宁夏省领九县二旗，即宁夏县、宁朔县、平罗县、中卫县、灵武县、金积县、盐池县、镇戎县（今宁夏固原）、磴口县和阿拉善、额济纳两蒙旗，总人口 60 万，总面积 1099638 平方市里，占全国总面积的 2.3%。

是年，土匪杨老二（杨自福）猖獗，无恶不作。

中华民国 18 年（1929 年）

5 月，杨自福率众攻灵武城。西北第七军旅长刘知远和灵武知县岳绳武调灵武东山刘天玉民团守城，大败杨老二。

7曰4日，宁夏省主席吉鸿昌命魏烈忠为灵武县县长。

8月，吉鸿昌组织召开宁夏地区首次“国术比赛大会”。灵武县高级小学校长陈明新带领30余名学生首次参加省级运动会。其中，十几名运动员成绩优秀，获得了奖励。

10月，刘知远参加中原大战，原被收编的地方势力各据一方，祸害百姓。灵武县城至今崇兴一带，由韩进禄占据，杨自福占据吴忠堡一带。

中华民国19年（1930年）

是年，天旱无雨，冬季奇冷，灾荒严重，盗匪横行，灵武枣树又多被冻死。

中华民国20年（1931年）

灵武人王国璋被蒋介石、顾祝同委任为“西北巡视专员”，赴甘肃兰州解决“雷（中田）、马（鸿宾）事件”。经数十日磋商，使“雷马纠纷”得以解决。是年，王国璋应马鸿宾宴请，回到家后突然溘然长逝。

中华民国22年（1933年）

3月，马鸿逵入主宁夏政事后，为报1925年驻防磴口时期，马鸿宾奉命不准其部进入宁夏的私怨，便对马鸿宾多方刁难。马鸿宾不得不率35师移驻金积、灵武一带。

4月，宁夏清查户口，实行保甲制。灵武县清查所得户口数为12144户。

10月，灵武县第一次清查户口、清丈土地。

中华民国 23 年（1934 年）

1 月，孙殿英率部与马鸿逵大战于平罗。马鸿逵乘机抽抓壮丁，扩充军事力量，摊派粮草，征用牲畜，灵武县牲畜被征用一空。孙殿英攻平罗不下，又转攻灵武不胜，不得不退出宁夏。

12 月，土地清丈结束，宁夏金、灵等 7 县清查出无赋土地百余万亩。

中华民国 24 年（1935 年）

1 月，宁夏省政府安排清查户口，灵武有 12144 户。编制保甲制时 10 户为甲，10 甲为保，灵武共有 932 甲 68 保。

9 月，全国经济委员会山西分会在包头制造了 3 艘汽船，由包头黄河段逆水而上，到达灵武北部横城码头，观者如潮。

中华民国 25 年（1936 年）

4 月，马鸿逵为“反共”，将宁夏全省划分为 3 个警备区。第二警备区警备司令马腾蛟驻灵武吴忠堡。河防司令下辖 3 队，其中一队驻灵武横城。

6 月，西征红军 15 军团 78 师解放宁夏盐池，先锋部队到达灵武磁窑堡、清水营和灵武近郊塔湾子（今灵武东塔村一带）。在灵武清水营村建立了村苏维埃政权，拉开了灵武革命斗争的序幕。

11 月，灵武人石万寿，在宋世轮司令员的帮助下，走上了革命道路，为革命事业做出了贡献。

石万寿（1886—1941 年），灵武新华桥人，自幼习武，为人正直，富有民族正义感，在当地享有较高威望。1936 年 6 月，红军西征后，杨三哥（中共地下工作者）在灵武新华桥一带进行革命活动，于三边向中路军司令员、红二十八军军长宋时轮介绍了石万寿的情况，宋司令当即给石万寿写了一封信，安石万寿“起来共同救国救民”。

石万寿收到宋司令员的信后，欣喜万分，就和杨三哥一同前往三边，要求参加红军。党组织为了有利于开展灵武地下工作，决定让石万寿留在当地进行革命活动。于是，石万寿就根据党的指示，在灵武新华桥一带宣传党的抗日民族统一战线政策，积极组织抗日救亡运动，帮助许多青年奔赴三边（陕西定边、安边、靖边，陕甘宁边区），参加了人民抗日队伍。1941 年，石万寿不幸病故，享年 57 岁，他的事迹至今在新华桥一带流传。

是年，马鸿逵以抗日为名，在全省强制征兵，三丁抽一，五丁抽二。灵武全县征兵 500 多人。

是年，灵武水、旱灾重，河忠堡遭洪水、冰雹灾害尤重。

中华民国 27 年（1938 年）

春季，东北抗日救亡演出战地团与宁夏实验小学演出队，到灵武演出《放下你的鞭子》等剧目，扩大了抗日救亡运动的影响。马鸿逵的抓兵和苛政，造成了灵武城乡经济破产。

是年，在今灵武果园村一带设立“灵武农业试验场”，占地 40 多亩，为今“灵武园艺场”的前身。

中华民国 28 年（1939 年）

3 月，为封锁陕甘宁边区，马鸿逵派暂九师驻防灵武县城。

4 月，平罗、灵武水、旱灾害受灾面积达 8000 余亩，省政府令免除地价税款 3200 余元。省教育厅灵武教育调查报告反映：灵武全县实有高级小学 3 所，初级小学 17 所，短期小学 7 所，教师 53 人，学生 2188 人。

中华民国 29 年（1940 年）

3 月，宁夏全省实行县政改革，改县、区、联保、保、甲五级制为县、乡（或镇）、保、甲五级制。灵武设有 4 区、16 乡、1 镇、68 保、932 甲。

8 月，日机 87 架飞经灵武地区东返，人民群众惊慌躲匿，在灵武城墙下挖了许多掩体，俗称“飞机洞”。

是年，全省第三次征兵，灵武强征 3719 人，为灵武等地一大害。

是年，灵武全县清查户口，实有 81911 人，其中，男 43528 人，女 38383人。

中华民国 30 年（1941 年）

12 月，辛亥革命时期，宁夏哥老会首领、灵州起义民军领导人高士秀病故于榆林，享年 66 岁。

是年，灵武始设立天主教堂，其所在县城内东北处，有神职人员 3 人。

中华民国 31 年（1942 年）

7 月，驻防灵武县的卢忠良等人筹集资金，派士兵于原灵武上帝庙的旧址运土筑高台，重建的上帝庙，俗称灵武高庙。

9 月 4 日，中共三边党委决定在盐池县雷家沟建立“金灵工委”，在金积、灵武、今盐池惠安堡等地开展党的地下工作。何广宽任书记，许宗岳任组织部长，江云任宣传部部长。夏麟阁、陈凤兰（共产党员）夫妇，受盐池保安科派遣，潜入灵武县城，开展党的地下工作。

中华民国 32 年（1943 年）

在党的工作影响下，灵武台子乡贫苦农民不堪地主租税盘剥，联合抗租，迫使地主减租。

中华民国 33 年（1944 年）

9 月，中共三边地委为了加强对宁夏的革命工作，任命梁大钧为盐池县委统战部部长，具体负责对宁夏白区开展党的地下工作，充分发挥盐池县两支游击队的作用，积极向金积、灵武、惠安堡方面发展。

10 月，反共的马鸿逵两年间，在灵武大量抓兵和实行国民兵训练，共抓壮丁近 8000 人。灵武人民群众为反抗马鸿逵“抓兵制”，纷纷穿过封锁线，逃往陕甘宁边区。为加强灵武党的地下工作，是年，三边中共三边工委又先后派遣李跃庭、李子刚人等到灵武开展党的地下工作。李跃庭于 4 月被捕，经夏麟阁多方营救出狱。张子英、李子刚在灵武磁窑堡煤矿开展工作，也因身份暴露而离开了煤矿。

中华民国 34 年（1945 年）

3 月 15 日，宁夏全省被划分为 3 个行政督察专员区：永宁、宁朔、金积、灵武 4 县为第一区；中卫、中宁、盐池、同心 4 县为第二区；平罗、惠农、磴口、陶乐 4 县为第三区。

8 月 15 日，日本无条件投降，灵武热烈庆祝抗日战争胜利。

是年，灵武县所辖吴忠镇改建吴忠市。灵武农业试验场更名为“灵武县园艺试验场”。

中华民国 36 年（1947 年）

8 月，马鸿逵在银川主持召开高级军事会议，决定将宁夏全省划分为三道防线：以安边、定边、盐池 3 县为第一道防线；河东金积、灵武地区为第二道防线；黄河西岸及省垣一带为第三道防线，确定了以青海、新疆为最后逃跑路线（绕行阿拉善旗北草地西窜）。根据这一计划的需要，将军需物资、粮秣等多积存于定远营（今宁夏平罗南）、新城（今宁夏银川）和吴忠 3 地。但为供应日常供给，在金积、灵武、中宁、中卫、鸣沙州（今宁夏中宁县鸣沙镇）、镇罗堡（中卫今地）、宁朔（今宁夏永宁南部、青铜峡市）、王洪堡（宁夏永宁今地）、立岗（宁夏贺兰县今地）、黄渠桥（平罗今地）等地，均设有仓库，其中最小的仓库存粮也在 8000 石以上。驻防在灵武县城的卢忠良暂九师，进行扩编，为 129 军。

中华民国 37 年（1948 年）

3 月，“三边”警备团在回汉支队配合下，解放了惠安堡，部分国民党人员逃往灵武。驻防在灵武县城的国民党马鸿逵部卢忠良暂九师，又扩编成了 128 军。

8 月，国民党政府改革币制，发行金圆券，灵武和其他国统区一样，生产力停滞不前，物价飞涨，通货膨胀，人民怨声载道。马鸿逵灵武驻军却挖工事、修战壕，准备负隅顽抗。

9 月 19 日，解放军从中宁出发，突破马鸿逵部的牛首山防线，解放青铜峡口，由此向河东的金积、灵武地区进军。马鸿宾 81 师起义。20 日，解放军进军吴忠，行至吴忠南、灵武西南涝河桥，守敌负隅顽抗，解放军激战两小时后歼灭顽敌。21 日，解放军 19 兵团 92 师进入灵武县城，受到了军民的热烈欢迎。25 日，灵武成立了中共灵武县委、灵武县政府。三边地委、专署委派李健任灵武县委书记，丁子齐为灵武县县长。

中华人民共和国成立以来

（1949—2016 年）

1949 年

10 月 1 日，灵武各族人民在县城小学操场上集会，庆祝中华人民共和国诞生。灵武县境四至为：东至宝塔（今属盐池县），西至黄河，南至沙泉子，北至明长城，实行区、乡、村建制，除吴忠堡为吴忠市外，设 6 区 24 乡。

一区（区政府设在县城），辖 4 个乡：一乡（城镇）、二乡（东门）、三乡（东一）、四乡（中北）。

二区（区政府设在大寨子，即今崇兴镇，旧时又称崇兴寨），辖 5 个乡：一乡（今崇兴）、二乡（台子）、三乡（海子）、四乡（冯渠）、五乡（郝桥）。

三区（区政府设在郭家桥），辖 6 个乡：一乡（胡汉堡）、二乡（胡家堡）、三乡（沈家湖）、四乡（郭家桥）、五乡（沟靠渠）、六乡（杨家堡子）。

四区（区政府设在新接堡），辖 5 个乡：一乡（徐家滩）、二乡（余家桥）、三乡（新接堡）、四乡（苏家湾子）、五乡（北寺滩）。

五区（区政府设在磁窑堡），辖两个乡：一乡（横〈红〉山堡）、二乡（磁窑堡）。

六区（区政府设在石沟驿），辖两个乡：一乡（石沟驿）、二乡（马家滩）。

10 月 29 日，灵武县各界人民代表大会召开，代表 122 人（其中回族代表 39 人），李健任会议主席。

11 月，召开灵武县第一次各族人民代表大会,听取审议了灵武县政府两个多月的工作报告，讨论了今后工作的三大任务为剿匪、征粮和组织生产。

1950 年

2 月，成立中华人民共和国吴忠市，原属灵武县所辖的吴忠堡地区的古城乡、东塔乡、早元乡（今吴忠枣园）划归吴忠市管辖。灵武县辖区内行政区划为 5 个区、24 个乡，即将 1949 年所设的五区、六区合并为五区，其 24 个乡未变。全县开展“大生产运动”，组织农民建立小型生产互助组，组织贩粮、驮碳、打柴、编席等，进行生产自救。

3 月，灵武实施解放初期宁夏宏大的水利工程——灵武山水沟改道工程。灵武、吴忠共出工 2000 人，投资 5.3 万元（新币）。裁弯取直 4.1 千米，新开沟 6.5 千米；新建包兰公路漫水桥和天水渠倒虹吸管工程，使原经灵武县城西至西北入黄河的山水沟改从灵武新华桥入黄河。

4 月，灵武引进国光、元帅、香蕉等苹果品种，在东塔乡进行嫁接实验。川区大面积推广白皮大稻。

11 月，在灵武县西部河滩上，划出 60 余平方千米的土地，建立“宁夏省灵武县机械农场”，隶属宁夏省政府。

12 月 25 日，灵武县召开第一届党员代表大会，出席会议的党员代表 38 人，选举产生了第一届中共灵武县委员会，何广宽任灵武县委书记。

1951 年

1 月，“宁夏省灵武县机械农场”更名为“国营灵武农场”。

3 月，成立“灵武园艺试验场”。

4 月 12 日，新增修筑农场渠，渠长 31.5 千米，流量 18 立方米/秒，共移动土方 71.78 立方米。

7 月 1 日，行政事业单位工作人员待遇由供给制改为薪金制（工资分制）。

8 月，在 1 区 3 乡进行土地改革试点。

从 10 月 11 日起，灵武全县分两期进行“土改”，废除封建土地制度，于次年（1952年）5月结束。占全县38%的18396人的农民分得了土地、房屋、耕畜、农具、粮食。1952年2月10日，全县对土地进行复查，颁发了土地证书。

11月19日，新开农场渠举行竣工、开水典礼，参加大会者6000人，省委书记潘子立、副书记朱敏剪彩。是月，全县开展学习贯彻《中华人民共和国婚姻法》宣传月活动，普及婚姻法。大力宣传废除封建包办买卖婚姻，树立婚姻自由的社会主义新风。

是年，灵武新接堡山水沟（古山水河）大桥建成，取名“新华桥”。桥长6跨36米，是宁夏第一座钢筋混凝土构造的公路桥。后其地新华桥乡、镇，即由此桥而得名。

是年，全县人民捐钱捐物，支援抗美援朝。捐献现金4.5万元，羊14只，羊、牛肉588千克，大米375千克，鞋垫340双等。

1952年

1月1日，成立灵武县水利局，下设秦渠和农场渠两个管理所。

2月1日，一区二乡（东门乡）自发组织的全县第一个农业生产互助组——杨河互助组成立，有组员20人。灵武辖内行政区划仍设为5个区28个乡。

3月，全县共组织农业生产互助组658个，参加男女劳动力4416人，占全县总劳动力的39.2%。

是月，首开东排水沟，长31.8千米，流量11立方米/秒，排水面积8.5万亩。各乡先后开办农业技术培训班，学习单把犁、六寸耧、喷雾器的使用技术。

是月，宁夏电影放映队第三分队，首次来灵武放映有声电影。

8月21—24日，召开中共灵武县第二次党员代表大会，出席会议党员代表56人，选举产生新的中共灵武县委员会。

是年，山区推广“活剥皮”糜子和大黄糜子、柴盖糜子良种。

1953 年

2月，成立县、区、乡三级选举委员会，冬季开展第一次普选活动。灵武县第一个初级农业生产合作社——徐家桥农业社成立（今东塔镇），杨河任社长，入社 13 户，劳动力 36 人。

4 月 13 日，首开西排水沟，5 月 19 日完工。沟长 19 千米，移动土方 13 万立方米，流量 7 立方米/秒，排水面积 4.5 万亩。

6 月 30 日，第一次人口普查，全县人口数为 61994 人，其中男性 33463 人、女性 28531 人。

是月，成立灵武县收音站，至 1956 年 4 月，改成立灵武县广播站。

11 月 30 日，灵武县委贯彻执行国家粮油统购统销政策，取缔私人粮所，实行粮食计划收购与计划供应。

是年，“国营灵武农场”与灵武县梧桐树乡合并，称为“农场乡”，属灵武县管辖，农场乡下辖 4 个村。不久，恢复梧桐树乡，国营灵武农场仍隶属宁夏省。

1954 年

3 月 16—21 日，灵武召开中共灵武县委首次党员代表大会，出席会议的代表 53 人，选举产生了中共灵武县第一届委员会，薛生举任县委书记。24—29 日，召开灵武县首届人民代表大会，出席会议的代表 69 人，选举产生了第一届人民委员会，申雪坤任县长。撤销灵武县各界人民代表会议常务委员会。

10 月，宁夏省并入甘肃省，灵武县属“甘肃省河东回族自治区”管辖。

是年，全县干部学习中共中央关于“互助合作决议”，开展两条道路斗争大讨论。农业合作组织迅速发展，全县 40%的农户加入了农业生产合作社。

1954—1955 年，从北京市迁移两批共 2166 人支援宁夏灵武建设，先后安排在农场乡、新华桥乡和新龙滩乡。后集中安排在恢复后的梧桐树乡设立的京建大队（村）。

1955 年

5 月，全国佛教道场会议，在灵武县马鞍山甘露寺召开。

9 月，全县撤区并乡为 2 个山区、18 个乡。川区的 4 个区撤销，设为 10 个乡，即新华桥乡、新龙滩乡、农场乡、城镇乡、崇兴乡、台子乡、胡家堡乡、郝家桥乡、杜木桥乡；山区两区保留，区下共设 8 个乡，每区各辖 4 个乡。五区（磁窑堡）辖磁窑堡乡、清水营乡、沙沟乡、横山乡；六区（石沟驿）辖石沟驿乡、海子井乡、马家滩乡、杨家窑乡。

10 月，灵武全县掀起了农业合作化高潮。至年底，共建立起 265 个农业生产合作社，入社农户达 9435 户，占全县农户总数的 71.3%。

11 月 1 日，城镇居民实行粮食分类定量供应。平均每人每月供应口粮 18.45 千克。

是月，将灵武县新华桥乡河西唐家滩的 400 多亩土地，划属吴忠市辖。

是年，灵武明代所建之东鼓楼拆除。

是年，中国科学院、古生物学家杨仲健，中科院院士、中国科学院古脊椎动物与古人类研究所所长周明瑱，在灵武宁东镇清水营采集到哺乳动物化石。此后，灵武文管所陆续在此发现距今 3400 万年—2300 万年的“谷氏俾路支兽”（巨犀）、最大的食草陆生哺乳动物副巨犀、距今 4500 万年—2500 万年的古猪兽和距今 1.5 亿年前的鱼化石。

1956 年

春，灵武县的 38 个农业生产初级社转为高级社。

3 月，全县 95%以上的社、队推广了碧玉麦和京租 107 号水稻良种种植。

4 月 21—27 日，全县召开中共灵武县第二次党员代表大会，出席大会代表 77 人，选举产生了中共灵武县第二届委员会及中共纪律委员会。韩景斌当选为灵武县委书记，李庭范为中共纪律检查委员会书记。

9月3日，灵武县第一所中学（今灵武一中）建成开学，校址在今灵武唐城（商业城），首届初中招生110名。县委书记韩景彬兼任灵武中学校长。

9月7日，灵武县业余剧团转为国营剧团，改名为“灵武秦腔剧团”。

是月，灵武县委统战部对全县清真寺进行普查，共有清真寺120座。

秋，灵武县第一次整顿灵武城镇市容，修整街道、平整路面。

是年，将灵武郭家桥乡金银滩3万亩土地划属吴忠市。

1956—1958年，上海市两批支宁移民共86人，分别在梧桐树乡、新华桥乡和新龙滩乡安家落户。

1957年

自1957年夏，“反右斗争”开始至1958年7月结束。灵武全县错划右派分子53人，其他中右分子等85人。1959年9月和1980年春，先后全部摘帽、改正。

8月5日，灵武县召开中国新民主主义青年团灵武县第五次团员代表大会，大会决定中国新民主主义青年团灵武县委员会，改名为“中国共产主义青年团灵武县委员会”。

8月23日，长流水地区普降大雨，长流水洪峰流量40立方米/秒，持续一昼夜，下游两岸村庄、房屋、农田被淹。1960年6月，长流水水库竣工，解除了两岸的涝灾。

是年，灵武县引进种植西红柿（番茄）获得了成功，今已成为本市主要蔬菜品种之一。

1958年

3月，灵武汉渠段下延24千米至灵武杜家滩，扩大灌溉面积2.2万亩。

4月，河南省宁陵县191户移民迁入灵武县，分别安置在新华桥乡、新龙滩乡和农场乡。25—28 日，召开中共灵武县第三次党员代表大会，要求鼓足干劲，苦战两年，为改变灵武面貌而奋斗。选举成立了中共灵武县第三届委员会，韩景斌为书记、张少舟为副书记。

6 月 9 日，将宁夏省属磁窑堡煤矿、石沟驿煤矿，划归灵武县属管理。

7 月，灵武县成立防洪指挥部。组织全县 4 万人参加黄河防汛。修筑黄河防洪堤 40 千米，完成土方 36 万立方米，设防标准 4000 立方/秒。

8 月，毛泽东主席发出“人民公社好”的号召，灵武县拉开了公社化的序幕。

9 月 24—26 日，召开灵武县第三届人民代表大会第一次会议，出席代表 63 人，选举县委书记韩景斌兼任灵武县县长。会议决定继续深入开展“整风运动”，推动工农业生产再跃进。

是月，灵武县将上海迁移来的所谓“右派分子”“坏分子”30 人，分别安排在新龙滩、新华桥、梧桐树乡劳动。一年后重新为他们安排工作，大多数人被安排在教育行业。

10 月 17 日，灵武全县实现了人民公社化。撤销了区乡机构，成立了“星火”“燎原”“跃进”3 个人民公社。

12 月，全县农村大办食堂 388 个，绝大多数社员在生产队食堂吃饭，实行“供给制”。全县吃大锅饭，共用粮食 107 万千克。

冬，灵武县组织 3000 多名民兵到大武口大炼钢铁。

年底，吴忠电厂向灵武县城及部分农村送电，灵武街道第一次安装了路灯照明。

是年，成立了一所红专大学，教员 9 人，学员系在职干部。

是年，成立了灵武县建工队。首次拆用城墙砖做墙体，建造了县城第一所二层建筑的灵武人民影院。

1959 年

4 月，灵武县建立新华桥农场，安置浙江支宁青年 300 多人，耕种土地

5000余亩。

是月，灵武全县3个人民公社辖下分设若干个管理区。

星火人民公社（管委会设在城镇），下设4个管理区：城镇管理区，设两个居民委员会和东门、南门两个大队；城关管理区（管委会设在灵武城内），辖园艺、果园、安家湖、东塔、黎明一大队和黎明二大队；新华桥管理区（管委会设在新华桥），辖华一、华二、华三、龙一、龙二、龙三、河忠大队；梧桐树管理区（管委会设在梧桐树），辖梧桐树、史家壕、京建、杨洪桥一大队、杨洪桥二大队。

跃进人民公社（管委会设在崇兴寨），下设5个管理区：崇兴寨管理区，辖崇一、崇二、台子大队；郝家桥管理区，辖郝家桥、沈家湖、吴家湖大队；胡家堡管理区，辖崔一、崔二、胡一、胡二大队；郭家桥管理区，辖沟靠渠、刘家湾、苏家滩、杨家岔、吴家桥、山水沟大队。

杜木桥管理区，辖杜木桥一、二、三、四大队。

燎原人民公社（管委会设在磁窑堡），下设4个管理区：横山管理区，辖临河、横山、沙沟、甜水河大队；磁窑堡管理区，辖磁窑堡、东湾、永利、马跑泉大队；马家墙框子管理区，辖马家滩、杨家窑、大羊其、周家圈（沟）、张寿窑大队；石沟驿管理区，辖石沟驿、海子井、沙窝井、白塔水、长流水大队。

5月1日，城镇居民口粮食供应定量由每月每人15.5千克减少到每月每人11.6千克。

5—7月，浙江省东阳、永康两县支宁青年及家属3688人来到灵武县，被分别安置在“星火、跃进”公社和国营灵武农场、灵武园艺场及白芨滩林场。但至60年代初，大多都返回原籍。

6月，全国人大常委会委员、中科院副院长竺可桢到灵武白芨滩林场考察治沙造林工程。

7月，灵武中学首届初中毕业生毕业。

8月19日，灵武县第二初级中学建立，校址在灵武崇兴，为今灵武市回民中学的前身。

10月，合坊并寺，全县开放清真寺32座。

1960年

3月，将“星火、燎原、跃进”3个人民公社析为城关、临河、磁窑堡、马家滩、白土岗、郭家桥、郝家桥、崇兴、独木桥、新华桥、梧桐树共11个人民公社。

5月2—4日，中共灵武县委召开第四次党员代表大会，选举张少舟为灵武县委书记、季文胜为灵武纪律监督委员会书记，部署县级机关单位开展“反对官僚主义、强迫命令、贪污浪费”新三反运动。

是年夏季，中、苏古生物联合考察队对灵武水洞沟旧石器时代文化遗址进行了第一次联合考古发掘。

7月23日，灵武文艺活动积极分子臧翠莲参加了中国文学艺术工作者第三次代表大会，受到了毛泽东、刘少奇、朱德、邓小平等中央领导的接见。

9月8日，根据宁夏回族自治区党委部署，灵武全县开展“反坏人坏事”运动（简称“双反运动”）。1968年后，对“双反运动”进行了复查甄别。1978年后，为“双反运动”造成的90%以上的冤假错案甄别平反。

是月，因粮食统购过头，人们口粮亟困，全县实行“低标准，瓜菜代”。城镇居民每月每人供应口粮9000克，农村人民公社社员人均每月口粮6000克。职工、学生到野外搞“小秋收”（采集可食野生植物），进行“瓜菜代”。

10月，灵武和全国一样实行棉织品定量凭票供应，对自行车、手表以高出平价8倍左右的价格供应。

11月，灵武贯彻《中共中央关于农村人民公社当前政策问题的紧急指示信》，组织干部群众批判“共产风、浮夸风、命令风、干部特殊风、瞎指挥风”，开始纠正“一平二调”的错误做法。

是年，灵武全县粮食减产628万千克，比1959年减少了44%。

是年，灵武县委贯彻党中央提出的“调整、巩固、充实、提高”8字方针，对工业企业实行关、停、并、转。

1961 年

1 月 8 日，中国作家协会副秘书长、诗人、中共灵武县委书记处书记兼崇兴公社党委书记王亚凡同志，因煤气中毒逝世于崇兴。

是年春，实行“三级核算，队为基础”，即以生产队为核算单位，给人民公社社员划分自留地，允许从事家庭副业生产、房前屋后植树种菜，允许农副产品上市交易。

4 月 12 日，开始清丈灵武全县土地，至 5 月结束。全县清丈实有耕地 30.6239 万亩，建立了农业税册籍和土地增减变动损失制度。

是月，灵武县在将原 3 个大人民公社析分为 11 个公社的基础上，从东塔公社中析出城镇公社，使灵武全县有 12 个人民公社：原星火公社析分为城关、新华桥、梧桐树、城镇 4 个公社；原跃进公社析分为崇兴、杜木桥、郝家桥、郭家桥 4 个公社；原燎原公社析分为磁窑堡、马家滩、横山、石沟驿 4 个公社。

6 月 30 日，第二次人口普查，灵武全县共有 80603 人，其中男性 42138 人、女性 38465 人。

7 月 10 日—8 月 10 日，黄河发生特大洪水，最大流量 5930 立方米/秒，由于灵武汛前加高培宽了防洪堤，故能安全御汛。

是年，自治区人民委员会拨回灵武县销粮 12 万千克，救济款 105 万元，棉布 59350 尺，棉花 7754 千克，救济了灵武 4156 户人。

1962 年

1 月 17—21 日召开政协灵武县第二届委员会。

5 月，灵武县中小学校进行调整、合并，凡小学设初中的一律裁撤；精简中学教职工 10 人、小学教职工 20 人、退休职工 11 人。超龄中小学学生精简回乡参加生产劳动。

7月9日，灵武横山大队近百只绵羊突然发病死亡，经自治区畜牧厅农科所解剖病检，确诊为那波里大肠杆菌所致，此属自治区内首次发现。

是月，为贯彻中央精简城镇人口的指示精神，灵武机关实行精兵简政，下放职工到农村。

9月14日下午，灵武川区3个人民公社遭冰雹、大风袭击，损失粮食总量达21.7万千克。

12月7日、18日，灵武县发生5.4级、5.5级地震，震中在崇兴公社台子大队和新华桥公社附近。地震共震塌民房28间，不同程度地损坏民房27间。灵武县城内30%~40%的房屋裂缝。国家及时予以救济。

是年，灵武推广公交水稻10号、12号良种，小麦引进阿勃良种。1963年后灵武进行了大面积推广，成为60年代灵武水稻、小麦种植的“当家品种”。

是年，灵武镇河塔顶部遭雷击损坏，灵武建工队8级瓦工余建英登顶修复时，于塔顶取出大德六年（1302年）印刷西夏文经卷，今藏于宁夏博物馆。据此，有人提出灵武镇河塔原建于元代，后坍毁（大约毁于地震），清初复建，增其规制。

1963年

2月，灵武县园田化试点，在崇兴公社拉开了序幕。

3月5日，在雷锋逝世一周年之际，毛主席题词“向雷锋同志学习”，全县开展学雷锋活动。“做好事，帮助别人”蔚然成风，社会风气为之大变。

是年夏，在我国著名古人类研究学家和古生物考古学家裴文中的指导下，中国科学院古脊椎动物与人类研究所及宁夏博物馆专家，对灵武水洞沟旧石器时代文化遗址，进行了较大规模的考古发掘。

7月，灵武中学首届高中毕业生毕业。

是月，灵武苏东弟、徐瑞云、张传香3名同志到银川，参加首批节育技术人员培训班。回到灵武后，苏东弟大夫做了第一例节育手术。

8月27日晚9时，城关公社黎明大队遭暴雨袭击。大河子沟防洪堤决口

25处，总长1126米；秦渠坝灵武段冲断53处，总长1072米，冲毁城关公社马场湖及黎明等地秋作物1500亩，其中，绝收195亩，粮食减产11万千克，4284人受灾。灵武县政府发动全县各单位防洪救灾，发放救灾款25670元，棉布3500尺。

10月，灵武县委在城关公社开展“清政治、清经济、清组织、清思想”的“四清”试点工作。嗣后，“四清”运动在全县山川的10个公社全面展开，至1964年2月6日结束。

11月25—29日，灵武召开灵武县第五届人民代表大会，肖凤当选为灵武县县长。

12月16—27日，全县召开中共灵武县第五次党代会，学习贯彻《中共中央农村社会主义教育运动问题的两个文件》，选举产生中共灵武县第五届委员会，毕秉鉴当选为中共灵武县委书记，李永刚为灵武监察委员会书记。

1964年

4月12日，开始清理丈量灵武全县土地，至5月20日结束。丈量结果为全乡实有耕地30.6239万亩，并建立了农业税册籍和土地增减变动损失制度。

是月，灵武县在11个人民公社的基础上，增设城镇人民公社，使灵武公社数达到12个。

6月，宁夏、内蒙古在鄂托克旗上海庙，就协商解决灵武与鄂托克旗前旗边界纠纷及灵武横山公社放牧问题，达成了一致协议。

6月30日，灵武进行第二次人口普查，灵武全县共有人口80603人，其中男性42138人，女性38465人。

7月10—8月10日，黄河发生特大洪水，最大流量为5930立方米/秒。由于汛前加固了黄河堤坝，灵武安全御汛。

8月12日，灵武川区普降大雨，一昼夜大河子沟洪水冲断秦渠坝192处，总长8146米。县委紧急动员全县机关干部2400人，抢险防洪。全县受灾面积达16.17万亩，粮食减产290万千克；冲毁民房216间，受灾14000多人。银行向灾区贷款 82 万元，县政府拨款 13 万元，回销粮食 165 万千克、种子 10 万千克，以救济灾民，恢复生产。

8 月，灵武中学初中学生雀占魁在大边举行的“全国少年田径运动会”上，打破自治区少年田径运动“五项全能”纪录，且保持纪录达 20 年之久。

是年，灵武新华桥公社社员唐复兴被评为全国劳动模范。宁夏化工研究所完成了以灵武煤作醋酸乙烯（VAC）载体活性炭，代替昂贵的进口椰壳活性炭的实验工作。

1965 年

1 月，灵武于川区 7 个人民公社开办半耕半读初级中学 7 所，共有 8 个教学班。

2 月 22—28 日，全县召开灵武县第一次贫下中农代表大会，出席会议的代表 183 人，选举产生“灵武县贫下中农筹备委员会”。

5 月 1 日，灵武中学体育教师曲法云在全区田径运动会上，取得 10 项全能冠军。

10 月 26 日，灵武县委贯彻中央“二十三条”，组织了社教工作团，分两批以“阶级斗争为纲”，对全县 12 个公社及区属国营农林场、园艺场开展社会主义教育运动，使一些基层干部和群众受到了不公平的待遇。

是年冬，新开了灵武南干沟，长 9000 米，排水量 7 立方米/秒，排水面积 3 万亩，翌年 5 月完工。

是年，灵武磁窑堡、马家滩、石沟驿、横山公社遭受旱灾，政府拨救济款 58729 元，棉布 12190 尺，棉花 2450 千克，供应回销粮 14.5 万千克。县内搬迁 18 个生产队的 646 户 3168 人，分别安排在郝家桥公社大泉滩，梧桐树公社杨洪桥、北滩，东塔公社郭墩，临河公社红柳湾、三道沟，新华桥公社余家蒲滩子。

1966 年

1 月 27 日，灵武召开全县广播大会，传达学习中共中央西北局农业经验交流会精神，开展学吴忠古城，灵武史家壕、固沙林场的“比、学、赶、帮、超”群众运动。

2 月中旬，灵武在全县各级干部中开展了学习焦裕禄的先进事迹，提高思想觉悟，改进工作作风的活动。

3 月，灵武梧桐树公社史家壕大队、梧桐树大队、白芨滩林场、国营灵武农场，被自治区党委树立为农业战线上的红旗单位。

5 月 16 日，中共中央发出《关于开展无产阶级“文化大革命”的通知》，简称“5·16 通知”，“文化大革命”开始。

6 月，灵武县委向灵武中学、灵武二中派出工作组，开展“文化大革命”运动。

是月，“文化大革命”的围攻、批斗、游街等群众“斗争形式”，在全县漫延。

12 月，“红卫兵”串联、炮轰灵武县委、县政府和“罢官”、批斗“走资派”，掀起了高潮。

是年冬，灵武县委、县政府瘫痪。

1967 年

3 月，灵武县武装部成立“抓革命，促生产”指挥部，代替瘫痪的灵武县委、县政府，协调群众组织。

是月，灵武县农业机具合作厂试制的 26 型磨粉机投入批量生产，产品畅销区内外。

9 月 6 日，中国人民解放军 8048 部队，进驻灵武执行“三支二军”（支工、支农、支左、军管、军训）任务。

1968 年

2 月 18 日，成立由干部代表、军队代表、群众代表组成的“灵武县革命委员会”，实行“一元化”领导，行使原县委、县政府职权。肖风任灵武县革命委员会主任。

3 月，灵武县成立“三部一室”（政治部、生产部、保卫部，办公室）机构。

8 月 25 日，山水沟发生 487 立方米/秒的特大洪水，灵武新华桥公社龙二大队段山水沟两岸塌方严重。

9 月，灵武县将“三部”改为“三处”，即政治处、生产处、保卫处，保留办公室。

是月，中小学校成立了工人或贫下中农代表、学生、教师“三结合”的学校革命委员会或革命领导小组，缩短学制，为小学五年、初中二年、高中二年。取消了升学考试制度，改由工人群众、贫下中农推荐学生入学（包括大学）。

10 月 22 日，“灵武县一〇四干校”在北沙窝林场成立，干校有 150 余名“学员”，均为机关干部、中学教师。实际上是对他们进行监督劳动改造，谓之“再教育”。

是年秋，灵武县各公社相继成立革命委员会。代替原公社党委、管理委员会的职能。

1969 年

2 月，灵武开工建设连接马（马家滩）—大（大水坑）—红（红井子）柏油公路工程，11 月底竣工。

3 月，灵武成立灵武县革命委员会整党建党领导小组，开展整党建党工作，至 12 月底结束。全县 96%的党员恢复党的组织生活。

4 月，灵武开挖灵武大泉干沟，全长 11 千米。

是年，灵武县贯彻“工人阶级必须领导一切”的指示，从马家滩石油工人和公交系统抽调人员，组织“工人宣传队”，进驻行政单位和文教系统。

是年，在县城修筑地下人防工程，发动职工、居民拆城墙，用灵武古城墙的裹砖修砌地道，地道总长7283米，至1973年，完成灵武地道的修筑工程。

1970年

1月31日—2月3日，全县召开中共灵武县第六次党代会，出席会议代表178人，选举产生由军队代表、干部代表、群众代表组成的中共灵武县第六届委员会，选举王志国为县委书记。

2月，开展“一打三反”（打击现行反革命破坏活动，反对贪污盗窃、投机倒把、铺张浪费）运动。

是年夏，灵武县革命委员会批准拆除灵武高庙，将拆除高庙的木料分配给部分公社建卫生院等。

8月1日，灵武县内骤降暴雨95.4毫米，是有水文记录以来日降水量最大的暴雨。

是月，灵武县临河乡开发新灌区所建扬水站投入使用，灌溉农田8600亩。

是年，灵武南鼓楼被拆除。灵武县果酒厂小规模土法生产罐头，转化本地水果等产品。引进“斗地一号”小麦良种，使之成为灵武70年代小麦种植的“当家品种”。全县有65个生产大队创办了合作医疗站，有“赤脚医生”195人，基本实现了县、社、队三级医疗保健网。

1971年

1月1日，灵武各种线袜首先实现免收布票。

是月，为贯彻全国北方农业会议精神，成立了灵武县农业局。

2月，杨明接任王治国为灵武县委书记。

3月，全县学习推广水稻卷秧技术，1973年后在全县推广。

是月，灵武排水工程实施扩整王家大湖沟，沟长 8.5 千米，排水面积 0.38 万亩，向东延伸截断黑眼沟、穿秦渠入季家湖沟，长 2.4 千米，排水面积 0.2 万亩。

5 月 1 日，灵武组织全县 1700 多名民兵，扩展西沟两岸的沟渠，移动土方 18 万立方米，改善了 7 万亩农田的排水条件。

6 月 5 日，川区出现重霜冻，粮食减产六成以上，灵武县政府拨款两万元，回销粮食 225 万斤救灾。

7 月，全县农村实行按人口年龄所应分配的口粮和按劳动力所得工分占 20%~40%分配粮食相结合的分配办法，分配社员所得粮食数额。

8 月 21 日，灵武县委决定从 1971 年起，粮食征购基数五年不变。

是年，成立灵武山区建设领导小组并组建打井队。

是年，灵武县崇兴公社铁木农具社试制生产铡草机成功，后进行批量生产，机器销售区内外，年产量达1020 台。

1972 年

1 月 10 日，灵武召开“全县农业学大寨经验交流会议”，与会 1003 人，历时 10 天。

3 月，全国高等学校、中等专业学校废除文化考试，采用各地推荐选拔“优秀工农兵学员入学”的招生办法。当年，灵武全县推荐工农兵学员 50 余人进入大中专学校读书。

5 月 10 日，全县从各公社抽调 7 名医务人员组成计划生育手术队，于汉族较集中的新华桥、梧桐树地区开展计划生育手术试点工作。

8 月 24 日，灵武将九年一贯制的东方红学校析分为东方红中学（原灵武中学）、城镇第一、第二小学。并于灵武北沙窝地区，新建城镇第三小学。

10 月 11 日，灵武组织万余劳动力续建东干渠工程开工，于 1975 年 11 月 15 日竣工。

是年冬，农村开展“两条路线教育运动”，强调“以粮为纲”，批判“三自一包”“四大自由”。

是年，灵武全县超额售粮418万千克；灵武园艺场水果产量首次突破百万斤大关，实产128万斤。灵武县第一农具厂试生产饲料粉碎机成功，年产1550台，销往区内外。郭家桥公社将山水沟、清水沟、郭家桥3个生产大队7个生产队中的228户1229人，搬迁到灵武郭家桥公社马家大湾地区，开垦荒地2330亩，于1983年成立马家大湾生产大队，辖7个生产队。

1973年

4月11日，灵武各界欢送第一批知识青年68人“上山下乡”。

7月，灵武石沟驿、杜木桥、梧桐树、新华桥、崇兴人民公社及白芨滩林场等地突降冰雹，对农作物损害极大，仅梧桐树公社粮食减产就达100多万千克。

8月23日，灵武磁窑堡地区突降暴雨，冲毁边沟等水库3座。山洪下泻淤平东沟1.5千米，淹没农田4500余亩，淹死3人，灵武县革命委员会发放救济款15万元予以救济。

9月21日，灵武横山公社沙沟、临河大队，磁窑堡公社清水营、马跑泉大队的社员群众与内蒙古鄂托克前旗牧民因放牧地发生纠纷。发生纠纷地段部分生产设施损坏，造成双方伤41人、重伤11人、死亡1人。

10月，灵武县1300只菜羊首次打入国际市场。

1974年

3月，灵武县革命委员会撤销政治处、生产处、保卫处，恢复部分职能部门。

是年春，灵武制订了以改土治水为中心，以治理沟、渠、路、田、林、村、电为主要内容的农田基本建设规划。首开修筑大泉沟，长11千米，排水面积2.5万亩；山区横山、磁窑堡公社建成东风水库、清水营水库、张家窑水库。

10月，组织了灵武川区8个公社机关干部、企事业单位职工、中学生、驻灵武人民解放军共1.22万人，投入梧桐树公社的农田基本建设。历时18天，将长24千米的原农场四号斗渠扩建为“梧桐树干渠”（简称“梧干渠”），完成园田化建设3万亩。至1974年5月底完成配套工程。

10月30日，银南地区革命委员会追认灵武党的地下工作者马金川同志为革命烈士。

12月5日，灵武县组织新华桥、崇兴、东塔、石沟驿、郭家桥等公社1.1万人，经过3天会战，首开了石沟驿公社枣岗子地区10千米长的排水沟。

是年，灵武组成万余人的民兵师，坚持“农闲大干，农忙小干”，常年不停地进行农田基本建设。

1974年，在宁夏同心县韦州镇（唐时为灵州辖），发现一座乾元元年的古墓。墓志记载墓主是慕容威夫妇，葬于乾元元年（758年）十月。此仅是宁夏诸多唐代墓葬之一，说明古来灵武就是民族和睦相处的重要地区之一。

1975年

2月22日，灵武县委总结华二大队计划生育“三算账（算人口增长比例、劳动力与出勤率、劳动负担与家庭生活水平账）、四带头（领导、干部、党员、团员带头）、五抓（抓认识、抓头头、抓组织、抓典型、抓落实）”的工作经验，在全县各公社推广计划生育工作。

是月，灵武县文化馆大楼建成，是县城首座三层楼建筑。

4月中旬，灵武城乡开展反对包办买卖婚姻，贯彻执行《婚姻法》的群众运动。有2833名男女青年表示实行晚婚晚育，472名女青年提出“要革命，不要彩礼”的号召。

7月5日，宁夏第一所农垦“五七大学”在灵武农场开学。

9月，灵武县化肥厂动工兴建，1977年8月竣工投产。1994年停产关闭。

10月，灵武县委组织万人投入新华桥园田化建设。嗣后，又两次组织共

27500 名男女民兵会战东干渠和五里坡水利工程。

12 月，灵武五里坡一级扬水工程竣工。

是年，灵武县“五七农业大学”在大泉种畜场建立。灵武杜木桥公社甘草膏厂建成，年产量 100 吨，收入 178 万元，上缴利税 13 万元，产品远销西欧。

是年，在全国农业学大寨会议上，灵武县被列入全国 316 个农业学大寨先进县行列。在全区农业学大寨会议上，灵武新华桥公社华二大队、崇兴公社，被自治区党委树为农业学大寨先进集体。

是年，城关公社黎明一、二大队，崇兴公社各大队，先后搬迁 493 户 3762 人移居石沟驿公社枣岗子、火城子，开发新灌区。后来成为枣岗子、火城子两个生产大队。石沟驿公社石沟驿、沟台子、白塔水、海子井 4 个生产大队中 391 户 2060 人搬迁到东干渠两侧及金银滩附近，成立新火、新红、新立、新建 4 个生产大队。

是年，灵武杜木桥、郝家桥、郭家桥、马家滩等公社 25 个生产队 780 户 4202 人，吊庄到大泉、东滩、上滩、下滩、沙江等新灌区，开垦土地 8164 亩，成为后来设立大泉乡的基础。

是年，灵武磁窑堡公社两个生产队 60 户 500 多人，搬迁到梧桐树公社北滩大队、临河公社石坝大队。

1976 年

2 月，灵武抽调 122 名干部和农村积极分子 131 名，组成农村“基本路线教育”工作队，深入农村开展“评论《水浒》”和“反击右倾翻案风”运动。

9 月 9—18 日，全县各族人民沉痛悼念毛泽东主席逝世，18 日，在灵武西操场（今西平路农业银行及以西、以北一带），隆重举行万人追悼大会。

9 月 28 日，灵武县仅有的县城、崇兴公社两个集贸市场被取消。

10 月，全县各界人士举行集会，庆祝欢呼党中央一举粉碎“四人帮”的胜利。

10 月 28 日，灵武县组织万人在灵武东大滩进行大泉地区的农田基本建设。

12 月 13 日，灵武新华桥公社华二大队党支部书记高生祥，出席全国第二次农业学大寨会议。

是年，灵武罐头果酒厂生产的“灵州牌”白酒，在全区 12 家酒类质量评比会上被评为第二名。1978 年、1979 年连续两年被评为全区优质白酒，并被列入国家轻工业部编印的全国《名酒画谱》。

是年，由于夏季阴雨连绵，小麦生芽霉烂；秋季低温，影响水稻生产不易灌浆，全县粮食总产量减产 68%。

1977 年

5 月 6 日，在“左”的路线指导下，银南地委派工作组进驻灵武，领导揭、批、查与“四人帮”有牵连的人和事，使一批领导干部和群众受到错误批判，灵武县委领导停职检查，银南地委在灵武组成代理县委领导班子。

11 月 7 日，灵武县革命委员会召开全县教育战线先进集体、先进工作者代表大会。

是年，西安煤矿设计研究院进行了灵武煤田横城矿区总体开发方案设计。1983 年，煤炭部批准灵武煤田碎石井勘探区详查地质报告。1984 年 7 月，煤炭部通过了《灵武矿区建设可行性报告》。

1978 年

1 月，煤炭工业部在北京召开“全国煤炭工业学大庆、赶开滦群英大会”。灵武磁窑堡采煤二队被授予煤炭战线特别能战斗队，队长马廷贵出席会议并获得了先进生产者光荣称号。

2 月 4 日，灵武县农科所技术员杨怀瑞、园艺场技术员魏向廷、灵武农场技术员王柏玲出席了自治区科技战线先进集体、先进个人表彰大会，均荣获先进个人荣誉称号。

3 月，马廷贵当选为第五届全国人民代表大会代表。

6 月 9—12 日，灵武召开中共灵武县第七次代表大会，选举刘如刚为灵武县委书记，选举康九生为中共灵武检查委员会书记。

6 月 14—16 日，召开灵武县第七届人民代表大会，大会产生了新的革命委员会，马文礼为灵武县革委会主任。

8 月，灵武川区 8 个公社加固、维修黄河拦河坝（又称“防洪坝”），全长为 32.8 千米。

10 月，灵武气象站吴文政出席中央气象局在天津召开的先进集体、先进个人代表会议，受到党和国家领导人的接见。

10 月 23 日，兰州军区政委萧华、青海省委第一书记谭启龙、甘肃省委第一书记宋平、新疆维吾尔自治区党委第一书记汪锋，参观灵武农场。

11 月 24—27 日，灵武县委召开真理标准的讨论会，组织全县中层干部批判“两个凡是”的观点。

12 月中旬，灵武政协恢复了政协活动，成立各界爱国人士学习委员会。

是年，灵武山区 4 个公社有 50 个生产队，陆续搬迁至新灌区。

是年，灵武新华桥公社粮食产量为 4550 万千克，比 1974 年增长近 4 倍，受到了国务院表彰。

是年，灵武于大河子沟修建水库，筑水坝、泄洪沟，治理、防止发生山洪水患。

1979 年

3 月，灵武县恢复了粮油自由市场，允许农副产品上市交易。

4 月 10 日—5 月 15 日，578 名“地、富、反、坏、右分子”摘掉帽子，占“四类分子”总数的 99%，改“地主、富农”家庭子女家庭出身为社员。

5 月，灵武新华桥公社河忠大队第二生产队实行“划组作业联产计酬”生产责任制。年终，全县粮食因灾减产，而该生产队粮食总产却增加了 31.5 万千克。

9月28日，全国妇联授予灵武新华桥公社妇代会“三八红旗集体”荣誉称号。

是月，灵武印刷厂被自治区党委授予“大庆式企业”称号。

12月26日，灵武新华桥公社被树立为“全国大寨式公社”。灵武县副县长赵亦郗代表灵武新华桥公社出席国务院召开的“第二次农业学大寨表彰会”。

是年，灵武园艺实验场的苹果出口到蒙古人民共和国达355.65万千克，使“花果之乡”的灵武苹果首次进入国际市场。

1980年

1月，灵武全县农村社、队，全面推行农业生产责任制。

2月28日，灵武新华桥公社等8个单位出席了“全区农业先进集体和劳动模范表彰大会”。

5月19日早8时，灵武崇兴粮站工人李健忠因抢救落水妇女而光荣牺牲，被自治区政府追认为“革命烈士”。

5月20日，灵武横山公社更名为临河公社，石沟驿公社更名为白土岗公社，灵武二中更名为灵武县回民中学。

8月10日，由秦渠上闸至红柳湾段东移工程开工，翌年6月完工。改道后秦渠全长15.75千米，抬高水位1米，扩大自留灌溉面积2万亩。

8月25日，在灵武县城举办“文化大革命”后首次物资交流大会，成交额达200万元。

10月10日，灵武集中川区8个公社的6616名劳动力，新开、清淤枣岗子、火城子地区排水沟31条。至此，灵武县10年农田基本建设基本结束。

12月25—30日，灵武县政协第三届委员会召开，选举杨生吉为政协主席。

12月25—30日，灵武县第八届人民代表大会第一次会议召开，选举灵武县人大常委会委员和灵武县人民政府。杨正甫当选为灵武县人大常委会主任，马文礼当选为灵武县长，取消灵武县革命委员会称号。

是年，灵武粮食产量创历史最高纪录，总产量达8778.2万千克，比1979

年增长27%，比丰收的1978年增长19%。

是年，国家林业部授予灵武新华桥种苗场为林业部先进单位；灵武县皮毛厂生产的二毛皮褥子远销国外；灵武县被服厂生产的塑底绱布鞋，在全区同类产品中被评为一等奖。

是年，全县科技人员首次评定职称，有8名专业技术人员被评定为中级职称。

1981年

4月30日，马鞍山甘露寺对外开放。

5月上旬，全县668个生产队全部实行包产到户生产责任制。

7月，蔬菜饮食服务公司实行“利润定额”和“全额利润分成”经营责任制。

9月12日，上海市少数民族参观团一行25人，在自治区副主席丁毅民的陪同下，参观灵武崇兴公社、灵武绒线厂、灵武农场。

9月中旬，灵武境内黄河段出现6040立方米/秒大洪峰，灵武县政府紧急动员3万余人抗洪抢险。经过一昼夜奋战，抢修堤坝30千米，加固防洪堤9千米，取得了抗洪抢险的胜利。

9月28日，恢复灵武县城、崇兴集贸市场，每月分别逢尾数为1、4、7日和2、5、8日为集市。

10月6日，调整马家滩公社行政规划，增设五里坡公社。

1982年

2月，灵武百货公司业余美术作者马英创作的油画《豫海县回民自治区——同心清真大寺》，参加了首届全国少数民族美术作品展览，并获“佳作奖”。

3月，灵武新华桥种苗场荣获国家农业委员会、科学技术委员会颁发的“合作推广奖”。

5月11—12日，灵武降雪22毫米，这是灵武历史上有记录以来唯一的5

月降雪记录。

7月1日，第三次人口普查，灵武全县有188154人，其中男性96898人、女性91256人。有两位百岁以上寿星。

8月27日，灵武县政府发布了《关于严格控制占用农田建房的紧急通知》。

9月29日，贵州省苗族、侗族自治州参观团一行29人，参观了灵武回民中学、崇兴文化中心、灵武绒线厂。

11月，灵武县农技站技术员姜黛珠，在东塔公社园艺大队社员王淑珍家，首次试验1.5亩西红柿温棚栽培获得了成功，亩产值比之前翻了一番，达8000元。这项技术得到推广运用后，截至1990年，全县温棚蔬菜栽培面积近千亩。

是年，灵武全县推广种植宁夏永宁培植的“永宁4号”小麦良种。

1983年

1月，灵武召开三级干部及“两户”（专业户、重点户）代表会议，“三干会”首次有“两户”代表参加。

2月，自治区林业厅授予灵武新华桥种苗场“新疆杨推广奖”。

4月8日，灵武县委在郝家桥公社，进行政治体制改革试点。至7月底，全县完成撤销公社，建立乡、村的体制改革。

4月27日下午3时，灵武县内发生特大沙暴。山区沙压青苗1万亩，70%的农作物枯萎，两人被冻死，羊只严重受损；川区地膜和塑料大棚被破坏无数。

6月11日，灵武新华桥公社龙一大队一队，发现毁灭性林木蛀干害虫——光肩星天牛，但人们对其危害性认识不足，致使其迅速蔓延。至1992年，全县总动员砍伐被天牛毁坏的杨、柳树748万株，经济损失10866万元。全县第一代农田林网毁于天牛之害。

8月，灵武新华桥乡河忠大队女社员吴玉兰被评为全国“三八红旗手”。

9月21日，灵武县成立大泉乡，全县行政区划为14个乡：城镇、崇兴乡、新华桥乡、磁窑堡乡、马家滩乡、东塔乡、杜木桥乡、大泉乡、郝家桥乡、郭家桥乡、梧桐树乡、临河乡、白土岗乡、五里坡乡。

9月23日，灵武县开始建设北高点、清水营、杜家滩、马家滩、大泉、白土岗等乡多处饮水工程。至1987年6月建成，解决了全县2.2万人不再饮用高氟水的问题。

10月8日，灵武农业局杨怀瑞荣获“国家级先进科技工作者”光荣称号。

12月，灵武全县进行机构改革，第七届党员代表大会选举赵金山同志为中共灵武县委书记。

1984年

1月27日，京沪7家报纸联合举办的全国优秀班主任评选活动揭晓，灵武小学教师马灵秀入选。

2月，灵武食品公司建造了一座容量30吨的装配式冷库，为淡季城镇居民的肉食供应提供了方便。

4月，全县开展文物普查，在灵武磁窑堡乡鸳鸯湖、临河乡三道沟，发现了两处新石器时代文化遗址。

是月，在全区酒类质量评比会上，灵武白酒获“清香型麦曲高粱酒第二名”，灵州大曲酒获“浓香型大曲酒第一名”，均被自治区评为优质产品。

7月13日，灵武羊肉平价供应改为议购议销。

是月，国家煤炭工业部审查通过了《灵武矿区建设可行性报告》。

9月21日，灵武县政府组织800多名农村干部，到青铜峡市中滩参观学习秋光水稻的种植，购回秋光稻种50万斤。第二年，灵武秋光稻的种植由1983年的136亩增加到32014亩。

9月23日，全国人大常委会副委员长班禅额尔德尼·确吉坚赞视察了灵武园艺试验场。

是月，中共中央书记处书记乔石视察灵武县，赞扬了东塔乡科技户王立德，其种植的杂交水稻亩产894.7千克，名列全区单季稻亩产第一名、全国第二名。

10月，灵武文化馆美术干部余乡创作的国画《早春图》，参加第六届全国美展并获铜牌奖。《早春图》被中国美术馆收藏。

11月23日，崇兴地区发生5.3级地震。

是月，灵武制鞋厂被评为“全国少数民族用品先进企业”。

是年，自治区党委书记李学智指示，灵武罐头厂上芦笋罐头项目。随即在灵武引种芦笋，逐年扩大芦笋种植面积，至1990年，出口芦笋罐头340吨，创外汇41.8万美元。

是年，灵武县自行车队参加自治区级比赛，荣获男、女团体第一名。

是年，灵武崇兴乡台子村文化室的建设及文化活动情况，被兰州军区政治部制成录像带，在三级第一政委会议上作汇报时放映。

1985年

1月11—13日，灵武县第九届人民代表大会召开，杨正甫继续当选为灵武县人大常委会主任，马文礼继续当选为灵武县县长。是月，全县30个国营小型商业、15个供销系统核算单位，实行“改、转、租”的经营模式。

5月，灵武新华桥乡创建试行“农户轮流值班制度”，盗窃等案件大幅度下降。

7月，公安部部长阮崇武来宁夏检查工作时，专程听取了新华桥派出所对所创经验的汇报。1986年初，“农户轮流值班制度”在灵武全县范围内推广。

7月7日，灵武矿务局成立。

是月，灵武第二毛纺织厂在兰州第四毛纺厂的帮助下，试制成功人造皮毛。当年即生产人造皮毛4.9万米，产值74万元，实现利润17.4万元，填补了自治区内一项空白。灵武县农机厂成功试制电热毯。

8月8日，灵武县政府公布三道沟、鸳鸯湖等文化遗址为“灵武县重点文物保护单位”。

9月4日，国家农牧渔业部部长何康视察了灵武园艺试验场。

10日，县城隆重集会，庆祝第一个教师节。

10月，灵武新灌区五里坡、白土岗、临河、大泉等乡，定居人口达1.7万人，开垦土地3万亩，10万多亩山地退耕还牧。

12月24日，自治区政府批准马家滩、磁窑堡、新华桥、崇兴4乡改为镇制，全县为4镇、10乡。

是年，灵武梧桐树乡、新华桥镇各1000亩水面分别建成商品渔业基地。

是年，引进日本水稻插秧机插秧2321亩。

是年，灵武县清真罐头厂投资803万元进行扩建，引进一套意大利空罐生产线，设计年生产量5500吨。

1985年，在宁夏灵武与盐池县毗邻的苏步井硝池子村窨子梁山坡唐墓出土，为昭武九姓何姓人墓群中的一合石门，两扇石门上各刻一男子作“胡腾舞”，刻画形象生动，今仍给人以“长袖当风”之感，与敦煌石窟壁画中跳“胡腾舞”者壁画中形象、舞姿相似。墓主人当是唐时居住在灵州六胡州的何姓人，死后葬于此。其时西域的“胡旋舞”、“胡腾舞”，在隋唐时通过“丝绸之路”传入中国，亦传入灵州。石刻“胡腾舞”形象，属首次于古灵州墓发现。2004年，此石墓门参加了国家博物馆举办的“丝绸之路文物展”，为国家一级文物。

1986年

5月28日，灵武县粮油加工厂加工出特等大米“珍珠米”3000吨，远销国外和香港地区，为国家创汇175万元。

是月，我国著名考古学家安志敏考查三道沟新石器文化遗址，初步断定其为7000—5000年前新（细）石器时代的文化遗址。

8月4日，灵武县内遭受8级大风袭击，全县6.7万亩麦套玉米、0.36多万亩果园受到严重危害。

9月21日，日本、意大利的园艺专家一行5人参观了灵武园艺试验场。

是月，灵武县改建灵武街心、西湖两个公园。

10月14日，灵武籍战士顾金海同志在老山前线收复某高地战斗中，两次用自己的身体掩护战友，只身炸毁敌人火力点4个，歼敌11人，不幸被敌人炮火击中，光荣牺牲。次年1月23日，灵武县隆重举行数千人参加的迎葬仪式和追悼大会。

是年，灵武县城进行整治工作，埋设供、排水管道，拓宽主要街道，铺设柏油路面。

1987年

1月24日，灵武县委召开“向顾金海烈士学习大会”，号召全县共产党员、共青团员、工人、农民、知识分子、青少年，开展向顾金海烈士学习的活动。

2月20日，顾金海事迹报告组向全县各乡镇党员、群众报告、宣传顾金海烈士的英雄事迹，并到银南地区部分市县宣讲、宣传。

3月11—15日，灵武县政协第五届委员会召开，选举王文焕为政协主席。12日—15日，灵武县第十届人民代表大会召开，郭朝彭当选为灵武县人大常委会主任，马文礼当选为灵武县县长。

是月，中国社会科学院考古研究所发现并对西夏磁窑（灵武窑）进行了考古调查，出土西夏瓷器文物2500余件，证明灵武西夏磁窑为西夏时期最美瓷器和建筑装饰物品烧制地。

是月，自治区原主席黑伯理慰问顾金海烈士的亲属，并向顾金海的父亲顾成赠送了老山战士亲手制作的拐杖。

4月8—10日，中共灵武县第八届党员代表大会召开，选举赵金山同志为中共灵武县委书记。

5月，军委主席邓小平签发命令，授予顾金海烈士“特级战斗英雄”称号。

8月10日，灵武地区发生5.5级地震；18日，灵武梧桐树乡、临河乡、磁窑堡镇3乡镇的8个村遭受冰雹袭击，受灾面积28483亩，粮食减产744万千克。

是月，灵武县鞋厂生产的“利民牌”注塑发泡鞋、灵武县毛纺厂生产的

“友谊牌”纯毛提花毯，荣获轻工业部、国家民委“全国少数民族用品优质奖”。同时，灵武县鞋厂生产的童鞋荣获全国儿童生活委员会的“金鹿杯奖”。

9月，灵武第三中学建成（位市区东北部）。

是年，灵武园艺试验场和上海市果品公司横向联合，向上海、杭州销售灵武园艺场生产的元帅、金冠苹果，效益显著。

1988年

1月4日，灵武县城东南发生5.5级地震，震中在距县城2000米的东塔乡东塔村附近。震塌房屋688间，70座楼房出现了不同程度的裂缝。

1月28日，国务院公布灵武县水洞沟文化遗址为“全国文物重点保护单位”。

3月，丹麦评估团专家对灵武水泥厂生产的特种水泥项目进行考察。水泥厂扩建成为灵武县属重点工业项目。

4月25日，灵武崇兴镇党委被评为“全国民族团结进步先进集体”。

是月，灵武县政府做出“在全县城乡广泛开展集资办学、捐资助学的决定”。截至10月底，全县城乡共集资214.8万元，其中个人集资千元以上大户27户。

5月5—7日，召开中共灵武县第九届党员代表大会，赵金山同志仍然当选为中共灵武县委书记。

7月27日，国家民政部、解放军总政治部授予灵武县政府“双拥先进单位”称号。

是月，灵武县被国家计划生育委员会、农业部列为“绒毛生产基地”。

9月7日，国务院组织省、市委书记考察团一行22人，考察灵武清真罐头厂、灵武园艺试验场。

12月，灵武县皮毛厂生产的二毛皮褥子被国家轻工业部、国家民族事务委员会评为“少数民族用品优质产品”。灵武县饲料加工厂生产的鸡饲料被评为“自治区优质产品”；灵武饲料加工厂被国家商业部评为“安全生产先进单位”，并晋升为自治区一级企业。

是年，灵武 19 名中学教师被评为高级职称。

是年，灵武县粮食生产突破三年徘徊期，创历史最高纪录，总产量达 11219.5 万千克，比 1987 年增产 8.1%。

是年，作家查舜的中篇小说《月照梨花湾》发表并获“全国少数民族文学创作优秀奖”。

1989 年

7 月 10 日，国家能源部部长黄毅诚在自治区主席白立忱、自治区党委副书记刘国范陪同下，视察灵武矿区建设情况。

8 月 28 日，灵武矿区灵新煤矿二号井开工建设，中国统配煤矿总公司总经理于洪恩、副总经理陈钝和自治区人民政府主席白立忱为开工剪彩。

9 月 27 日，灵武磁窑堡煤矿晋升为“自治区一级企业”。

11 月，筹建灵武县煤矿，至 1991 年 12 月投产，1992 年生产原煤 8.83 万吨。

是月，宁夏电视台播出集中反映灵武十一届三中以来巨大变化的电视专题片——《历尽边山再渡河——古灵州今貌掠影》。

是年，灵武矿务局、磁窑堡煤矿同时被国家能源部授予“1989 年度全国地方煤矿安全生产先进单位”称号。

1990 年

3 月 11—14 日，召开政协灵武第六届委员会，选举杨金柱为第六届政协主席。

3 月 12—15 日，召开灵武县第十一届人民代表大会，郭朝彭继续当选为灵武县人大常委会主任，马文礼继续当选为灵武县人民政府县长。

4 月 14 日，是中国 11 亿人口日，灵武县城开展多种形式的控制人口增长、实行计划生育宣传和咨询活动，对居住在偏僻角落的外来户进行计划生育检查。

7月1日，全国第四次人口普查，灵武全县人口为220352人，其中，男性112243人，女性108109人，残疾人572人，“三康”对象563人。

7月7日，灵武县政府授予4个乡镇的21个村为“售粮先进集体”，授予51户农民为“售粮模范”的光荣称号。

8月7日，我国台湾文物收藏艺术协会旅游团一行50余人，考察灵武磁窑西夏磁窑遗址、灵武县城古城墙等文物古迹。

8月15日，灵武实施梧桐树乡改水工程，建水塔一座，铺埋输水线路、安装供水设施，解决了15个生产队的人畜饮水问题。

9月28日，加拿大西蒙弗雷泽大学教授大卫·休克利和丽明在中央民族学院（今中央民族大学）教授潘振声的陪同下，考察灵武大泉万亩果园和狼皮子梁开发工程。

10月1日，灵武世界银行办公室接待了世界银行官员郑兰生、皮西扎和约翰先生，汇报了灵武对世界银行贷款资金的投入和使用情况。

10月10日，灵武交通局设置梧桐树乡北滩渡口、临河乡临河渡口。

10月19日，美国、日本、德国、法国、意大利驻华大使馆经济合作处参赞、商务参赞等，考察灵武狼皮子梁开发区。

是年，兴建崇兴农贸市场、灵武北门外（北沙窝）瓜果蔬菜市场。

是年，灵武皮毛厂生产的皮褥子荣获国家轻工业部、商业部、国务院旅游局“天马金奖”。

是年，县政府动员灵武个体工商户，为第十一届亚运会捐款5000余元，认购公债5.6万元、国库券2000元。

1991年

1月，灵武县被列入“全国实施取水许可制度基础工作试点县”，8月15日通过验收。

3月，灵武全县第二代农田林网建设拉开帷幕，至1998年通过验收。

4月30日—5月1日，灵武遭受严重低温冻害，受灾面积11.8万亩，损失约6.72亿元。县委、县政府积极采取“促、补、扩、管”等抗害救灾措施，争取将灾害损失降到最低点。

6月25日，全县于庆祝全国土地日和《土地管理法》颁布5周年之际，开展多种形式的“土地与国情”宣传活动。

6月27日，苦水河（山水沟）上游突降暴雨，次日山水沟（苦水河）下游灵武段洪峰流量达150立方米/秒，冲毁沿岸农田、果园、鱼池87亩，房屋1处。白土岗火城子村防洪码头塌方300米，东干渠32号支渠退水以东塌方长300米、宽40米。

7月5日，在灵武全县广大妇女中开展“五学、五赛”（学政治、学文化、学科学、学业务、学管理；赛素质、赛进步、赛风格、赛效益、赛奉献）巾帼建功活动。

是月，灵武第一条短途公共汽车线路开通，起点为县城东北5000米的东粮库，终点为县城西南6000米的崇兴镇，全长11000米。此后，域内通往各乡镇的公共汽车短途线路相继开通。

8月6日，灵武县委做出了《关于在全县农村普遍开展社会主义思想教育安排意见》，开展了4期社会主义思想教育活动，至1993年结束。

9月10日，张忠良同志任灵武县委书记。

9月15日，灵武县委、政府制订《关于在全县农村实施“231工程”的规划》，以“两扫三学”（扫文盲、扫科盲，学文化、学科学、学经营管理），“一培养”（培养一代新人）为内容的“231工程”，正式启动。

10月27—30日，中共灵武县第十次代表大会召开，张忠良同志当选为中共灵武县委书记。

12月，首届“科普之冬”活动正式启动，次年3月结束。此后，每年坚持开展。1997年，具化为“科技、文化、卫生三下乡活动”，2002年，增加了法制教育内容，为“四下乡活动”。

是年，乡镇企业深入开展“质量、品种、效益年活动”和“企业管理年”

活动。空心砖技术开发和麦套玉米吨粮田增产配套技术示范，被列入全区“星火计划”。

是年，灵武北沙窝林场国光、金冠苹果获自治区级“优质苹果奖”。

是年，灵武县政府制订了《水资源管理办法》《河套采砂管理办法》和《取水许可证登记管理办法》。

是年，灵武粮食总产量再创历史新高，达128781吨，实现了连续4年增产的目标。

1992年

2月，灵武节能日光温室蔬菜技术，由一代温室向二代标准化温室改进。

是月，灵武开展“基础教育质量效益年活动”。

4月10日，自治区党委、政府命名灵武县磁窑堡镇为首批自治区级“文明单位”。

4月15日—6月底，灵武组织力量维护和加固、新建黄河东岸防洪堤35.7千米，移动土方85.7万方。

6月6日—9日，县委、政府举行“发展灵武经济研讨会”，分析灵武经济发展中存在的问题。

6月26日，县委、县政府授予马家滩等11个单位为“县级文明单位”称号。

是月，灵武全县山区首次飞播（飞机撒播）造林成功，造林5000余亩。

是月，灵南7乡镇供水工程破土动工，由此拉开了灵武饮水工程等“生命工程”的序幕。至2005年，累计投资3132.7万元，解决了7镇乡53个村、394个生产队、11.3万余人的饮用安全水问题。

7月20日，灵武县农村小康建设工作启动，2000年2月12日通过自治区达标验收。

7月22日、23日、25日，灵武地区普降暴雨，全县经济损失严重。

8月30日，灵武首家农村合作基金会，在灵武郭家桥乡挂牌成立。至

1998年发展到6家，1999年3月全部关闭，进行清理整顿。

是月，灵武县农业局、农技推广中心承担的“水稻新品种宁粳9号配套高产栽培技术”项目，荣获国家农牧渔业部“丰收计划一等奖”。

9月2—27日，日本治沙造林考察团一行6人，到灵武考察沙漠地区森林恢复技术及农用林业建设情况。

9月28日，签署中日合作协议书，合作造林60公顷。

9月24—26日，陕甘宁蒙4省区邻县（市、旗、区）政协第五次横向联席会议在灵武县举行。

是月，灵武县政府公布了横城堡、水洞沟遗址、西夏磁窑遗址、镇河塔4处文物保护单位的保护范围。

10月，灵武白沙窝林场杨金福等3名工程师承担的“元帅短枝型苹果芽变选育课题”通过自治区级鉴定，定名为“宁红”。其品种填补了宁夏元帅短枝型选育的空白，成为全区果树密植栽培优良品种。

是月，灵武县政府颁布《灵武县征收排污费实施办法》，开始依法征收环保排污费。

12月24日，灵武举行“经济发展顾问座谈会”，与会者提出了制定优惠政策，让流通部门完全进入市场等6项措施。

是年，动员全县57台推土机开发“盐环定五里坡万亩灌区”。至1995年，灵武五里坡开发区累计开荒1.18万亩。

是年，灵武涝河桥清真牛羊肉市场载入《中国市场大全》。灵武县饲料厂生产的“奔马”牌颗粒饲料被评为“自治区名牌产品”。

1993年

1月28日，灵武县委提出：“依靠黄河、依托矿区、围绕‘两路一场（铁路、公路、机场）’、发展‘三区（老灌区、新灌区、山区）’、建设‘四片（灵武县城、灵武横城、磁窑堡矿区、马家滩油区）’”的经济发展总体方针。

2月24—28日，政协灵武县第七届委员会第一次会议召开，余钦典当选为新一届县政协主席。

2月25—3月1日，灵武县第十二届人民代表大会第一次会议召开，郎有为当选为人大常委会主任，杜殿耀当选为灵武县县长。

3月3—6日，灵武举行“全县首届妇女文化体育运动会”。

3月中旬—6月中旬，宁夏海原、同心、固原等县部分村民，集中进入灵武县山区采挖甘草、抓头发菜，破坏草原20万亩，经区、地、县采取措施制止，采挖人员才离境返乡。

4月26日，灵武县政府决定设立“灵武县横城旅游区”。

是月，灵武县政府开始建设灵武县城振兴路“商业一条街”。

是月，灵武县政府投资161.5万元治理灵武磁窑堡和马家滩接界之庙梁子沟，至9月完工。

是月，以灵武县城柳树巷住宅小区改造为起点，拉开了灵武大规模住宅小区建设的序幕，当年完成了1万平方米商品住宅楼房的建设工作。

是月，在全银南地区开展的标准化党支部达标活动中，灵武县1个乡镇、9个村成为第一批达标单位。

7月21日，灵武县委、县政府制定了《关于鼓励党政机关、事业单位工作人员离岗从事经济工作的暂行规定》。

9月，灵武“目标教学法”（即课前制定目标、课中实施目标、课后检测目标，落实情况，对课堂教学实行全程检测）在全县推广。

11月19日，灵武县获“全区农村社会主义思想教育先进单位”称号。

12月10日，灵武县“城镇住房制度改革方案”正式实施。

12月，自治区人民政府审批通过了《金水旅游区和经济开发区建设规划》。

是年，灵武组团参加“西交会”（即四川广元举办的第五届中国西部商品交易会），展出产品12种，成交额达113.5万元。此后，每年组团参加“西交会”。

是年，全面调整灵武农业结构，以发展“高产田”“吨粮田”“双千田”“万元田”为重点，实施“两高一优（高产、高效、优质）”农业。

是年，全县乡镇企业工业产值，首次突破亿元大关。

是年，灵武取消“双轨制”，全面放开各种商品价格。

是年，灵武皮毛厂被国家旅游局列入“第一批全国旅游商品定点生产企业”。

是年，灵武县被列为“全国食品卫生示范县”。

是年，在灵武郝家桥乡进行农村养老保险试点。

是年，灵武岩画被发现。起初，临河镇的农民上山拉石头，无意中发现有些石头上有花纹，被称为“花石头”。当地农民吕元民就挑了两块好看的“花石头”放在自家的大门口作为装饰和乘凉之用。其后被灵武文管所得知，考察确认为“灵武岩画”。周兴华先生在《岩画探秘·史前岩画与原始宗教》等著作中认为，灵武岩画起源于距今约 1 万年的旧石器时代晚期，大部分作品产生于旧石器晚期至新（细）石器时代，少数作品延续至铁器时代。发现于群峰之顶的 20 多幅岩画，都为单独羊的刻画，由于风化作用所致，所刻画的图案大多已漫灭不清，须仔细辨别。研究认为，它们是产生于旧石器时代晚期的岩画，在一幅岩画中有“天平元年”的题刻，似为灵武岩画年代的下限。在分布 20 平方千米范围内的灵武岩画，内容十分丰富，有天体崇拜、祖先崇拜、动物崇拜以及狩猎、战争、养殖、生殖崇拜甚至有文字符号，如甲骨文字的“车、田”等，为其产生的时代提供了明确的证据，也在一定程度上，反映了当时这一地区人们的科学认知程度和艺术水平。

1994 年

1 月 28 日，灵武县委、政府制定《关于加快发展我县农业和农村经济的具体政策措施》，提出了稳定、完善以家庭承包为主的责任制和统分结合的双层经营体制，大力发展“两高一优”农业等 12 条意见。

1 月 29 日，县委、县政府决定：自 4 月始，用 3 年时间，在全县 90 个村分批开展“依法治村、民主管理”活动。

是月，灵武组织开展“中华环保世纪行”活动。

是月，灵武县委宣传部被评为“全国少数民族地区宣传工作先进单位”。

3月8—11日，灵武县第七届委员会第二次会议召开，余钦典继续当选为政协主席。

3月9—11日，灵武县第十二届人民代表大会第二次会议召开，冯礼当选为灵武县人大常委会主任。

3月12日，灵武县委、县政府制定了《关于扩大试点推进农村小康建设的意见》。实现农村小康建设目标为：农民人均纯收入以农户1500元、村1400元，县（乡、镇）1350元为标准。

4月，灵武开始划定农田保护区工作，至10月结束。

6月14日，国家林业部副部长蔡延松到灵武视察工作。

7月5日晚6时，灵武全县普降暴雨，造成经济损失265万元。

8月，灵武启动实施国家教委、联合国儿童基金会“小学语文、数学学习标准及质量检测项目”实验，全县20多所学校的10000名学生参加。

9月10日，灵武县委、县政府决定：今后每年教师节期间，在全县开展评选“十佳教师”和5名“优秀校长”活动，设立“灵武县发展教育基金会”。

9月12日，灵武市举行西夏影视城（灵武横城）奠基仪式。

11月15日，灵武县委、县政府召开“全县经营大户经验交流及表彰大会”，表彰奖励300多户“经营大户”。全县共有各类经营大户741户。

是月，灵武县基本扫除青壮年文盲和普及初等教育工作，通过银南地区验收。

12月21日，灵武县图书馆被国家文化部评定为二级图书馆。

是年，全县个体企业产值首次突破亿元大关，占全县乡镇企业产值的50.4%。

是年，灵武崇兴镇台子村村民王万仁发明的多功能脱粒机和微型粉碎机获国家专利证书，且在宁夏专利产品展销会上，分别获得专利产品金奖、银奖。

是年，灵武被列为“全国秸秆养牛示范县”。

是年，银川河东机场在灵武临河乡动工兴建。

是年，灵武开始实行公费医疗体制改革，单位和个人共同集资解决医疗费问题。

是年，灵武梧桐树乡河滩地开发工程启动。

1995 年

1 月 12 日，灵武县委、县政府制订了《关于加快企业产权制度改革的意见（试行）》，提出从股份制、租赁、拍卖、引资嫁接、有偿转让、承包、兼并 7 方面入手，加快企业产权制度改革。

1 月 20—3 月 30 日，在全县各乡镇开展为期 70 天的科普教育活动，以推广农业科技项目以及科学种植、科学养殖新技术。

4 月 12 日，灵武县委、县政府制订了《关于贯彻〈中国教育改革和发展纲要〉加强教育工作的实施意见》，计划到 20 世纪末，全县人均受教育年限达到 6.5 年以上。

5 月 26 日，灵武县委制订《关于进一步整顿党支部的意见》。

是月，灵武县绒山羊基地建设课题成果和绒山羊改良星火项目通过自治区级验收。

6 月 9 日，灵武县委、县政府制定了《关于深化土地使用制度改革，加强土地管理的暂行规定》。

是月，灵武正式启动普及九年义务教育。1998 年 9 月，通过自治区人民政府基本普及九年义务教育验收。

7 月 14 日，灵武县普降暴雨，全县经济损失达 150 万元。

是月，灵武籍回族女运动员王艳梅参加在波兰举行的“首届世界青年女子举重锦标赛”，获 83 公斤以上级抓举、挺举和总成绩 3 块金牌，并打破了该项目 3 项世界纪录。自治区人民政府为王艳梅记二等功。

8 月 23 日，在全县深入开展争创先进人武部、民兵连队和争当优秀人武（专武）干部、优秀民兵活动。

是月，灵武县开始实施“兴国富民”工程，至 2005 年结束，全县新发展经果林 1.13 万亩。

是月，灵武全县深入开展“解放思想，更新观念，加快发展”大讨论。

10 月 15—16 日，在灵武白芨滩防沙林场召开“中日治沙项目验收会议”，项目顺利通过达标验收。

11 月 16 日，灵武县委按照中央提出的“五个好”的要求，抽调 320 名干部组成工作组，进驻 14 个乡镇 90 个村，开展整顿农村基层组织工作。

是月，灵武县人民政府召开“国家秸秆养牛示范县建设誓师大会”及“赛牛大会“。崇兴镇台子村 1 队马忠林家 1 岁、体重 465 千克的秦川牛，获“一等奖”。

1996 年

1 月 24 日，灵武县崇兴镇、郝家桥乡被自治区财政厅和乡镇企业局列入“全区强乡富民乡镇”。

是月，灵武县被确定为“全国农业区域开发治理实验区”试点县，同时又被列入“自治区节水农业示范项目”，1998 年顺利通过项目验收。

5 月 20 日，国务院批准，撤销灵武县，设立灵武市。

是月，灵武籍女运动员王艳梅，再次参加在波兰举行的“第二届世界青年女子举重锦标赛”，又打破了女子抓举世界纪录。

是月，灵武市乡镇为 14 个，有 5 镇 9 乡。5 镇分别为城镇、崇兴镇、新华桥镇、磁窑堡镇、马家滩镇；9 乡分别为东塔乡、杜木桥乡、大泉乡、郝家桥乡、郭家桥乡、梧桐树乡、白土岗乡、五里坡乡、临河乡。

8—10 月，灵武举办庆祝灵武撤县设市大型团体操、大型文艺晚会和大型图片展等。

9 月，灵武文管所精选一批馆藏文物经由专家鉴定，其中一级品 3 件、二级品 6 件、三级品 10 件。

是月，由灵武市畜牧局等单位所承办的，“引进杂交技术提高土种山羊绒生产性能研究与推广项目”，获自治区“科技进步一等奖”。

是月，灵武市各学校“教育信息化工程”正式起步。

12 月 26—30 日，中共灵武市第一次代表大会召开，大会选举杨万仁为灵武市委书记，马志岐为中共灵武市纪律检查委员会（简称“纪检委”）书记。

是年，全市乡镇企业产值突破 5 亿元，居全区第八位；全市工业产值突破 3 亿元，居全区第五位。

是年，全市推广示范玉米种子包衣技术 7.2 万亩，包衣种子 18 万千克，取得防虫和出苗率高等显著效果，随后普遍推广。

是年，灵武市粮食产量总产量达 138934 吨。

1997 年

1 月，灵武人季栋梁的短篇小说《觉得有人在背后推了我一把》和《中国功夫》，分别获得全国“宇宙杯”“全国短篇小说奖”。

2 月 19 日，邓小平逝世，全市各机关下半旗致哀。

2 月 21 日，灵武市委、市政府对城镇一村等 32 个小康达标村命名、挂牌。

2 月 27 日，灵武市委、政府表彰并授予政法系统干警 10 人“十佳干警”称号。

3 月 13 日，自治区乡镇企业局批准郝家桥乡镇企业，为“自治区工业小区”。

3 月 19 日，灵武市委、市政府制定了《关于加快农民住房建设的有关政策规定》，对 1997 年农民住房提出具体要求。

4 月 12 日，灵武调频广播电视台正式试播，覆盖半径为 60 平方千米。

是月，《嘉庆灵州志迹校注》一书获“宁夏地方志优秀成果一等奖”；1998 年 11 月，又获“宁夏社会科学优秀成果三等奖”。

5 月 13 日，自治区副主席周生贤现场办公，确定灵武市为“全区水稻旱育稀植高产栽培示范市”。1998 年，通过项目验收，灵武市超额完成任务，平均亩产 728 千克，名列全区第一。

6 月 14 日，日本岛根县民间交流团一行 115 人，与自治区有关部门、宁夏大学师生及灵武白芨滩林场职工 300 余人参加植树活动。

7 月 14 日，灵武市以道路建设带动农户建设，整体推进小康建设进程。

7 月 14—17 日，磁窑堡马跑泉、永利村部分地区和大泉上滩 1500 亩农作物遭受冰雹、暴雨袭击，造成经济损失达29万元。

9月15—21日，首届“科技周”活动正式开始。此后每年坚持，2001年改为每年5月第三周为“科技周”。

9月19日，自治区考古研究所对灵武磁窑堡回民巷西夏磁窑遗址进行发掘、整理。

11月10日，灵武市委、市政府制订了《关于卫生改革与发展的实施意见》，推动全市卫生医疗事业进一步改革。

12月8日，李锐任灵武市代市长。

是年，灵武市内共发生8次特大山洪，其中流量300立方米/秒以上的山洪7次，造成经济损失达191.5万元。

是年，崇兴、新华桥、郭家桥乡镇企业产值均突破亿元，与郝家桥乡同时被自治区列入“全区强乡富民工程计划”。

是年，农民专业合作社起步、发展，至2005年，已达37个，有会员5330人。

是年，全市粮食总产值增幅、水稻旱育稀植栽培技术水平和平均亩产、水产品名特优新养殖，均居全区第一。

是年，灵武市被列入全国“九五”期间“第一批国家级商品粮基地市”。

是年，灵武市水稻旱育稀植综合标准化被批准为宁夏首批农业标准化示范区项目，灵武市于1998年被确定为“全区水稻旱育稀植示范市”。

1998年

1月，在全市开展“热爱我们共同家园”环境保护宣传月活动，持续至8月。

是月，灵武市被列为“自治区经济核心区”。

2月，灵武市第十三届人民代表大会第一次会议召开，刘云当选为灵武市人民代表大会常委会主任，李锐当选为灵武市市长。

是月，灵武市政协第八届委员会召开，杨中其当选为政协主席。

是月，灵武市委、市政府提出发展畜牧业“四个十”工程建设项目，即：

建设10个肉羊育肥示范村、10个千头猪场、10个万只鸡场和10头以上养牛户100户，项目建设为期1年。

3月18日，灵武市设立“社会治安见义勇为奖励基金”。

3月25日，采取市级领导包乡抓点、部门包村等“753”扶贫包户责任制，以实现“八七”扶贫攻坚计划。

6月15日，林业部组织西北5省区治沙考察团到灵武白芨滩防沙林场考察“宁夏—岛根友好林”、针枣混交节水及中日治沙等项目取得的成绩。

7月16日，自治区岩画研究所和灵武市文管所普查灵武临河镇境内的岩画。其分布区在灵武市临河镇东阿尔多斯台地约20平方千米的地区。

8月2日，在灵武新华桥镇龙三村召开“全市移动温棚蔬菜生产技术推广现场会”。此后，此项技术在全市得以普遍推广。

8月30日，自治区党委书记毛如柏考察灵武崇兴镇中北村、郝家桥乡沈家湖村、水稻旱育稀植丰产方、小康村建设、栈羊育肥、农村道路建设等工作。

是月，全市开展消灭无标生产工作，2000年3月通过国家质量技术监督局验收，被确定为“消灭无标生产县（市）”。

9月11日，王学文任灵武市委书记。

9月27日，以洪腾素彦为团长的日本国西北干旱地区造林事业调查团一行4人，到灵武白芨滩防沙林场中日友好项目的针枣混交节水、中日治沙项目区进行考察。

10月12日，灵武市普及九年义务教育工作和高标准扫除文盲工作，并通过了自治区人民政府评估验收。

12月9日，灵武市委、市政府提出到2003年，建成5个亿元村；至2005年，再建5个亿元村的奋斗目标。

是年，灵武市科学委员会引进嫁接茄子高产栽培技术，在东塔乡新园村试种成功。

是年，新建、翻建农房3426户，改造整治旧庄点32个。

是年，灵武市政府在东山坡划拨210亩垃圾倾倒场地，2004年开工建设垃圾无害化处理厂；2005年6月建成投入使用，总库容130万立方米。

是年，灵武黑稻引种成功。

是年，灵武在杜木桥乡大海子滩实施自治区节水喷灌示范项目。至2005年，全市累计推广喷灌、穴灌等节水灌溉9516亩。

是年，对郝家桥乡6家污染严重的炼铅企业实行关、停整顿。

是年，加大黄河治理力度，至2005年累计投资4000多万元，新建灵武新华桥、北滩、金水园、石坝、种苗场等控导和护岸工程。

1999年

1月，灵武市纪委对杜木桥乡十二届第一次代表大会中，通过贿赂代表当选乡领导的两名村干部进行了查处，分别给予开除党籍、党内严重警告处分。

是月，灵武市被自治区人民政府列为“全区首个水稻旱育稀植高产栽培示范区”。

2月3日，灵武市委提出了1999年经济和社会发展的9项奋斗目标和要做的16件实事，简称“916工程”，确定1999年为“灵武城市建设年。”

3月，宁夏灵武啤酒厂“宁沈牌”系列啤酒，通过ISO9000国际质量体系认证。

4月8日，灵武市委、市政府制定《关于推进科教兴市政策若干政策规定(试行)》。是日，吴忠市委在灵武市召开座谈会，肯定了灵武市统一委派会计的做法，决定在全吴忠市推行会计委派制。

4月9—10日，灵武市召开“全市科技大会”，部署创建全国科技工作先进市工作，全市科技创先工作全面启动。次年（2000年）4月通过自治区验收，9月被国家科技部命名为“全国科技先进市”。此后，每隔两年进行一次复核。

5月7日，灵武市为活跃群众文化生活，举办首场广场文艺演出，此后经常不定期举办该项活动。

5月31日，灵武市政府邀请中国科学院院士吴传钧等人，对《灵武旅游业发展与布局总体规划》等进行评审。

6月1日，灵武市政府正式启动工业污染达标排放工作的“一控双达标”工作。

6月10日，吴忠市对灵武市申报的“六好”乡镇党委和“五好”村党支部进行检查验收工作。“七一”前夕，吴忠市委授予灵武磁窑堡镇、梧桐树乡、白土岗乡“六好”乡镇党委称号，授予五里坡乡枣刺梁村等17个党支部为“五好”党支部。

29日，灵武市委做出了《关于实行依法治市的决定》。

是月，由长庆石油勘探局投资建设的长庆游乐园，在灵武临河乡动工开发，占地7698亩，计划投资5亿多元。预计2000年10月开始营业。

7月10—11日，因连降暴雨，山洪暴发，又遇冰雹灾害，致使灵武东塔乡黎明村、郭家桥乡山水沟村损失严重。

8月27日，灵武市委、市政府作出决定，先后授予宁夏石油技校等17个单位、灵武市医院等41个单位“市级文明单位和文明乡镇、村标兵”“市级文明单位和文明乡镇、村”称号，授予利民小区等3个小区为“文明小区”称号。

9月27日，灵武市委、市政府举行首部《灵武市志》首发式。

是月，灵武籍举重运动员王艳梅参加第十二届亚洲举重锦标赛，获女子75公斤以上级抓举、挺举、总成绩3块金牌，打破世界成年女子举重纪录。

是月，灵武横城旅游区“黄河颂雕塑”建成，高19.98米，基座高10米，雕塑为双臂伸开的黄河少女铜雕形象。

10月12日，灵武市在中心广场举行“世界人口60亿大型纪念活动”，2000多人举行了签字仪式。

11月8日，灵武市精米加工厂建成投产。

11月16日，国家林业总局批准，灵武白芨滩林场为“国家级荒漠化自然保护区”。

12月22日，狼皮子梁盐池吊庄正式移交灵武市，时有移民800户共4200人。

是年，灵武全市名特优新水产养殖面积达3200亩，连续4年名列全区第一。

是年，灵武开始实施城市居民最低生活保障和农村村民最低生活救济制度。

是年，灵武市始连续三年被授予“全区水稻控制灌溉先进市”称号。

是年，灵武市深入开展“小康达标年”活动，且实施“农房、农路、小城镇建设三线推进战略”。

2000 年

1月18日，灵武市首家中外合资企业，“中英合资海圣绒业股份有限公司”正式奠基。该公司由灵武市中银绒业公司与英国瑞安海泰科技公司合资创办，总投资3400万人民币，其中英方投资100万美金。

4月10日，灵武市政府在郝家桥乡崔渠口村召开现场会，在全市首次示范、推广无纺布育苗技术。

是月，私营业主吴学斌投资开发灵武横城一带长城小龙头旅游项目。

6月15日，中共中央总书记、国家主席、中央军委主席江泽民，视察灵武市东塔乡黎明村万只羊场和崇兴镇中北村。

是月，灵武市政府决定新建灵武市高级中学，占地133亩，建筑面积23690平方米，于2002年投入使用。

9月8日，灵武临河乡撤乡设镇，改称临河镇；新设灵武狼皮子梁乡，辖5个村。灵武乡镇为15个，为6镇9乡。6镇为城镇、崇兴镇、新华桥镇、临河镇、磁窑堡镇、马家滩镇。9乡为东塔乡、杜木桥乡、郝家桥乡、郭家桥乡、大泉乡、梧桐树乡、狼皮梁乡、白土岗乡、五里坡乡。

是月，灵武市政府公布明长城（灵武段）、龙骨梁古生物化石遗址等12处文物保护单位的保护范围和建设控制地带，以加强文物、古文化遗址的保护力度。

10月25日，全区中小学“课堂教育质量工程”开始实施，至2005年，灵武市近1700名中小学教师分三批达到质量工程要求。

12 月 30 日，在全区统一实施的“一控双达标”攻坚倒计时零点行动中，灵武市对 9 家污染严重的铅冶炼企业，分别予以关停或并迁整治。

是年，灵武市被自治区人民政府授予“全区麦套玉米吨粮市”“全区水稻节水控灌先进市”“新增重点城市环境综合整治定量考核市”等称号。

是年，灵武新华桥镇农民用水者协会荣获“全区节水控灌技术推广先进集体”称号。

是年，灵武市实行村财、村账“双代管”的农村财务管理体制改革。

是年，“国家星火进步技术示范县（市）建设项目”在灵武市启动。2002 年 7 月，国家科技部正式命名灵武市为“国家星火西进科技示范市”。

是年，灵武市在全区率先进行“小型水利产权制度改革”。

2001 年

1 月 12 日，灵武市狼皮子梁乡泽发荞麦制品有限责任公司生产的“泽发荞麦制品”，被自治区科学技术委员会列入星火科技项目。

2 月 24 日，灵武市区万名中小学师生举行“青少年崇尚科学、反对邪教，校园拒绝法轮功”签名大会，大会向全区青少年发出《积极行动起来，开展校园拒绝法轮功活动》的倡议书。

3 月，灵武全市开展土地定级和基准地价评价工作。

4 月 3 日，宁夏防护林工程启动。自治区、灵武全市机关干部、人民解放军、武警官兵、预备役民兵等近万人参加义务植树。

是月，马英杰任灵武市代市长。

7 月 6—8 日，“全国沙滩排球循环赛暨九运会沙滩排球资格赛”银川站比赛在灵武金水旅游区金水园举行。来自全国 58 支代表队的 130 名运动员参加了比赛。

8 月 28 日，灵武市临河镇东部遭受狂风暴雨及冰雹袭击，6 个村 22 个生产队受灾，经济损失达 165 万元。

10 月 8 日，灵武水产站繁殖乌鳢成功，填补了自治区水产养殖技术的空白。

10 月 10 日，灵武市抽调 140 名干部下乡，宣传贯彻党的十一届六中全会精神，帮助乡镇搞好秋季生产等各项工作，清收“三提五统”欠款。

11 月，白尚成任灵武市代市长。

12 月 7—9 日，中共灵武市第二次代表大会召开，纪峥当选为中共灵武市委书记。

是年，自治区人民政府授予灵武市为“2000 年度增加农民收入先进市”称号。

是年，灵武籍朱汉成创办的“宁夏灵汉渔业联合社”，被列入“国家和自治区十大农业产业化龙头企业”。

是年，灵武市进入全国 38 个县级国家教育课程改革实验区行列。

是年，灵武市开展“创建全国科普示范市”活动；2004 年 10 月，灵武市被中国科协正式命名为“国家科普示范市”。

是年，灵武市推行“农村税费改革试点工作”，次年正式实行税费改革，取消农村“三提五统”。

是年，灵武市农技中心实验、示范无公害蔬菜种植获得成功。

是年，灵武市粮食总产量再创新高，总产量达 180622 吨。

是年，灵武市麦套玉米复种苏丹草实验成功。

2002 年

1 月，灵武市正式启动退耕还林还草工程，退耕总面积达 4.5 万亩。

3 月 8 日，灵武市委、市政府制订计划，在全市建设 9 个市级示范园区、55 个乡镇级示范园区。

4 月 5 日，黄河中上游防护林建设项目暨造林启动仪式在灵武白芨滩防沙林场大泉分场举行。在灵武市临河镇银川黄河大桥南绿化工程区举行“香港中华青少年文化教育学习基地”揭牌仪式。

5 月 11 日，自治区党委书记陈建国一行到灵武市调研，视察了银川河东机场大环境绿化、灵武临河镇甘露寺绿化工程、白芨滩防沙林场大泉分场中日治沙项目。

5 月 30 日，自治区党委书记陈建国在白芨滩防沙林场调研时，题词“向王友德同志学习，坚持不懈地治沙，为保卫母亲河、保卫家园，做出更大的贡献”。

6 月 15 日，灵武市磁窑堡镇工商所所长胡学勤在打击土炼油行动中，被抗法分子杀害。灵武市委、市政府，自治区党委、政府，国家工商总局、国家人事部，先后追认胡学勤为“优秀共产党员”“革命烈士”“模范公务员”。灵武市委、市政府作出了《关于向胡学勤同志学习的决定》，在全市各行各业开展向胡学勤烈士学习活动。

7 月，投资 2000 万元的大型旅游招商项目——宁夏体育局河东（宁夏黄河以东）训练基地落户灵武金水旅游区。

9 月 26 日，投资 1856 万元的灵武市区“新元商贸大厦”建成投入使用。

10 月 25 日，自治区人民政府作出灵武市由吴忠市代管变更为由银川市代管的决定。自此，灵武市成为银川市代管的县级市。

是年，灵武市开通“12369”投诉热线，以便于群众及时举报环境污染问题。

是年，灵武市“灵州广场、高庙公园”竣工，成为群众消闲娱乐的场所。

是年，灵武市采取 6 项措施，严厉依法整治“五无”“土炼油炉”不良现象。

是年，灵武市郝家桥乡被列为自治区扶持的 20 个产值过亿元的强乡镇之一。郝家桥乡西渠村、郭家桥乡涝河桥村、新华桥镇龙二村、崇兴镇中北村，被列入“自治区级 100 个专业村”。

是年，灵武市发展“订单农业”；至 2005 年，全市粮食加工企业与农户签订优质水稻粮食收购订单共 20.2 万亩。

是年，灵武市土地流转工作启动。

2003 年

1 月 5—9 日，灵武市第十四届人民代表大会第一次会议召开，选举白尚成为灵武市人民政府市长。

1 月 16 日，灵武市政务大厅暨现行文件档案利用服务中心，正式挂牌。

1 月 28 日，灵武市农业局制订《关于灵武市 2003 年种植结构节水实施方案》，全年共调减粮食种植面积 6 万余亩，用于扩大蔬菜、牧草的种植面积。

3 月 20 日，自治区多家媒体记者到白芨滩林场，采访全国劳动模范王有德的先进事迹。

4 月 8 日，灵武市羊绒工业园区首期工程开工建设，园区规划面积 3000亩。

4 月 10 日，全市防治“非典”工作全面启动。

5 月 19 日，自治区党委、政府对灵武部分地区进行区划调整，将灵武市郭家桥乡和新华桥镇的龙一、龙二、华二、华三 4 个村整建制及大泉乡沙江村的双亭子村民小组，划归吴忠市利通区管辖。

6 月 5 日，自治区党委、政府将灵武长枣确定为全区重点建设的四大林业优势产业之一。

6 月 15 日，灵武市乡镇调整工作开始进行，在自治区将灵武市郭家桥乡整建制，以及新华桥镇龙一、龙二、华二、华三 4 个村划归吴忠市之后，灵武市将原 5 镇 9 乡调整为 6 镇 2 乡。6 镇为崇兴镇、临河镇、马家滩镇、磁窑堡镇、东塔镇、郝家桥镇；2 乡为梧桐树乡、白土岗乡。

16 日，国家副主席曾庆红到灵武白芨滩自然保护区大泉管理站视察。

7 月 11 日，灵武市委、市政府制订在沿山一带建设 10 万亩长枣基地、建设 100 万只养羊基地和 22 万亩牧草基地的规划。

7 月 23 日，中国科学院古脊椎动物与古人类研究所、宁夏文物考古研究所，联合对灵武水洞沟进行第五次考古发掘，至 9 月 5 日结束。共揭示了 6 个文化层，出土 14 件比纽扣略小、用鸵鸟蛋皮磨制的装饰品，属旧石器时代晚期的制品，在国内属首次发现。

7月25日，国务院副总理曾培炎考察灵武宁东（原磁窑堡镇）化工基地。

8月14日，《宁夏日报》首次报道了灵武市处于二、三道沟新石器时代文化遗址附近的灵武岩画及其普查。

8月18日，灵武市首家担保公司——宁夏圣融贷款担保公司成立。

8月29日，“灵武市土地储备中心”成立，隶属市国土资源局，负责灵武土地统征和收购储备工作。

9月，灵武市首家民办公助全日制中学——灵武英才学校成立。

10月5日，来自俄罗斯、日本的国外演出队和国内的蒙古族、维吾尔族等演员，在灵州广场同台演出，观众近两万人，现场秩序井然而热烈。

12月26日，处于灵武市宁东镇（原磁窑堡镇）的宁东能源化工基地的重点项目，“马莲台电厂”和基地供水工程“黄河水厂”，正式破土动工。

是年，灵武市封山禁牧全面展开，草原围栏100万亩，草原飞播补种各种草地10万亩，成效显著，草原植物覆盖率由禁牧前的30%提高到70%。

是年，灵武市大力开展“项目年活动”，争取项目31个，投资10.3亿元。

是年，灵武市被自治区人民政府评为“工业工作先进单位”。

是年，灵武市实施“全区十万贫困户养羊工程”，支持山区的10个贫困村的1300户贫困户养羊5000只，建羊舍21809平方米。

2004年

1月9日，灵武市急救中心在市医院成立，同时开通“120急救电话”。

2月18日，灵武市对商贸广场（原农贸市场）占地29696平方米的国有土地使用权公开拍卖，成交价为1780万元。

3月25日，灵武在全市开展“千户扶贫帮困”活动，全市88个部门750名副科级以上干部与贫困户结成“一帮一、结对子”的方式进行帮扶脱贫工作。

3月30日，蒙古国乌兰巴托市副市长特·巴达姆钟乃，率代表团访问灵武市，双方签订了友好往来备忘录。

4月20日，中共中央政治局常委、国务院副总理黄菊赴灵武市，考察宁东能源化工基地。

4月28日，在灵白公路距灵武市区0.5千米处，发现一方清康熙年间记述灵武历史的石碑。

6月17日，中央17部委40人到灵武白芨滩防沙林场参观考察治沙成果。

7—10月，日本国岛根县友好植树团、日本岛根县江津市太极拳协会、蒙古国乌兰巴托议会代表团、英国保守党参观团、非洲19国外交官考察团、摩洛哥考察团等，共173人先后到灵武白芨滩防沙林场，参观考察治沙成果，交流治沙经验。

7月23日，银川市人民政府决定，将灵武市横城村金水旅游区整建制地划归银川市兴庆区管理。

8月20日，自治区党委书记陈建国带领全区县市域经济观摩团，对灵武市羊绒工业园区及宝塔石化项目区进行考察。

9月20日，灵武市白芨滩管理局局长王有德被中国环境协会授予“第三届全国优秀环境科技事业家”称号。

9月28日，宁东化工基地灵武电厂、宝塔石化60万吨甲醇、宁煤集团任家庄煤矿、宁煤集团25万吨甲醇及宁东能源化工基地煤化工公用工程，五大项目的奠基仪式在灵武市举行。自治区主要领导及中国华电集团公司党组书记、总经理贺恭等为工程奠基剪彩，宁东能源化工基地建设全面展开。

9月28日，历时40天的灵武水洞沟旧石器时代文化遗址第六次考古发掘结束，本次文化遗址考古发掘，将水洞沟旧石器时代文化遗址的年代，由原距今3万年上推之距今4.2万年，且发现了国内旧石器时代人类最早用火的痕迹。截至目前，水洞沟史前文化遗址的年代测定，仍非终极结论。

10月18日，宁夏灵武白芨滩国家级自然保护区管理局（简称“白芨滩管理局”）荣获“全国十大国有林场管理奖”称号。

11月，宁夏灵武南磁湾（今灵武宁东镇磁窑堡）发现恐龙化石，经自治区文物局批准，灵武文物管理所进行了抢救性发掘。

11月22日，白尚成任灵武市委书记。

11月25日，白芨滩国家级自然保护区，再获“中国社会科学院西部开发杰出贡献奖”。

11月15—25日，灵武市完成古树名木普查，全市共有古树名木23788株，其中古树23782株，是灵武“花果之乡”的历史见证。

是月，“灵武大泉长枣种苗繁育科技示范园区”被确定为“银川市级科技示范园区”。

11月29日，郝有民任灵武市代市长。

是月，灵武磁窑堡镇居民马云，在磁窑堡南磁湾发现恐龙化石。后经专家鉴定并考古发掘，其为迄今为止国内发现面积较大、分布集中、保存完整、周围环境未遭破坏的恐龙化石群遗址之一。

是年，灵武市开展“环保专项治理”，有效遏制了环境污染。

2005年

2月28日，灵武市委命名东塔镇城一村等24个村党支部为“五个好”村党支部；东塔镇西苑等3个社区党支部为“五个好”社区党支部；市公安局等4个党委为“五个好”市直机关党委；国税局等3个党总支为“五个好”机关党总支；纪检委等34个党支部为“五个好”机关党支部；宁夏瀛海集团灵武水泥厂等6个企业党组织为“五个好”非公有制企业党组织。命名郝家桥镇吴家湖村等6个村为“两强村”。授予李学贵等农村基层支部6人为“两强村党支部书记”称号。

3月21日，中共中央政治局常委、全国人大常委会委员长吴邦国，赴灵武考察宁东能源化工基地。

是月，国家标准委员会将“灵武长枣品种马场湖生产基地”，确定为“国家级农业标准化示范区项目”，面积1万亩。

6月12日，自治区主席马启智视察灵武市恐龙化石遗址，意向拨款100万元修建灵武南磁湾恐龙博物馆。

6月17日，灵武恐龙化石遗址被自治区政府公布为“重点文物保护单位”。

6月17日，灵武市回民中学，通过自治区教育厅高标准验收，成为全区“百所回民中小学标准化学校”之一。

7月1日，灵武市委召开“全市保持共产党员先进性教育活动第一批总结、第二批动员暨纪念建党84周年表彰大会”，对市交通局党委等17个先进基层党组织、李洪华等22名优秀党务工作者、王晓花等66名优秀共产党员进行了表彰。

9月，灵武市人民政府决定，建立选拔优秀人才享受政府特殊津贴制度。此后，首批20名优秀人才享受每月200元的政府特殊津贴，每期享受两年。

10月8日，“全区地方志工作会议”召开，《灵武市志》获“全区地方志优秀成果奖”，受到了自治区人民政府奖励。

12月，高贺昕任灵武市代市长。

是年，灵武市被国家农业部确定为“全国第二批农产品加工示范基地”。灵武长枣被国家质量监督检验检疫总局确定为“地理标志保护产品”。

是年，灵武市被确定为全区首批4个建立中小型企业信用担保互助基金试点县（市）之一，解决配套资金50万元。

是年，灵武市深入开展创建国家环保模范市活动。

是年，灵武市遭受50年来未遇的严重旱灾，全年未有有效降雨。

是年，宁夏兴唐米业集团有限公司、宁夏盛源绒业有限公司、灵武中银绒业有限公司被国家农业部，确定为“第一批全国农产品加工示范企业”。

2006年

1月5—8日，灵武市第十四届人民代表大会第四次会议召开，高贺昕当选为灵武市市长。

1月18日，自治区人民政府专题会议第85次会议决定，将灵武园艺试验场移交灵武市属地管理。12月29日，灵武园艺试验场正式移交灵武市代管。

2月28日，灵武长枣绿色食品，通过中国绿色食品发展中心“A级”认证。

是月，灵武城市建设征地工作全面展开，共征地3970亩。

3 月 14 日，灵武市出台了《灵武市人民政府关于做好失地农民就业和社会保障工作的决定》。

3 月 28 日，全市召开“全市兴工强市大会”，对荣获 2005 年度“宁夏十大经济人物”的宝塔石化集团有限责任公司董事长孙珩超、宁煤集团磁窑堡二矿矿长罗安国、宁夏阿尔法绒业有限责任公司董事长马生国、宁夏嘉源绒业有限责任公司董事长杨立功 4 人以重奖，并授予“灵武市经济发展功臣”称号；对获得“宁夏名牌产品”“兴唐大米”的宁夏兴唐米业有限责任公司、“宁沈啤酒”厂、“瀛海 G 级油井水泥”的瀛海集团灵武特种水泥有限责任公司，分别给予 5 万元奖励。

是月，灵武水洞沟、高庙、马鞍山甘露寺和长流水 4 个旅游景点，被列入《中国旅游大辞典》。

4 月 2 日，灵武恐龙化石馆、水洞沟旧石器时代文化遗址景区，加入宁夏东线旅游联盟。

是月，农村安全饮水项目实施，灵武市在宁东镇、崇兴镇、临河镇、梧桐树乡、白土岗乡等地，兴建了 8 处饮水工程，解决了全市 5 个乡镇 4.25 万人和 24 万只羊只的饮水问题。

5 月 17 日，神华宁夏煤业集团地质勘察院在灵武市马家滩镇周家沟地区发现了一批哺乳类古生物化石。经专家鉴定，化石为黄河象、副巨犀类化石，其与在灵武市清水营地区所发现的副巨犀，属于同一古生物时代。

5 月 25 日，灵武市宁东镇灵新矿西夏磁窑遗址，被国务院公布为第六批“全国重点文物保护单位”。灵武市文物管理所对其遗址 3.6 万平方米保护范围，进行围栏保护，树立文物保护标识。

6 月 22 日，国家林业局批准灵武市为“中国灵武长枣之乡”。

7 月 3 日，灵武市质量监督局召开“使用灵武长枣地理标志保护产品专用标志审定会”，确定灵武市果业开发有限责任公司、宁夏大泉硕鼎工贸有限公司、灵武市北沙窝林场、灵武市大泉林场、宁夏灵武园艺试验场为首批使用单位。

7 月 20 日，灵武市政府确定了灵武城市中心区的新四址：西环路以东，灵州大道以南，新园路—灵白路以西，南环路以北。城区面积由原 12 平方千米扩大到 18 平方千米。

8 月，灵武恐龙化石群遗址被自治区人民政府公布为“宁夏恐龙地质公园”。

8 月 15 日，在自治区第十二届运动会中，灵武市共获 12 枚金牌、16 枚银牌、10 枚铜牌和 17 个比赛名次。其中，自行车男子 1000 米场地赛打破青少年组纪录。

8 月 26 日，中央电视台 10 频道、宁夏广播电视台联合对“宁东镇南磁湾灵武恐龙发掘工作”进行了面向全国现场直播，时间长达 3 个小时。其首开宁夏在中央电视台现场直播的先例，这在全国考古发掘史上也属首次。

9 月 23 日，灵武市举行庆祝撤县设市 10 周年暨首届长枣节、羊绒节活动，国家林业局副局长张建龙向灵武市颁发了“中国长枣之乡”牌匾，中国纺织工业协会副会长陈树津颁发了“中国羊绒产业名城”牌匾。

9 月 27 日，银川市农村学前教育现场会在灵武举行，灵武市开展农村学前教育的经验，在银川市 3 区 2 县予以推广。

10 月 27—29 日，中共灵武市第三次代表大会召开，选举白尚成为市委书记，高贺昕，翟彦君、陈军为副书记。

11 月 21 日，由灵武市大泉乡水源基地，向宁东能源化工基地的“生命工程”—宁东供水一期工程完工，40 万吨供水厂正式投入运行，成为宁东化工基地供水基地。

是年，灵武市生产总值和地方财政收入分别达到 44.2 亿元、2.4 亿元。全市工业总产值和工业增加值分别达到 89.5 亿元和 28.8 亿元。其中，市工业总产值和工业增加值，分别比上年增长 34.5%和 26.3%，是灵武历史上截至 2006 年，年增长幅度最大的年份。

是年，灵武作家杨森君诗集《砂之塔》、王学江散文集《石头的生命》、段怀君散文随笔集《故乡旧事》等作家作品出版。

是年，灵武市加大实施宁东能源化工基地大环境绿化工程，绿化投资额达 2000 万元，绿化面积 4457 亩。

2007 年

1 月 12 日，灵武市政府西湖公园改造扩建工程举行开工仪式，将原占地面积 300 亩的西湖公园，扩建为规划总占地面积 780 亩的水域及仿唐建筑风格群，概算总投资 1 亿元。

1 月 18 日，灵武市政府决定，提高新型农村合作医疗报销比例和干部职工住房公积金统筹比例。自 2007 年起，住房公积金统筹比例每年提高两个百分点，直至达到全区最高水平。

1 月 21 日，灵武恐龙化石专题片，在中央电视台十套《讲述》栏目播出，灵武恐龙再次引起全国关注。

2 月，灵武白土岗枣岗子村被确定为“自治区级新农村建设示范村”。

3 月 18 日，在灵武临河镇临河村修建河东机场高速公路时，发现 4 座汉墓。

4 月 13 日，召开灵武市创建社会主义新农村“示范村”会议。

4 月 16 日，灵武市被推荐为“全国枣主产区协作组首届轮值主席”。

4 月 23 日，灵武市入选“中国县域旅游品牌百强县”；灵武水洞沟沟景区入选“中国县域旅游品牌百强景区”。

5 月 6 日，灵武宁夏嘉源绒业公司与西安纺织学院，合作的“染色微悬浮体”项目研发成功。

5 月 20 日，全国政协副主席、全国工商联主席黄孟复在灵武羊绒工业园区调研时，称灵武羊绒产业为“软黄金”。同日，由乌干达、肯尼亚、苏丹、赞比亚等 27 个非洲国家驻华外交官组成的“非洲高级外交官访宁代表团”，到灵武大泉治沙区参观中日青少年友谊林、中国黄河中游流域防护林治沙项目。

是月，市长高贺昕调研决定，307 国道灵武段 20 千米防护林带，首次全部采用小管出流滴水灌溉，使其林带在当年及以后成功提高了防护林带树木种植的成活率。

6月2—8日，日本岛根县民众交流团一行20人，到灵武白芨滩“宁夏岛根友好林”参加植树活动，并向灵武白芨滩管理局捐赠104万日元，用于友好林建设。

是月，灵武“以奖代补”农村公路建设项目开工建设。总长73千米，涉及8乡镇和1个吊庄村等6个村民委员，工程总投资1654.69万元，于10月底完工。

是月，马汉成当选为灵武市委书记。

7月16日，自治区财政厅决定投资100万元，建设灵武恐龙化石3号坑保护大厅。同日，《刘宏安个人漫画集》由内蒙古人民出版社出版。

7月25日，《三国演义》中周瑜的饰演者洪宇宙，被聘为灵武长枣形象大使。

8月19日，灵武市首次建设经济适用房及廉租房工程启动，在灵州花园规划建设3万平方米。

8月29日，黑山共和国议会议长兰科·克里沃卡皮奇一行6人，考察访问灵武白芨滩管理局。

9月6日，黄河银灵吴青段标准化堤防工程建设在灵武市启动，变堤防的单一防洪功能为集堤、路、林综合功能为一体的工程建设开工。

9月22日，宁夏回族自治区“十一五”重点工程建设项目、“一号工程”重点项目—华电宁夏灵武发电有限责任公司2×600兆瓦燃煤空冷机组、2号机组，通过168小时满负荷试运行，正式投产发电。

10月16日，对在灵武清水营甲城东北300米处发现的1棵裸露在沼泽地的古树（1998年发现），进行考察。经研究，该树有上千年历史，极具考古价值。

10月30日，中央电视台《新闻联播》报道了灵武市开展“创业立志、真爱永恒”百名青年集体举行婚礼和主题升国旗仪式。

11月5日，灵武市城隍出府、灵武马氏口弦、灵武唐氏羊羔酒、灵武道教音乐，被列入银川市非物质文化遗产名录。

11月6日，“全国治沙现场会”在银川召开，国家林业局局长贾治邦与

100余与会人员，到灵武白芨滩大泉治沙区观摩学习。

是年，灵武市全面落实国家、自治区、银川市安排工业项目173个、资金2.38亿元，全市工业总产值和增加值分别达到123亿和41.8万元，分别比2007年增加29.8%和25.6%，成为截至2007年灵武历史上的最高峰时期。

是年，灵武市筹资积极开展各种就业服务活动，进行技能培训4474人、技能鉴定1415人，安置“零就业家庭”410户、下岗职工再就业920人，介绍劳务输出转移17153人。

是年，灵武市投入资金1380万元、整理土地1000公顷、新增耕地89.7公顷。

2008年

1月30日，灵武市投资3700万元，建设日处理污水3万立方米的中水回用工程，12月29日投入运营，全年可处理生活和工业废水438万吨，集中处理率达90%。

2月8日，灵武马氏口弦被列入全国非物质文化遗产名录。马兰英获得国家文化部颁发的“国家级非物质文化遗产项目—回族民间器乐代表性传承人”证书。

2月25日，“灵丹牌”灵武长枣获“全国名牌农产品”称号。

3月4日，自治区科技厅，在灵武羊绒产业园区圣雪绒公司举行授牌仪式，授予该公司为“自治区高新技术企业”。

3月8日，灵武有线电视台开办第一责任人谈党风廉政建设专栏。

3月24日，灵武市政府信息化培训工程正式启动，决定于2008—2012年，开展覆盖全市76个村委会和7个社区的信息技术培训，计划重点培养党员干部、种植业、养殖业专业大户等两万人。

3月25日，灵武市首个景区文化报刊——《水洞沟文化》创刊。

4月4日，香港爱国人士钟惠敏先生派代表莅临灵武市东塔回民小学、杨洪桥小学，考察于2006年10月所捐建的教学楼使用情况。

4月9日，自治区、银川市、灵武市有关领导，进行于灵武水洞沟所成立的“水洞沟遗址研究所”“中国科学院古脊椎动物与古人类研究所宁夏工作站”，揭牌仪式。

4月20日，科技部火炬中心批准“灵武市羊绒产业园区”为“国家火炬计划灵武羊绒产业基地”，首次获“国家火炬计划特色产业基地”之一，也是国家火炬计划特色产业基地唯一的一家羊绒产业基地。

4月10日—10月30日，总投资85.5万元、占地面积10亩的灵武烈士陵园经半年建设，建成竣工。园中建有纪念碑1座、烈士陵墓9座。

5月4日，灵武市青少年艺术总团，在灵州广场成立。

5月18日，中央电视台、《中国人口报》、宁夏电视台、自治区计划生育委员会，对郝家桥关渠村清真寺及西渠村“少生快富”项目工程，进行了专题报道。

6月5日，灵武白芨滩管理局局长王有德，被评选为“宁夏十大环保人物”。

6月13日，灵武崇兴镇中北村，被列为“全市文明新村试点建设单位”。

6月15日，市灵武市委、政府，在灵州广场举行“迎自治区成立50周年大庆倒计时城乡环境集中整治活动启动仪式”，至9月22日结束。

7月1日，灵武市委、政府决定，用一个半月的时间，在全市开展以马克思主义民族观和宗教观为主要内容的主题教育活动，简称“两观”教育活动。

7月16日，灵武刘银安的书法作品为全区唯一入展“全国首届书法册页展”的作品。

7月19日，灵武市“乐哈哈自乐班子”，获第二届银川市老年文艺汇演二等奖。

8月8日，灵武市委、市政府举行了“全国羊绒产业高级研讨班开班暨宁夏羊绒产业专家服务基地”启动并授牌仪式，且召开了“羊绒产业可持续发展战略研讨会”。

8月14日，灵武市委在灵州广场举行了“全民创业行动”启动仪式。市长高贺昕率有关部门，与灵武园艺场书记兼场长的段怀君商议决定，启动灵武园艺场生态旅游建设的道路硬化、三架山、二郎山、国际帐篷区等有关项目建设。

9月11日，中央电视台知名品牌栏目《欢乐中国行》，大型文艺演出在灵武举行。

9月15日，灵武市科技协会推荐的“灵武市神卉标准化生态养殖基地”，被中国科技协会评选为“科普惠农兴村计划示范基地”，获中国科技协会、财政部奖励资金20万元。

9月18日，宁夏大学将灵武水洞沟景区列为科研教学基地。

9月24—26日，灵武市制订了《灵武市委、灵武市人民政府关于贯彻〈国务院关于进一步促进宁夏经济社会发展的若干意见〉的实施意见》，提出建设节水型社会示范市，发展现代农业、推进新型工业化进程、推进生态建设和环境保护、发展交通运输业、城市建设，服务业发展、社会事业发展8项任务、64个重点项目及4项政策措施，建立了严格的责任体系。

10月22日，“灵武良种繁殖示范场千亩设施园艺基地”建成，占地1080亩，总投资2400万元，实现了当年建设、当年投入使用的目标。

是月，中央、自治区下达灵武市新增扩大内需项目16个，主要涉及教育、卫生、天然林保护、农村沼气、农村饮水、保障性安居工程、企业产业结构调整和自主创新等，总投资额达8852万元。

11月6—7日，“全国防沙治沙现场会”在灵武设立分会场，国家林业局将灵武市确定为“全国防沙治沙八个综合示范区”之一。

11月28日，灵武市通过了自治区教育强市验收。

12月20日，灵武市书法协会马雪宝、石虎麟、李磊入展“全国第六届书法新人新作展”，为全区入展8人中之3人，其中，李磊获二等奖。

12月30日，灵武市政府，开工建设“灵武世界枣树博览园”。园区占地1000亩，概算投资额约5000万元。

是年，灵武市委、市政府深入开展“平安灵武”创建活动，创建覆盖率达100%。

是年，灵武市深入开展第三次文物普查工作，上报普查文化遗址30处；向社会收集失散的古城墙转1万余块；收集灵武市临河、石沟驿等地散落的石碑 50 余方；清理明代墓葬 4 座，出土墓志铭两方、砖雕楹联 10 余幅。

是年，灵武宁夏金双禾粮油有限公司生产的“金双禾”牌大米，获宁夏名牌产品称号。

是年，灵武建立的“再生资源循环经济试验区”，初具规模。平整园区土地 1500 亩，已建立的 60000 吨再生铅、2000 吨再生胶项目，进入试生产；建设的二手车、有色金属、废旧汽车拆解市场，进入试运营阶段。

是年，农副产品加工骨干企业进一步增强，“昊王米业”6 万吨营养精米和亿美乳业日处理 200 吨鲜奶项目建成投产；6000 吨“枣园红”长枣酒和 1000 吨水晶枣加工等及灵武长枣深加工项目均开工建设。

2009 年

2009 年，灵武恐龙化石遗址被国土资源部批准为国家地质公园。

1 月 6—9 日，灵武市第十五届人民代表大会第二次会议召开，李建军当选为灵武市市长。

1 月 12 日，临河镇黄河书院生态旅游度假中心开工建设，计划占地 314 亩，计划投资 2 亿元。

1 月 28 日，灵武崇兴镇启动实施平原水库工程，以解决崇兴镇东区 5 个村 1 万亩农田淌水难的问题。

2 月 17 日，灵武市农村沼气池建设后续服务启动仪式，在梧桐树乡河忠村 6 队举行，以改变以往因“重建设，轻管理”而造成部分沼气池处于“半瘫痪”状态的局面。

是月，国家教育部公布 2008 年认定“国家级重点中等职业学校名单”，灵武市职业教育中心榜上有名。

是月，灵武水洞沟被评为国家级 AAA 级旅游景区，长流水被评为国家级 AA 级旅游景区，灵武高庙被评为 A 级旅游景区。

3 月 20 日，灵武郝家桥镇崔渠口村，被中央精神文明建设指导委员会评选为“全国文明村镇”。

3 月 21 日，滨河大道灵武临河段绿化、水系工程开工建设。至是月中旬，共绿化道路 3000 米、植树 15 万株，开挖水系 1700 米，拓宽道路 12 千米。

3 月 22 日，灵武“世界枣树博览园”绿化工程开工建设中，首批来自河北沧州的 12 个枣树品种落户于灵武枣博园。

4 月 5 日，灵武市被批准成为“首批 124 个实施国家知识产权强县试点县(市、区)”之一。

5 月 28 日，“全国第四个文化遗产日暨银川市第二届民俗文化展示周”启动仪式，在银川玉皇阁广场举办。灵武市展出了马氏口弦、灵武城隍出府、灵武道教音乐、灵武“灵州唐氏羊羔酒”等，获银川市级及其以上级的第一批非物质文化遗产项目展。

6 月 6 日，第 13 次日本国岛根县友好交流团到灵武中日友好林参观访问，并植树留念。

7 月 4 日，美国教授、专家考察团一行 7 人，到灵武大泉治沙区参观考察。

7 月 18 日，由埃塞俄比亚、加纳、马拉维、塞拉利昂、赞比亚 5 国，执政党干部组成的“非洲国家政党干部研修班考察团”一行 25 人，到灵武白芨滩林场参观学习。

7 月 19 日，也门共和国一行 12 人“学生考察团”到灵武大泉治沙项目区参观学习。

7 月 17—22 日，灵武市委书记马汉成带领灵武相关部门和三大羊绒集团负责人，先后赴内蒙古鄂尔多斯市、包头市、北京市、山东省和辽宁省大连市，了解民营企业成长壮大历程，学习外地各企业发展战略、企业理念、用人机制以及企业文化。

8 月 6 日，由叙利亚、巴勒斯坦、阿联酋等 10 个阿拉伯国家的治沙专家、荒漠化治理学者等组成的“防沙治沙观摩团”，到灵武白芨滩观摩学习防沙治沙经验。

8 月 16 日，以色列驻华大使安泰毅一行 5 人参观考察团到灵武白芨滩管理局参观考察经济发展情况，寻求合作之机。

8 月 19 日，由日本、韩国、新加坡、巴基斯坦、匈牙利一行 15 人组成的

“驻华外国记者团”，考察灵武白芨滩防沙治沙以及白芨滩管理局发展情况。

8 月 27 日，肯尼亚政党代表团一行 6 人到灵武大泉治沙项目区调研参观。

9 月 1 日，全国政协副主席王志珍，带领全国政协调研组到灵武大泉治沙项目区调研参观。

9 月 6 日，中共中央政治局常委、全国政协主席贾庆林，在宁夏视察民族宗教工作期间，考察宁东能源化工基地和灵武羊绒工业园区，强调“民族团结工作要加快发展惠民产业，加强民族团结促和谐、巩固和发展各民族共同团结奋斗、共同繁荣发展的大好局面”。

9 月 10 日，“国际友好协会”到灵武大泉治沙区参观学习。

9 月 25 日，灵武市委、市政府作出了《关于命名表彰“为灵武建设做出突出贡献杰出人物”的决定》，王有德、王晓花、马生国、喻菊芳、杨明、徐贵、顾金海、陶月英、郭云娇、萧允中 10 人，获此殊荣。

9 月 27 日，在灵武建县 2200 周年庆典、经贸洽谈会上，灵武市共签约合作项目 12 个。其中，签订合同项目 6 个、投资 11.32 亿元，签订协议项目 6 个，投资 184.7 亿元。“唐文化研究会”成员杜文玉、黄正建、孟彦弘、李鸿宾、孙继明、王培华、刘厚滨各自带来了研究成果，对灵武在唐及五代时期，在国家统一、民族团结、“丝路”兴盛中西文化交流中的历史地位和作用，进行了充分交流和探讨。

10 月 11 日，全国政协常委、中国旅游协会名誉会长、国家旅游总局原局长何兴伟一行，视察灵武水洞沟旧石器时代文化遗址。

10 月 12 日，灵武中银绒业公司成功收购了英国道森邓肯纱厂，成为金融危机中中国第一家成功收购英国企业的案例，也属于宁夏轻纺企业首次实施海外收购。

10 月 18 日，在“第六届中国中小城市科学发展高峰论坛”上，灵武市荣获 2009 年度“中国中小城市科学发展百强”“中国最具投资潜力中小城市百强”“中国最具区域带动力中小城市百强”3 项桂冠，成为宁夏唯一获得“百强”的中小城市。

10 月 19 日，日本小渊基金项目到灵武大泉调研资金运行情况。

11 月，陈淑惠任灵武市委副书记、代市长。

11 月 24 日，艾瑞麦克国际有限公司全球总裁法迪·甘道尔一行，对灵武国际空港物流中心建设项目及优势特色产业发展情况，进行考察调研。

12 月 24 日，中国银行董事长肖钢一行 10 余人，对灵武羊绒产业发展情况进行调研。

是年，灵武完成地区生产总值 105.3 亿元、全社会固定投资达 260 亿元、地方财政收入 6.3 亿元、城镇居民人均可支配收入 13785 元、农民人均收入 5700 元。

是年，灵武深入开展“招商引资年”活动，签约引资项目 27 个，协议投资 455.57 亿元；在谈项目 10 个，协议投资 327.79 亿元，实际到位资金 31.6 亿元，其中，续建 2008 年项目 10 个，实际到位资金 12.7 亿元；争取国家、自治区项目 283 个，落实到位资金 5.86 亿元。

2010 年

1 月 25 日，灵武崇兴镇海子村设施蔬菜基地被国家农业部确定为“全国农技推广示范县设施蔬菜种苗繁育基地”。重点对番茄、辣椒、西瓜等名特优新品种；基质工厂化育苗、测土配方施肥、膜下滴灌、温室小气候调控、病虫害综合防治等日光温室配套技术进行培养推广，引导广大蔬菜种植农民科学种植，提质增效。

3 月 24 日，灵武市第三次全国文物普查工作通过了自治区文物考古所专家验收。在此次普查中，灵武市文物管理所共勘察全市 76 个村，调查登录不可移动文物 150 处，其中，新发现 127 处、复查 23 处、消失文物 4 处。

5 月，灵武市被全国绿化委员会授予“全国绿化模范县（市）”荣誉称号。

6 月 4 日，哈萨克斯坦“桑拉塔娜国家功勋歌舞团”30 余名演职人员到灵武市进行友好演出。

6 月 10 日，集休闲、交通、防洪、景观等功能于一体的“黄河标准化堤防建设工程—滨河大道”灵武段工程竣工。全长 38 千米，总投资 1.145 亿元，为双向六车道一级公路。

6月19日，以马里非洲团结正义党第一副主席易卜拉希马·恩为团长的“马里非洲团结正义党代表团”，考察访问灵武白芨滩管理局防沙治沙工作。

6月20日，台湾东森电视台到灵武白芨滩采访拍摄沙漠化治理工作。

6月21日，全国人大代表、北京军区原副司令员粟戎生中将，率领“北京军区十一届全国人大代表视察团”，观摩灵武市旅游产业。

7月5日，由巴林、伊拉克、埃及等11个国家的治沙专家、荒漠化治理学者、官员等组成的“防沙治沙培训班”成员，到灵武白芨滩管理局观摩学习防沙治沙工作。日本自然农法国际研究开发中心理事、副所长、首席研究员徐会连博士，在中国科协、自治区科协相关人员的陪同下，考察指导灵武长枣产业。

6月22日，位于灵武市滨河大道沿线的水岸度假村建设工程正式开工建设。

8月8日，坦桑尼亚斯瓦西里语部专家皮莉姆维尼女士，深入灵武郝家桥镇崔渠口村，对中国国家级非物质文化遗产“灵武马氏口弦”的传承和保护工作，进行了考察。

8月9日，灵武市再生资源产业基地、宁夏灵武陆港物流中心、山东昂立集团灵武光伏项目、灵武南京扬子工业园，总投资53亿元的4个项目开工建设。

8月18日，灵武市首家“电动自行车生产企业暨宁夏凯美特车业有限公司灵武公司”在灵武羊绒工业园区挂牌成立。

8月24日，日中友好沙漠绿化协会会长武村正义，带领“日中友好沙漠绿化协会植树团”观摩考察灵武白芨滩管理局大泉治沙实验区，开展义务植树活动。

8月28日，“2010中国银川‘绿地21城’杯‘相约塞上，饮马长城’国际赛马大会”，在灵武水洞沟国家级风景旅游区举行，来自比利时、法国、马来西亚、巴林、智利及中国香港、青岛、内蒙古等国家和地区的20支队伍、500余名选手、100匹良驹参赛。

9月2日，冰岛共和国驻华大使柯丝婷、马尔他共和国驻华二等秘书希建国对灵武市羊绒工业园区进行考察。

9月4日，“第三届中国宁夏（灵武）国际羊绒节”在“灵武市世界枣树博览园”开幕。

9月26日，“2010年中国（宁夏）国际投资贸易洽谈会暨首届中国—阿拉伯国家经贸论坛”在银川市人民广场隆重开幕。灵武市共达成合作意向21个，计划总投资118.26亿元。其中，穆斯林峰会签约项目2个，宁洽会暨中阿论坛签约项目2个。

10月22日，世界银行项目准备团，对“世界银行贷款宁夏沙漠化治理及生态保护项目灵武市项目区”进行考察。

10月22—23日，在“2010年度中国中小城市科学发展百强县（市）”评比中，灵武市名列第94位；在“中国最具投资潜力中小城市百强县（市）”评比中，灵武市名列第51位。

12月1日，经自治区交通运输检查总结，灵武市客运、货运、维修、驾培、站场等7项工作名列全区前茅。宁夏沿黄城市带城际公交线路全面开通，灵武至宁东、银川至宁东、银川至灵武、灵武至吴忠，4条城际公交线路成功运行。

12月16—18日，中共灵武市委三届八次全体（扩大）会议上，李建军当选为灵武市委书记。

12月23日，国务院正式批复：同意灵武市羊绒产业园区升级为“国家级高新技术产业园区，定名为“银川市高级技术产业开发区”。

是年，灵武市被评为”中国金融生态县（市）”。

是年，灵武市在宁夏率先实现农村饮水安全全覆盖。

2011年

1月11日，太中银铁路正式通车，灵武段为48千米，灵武站正式启用，结束了灵武没有火车客运站的历史。

3月22日，“2010年度宁夏新闻奖广播电视复评会”，在灵武中银戴斯酒店举行。灵武市《羊产业发展系列报道》获得广播连续系列报道一等奖；《千家万户唱红歌颂歌献给共产党》《灵武羊绒产业系列报道》，分别获电视消息、连续系列报道二等奖；《创业与就业》栏目获得电视栏目类三等奖。

3月23日，灵武市在全区率先实现社会救助城乡一体化。

是月，随着灵武市生态环境的良性转化，灵武市滨河水岸成为候鸟栖息的乐园。迁徙来的候鸟以鸭科、鸥科、鹭科为主。

4月11日，灵武市2012年度大面积草原灭鼠工作全面展开，计划完成25万亩。

4月21日，马来西亚前首相敦·阿卜杜拉·艾哈迈德·巴达维率领的“马来西亚商务考察团”，对灵武市银川国际空港物流中心建设进行考察。

4月26日，“华电宁夏宁东风电力有限公司四期工程”开工仪式，在灵武马家滩镇举行。项目为49.5兆瓦风电工程，总投资不超过4.8亿元。

4月30日，“中房开元百货商场”开业，填补了灵武市高档商贸领域的空白。

5月1日，灵武市水洞沟旅游景区，首次单天接待游客突破万人。

5月5日，举办续修《灵武市志》出版发行仪式，标志着历时6年的第二轮《灵武市志》编修工作结束。

5月11日，“冰岛国商务考察团”对灵武市羊绒产业及皮革加工业进行考察。

5月12日，灵武市举行“2011年度廉租房钥匙发放暨入住仪式”，604户城市低收入家庭将陆续搬入安居小区。

5月23日，灵武市举行2011年“农家书屋”图书发放仪式，全市37家“农家书屋”获赠图书5万余册。

5月30日，“国家级羊绒及制品监测重点实验室”正式落户灵武市嘉源绒业。

5月31日，墨西哥驻华大使豪尔赫·瓜哈尔多和驻华大使馆商务参赞阿里本·萨克斯·冈萨雷斯，在对宁夏回族自治区进行友好访问途中，对灵武市羊绒产业、粮食加工业和旅游业进行参观。

6月6日，中国驻丹麦大使谢杭生考察灵武市羊绒工业园区。

6月9日，“中央博士服务团”参观考察了灵武市白芨滩国家级自然保护区、水洞沟旅游景区和灵武市宁夏嘉源绒业集团。

6月16日，捷克共和国驻华大使利博尔·塞奇卡一行对灵武市荣昌、中银等羊绒集团有限公司，实地查看羊绒制品加工工艺流程，了解灵武市羊绒产业发展状况。

6月17日，灵武市政府举办招待晚宴，热情欢迎前来灵武参加“水洞沟旧石器时代文化遗址发现88周年暨首届水洞沟旅游节”活动的来自全国各地和俄罗斯、日本、韩国、法国的62名学术界专家学者。

6月18日，“水洞沟发现88周年纪念活动暨首届水洞沟文化旅游节”隆重开幕。自治区、银川市及灵武市领导，对水洞沟文化遗址发现88周年、古人类研究学者、专家颁发了“学术贡献奖”，为“水洞沟博物馆”正式开馆剪彩。

是日，在“第二届宁蒙陕甘毗邻地区经济技术洽谈会，签约仪式”上，灵武市成功签订项目3个，总金额23.2亿元。

6月19日，为期5天的“2012年第二届中国宁夏国际自驾车旅游节暨黄河之恋自驾车‘黄河金岸’大巡游”在灵武市滨河大道水车博览园启动。来自全国13个省、市、自治区、直辖市的千人自驾车手参加，开展“巡游‘黄河金岸’、汽车飞跃灵武水洞沟大峡谷、宁夏精品旅游景区一日游等多场机动车竞技和观光”活动。

6月20日，中国外交部调研团一行41人，调研灵武市白芨滩国家级自然保护区及羊绒产业园区。

是月，灵武全市实施的招商引资项目69个，总投资254亿元，到位资金30亿元。其中，新引进项目22个，总投资55亿元；续建项目47个，总投资199亿元，实际到位资金19.6亿元。正在投资的207亿元。

7月18日，沙特Saud亲王特使、私人助理穆罕默德·易卜拉欣与“沙特阿拉伯国家投资和发展集团投资专家”一行，考察灵武市中银绒业。

7 月 20—21 日，国家水利部黄河委员会普查办对“灵武市第一次全国水利工作”的进行，予以检查。

9 月 20 日，匈牙利国会副主席乌伊海伊、伊什特万，带领“匈牙利国会代表团”，考察灵武市羊绒产业。

9 月 21 日，毛里塔尼亚总统穆罕默德·乌尔慈·阿卜杜勒·阿齐慈一行，考察灵武市白芨滩自然保护区大泉林场防沙、治沙工作。

9 月 23 日，参加“中阿广播合作论坛”、来自 30 多个国家的 50 多名媒体高管和记者，参观考察灵武市羊绒产业。

9 月 26 日，“纪念辛亥革命 100 周年暨《张煦张赞元父子年谱》首发式”在灵武高庙景区举行。编撰者为陕西科学院牛济研究员。

9 月 29 日，灵武市各界民主党派、工商联、无党派代表、民族宗教等代表人士，举行“纪念辛亥革命 100 周年活动”。

10 月 1—7 日，“十一”黄金周期间，灵武市旅游市场火爆，共接待国内外游客 6.8 万人次，旅游收入 456 万元。同比分别增长 140%和 280%。其中，仅水洞沟景区就接待游客 4 万人，门票收入 350 万元。

是月，灵武市参加城镇居民医疗保险人数 38651 人，参保率达 94.27%，参加新农合人数 11.89 万人，参合率 97.38%以上。

11 月 2 日，灵武市与捷克共和国纳霍德市结为友好城市。

12 月 28 日，位于灵武的“山东立昂集团灵武 39 兆瓦太阳能电站”，顺利并网发电。

2012 年

1 月 16 日，灵武市首批直播卫星“户户通”工作圆满完成，共发放直播卫星接收设备 20091 套。

3 月 15 日，灵武市“泾灵村”开始分批搬迁安置宁夏泾源县大湾、泾河源、六盘山等地区的 7 个乡 12 村的生态移民 1037 户。

3 月 16 日，灵武市卫生系统组织卫生惠民队为狼皮子梁生态移民区“泾灵村”移民群众，开展免费健康体检活动。

4月6日，“全区水稻大棚育秧现场会”在灵武召开。2002年以来，灵武市已在滨河大道沿途建设万亩有机水稻示范基地6个、水稻工厂化大棚育秧基地7个，实现有机水稻生产面积5万亩；完成水稻高产创建5.2万亩，建设农业部万亩高产示范片1个、农业部整乡推进水稻创建试点1个；完成优质水稻订单生产面积8万亩，推广水稻机械化生产6万亩。

5月13日，美国特拉华州国际贸易发展署署长约翰·帕斯特率领贸易考察团一行7人，考察灵武市羊绒工业园区，寻求经济合作的可能性。

6月1日，灵武市农村小学午餐补助工程正式启动，政府每年拨出专项资金460万元，按照每人每天2元，为全市25所农村小学的1万余名小学生实施午餐补助。

6月17日，灵武市开展“纪念水洞沟发现89周年暨第二届水洞沟文化旅游节”活动，“水洞沟—红山景区”被国家旅游局命为AAAAA级景区，“灵武高庙景区”被国家旅游局命名为AA级景区。

7月3日，自治区水利厅专家组考察灵武市长流水生态旅游景区，提出开发建议。

7月5日，全国农村改制厕所观摩团，对灵武市农村改厕工作情况进行现场观摩。

7月16日，世界500强企业、中国建筑材料集团有限公司集团董事长、中国医药集团总公司外部董事、董事长宋志平一行，考察灵武市投资环境。灵武市组团参加“世界侨商（宁夏）经贸推介洽谈会”，成功签约项目2个，总投资额达3.2亿元。

7月24日，香港贸易发展局总裁林天福带领香港经贸代表团到灵武市考察，与灵武市企业进行对接，寻求投资与贸易合作机会。

8月7日，灵武市与宁夏出入境检验检疫局签署了《建立灵武出口羊绒质量安全示范区，促进灵武羊绒产业发展合作协议》。

8月9日，灵武市中医院被授予“中医药管理局中医科技成果推广项目示范基地”，并与中国中医科学院结成对口支援医院。

8月22日，国土资源部专家考察团，对灵武市恐龙地质公园规划情况进行考察。

8月27日，澳门客商代表团，对灵武市“银川国际空港物流中心”进行考察。

9月14日，联合国防治荒漠化公约（UNCCD）秘书处执行秘书吕克一行，考察灵武白芨滩国家级自然保护区防沙治沙成果和沙漠生态治理工作。

9月18日，“宁夏2012年野化狐狸控制草原鼠害投放仪式”在灵武白土岗乡举行。

9月21日，“台湾少数民族文化交流代表团”40余人对灵武市社会、经济发展情况，参观考察。

9月26日，“第二届中国（灵武）国际羊绒服饰设计大赛决赛”在灵武羊绒城举行。

10月22日，全区文化系统互观互检互学观摩团对灵武市非物质文化遗产传承和保护工作进行观摩。

12月10日，国土资源部地质环境司副司长陶庆法、中国地质科学院地质研究所研究员季强一行，对灵武市恐龙化石修复、场馆建设等工作进行考察。

2013年

1月1日，灵武市切实推进“先住院后付费”诊疗服务模式。在全市定点医疗机构，实行医疗保险基金总量控制的80%拨付给定点医疗机构，并实行季度暂结、年度结算的办法。

2月22日，全市城乡环境综合整治动员大会召开，将高速公路沿线、城区重点宣传阵地全部纳入环境综合整治范围，使灵武的环境保护和卫生面貌大大改观。

3月8日，“灵武长枣”正式通过了国家工商总商标局认定，成为“中国驰名商标”。

3月12日，灵武市市志办向全市发放《灵武史话》1800册。

3月28日，团市委组织开展“向见义勇为好青年周波学习主题团日活动”(周波勇救4岁男孩)。

4月10日，尼日尔副总书记伊素福·卡当贝率领“尼日尔争取民主和社会主义党干部考察团”，参观学习灵武市白芨滩自然保护区防沙治沙工作。

4月17日，自治区发改委组织召开“宁夏生态纺织产业示范园区灵武园区控制性详细规划论证会”，原则通过了园区控制性详细规划。“宁夏生态纺织产业示范园区灵武园区”建成后，将成为全国最大的羊绒服饰生产基地，西部最大的羊绒针织服饰、精纺高支亚麻、精纺羊毛纱线生产基地。

4月27日，毛里塔尼亚经济社会理事会主席穆罕默德·乌尔德·海默尔率领的代表团对灵武市社会经济发展进行学习考察。

5月8日，“宁夏渔业资源增殖放流活动”首次在灵武市滨河大道举行，240万尾经济鱼类苗种被放流至黄河中。

5月17日，灵武市志办通过发放《灵武市志》《灵武史话》《灵武年鉴》等地方志资料，广泛开展“5·18地方志宣传日”活动。

6月6日，南非国际友人来访灵武市“泾灵村”生态移民工作。

6月26日，灵武市“水洞沟文化遗址发现90周年纪念大会暨国际学术研讨会”在水洞沟举行。

6月27日，灵武市通过“国家知识产权强县试点县（市）”的考核验收。灵武市被国家产权局批准调整进入“国家知识产权县级市试点城市”序列。

7月3日18时左右，灵武市白土岗乡境突降暴雨，持续时间40分钟左右，枣岗子村降雨量达56.7毫米，导致白土岗乡山洪暴发，经济损失达546.1万元。

7月12日，灵武市“甘甜脆无籽西瓜”种植专业合作社社员史进被评为全国“科技惠农兴村计划农村科普带头人”。灵武市黑山羊协会、灵武市金涪园农林牧开发专业合作社被评为银川市“科普惠民行动计划单位”。灵武黄河生态特禽养殖协会司占永被评为银川市“科普惠民行动计划农村科普带头人”。

7月17日，法国驻华大使白林一行考察灵武市国家级高新技术产业开发区中银绒业公司。

7月29日，“北京华联集团灵武水上锦都综合体项目合作签约仪式”在灵武市举行，北京华联落户灵武。

8月25日，国家农业部部长韩长斌深入灵武市梧桐树乡梧桐树村“全国种粮大户、全区首家家庭农场”吴明忠家中，了解家庭农场发展和土地流转中存在的问题，以研究解决办法。

8月29日，由台湾神农科技发展协会及陕西、甘肃、青海、宁夏、内蒙古、西藏、新疆等省区的科学技术协会，联合组成的“海峡两岸特色农业考察团”，考察灵武市果业开发有限责任公司。

9月16日，在“2013年中国—阿拉伯国家贸易博览会合作项目集中签约仪式”上，灵武市共签约5个合作项目，阿拉伯国家概算投资50亿元。参加“2013年中阿博览会的境外驻华媒体记者代表团”对灵武市羊绒园区进行了参观采风。媒体团包括俄罗斯、英国、美国、德国等6个国家的驻华记者30人。

9月26日，韩国驻西安总领事馆领事全成镇一行30余人到灵武市白芨滩管理局大泉林场治沙基地，开展“中韩友好林启动暨植树造林”活动。

10月21日，《2013年中国中小城市绿皮书》，发布了2013年度中国中小城市综合实力百强县市。灵武市从2012年中国科学发展百强县的第99位上升到第97位。同时，位列“中国最具投资潜力中小城市百强县第47位”。

11月12日，国务院首次出台的《全国资源型城市可持续发展规划（2013—2020年）》，确定灵武市为成长型的资源型城市，并被列入全国煤炭后备基地。

11月15日，灵武市被国家科技部评为“2013年全国（县）市科技进步考核进步先进（县）市”。

11月18日，国家档案局正式授予灵武市档案馆国家三级档案馆牌匾。

2014年

2月13日，捷克共和国驻上海总领事米赫尔·库兹米亚克一行，来灵武市参观考察，并签署《宁夏羊绒欧洲展销会合作备忘录》。

4月25日，阿拉伯工人工会国际联合会书记马吐克带领“阿工联宣传干部代表团”，对灵武市羊绒产业进行观摩，并就企业如何组织工会、改善职工工作环境、提高工人维权意识、增加职工社会福利待遇等方面进行了交流。

6月12日，“2014年全国城市电视台·银川行采访活动”中，太原、南宁、天水、海口等30余家电视台100余名记者到灵武市采风，实地观摩了灵武羊绒产业示范园等工程建设情况。

6月13日，灵武市设立灵武“5109”廉政账户。

6月19日，灵武市“长枣之母”喻菊芳、“托举哥”周波，荣获“感动宁夏2013年度人物”殊荣。

7月2日，灵武“宁夏平顺源清真食品有限公司”与德国SES组织专家威廉先生签约，双方将在信息沟通、项目合作、技术支持、新产品研发、先进理念导入等领域进行合作。

7月15日，“内陆开放与丝绸之路经济带建设”高层论坛在灵武市举行，中国工程院院士孙久林、中国地理学会黄河分会理事长、河南财经政法大学校长李小建，宁夏大学校长何建国等，就“丝绸之路”经济带发展战略、“丝绸之路”经济带与内陆开放、“丝绸之路”经济带与黄河流域合作等12个论题进行了交流研讨。任波、李小建、汪一鸣等7位专家学者分别做了不同领域的主题报告。会后，与会人员参观了灵武市中银绒业、生态纺织园灵武园区、再生资源循环经济示范区、临港产业园区、世界枣树博览园等。

8月8日，灵武市试点城市工作被国家知识产权局评为全区迄今唯一的县级城市、“2013年度国家知识产权试点示范城市工作先进集体”。

9月16日，国家文化部公共文化司司长张永新对灵武市公共文化服务体系工作进行调研。

9月29日，由灵武市人民政府委托宁夏大学研制的“红枣自动化无损伤检测小型机应用与推广现场观摩及汇报会”在灵武市果业公司举行。

10月13日，自治区科技厅对外交流中心组织日本专家到灵武市兴唐米业、昊王米业公司考察交流有机大米生产过程，日本福岛专家渡边千春同行。

10月15日，国家发改委批复“银川至西安铁路可行性研究报告”。银川至西安高速铁路起自宁夏回族自治区银川市，经灵武、吴忠、太阳山、甘肃省环县、庆城、庆阳、陕西省彬县，止于陕西西安市，正线全长598千米，总投资708.5亿元。

10月17日，《人民日报》发布了《2014年中国中小城市科学发展评价指标体系研究成果》，灵武市在2014年全国科学发展百强县（市）排名第92位；最具投资潜力百强县（市）排名第43位。

12月1日，灵武市中银绒业集团董事长马生国获“全国优秀中国特色社会主义事业建设者”荣誉称号。

12月23日，“宁夏生态纺织产业羊绒—亚麻人才高地”在宁夏生态纺织园灵武园区挂牌。

2015年

1月1日，灵武市对黄标车、无标车限行区域升级为全时段禁行，共登记实施淘汰黄标车141辆。

1月6日，灵武市人民政府被授予“全国民族团结进步模范集体”称号，灵武市成为“全国民族团结和谐模范市”。

1月29日，灵武市被宁夏回族自治区体育局授予“青少年足球试点城市”，并获奖励50万元。

2月1日，“廉政灵武”微信公众平台正式开通。

2月26日，灵武市第一季度重点项目开工仪式在市枣博园二期工程开工建设现场举行，一季度重点项目集中开工仪式设枣博园二期项目1个主会场和16个分会场。

3月10日，神华国华宁东发电厂二期项目正式开工建设。神华国华宁东发电厂二期2×660兆瓦扩建项目采用2×660兆瓦超临界间接空冷机组，建成后年外送电量达72亿度。项目占地面积为941.85平方米，工程总投资额为

468000万元，其中2015年计划投资140000万元。

3月15日，京能20兆瓦光伏发电项目开始直流侧电缆敷设。至5月10日具备并网发电条件。

3月25日，灵武市政府制订颁发《灵武市蓝天行动实施方案》，决定自4月份起，督促各企业将工业企业废气污染治理项目进度情况上报市政府。同时，认真贯彻落实淘汰燃煤茶浴炉、提前淘汰黄标车工作。

4月1日，灵武市启动开展全市市容市貌“百日整治”活动，同时确定在每月1日、15日，组织全体干部、职工上街宣传，走访居民街道、社区居委会、学校等。

是日，宁东化工基地重点工程之一的灵武方家庄电厂，正式开工建设。电厂规划装机容量4×1000兆瓦，一期工程建设2×1000兆瓦超临界燃煤间接空冷燃煤机组。项目投资679800万元，其中2015年计划投资340000万元。

4月2日，马来西亚第五任首相敦·阿卜杜拉·艾哈迈德·巴达维一行来灵武考察羊绒产业。

4月10日，中铝宁夏能源银星电厂2×660兆瓦项目开工建设。

5月21日，灵武市沙坝头西瓜种植专业合作社、“灵哼哼”猪产业专业合作社、“胖哈哈”养殖专业合作社、鑫瑞林果种植专业合作社，均入选国家农业部等9部委联合公布的“国家农民合作社示范社”目录。

5月27日，辽宁盘锦13万斤（50头左右/斤）扣蟹入驻灵武稻蟹基地，拉开了灵武有机稻生态种养工作的序幕。灵武市农牧局引进60万只南美白对虾优良虾种，投放养殖面积为10亩。

6月2日，灵武实施“助力创新工程”。中银绒业集团、灵武市果业开发有限责任公司申报成为银川市企业院士（专家）工作站，并开展“助力创新工程”洽谈对接项目。同时，就宁夏灵农畜牧发展有限公司、灵武市果业开发有限责任公司等11家企业23项亟待解决的关键技术问题，与全国专家进行了技术、项目洽谈与对接。

6月23日，灵武市引进全区首家泡沫玻璃生产线项目。

7月25日，中银绒业被纳入解放军总后勤部第三批军队物资入库供应商，军毯类、针织类、纱线类、面料类产品成为军需用品。

8月1日，实施数字灵武地理空间框架建设项目，已完成灵武城市基础控制网建设50平方千米1:500全野外数字化测图，内页地理信息公共服务平台建设正在定制开发中。

8月28日，中国纺织业巨头恒天集团与灵武羊绒工业园区羊绒行业龙头中银绒业，在宁夏国际交流会议中心签署投资额达110亿元的恒天“丝路”产业投资基金和增资项目。

9月1日，马自忠任灵武市代市长、市委副书记。

9月3日，宁夏“灵武国家级地质公园”通过了自治区国土资源厅验收。

9月21—25日，在灵武市羊绒工业园区举办以“美丽灵武·精品羊绒·时尚生活”为主题的第五届中国（灵武）国际羊绒节。期间开展了灵武羊绒服装自主品牌原创作品展示会演、首届中国（灵武）国际羊绒产业发展高峰论坛、中国毛纺织行业协会羊绒专业委员会第二次全体会议、2015年中国技能大赛—宁夏横机工（电脑）职业技能大赛总决赛等8项活动，依托羊绒节活动平台，共落实签约项目32个，投资金额达201亿元。

9月28日，灵武道佛等宗教界举行法会，沉痛悼念在抗日战争中牺牲的英烈们，为世界和平祈福。

10月10日，灵武羊绒工业园区的宁夏荣昌绒业集团有限公司、宁夏中银绒业股份有限公司、宁夏嘉源绒业集团有限公司被国家质检总局评为“中国出口质量安全示范企业”，其中羊绒围巾系列产品入选宁夏旅游商品名录“宁夏礼品”并亮相昆明国际展览会。

10月15日，灵武羊绒工业园区宁夏中银股份有限公司获得中国纺织工业联合会颁发的“国际布局示范企业”称号。

10月23日，首届“书香灵武·灵武书香”阅读活动在灵州广场启动。

10月29日，灵武市再生资源循环经济示范区陆港物流中心铁路成功接入宁东铁路主线。灵武市中银绒业羊绒围巾、荣昌绒业羊绒披肩、嘉源绒业羊绒披肩，分别荣获2015年宁夏特色旅游商品丝织品类银奖、铜奖；盛康源枣酒、唐韵枣芽茶被正式列入宁夏旅游商品名录。

11 月 13 日，灵武市嘉源绒业生产的羊绒披肩荣获国家旅游局、中国旅游协会主办的“中国特色旅游商品评选活动”丝织类“金奖”。

11 月 23 日，灵武市名列 2015 年全国科学发展百强县（市）第 89 位，全国最具投资潜力百强县（市）第 41 位。

11 月 30 日，灵武市举行 2015 年“准备之冬”招商引资项目集中签约仪式，共签订涉及新能源、互联网+农业、电子商务、再生资源、文化传承等方面的 13 个项目，总投资额达 94.55 万元。

12 月 8 日，2015 年最后一批生态移民搬迁至灵武市白土岗乡泾兴村移民安置区，标志着灵武市“十二五”生态移民搬迁工作的圆满完成。

12 月 22 日，台湾巨皇集团董事长李京安对灵武市文化旅游产业发展现状与投资环境进行了考察。

12 月 30 日，灵武市召开“文化旅游产业发展研讨会”。宁夏景元旅游规划设计院专家顾问，应邀对灵武市文化旅游现状和未来的发展进行了分析，从“全域旅游”的发展定位、工作思路、具体措施等方面，提出了修改意见和建议。

是年，灵武市开展城乡环境大整治，以后将作为常态持续进行。

是年，灵武市开展“创建全国文明城市”活动，以后将作为常态工作持续进行。

2016 年

2 月 22 日，灵武市档案馆建设工程项目获得灵武市发展和改革局批准批复。

3 月 9 日，灵武市召开城乡环境治理启动大会，安排部署全市城乡环境治理工作。市长马自忠、市政协主席郑学文、市人大常委会副主任马银花等四套班子领导参加了会议。会后，立即掀起了全市城乡环境整治的热潮，市政府等领导加强督导检查，力争全市环境治理不留死角。

是月，10 日，灵武市启动为外出务工的农村家庭每户购买意外伤害保险，对参保对象、保障期限、如何申请各项保险金等项目进行公告、部署，使为购买意外伤害保险的家庭明白了解和便于操作。

是月，24 日，国家发改委循环经济专项中期评估调研组来灵武市，对灵武市再生资源循环经济示范区，建设国家“城市矿产”示范基地，开展了中期评估调研工作。

是月，25 日，夏斌同志任中共灵武市委书记、自治区宁东能源化工基地管委会副主任。

4 月 21 日，中国残疾人联合会党组书记、理事长鲁勇一行来灵武市调研残疾人康复工作，市委书记夏斌、市长马自忠陪同调研。

是月，26 日，市委书记夏斌、市长马自忠会见了香港速进集团董事长陈连仲等一行，双方就香港速进集团，在灵武市投资建设现代中药材电子商务仓储物流中心和基因药品研发生产基地项目进行了会谈、商议。

5 月 11 日，市委书记夏斌、市长马自忠，会见了宁夏货运航空有限公司总经理刘红梅一行，双方就扩大宁夏与中东阿拉伯国家和地区国际货运航线，积极开展两地经济贸易和货运航空公司，在灵武市境内开展商务活动交流合作等事宜，交换了意见并达成共识。

6 月 5 日，阿根廷英肃德集团董事长马丁·福莱斯特先生一行，在自治区农牧厅厅长王文宇，灵武市委书记夏斌、市长马自忠陪同下，就肉牛产业合作项目进行实地考察。

是日，台湾富士康科技集团高层管理人员在市委书记夏斌的陪同下，对灵武市投资环境进行了考察，双方就富士康科技集团来灵投资合作事宜进行了深入交流。

是月，16 日，“第一届宁夏农机手大赛暨第三届中国农机手大赛宁夏选拔赛”在灵武市举行。自治区农牧厅厅长王文宇、农民日报社秘书长陈仕林及灵武市市委书记夏斌、市长马自忠出席了开幕式。

是日，全国村庄亮化、绿色建设工作培训现场观摩会在灵武市举行。来自全国各省的近 200 名代表，走进灵武市临河镇二道沟村进行了现场观摩。自治区住房和城乡建设厅厅长杨玉经及灵武市委书记夏斌、市长马自忠陪同观摩。

是月，17 日，国家纤维检验局党组书记徐水波，在自治区质监局副局长王中的陪同下，对灵武市羊绒产业发展情况和检测中心服务情况进行了调研。

是月，19 日，全国人大常委会、法律委员会副主任、九三学社中央副主席、中国工程学院院士丛斌，带领调研组就灵武市在国家“一带一路”战略引导下的清真产业发展情况进行了调研。自治区副主席马力、自治区纪委主任马秀珍及灵武市委书记夏斌、市人大常委会代理主任马银华陪同调研。

是月，21 日，香港碳谷（中国）有限公司董事长陈绍华带领考察团来灵对灵武市新材料—碳纤维项目开发投资环境，进行了前期考察。市委书记夏斌、市长马自忠陪同考察。

是月，27 日，灵武市委书记夏斌、市长马自忠等四套班子领导参加了灵武电商产业园开园仪式，在园区内“快乐购”展示区用手机扫描二维码后网上下单，完成了产业园开园运营后首个网购订单。

7 月 4 日，北大医疗集团代表一行来灵武考察。座谈会上，双方就灵武现在医疗卫生服务中存在的问题以及可以优化的工作进行了探讨。市领导夏斌、马自忠等陪同考察。

是月，13 日，中央政策研究室农村局局长朱泽等一行，来灵武调研供销社改革工作，银川市委副书记杜银杰、灵武市市长马自忠等领导陪同调研。

是月，27 日，由银川市团委联合市扶贫办、财政局共同实施的“青春护苗”家庭经济困难青少年帮扶工程在灵武市启动。

8 月 31 日，为民服务“聚力工程”担保基金贷款启动暨签约仪式在灵武市举行。银川市委副书记杜银杰、银川市副市长李鸿儒、灵武市委书记夏斌及宁夏黄河银行副行长白向阳，出席了签约仪式。

9 月 3 日，国家粮食局副局长徐鸣来灵，对灵武市粮食产业发展工作进行调研。自治区粮食局局长马文娟、灵武市委书记夏斌陪同调研。

是月，5 日，灵武市委书记夏斌、市长马自忠在银川会见了中国冶金集团东北建设发展有限公司总经理彭毅忠一行，双方就进一步加强重点项目建设合作事项，进行了深入交流。

是月，7 日，国家水利部副部长刘雅鸣来灵对灵武市节水型社会载体建设情况进行调研。自治区水利厅吴洪相、灵武市委书记夏斌、市长马自忠等领导陪同调研。

是月，9 日，灵武市第 32 个教师节表彰大会在灵武市宣传文化中心举行。

是日，团市委举行“2016 年希望工程圆梦大学行动”助学金发放仪式，为 131 名家庭困难、品学兼优的大学生发放了助学金 85.4 万元。

是月，20 日，“灵武长枣 2016 秋季订货会”在灵武世界枣树博览园举行，吸引了全国各地的 30 多家客商代表齐聚灵州。订货会由灵武市副市长陈玉贤主持，自治区商务厅、自治区工商局、自治区林业厅产业中心、自治区农牧厅产业化办公室等领导，灵武市委书记夏斌、市长马自忠参加了订货会。

是月，23 日，中央编办研究中心副巡视员董继峰，带领国务院行政审批改革专项督察组来灵对灵武市行政审批制度改革工作进展情况进行了全面了解，并与灵武市各部门负责人、企业代表、市民代表就行政审批制度改革的经验、做法及简政放权、放管结合等事项进行了座谈。灵武市委书记夏斌、市长马自忠陪同督查。

10 月 2 日，2016 中国越野拉力赛最后赛段“羊绒之都”（灵武）站比赛，在灵武市大海子和长流水景区举行。中国汽车、摩托车运动联合会副秘书长、副总经理陆鸣尧，自治区体育局局长张伯森、中视环球汽车赛事管理有限公司董事长王旭东，以及灵武市夏斌、马自忠、杨文炯、邬鹏等领导出席了发车仪式。

是月，28 日，灵武市召开脱贫攻坚推进会，会议通报了各项扶贫措施落实情况，并就下一步工作进行安排部署。

11 月 14 日，上海市松江区区长秦健带领国投公司及辖区企业有关人员一行来灵武市对灵武市中银绒业公司进行了参观考察。

是月，21 日，灵武市召开“碧水蓝天　美丽城乡”专项行动推进会。马自忠等市四套班子领导参加了会议。

是日，灵武市委书记夏斌会见了宁夏建设集团投资有限公司总经理华光荣暨北京顺鑫建设投资基金管理有限公司董事长李树忠一行，双方就进一步加强投资建设和融资事宜交换了意见。

是月，23 日，灵武市委书记夏斌会见了泛华集团董事长杨天举一行，双方就进一步推进灵武市智慧城市、新型城镇化建设发展举行了会商、洽谈。

是日，由共青团中央书记处书记尹冬梅带队的国家禁毒委督察组一行来灵，对灵武市青少年毒品预防教育工作、吸毒人员管控帮扶、戒毒人员就业安置工作举行了调研。

12 月 7 日，在农业部市场与经济信息司、中国优质农产品开发服务协会等单位主办的“首届中国大米品牌大会”上，灵武兴唐、塞外香两个品牌获评“中国十大好吃米饭”；灵武昊王、兴唐、塞外香 3 家企业被列入“2016 中国大米区域公用品牌核心企业”。

是月，17 日，灵武长枣被评为“2016 年全国果菜产业十佳文化传承地产品”“全国果菜产业百强地标产品”品牌。

是月，31 日，灵武市首个人工造雪滑雪场在长流水景区开业。

附　录

灵武市情简介

(2016年)

一、地理位置

灵武地处宁夏中部经济核心区，行政区划土地面积4010平方千米，总人口29.1万。东靠盐池县，南接吴忠市红寺堡区、利通区，西濒黄河与永宁县相望，北临银川新区、与内蒙古自治区鄂托克旗接壤，是国家重要的煤电化基地、商品粮基地、羊绒产业基地和银川市工业发展的核心区。

行政区划：灵武市辖1个街道办事处（城区街道）、6个镇（东塔镇、郝家桥镇、崇兴镇、马家滩镇、临河镇、宁东镇）、2个乡（梧桐树乡、白土岗乡）、13个居委会、72个村民委员会、4个市属农林牧场、1个国家级自然保护区。

二、特色产业

(1) 现代纺织产业：羊绒园区入园企业达52家，年流通原绒8000吨左右，约占世界羊绒总产量的50%、全国的60%，享有"中国精品羊绒之都"的美誉，培育了"绒典""菲洛索菲"等中国驰名商标及"千堆雪""灵州雪""宁宝"等宁夏知名品牌，成功创建了国家高新技术产业开发区、全区首个国家级出口工业产品质量安全示范区。宁夏现代纺织产业示范园灵武园区6个项目建成投产，完成固定资产投资56亿元，2015年新增产值35亿元，累计解决就业8000人，被解放军总装备部确定为军需供应基地，羊绒产业实现产值 175 亿元。（2）再生资源产业：再生资源循环经济示范区成功创建了国家“城市矿产”示范基地，是国家级宁东循环经济区的重要组成部分，被自治区发改委确定为自治区循环经济试点园区，自治区低碳试点园区。入园企业达 40 余家，建立覆盖周边 10 余个省区 1100 多个回收点的网络体系，形成再生金属冶炼、废碎玻璃再加工、电子废弃物拆解回收利用完整产业链条，2016 年实现产值 80.7 亿元。(3)煤电化接续产业：全力服务总投资 229 亿元的±800 千伏特高压直流输变电项目及 3 个配套电源项目，先后引进风电、光伏、农光互补等新农源项目 23 个，总投资 88.8 亿元。宁电投 49.5 兆瓦与华电 50 兆瓦风电、三峡昂立 40 兆瓦与京能 20 兆瓦光伏等 18 个项目并网发电，全市新能源装机总容量达 1195 兆瓦，居全区第一，年发电量突破 12 亿千瓦时。(4)粮食生产加工业：粮食种植面积 25.16 万亩，粮食总产量达到 16860.6 万公斤、加工能力达 90 万吨，兴唐米业、昊王米业分别跻身全国米业加工企业 50 强、百佳粮油企业；平顺源、金双禾 3 个农产品荣获全国会展金质、优质产品奖。灵武是全区粮食增产攻关县（市），是全国重要的商品粮生产基地之一。(5)长枣产业：灵武市被命名为“中国灵武长枣之乡”，长枣种植面积达到 14.3 万亩，总产量达到 1600 万千克。攻克设施长枣栽培关键技术，枣芽茶填补区内空白，鲜枣上市提前 4 个月，枣醋、枣酒、枣饮料等五大系列 43 个深加工产品投产上市，灵武长枣种植系统被列为全国第二批重要农业文化遗产，长枣地理标志证明商标获中国驰名商标，品牌价值 4.24 亿元。(6)草畜产业：累计建成皮用、绒用、肉用高效养羊示范基地 3 个、标准化养羊园区（场）156 个，巩固发展养羊专业村 8 个，羊只饲养量突破 360 万只，灵武市成为全区养羊大县（市），成功注册“灵武山草羊”国家地理标志商标，“黑山羊”备受区内外市场青睐，区外羊肉直销店达到 44 个，农民人均来自草畜产业的现金收入突破 3000 元。(7)现代物流产业：主动融入“一带一路”战略和开放宁夏建设，加快与综合保税区、滨河新区、宁东基地联动发展，编制完成临港经济区总体规划，临港产业园区先期 4300 亩实现“流通一平”，并被自治区确定建设“中阿产业园”，“润扬达清真牛羊肉进出口配套基地”“香港速进国际现代中药材交易城”等项目陆续落地园区，3 万吨长枣深加工等项目加紧建设。开工建设汽车电商物流园，建成“灵武电商产业园”，引进电商企业48家，灵武市被评为“全国电子商务进农村示范县（市）”加快发展全域旅游，建成“白芨滩国家沙漠公园”“狼皮子梁生态文化旅游区”等，精心策划包装宣传“灵武十三景”，以水洞沟、长流水为标志的旅游品牌享誉区内外，灵武市先后荣获“中国优秀文化休闲旅游城市”“全国文化旅游产业发展示范市金樽奖”。

三、经济发展概况

2016年，灵武市完成地区生产总值384.6亿元，同比增长8.4%；规模以上工业增加值288.8亿元，同比增长10.2%（市属64.1亿元，同比增长9.3亿元）；全社会固定资产投资额573.5亿元，同比增长17.4%（市属124.7亿元，同比增长19.7%）；全市公共财政预算收入完成23.4亿元，同比增长25.2%（市属9.1亿元，同口径增长9.8%）；城镇居民人均可支配收入28329元，同比增长7.9%；农民人均可支配收入12546元，同比增长7.7%。继续在全区县域经济发展中走在前列，做出表率。

灵武市突出“丝路古驿、唐韵古城、长枣之乡、羊绒之都”城市特色，抢抓新型城镇化战略机遇，全国县域经济综合实力排名由2007年第392位跃升至2016年第89位，前移303位；入选中国百强县列第89位，全国最具投资潜力中小城市百强列第41位，成为全国发展速度最快的县市之一。灵武市先后被评为“中国科学发展百强县”“中国最具投资潜力和最具区域带动力中小城市百强”“中国最具发展潜力十强城市（区县）”“中国最具经济活力城市”“全国民族团结进步模范集体”“国家园林城市”“国家知识产权试点示范城市先进集体”，被中央文明委破格提名为“全国文明城市创建单位”。

积淀深厚的灵武非物质文化遗产

（2007—2016年）

一、获得国家级非物质文化遗产保护名录的项目

“马氏口弦”。2007年9月28日，灵武郝家桥镇崔渠口村4队流行于回族民族音乐的“马氏口弦”，被命名为国家非物质文化遗产名录保护项目。2008年2月，“马氏口弦”的传承人马兰花，获得了文化部颁发的国家级非物质文化遗产项目——回族器乐代表性传承人证书。

二、获得宁夏回族自治区非物质文化遗产名录的项目

2009年6月，“灵州唐氏羊羔酒制作技艺”是第一批获得“宁夏回族自治区级非物质文化遗产名录”的保护项目，唐世俊为“灵州唐氏羊羔酒”项目的传承人。“灵州羊羔酒”为中国现存唯一的有皇帝御批真迹的贡酒。

2009年6月，灵武“马氏口弦”制作人马义珍的口弦制作技艺进入第一批“宁夏回族自治区级非物质文化遗产项目保护名录”。

2009年6月，马鞍山甘露寺佛教音乐进入第一批“宁夏回族自治区级非物质文化遗产项目保护名录”。释耀正为灵武市马鞍山甘露寺佛教音乐传承人。

2015年12月，灵武道教音乐进入第二批“宁夏回族自治区级非物质文化遗产项目保护名录”。顾振民为宁夏回族自治区级非物质文化遗产灵武道教音乐传承人。

2015年12月，灵武城隍出府民俗活动，进入第二批“宁夏回族自治区级非物质文化遗产保护名录”。

三、获得银川市级非物质文化遗产名录的项目

2010年6月，灵武市王天贵“剪纸艺术”“宣纸烙画”“铁皮画”三个项目，都进入了第一批“宁夏回族自治区银川市级非物质文化遗产保护名录”。

2010年6月，“灵武民歌”被列入第二批“宁夏回族自治区银川市级非物质文化遗产保护名录”。

2010年6月，“灵武舞狮”民间艺术被列入第二批“宁夏回族自治区银川市级非物质文化遗产保护名录”。杨明为“灵武舞狮”民间艺术项目传承人。

2010年6月，灵武“牛记中草药水丸制作技艺”被列入“宁夏回族自治区银川市级非物质文化遗产名录”。牛卫东为传承人。

2010年6月，灵武“麦芽糖制作技艺”被列入“宁夏回族自治区银川市级非物质文化遗产保护名录”。灵武市郝家桥镇关渠村3队李文斌为传承人。

2016年1月，灵武市“西夏瓷器烧制技艺”被列入“宁夏回族自治区银川市级非物质文化遗产保护名录”。灵武文管所所长刘宏安为传承人。

2016年1月，灵武市“邓氏中医正骨技艺”被列入“宁夏回族自治区银川市非物质文化遗产保护名录”。邓鹏为传承人。

2016年1月，灵武市“吴氏锻铁制作技艺”被列入“宁夏回族自治区银川市非物质文化遗产保护名录”。灵武市原农具厂工人吴天惠为“铁做技艺”传承人。

后　记

近年来，自《灵武市志》编修以来，广大群众、学者爱家乡、考信史的积极性空前高涨。信史既包括社会史，也包括自然史。广大史学研究者以“读万卷书，行万里路”的治学精神，在研究旧史的同时，进行必要的考察、论证，发表了大量的研究文章。另外，随着灵武档案及地方志事业的发展，大量新的社会史、自然史的新内容被发现、发掘，而这些史迹、史例的补充，使我市史志学研究，能够更好地为我们的社会主义政治、经济、社会文化、生态建设做出新的贡献，也促使灵武地方史志工作进一步地开展，以发挥更大的社会作用。为此，我们出版了这本《灵武历史纪年》，旨在“补史之缺，参史之错，详史之略，续史之无”。

在本书中关于“灵州”地名的来历，均依据现代版的《二十四史》中所使用的地名而应用。如《汉书·地理志》载：“灵州，惠帝四年置。有河奇苑、号非苑。莽曰令周。”纠正了旧史中言西汉时云“灵洲”，王莽建新朝时改为“令周”，刘秀建东汉后改称“灵州”，一般人可能所见史料有限，又有不同主张，故至今造成地名使用上的混乱，以致有些人错误理解为“灵州”在南北朝才出现等认识。此外，在过去的许多著述中，关于灵州历史链条的某些环节，或有缺失，或十分分散，不利于人们对灵武历史集中地、较完整地了解。此书的撰稿人力求在本书中把灵武历史的链条能够较完整地恢复出来，呈献给读者一个较完整、系统的灵武历史面貌，描绘出一个历史悠久、文化灿烂、在“丝绸之路”中外交流中有突出贡献等的灵武。愿望和出发点是美好的，但社会效果如何，还有待于广大读者检验。由于我们的水平有限，占有的历史资料很难说完全无缺，错误在所难免，敬请方家指正。

本书在出版中，得到了吴忠礼先生和自治区地方志办公室领导、学者的大力帮助和支持，谨致谢意。

灵武市档案局

灵武市地方志办公室

二〇一七年十二月二十六日